Servants
A Downstairs View of Twentieth-century Britain

使用人が見た英国の二〇世紀

ルーシー・レスブリッジ Lucy Lethbridge 著
堤けいこ 訳

原書房

使用人が見た英国の二〇世紀

目　次

英国の主な使用人用語集

■女性家事使用人

メイドサーヴァント／ハウスメイド／メイド（女中）
maidservant, housemaid, maid

〈持ち場別〉

＊家事全般

ジェネラル／ジェネラルドメスティック／ジェネラルサーヴァント／ジェネラルメイド
general, general domestic, general servant, general maid
雑用を含む家事全般を受け持つ。

ハウスキーパー　housekeeper
最上級の女中。下級の女中を統括する。家の運営だけでなく、家計管理を任されたり菓子を作ることもある。

ハウスパーラーメイド　House-parlourmaid
ハウスキーパーの下で働く女中で、パーラーメイドの役割も兼ねる。

ビトウィーンメイド　between-maid
下働きの若い女中。ハウスキーパーと執事の管理下で掃除を、炊婦の管理下で調理を手伝う。

メイド・オブ・オールワーク　maid-of-all-work
ジェネラルと同義語。一家が雇用している唯一の女中で、すべての役をこなす。

――女中以外の家事全般の使用人

チャー／チャーウーマン／チャーメイド／チャーレディー
char, charwoman, charmaid, charlady
掃除など労苦を要する仕事を引き受ける通いの雑役婦。昇級はしない。

＊部屋

チェンバーメイド　chambermaid
寝室を担当し、掃除以外にも暖炉の管理や湯を運ぶ役割をする。

パーラーメイド　parlourmaid
容姿の良さが求められる。応接間を担当し、掃除と訪問客の応対や世話、給仕をする。

＊厨房

キッチンメイド　kitchenmaid
炊婦の助手を務める若い女中。経験を積み炊婦に昇級する。

スカラリーメイド　scullerymaid
最も等級の低い若い女中。キッチンメイドの助手として、洗い物、厨房の掃除、調理の下ごしらえをする。

スティルルームメイド　stillroom maid
ハウスキーパーと炊婦の下で、菓子の飾りつけや貯蔵食品などを作る手伝いをする。

――女中以外の部屋付き使用人

炊婦（クック）　cook
料理専門の上級使用人で、食材の管理や注文、厨房スタッフの統括もする。

＊洗濯

ウォッシャーウーマン　washerwoman
洗濯女。生活費を稼ぐために洗濯物を引き受ける。

ロンドリーメイド　laundry-maid
洗濯専門の女中。ロンドレスと呼ぶ場合もある。衣類、寝具、布類を洗ってアイロンをかけ、繕い物もする。

――女中以外の女性家事労働者

ロンドレス　laundress
洗濯屋で働く女性を指す。洗濯とアイロンを担当する。

＊保育（子ども部屋）

ウェットナース　wet nurse
母乳を与える乳母。

ナーサリーメイド／ナースメイド　nursery-maid, nursemaid
若い子守。ナニーの助手として食事から着替えまで子どもの世話をし、子ども部屋の掃除もする。

――女中以外の育児に関する使用人

ガヴァネス　governess
女性家庭教師。中流階級出身の上級使用人で女中とは立場を異にする。子どもの教育としつけを担当する。

ナーサリーガヴァネス　nursery governess
八歳までの子どもの女性家庭教師。同上。

ナニー／ナース　nanny, nurse
乳母。上級使用人で、母親代わりに子どもの世話をする。現代では保育士の資格を有する住みこみの保母を指す。

＊女主人付き

レディーズメイド　lady's maid
侍女。上級使用人で、女主人の身の回りの世話をし、旅行に付き添う。

――女中以外の女主人付き使用人

コンパニオン／レディーコンパニオン　companion, lady companion
女主人の相手と付き添いをする。中流階級以上の出身で女中とは立場を異にする使用人。

レディーヘルプ　lady help
女主人と同等の立場を考慮したコンパニオンで軽い家事もする。中流階の出身で女中とは立場を異にする使用人。

■男性家事使用人

マンサーヴァント　manservant
従僕

〈持ち場別〉

＊家全体、あるいは主人付き

執事（バトラー）　butler
家令がいない場合は従僕の最上級の地位。主人の秘書と補佐を務め、従僕を統括、ワインや銀製品を管理する。

スチュワード／ハウススチュワード　steward, Housesteward
家令。従僕の最上級で従僕を統括し、家の運営、管理、家計を担当する。

フットマン　footman
下僕。容姿の良さが求められ、訪問客の応対、世話、給仕以外に、執事の補助や雑用もする。

メートルドテル　maître d-hôtel
給仕長。家格の高い屋敷、レストラン、ホテル、客船で給仕スタッフを統括する。

＊主人付き

ヴァレット　valet
近侍。主人の身の回りの世話と給仕をし、旅行や猟の付き添いもする。

ショーファヴァレット　chauffeurvalet
お抱え運転手兼近侍。

バトラーヴァレット　butlervalet
執事兼近侍。

＊専門分野

キャンドルマン　candle man
キャンドルの手入れと管理。

ゴングマン　gong man
ゴングを鳴らして食事などのを知らせる係。

ランプマン　lamp man
ランプの手入れと管理。

＊雑用および下働き

オッドジョブマン／オッドマン／ハンディーマン　odd job man, odd man
さまざまな分野でスキルを要する、臨時の仕事を受けもつ雑役夫。

ハウスマン　houseman
掃除、保守などの雑用を担当する。

ブートボーイ／ブートブラック　boot boy, boot black
最も等級の低い従僕で、靴磨き以外にも雑用をする少年。

ページ／ページボーイ　page, pageboy
お仕着せを着た少年の従僕。フットマンの見習いとして軽い雑用や使い走りをする。

ホールボーイ　hall boy
最も等級の低い従僕で、力仕事を含める雑用をする下働きの少年。上級使用人にも仕える。

＊厨房

スカリオン　scullion
スカラリーメイドの男性版。洗い物、厨房の掃除などの雑用をする。

——従僕以外の使用人

炊夫（クック／シェフ）　cook, chef
男性の料理人長。上級使用人。

＊屋外

コーチマン　coachman
御者。厩舎の管理もする。

ショーファ　chauffeur
お抱え運転手。

庭師（ガーデナー）　gardener
庭園の手入れと管理。

馬丁（グルーム）　groom
厩舎で馬の世話をする。

■使用人の俗称と蔑称

グラフター　grafter
蟻のような働き者。

スキヴィー　skivvy
低賃金で雑用をする下女。例：メイド・オブ・オールワーク／ジェネラル。

スレイヴィー　slavey
奴隷のように酷使される下働きの女中。例：メイド・オブ・オールワーク／ジェネラル。

ツウィーニ　tweeny
下働きの少女。

ドッグズボディー　dogsbody
男女を問わず、下働きとしてこき使われる雑用係。

フランキー　flunkey
おべっか使い、太鼓持ちなどの意味で、派手なお仕着せを着た従僕の蔑称。例：フットマン、ページ。

メジャードーモ　major-domo
サーヴァント頭。例：スチュワード、執事。

ラキ　lacquey
追従者、へつらい屋などの意味で雑用をするお仕着せを着た従僕の蔑称。例：フットマン。

■家事労働者の新しい呼称

お手伝いさん（ヘルプ）　help
家政婦。一般的な家事、保育を手伝う。

世帯（ハウスホールド）マネージャー　household manager
ハウスチュワード、執事の現代版。雇用主の家を運営する。

掃除婦／掃除夫（クリーナー）　cleaners
家の掃除を引き受ける人。女性の場合はクリーニングレディーと呼ばれることがある。

ハウスワーカー　houseworker
家政婦。個人の家で家事をする。

パーソナルアテンダント　personal attendant
レディーズメイド、ヴァレットの現代版。雇用主の身の回りの世話と付き添いをする。

ホームヘルプ　home-help
家政婦。とくに地方自治体から家事手伝いに派遣される女性を指す。

ワードローブマネージャー　wardrobe managers
レディーズメイド、ヴァレットの職務同様、雇用主の衣類を管理し、準備する。

まえがき

一九〇一年、ダービー伯爵は、新国王になったエドワード七世とその友人四〇人をもてなすことになり、リヴァプール近郊のノウズリー・ホールで、その準備にあわてふためくところを立ち聞きされていた。「三七人の住み込み使用人に、臨時の使用人も六〇人はいるぞ、こりゃ、たいへんだ……」。そういった壮大な規模での接待は、エドワード朝におけるカントリーハウス〔田舎の大邸宅〕の暮らしの、構造そのものであった。というのは、ヴィクトリア朝中期を過ぎたころに起きた農業恐慌によって、農地の価値が下落した十九世紀から二〇世紀への変わり目には、多くの場合、豪華な接待はカントリーハウスの存在理由《レーゾンデートル》にすらなっていたのだ。三七人というダービー卿の屋敷の家内使用人の数は、当時としては決して法外なものではない。デヴォンシャー公爵などは屋敷に五〇人招待するパーティーに、どんなに少なく見積もっても、二〇〇人の使用人が必要だと考えていた。

完璧な使用人――物静かで、従順で、忠実な――という概念は、イギリスのさほど遠くない過去を物語る多くの伝説のなかで、中心を陣取っている要素である。とうてい実現できそうにないほどの、完璧に秩序正しい生活という理想を支えているのが、この使用人なのである。細かく格付けされた社会階級をたどり調べていくと、最貧困層を除き、ほぼすべての階級に使用人がいたことがわかる。一九一一年には、英国の八〇万世帯が使用人を雇っていた。三人以上の使用人がいた世帯はその五分の一にすぎないものの、大多数の世帯に下働きがひとりはいた。使用人のほとんどはおそらく十代はじめの娘で、H・G・ウェルズが風俗小説の『キップス』で描いたような、「階段を、上がったり下りたり上がったり下りたりして、疲れ果てなければならない」貧困家庭出身のスキヴィーたちだった。その上、ひとりの人間としては、使用人はとらえどころがない。彼らは雇用主の回想録や自叙伝でついでに言及されるか、労働者階級特有の戯画化されたキャラクターを与えられて登場するが、家事奉公を研究する者にとって、もどかしく垣間見ることしかできない存在である。社会の大きな変化を直接知る証人であるにもかかわらず、能動的な社会参加をすることがほとんどかなわなかったため、変化を形成したというよりは、使用人はむしろ変化の補佐役に回ったのである。

十九世紀中期から今日にいたっても、その関係性を明確に定義することは難しい。ヴィクトリア女王の時代の人々は、糊《のり》のきいた制服、緑のベーズ地を張ったドア、電動式呼び鈴、使用人との居住区の分離を用いて、家庭の営みとその中心にいる一家の尊厳を、はっきりと区別した。使う者と使われる者との関係は、階段の上と下という、敵対しがちな境界に現れた。政治家で作家のクリストファー・ホリスは一九二九年に、英国の多くの家庭を悩ます使用人と主人の不平等について、「これはヴィクトリア朝におけるイギリス独特の悪習である。ヨーロッパでも大陸に行けば、厳密ではなかった。英国でも中世には存在しなかった。シェイクスピアの時代の主人と使用人にもなく、ウォルター・スコット卿の時代の主人と使用人にも、そんなものはなかった。十七世紀のサミュエル・ピープス家の人々などは、トランプ遊びに参加させるために、使用人を呼びに行ったぐらいだ」と書いている。二〇世紀の社会の変化の水面下で、一家が居住する家の真ん中で、不平等による摩擦が生じようとしていた。

さらに、二〇世紀の労働の歴史という大きな物語のなかへ、使用人たちもまたぎこちなく入りこんでいった。かなり多くの女性が家事奉公人として雇われていたが、労働者階級による政治運動において、使用人は部外者扱いされていた。とりわけ、郊外の大きなカントリーハウスでの奉公は、保護と賛助を受けるものと見なされていたため、使用人として生涯を送るキャリアサーヴァントは、特権と従属の忌々しい制度を支える「フランキー」〔おべっか使い、太鼓持ちなどの意味で、派手なお仕着せを着た従僕の蔑称〕として、同じ労働者階級から軽蔑された。一八九〇年、執事をしていたジョン・ロビンソンは、「使用人が身を置いている環境からの影響に気づかないようにさせ、もっと自由が欲しいと、大声で叫ぶことがないようにしてきたのだ」と書いている。まるでそれは、一度身に着いた使用人特有の物腰は、振り払うことはできないと言っているようなものだった。雇用主と家事アドバイスの手引書が、「良き」使用人の「生まれながら」の気質、きつい家事労働とキリスト教的美徳のあいだの霊的交感《テレパシー》を重視していたことは、驚くに値しない。一八五三年の手引書『主婦の常識（*Common Sense for Housewives*）』では、次のような提言をしている。「たとえ、たったひとりで部屋にいたとしても、そこにあるテーブルを磨かずにはおれず、もしくは部屋が使われているときでも、そのテーブルを磨きたいとうずうずせずにはいられない、それが良き女中です。テーブルと椅子は女中が強い関心をもつ対象であり、女主人とその家族の次に、愛情を注ぐべきものなのです」

一九三〇年代に登場した、女らしさの模範のような架空の人物、ミニヴァー夫人〔『タイムズ』紙の連載コラムで、中流階級の日常生活を綴った『ミニヴァー夫人』は人気を博し、のちに国威発揚目的で映画化された〕は、家事を「目立たないところから聞こえる小さなハミング」にしようとした。単調な家事労働からの解放によって、ミニヴァー夫人は社会的に認められただけでなく、彼女の内面の複雑さが関心を集めたのである。使用人は、すべての階級が重要と見なす事柄——上流階級にとっての作法、流儀、余暇、そして中流階級にとってのステータス、衛生、責任、工業化による富の時代を示唆する「顕示的消費」、余暇——の前提条件であった。

家事奉公人たちの訴えと届かなかった声、書物になった意見とならなかった意見などを、一冊にまとめたのが本書である。雇用主側の圧力や不当な扱いのすべての実例は、互恵的な友情や忠誠心の側面から見れば、十分反論の出る余地があることをおことわりしておきたい。使用人のなかには、その体験に苛まれた者もいれば反抗的に振る舞った者、そして誇りに思った者もいる。彼らが語った話は、これまでなかなかスポットライトを浴びることがなかったものの、彼らこそが、二〇世紀のあいだに英国の家庭で起こった社会の変化――私たちの暮らし方や家庭の営み方の変化、家族、金銭、仕事、ステータスに対する姿勢の変化――の目撃者であったことを、裏づけるものなのである。

第一部　象徴的なしぐさ

「私が母に、どうして洗濯女が見下されるのかと訊ねたとき、母はこう言った。『どうしてって、おまえ、どうしようもないんだよ。食べていくためには、あの人たちの汚れたシーツを洗って汚い床を掃除しなくてはならないの。あの人たちは上流気取りの見栄っ張りで、お金も握っているのさ』」

――ウォルター・サウスゲート『昔はそういうものだった（*The Way It Was*）』

「そうです、私は二輪馬車に乗せられたんです、炭車でした。それであの晩は家が恋しくて仕方ありませんでしたけど、朝になって、ご飯を食べました。すると私はほうきとちりとりを渡されて、ダイニングルームを掃くように言われました」

――女中、ミセス・M『奉公（*In Service*）』オックスフォード歴史センター収蔵

「『クリスマスに大きなホテルにいるようなもんさ』と、父はよく言っていました。ところが仕事に取りかかってみると、現状は、工場にいるようなものでした」

――チェシャー州、ライム・パークの女中、メアリー・ローリンソンとヘレン・ローリンソン、ケンドラン・ローリー（編集）『選ばれたクリケッター（*Cricketer Preferred*）』

「一方では支配の、他方では従属の、象徴的なしぐさ」

――ソースティン・ヴェブレン『有閑階級の理論』、一八九九年

第一章 沈黙と決まり悪さのようなもの

家事奉公人の仕事

一九〇一年、エドワード七世の即位を記念する本が出版された。「陛下の使用人のひとり」とだけ身元を明かしているその薄い本の著者は、それまで臣民が知らなかった新君主の清廉潔白さと質素な面を力説しながら、王室の素朴な家庭生活を描写している。「いつのときも国王みずからが定め、そして順守される高い水準の家庭生活については、王室の方々、および光栄にも王の友情を受けられたご友人方以外は、ほとんどご存知ありません」。また、エドワード七世とアレクサンドラ王妃の結婚生活には、「昔々の物的、さもなくば中世の詩的な趣」があるということに加え、このロイヤルカップルの何よりのお気に入りが、「人々と会すティー〔茶会〕」であったということまで書いてある。王の命により、「ティー」には「温かいケーキと冷めたケーキの両方、あらゆる種類のサンドイッチ、ジャムつきロールパンなどをふんだんに用意」させ、客を壮大にもてなしたという。[1]

一九〇二年、デンマーク出身のアレクサンドラ王妃は、イギリス流ティータイムの崇高さを称賛する意図で、ロンドンのほうぼうで働く一万人の「メイド・オブ・オールワーク」を戴冠記念のティーパーティーに招待した。ロンドン司教の礼拝堂がその茶会を指揮し、『タイムズ』紙がその模様を報道した。当日、土砂降りの雨はほぼ一日降り続けたものの、メイド・オブ・オールワークの若い娘たちは、「紅茶、バターつきの精白パンや全粒粉のパン、ジャム、レタスとクレソン、香辛料の種入りケーキ、冷やしたプラムケーキと苺」を目当てに集まってきた。彼女たちはみな、家の地下にある厨房のレンジの横、または、おそろしく寒いかおそろしく暑い軒下の小部屋で寝起きする、スキヴィーか、スレイヴィーか、グラフターか、ツウィーニたちだった。ノーウッド、トッテナム、セントパンクラス、セントアルバーンズ、そしてカンバーウェルからやってきた娘たちは、楽団の演奏する「ファンシースケッチ」のメロディーにも酔いしれた。

また、ロンドンで働く若い使用人のための交友協会「ＭＡＢＹＳ」の支部や、各慈善団体でも、同じように若いメイド・オブ・オールワークたちをもてなした。リージェント・パーク内の動物園では、ロンドン司教のアーサー・ウィニントン＝イングラムがテーブルの上に立ち、帝国の発展にとって彼女たちが、いかに不可欠な役割を担っているかを説いた。加えて、フラムにある大司教宮殿の庭でも、千杯の紅茶が出された。大司教はこう回想している。「私たちはすべて首尾よくやり遂げましたよ、ただ、千人もの娘たちが楽団員にキスをしたいと言い出した以外は……。とはいっても、楽団員らは嫌ではなかったようですし、害になるようなこともありませんでしたが」。一週間のうちせいぜい半日の休みしかもらえないメイド・オブ・オールワークたちは、「そういった集まりの習慣に反し」[2]、キャップにエプロンといった例の制服姿ではなく、それぞれが自前の服を着ることが許された。『タイムズ』紙は、参加者全員が新しい国王と王室の幸福を祈り、ティーカップを高くもち上げて乾杯が行われたと報じた。[3]

イギリスでは、中流階級の秩序正しい生活という概念が、使用人の存在を抜きにして語られたことはない。街中の大邸宅の地下室でせかせかと働く者から、急速に拡大する中流層のために働くメイド・オブ・オールワークまで、慇懃《いんぎん》な使用人たちは、自然の秩序と社会の秩序というこの国の良識を象徴する集団として、大地主や聖職者と同様に、イギリスの社会生活のピラミッド構造にとって必要な存在であった。イギリスを訪れた外国人たちが、手際よく指揮されたもてなしに感激することがたびたびあったため、それがイギリスの評判を高めることになった。一八三二年、一年かけてイギリス中を旅行したプロイセンのピュックラー＝ムスカウ〔貴族、造園家、作家。世界遺産のムスカウ公園を設計。世界を旅して著述を行った〕は、このように述べている。「使用人の待遇とその仕事ぶりは、同じぐらいに素晴らしい。どの使用人にも所定の持ち場があり、命令の遂行には時間を厳守するように求められる。さらに使用人は、主人が注意深く配慮して割り当てた自由時間をいくらかもっており、ほどほどの自由を楽しんでいる。使用人階級の待遇は、わが国のそれよりも思いやり《エガール》と相まってもっと上品である。とはいえ、親しさは完全に排除されており、使用人には主人への深い敬意が求められる。それで彼らは、決まった命令に従う生き物というより、むしろ機械だと思われるように姿を見せるのだ」[4]

総じて、音も立てずに黙々と働く使用人は、種種雑多な仕事を楽々とこなしているような印象を与えた。良い使用人には昇進の機運があるとされ、使用人専用テーブルの上座が用意されていた。スーザン・ツウィードミュアは、世紀の変わり目にカントリーハウスで過ごした若いころを、次のように書いている。「私の子ども時代、使用人たちは若くして大きな家に入り、一生懸命に働いた。何年かたつうちに偉くなると、仕事も少なめになった。自分たち専用の居間をもつほどの高い地位へたどり着くまでは、忙殺されていた。そこにたどり着いたあとは、黒い絹のドレスを着た彼女たちに、格下の使用人が仕えた」

大きな屋敷にいる若い使用人は、格上の使用人に仕えることで仕事を覚えた。[5] ノッティンガムシャーのエキセントリックな世捨て人、五代目ポートランド公爵の住まいであるウェルベック・アビーの屋敷内では、彼を世話する九〇人の使用人の集団が維持されていたが、十人ごとに等級があり、若い格下の使用人が年齢のいった格上に順番に仕えた。さらに規模の大きな屋敷となると、役割が曖昧な使用人が数多くいて、その制度に幅をもたせていた。使用人が多すぎる、という感覚はめったにもたれず、あぶれた使用人たちは、その場その場で仕事を片づける際にいい加減な職業名が与えられるか、さもなければ、何年ものあいだ見習と呼ばれていることもあった。たとえば、レディーズメイドへの昇格の梯子を半ばまで上がったところにいる「ユースフルメイド」は、もっぱら、一家の若い令嬢たちがパーティーへ行くときの付き人として使われた。どの地所にも不可欠な「オッドマン」は、家の表に立つ仕事に及第点がもらえないような家僕がなり、重い荷物の運搬から掃除の手伝いまで、ほとんどすべての仕事に使われた。大邸宅は、年齢のいった者からかなり若い者まで、相当な人数の使用人を維持することができ、各邸宅では彼らの働きによって独特の儀式が行われ、その重要性を疑う者はなかった。

ラトランドのビーヴァー城で育ったダイアナ・クーパー子爵夫人は、日に三度、ゴングを鳴らしながら家中に食事を知らせて廊下を歩く「ゴングマン」について、こう振り返っている。「彼は長い通路をまっすぐ歩いていくのです。老いて曲がった腰に少々だらしなく垂れ下がった上着を着て、片手にゴング、そしてもう片手には布でこぶをつくったバチをもち、弱々しく、けれど大げさに振り上げながら……」[6]

畑、果樹園、庭園、そして魚が豊富な湖で暮らしを立てる田舎の地所が、自然界と社会の秩序の縮図であるという考え方は、イギリス人の想像力にしっかりと根づいた。一八八〇年、週刊誌『カントリーライフ』が創刊され、理想のカントリーハウスに対する国民の憧れに応えたが、一九〇〇年までに、田舎の地所は、同誌のページにあふれるノスタルジックなままのイメージでながめられるようになった。一方、H・G・ウェルズの小説『トーノ・バンゲイ』の登場人物で、一代で億万長者となったエドワード・ポンダーレヴォのごとく、新興成金たちは、新時代の見かけだおしの華やかさを捨て、旧時代の価値をすばやく身に着けた。「完全な新品をそろえることを良しとする、新興成金の下品な思考が、金がかかって不具合な古い物をどんどん貯めこむカラスの夢と、ほとんど発端から入れ替わるのだ」[7]

大地所は、イギリスらしさのシンボルとなった。大地所では、努力なしに得た社会カーストのトップの座が、賛助の象徴によって維持されていた。アメリカ人たちは争って、自分の娘をイギリスの貴族に嫁がせようとした。代わりに貴族が必要としていたのは、資金である。作家のラルフ・ウォルドー・エマソンは、あらゆることに努力を惜しまないイギリスの貴族の抵抗に、ひどく魅せられたアメリカ人旅行者のひとりだった。「彼らには、向上心のある階級にありがちな、他人をうんざりさせる野心的な努力などはまったく見られない。彼らは、優越感、思考と感情を表す論理的な口調、命令を下す力をもち、そして、数ある贅沢《ぜいたく》のなかでもとびきり贅沢なのは、祝祭の集まりでの最も熟達した男たちの存在である」[8]

アメリカ人資産家の令嬢で、貴族と結婚した新妻の多くが、ごく簡単な日課に困惑する伴侶《はんりょ》を見て、あまりに実用的な能力がないことに面食らった。消え入りそうな火のそばに座っているときに、たとえ火かき棒が横にあっても、伴侶はたいてい、チャイムを鳴らしてフットマンを呼び、その火かき棒で火をかき立てさせた。彼らは雑用を片づけさせる者を見つけるまでの苦労はものともしない一方で、単純な用事さえも、決してみずからすることはなかった。「ご主人様たちがハンカチを欲しいと思っているとき、もし誰かが部屋に入っていったら、ハンカチを取ってくるためにそれまでしていた仕事を中断しなければなりませんでした」と、エドワード王時代のある下女は思い起こしている。[9] 大英帝国の栄光のひとつと言われたほど、あふれる知性で知られたカーゾン卿は、カントリーハウスに滞在中、寝室の窓を自分で開けなければならないことに戸惑い（深夜に呼べる使用人はいない）、火床から丸太を拾い上げると、それで窓ガラスを叩き割った。

英国における家事のテクノロジーは、主人と使用人の関係というイギリスらしさへの強い愛着のせいで、アメリカや欧州大陸の国々からかなり後れをとることになった。一九〇六年、エドワード七世のヨットには、スープおよびコーヒー沸かし、ホットプレート、オーブン、グリル、料理保温庫など、電気器具一式が完備されたが、近代的でも不作法な装置を使うより使用人に任せるという、昔ながらの優越感を好む上流階級は、概してテクノロジーの進歩の追求からは距離を置いていた。彼らにとって、「省力化」という考え方は受け入れがたく、とりわけ王室の洗濯室では、目を見張らんばかりのスチーム装置と、洗濯物を送りこむ専用鉄道までが入念に設置されていたうえに、洗濯女の一団だけでなく、専属の技術者が三四人も雇われていた。イギリスのカントリーハウスの大半に、ごく基本的なテクノロジーを用いた設備が定着したのは、第一次世界大戦後のことであるが、ものによっては第二次世界大戦の終結後となった。事実、労働を集約しているように見える家ほど、旧世界的な秩序の価値への支持をいっそう強めているように見えた。十九世紀末期のイギリスの家々に重大な変化が起こったにもかかわらず、一般的には、人の労力は近代的な設備に勝るとされた。カントリーハウスの寒さに震える客たちを、シンシア・アスキス夫人はこう回想する。「客人は、いちばん近い手洗いを求めて、凍るほど寒い廊下を延々と歩き回りました」[10]。労働は安かった。使用人の問題は資金繰りが苦しい人の問題であり、金持ちには関係なかった。ビーチヒル・パークのエッピングフォレストにそびえるヴィクトリア朝の巨大な屋敷には、モザイクで覆われた大広間があり、毎週その部屋の壁を、五人の女中たちが牛乳をつけて磨かなければならなかった。ビーチヒルには電話がなく、一九四〇年代の終わりに近づくまで、屋敷の照明はキャンドルが使われていた[11]。

近代的なテクノロジーへの不信感は、階級を通して蔓延《まんえん》していた。ヴァージニア・ウルフとヴァネッサ・ベルの父親であるレスリー・スティーヴンは、ロンドンの自宅で風呂に入りたいなら、階段を上がったり下りたりして湯を運ぶ女中を二人か三人雇えば済むものを、なぜ温水器を備えつける必要があるのかと思った。過度の目新しさは、下品だと見なされた。ガス灯は、かつて流行を追う人々がこぞって採り入れ、二〇世紀の初頭には人気がありすぎ、その後は業者の陳列室に設置されるか、何か悪い行いすら連想させるようになっていた。室内装飾のアドバイス集の著者、ロフティー夫人は、「安っぽい醜さでは、ガス灯のシャンデリアに勝るものはありません」と戒めた。[12]

一九一二年、『照明工学（*Illuminating Engineer*）』は、ガスについての見解をこのように表した。「中流階級にとっての贅沢品であり、ウェストエンドの住宅街の、大理石でできた大広間には入りこんでおらず、むろん、貧乏人には手に入るものではなかった。富裕層の世帯では厨房や家事室で使用することが認められ、労働者を専用のクラブ、近所のパブへと引き寄せる呼び物になった。家庭用照明は真の意味で、二輪馬車の維持同様、社会的地位の象徴にほぼ等しいものだった」。[13]一般的には、家格の高い屋敷でのガス灯の使用は、夜遅くまで仕事ができるように使用人専用広間に限って導入された。ほかの場所で使うには匂いが不快なばかりか、骨董家具を傷めるとも考えられていた。年をへて生まれる独特の風格は、イギリスらしさという国民的な意識の中核となり、新しいテクノロジーは、そういった意識を確実に脅かすものと考える人も多かった。一八九二年、アメリカ人経済学者のソースティン・ヴェブレンは、おおかたの中流層がガスや電気の照明を利用できるようになってはじめて、古風な蜜蠟《みつろう》のキャンドルで照らされた晩餐会がどれほど魅力的か明らかになったと記している。キャンドルの魅力は、炎が象《かたど》るバラ色の光のせいだと言われたが、その背景には、工場での大量生産を見下す一種の気取りがあったようである。ウィグモア通りに邸宅を構えていたある夫人は、その典型であった。一八九一年、彼女の家で新たな女中として働き始めたエリザベス・バンクスは、女主人がガスの設備があるのに使いたがらず、女中たちがあとで掃除しなくてはならないキャンドルを好むため、「広間も、階段も、家中のどこもかしこも、溶けた蠟が大量に飛び散っていて、それをいつも掃除する私は、茶紙と平鉄が手放せなかった」[14]

見るからに格式の高い屋敷は、あいかわらずランプマンに頼っていた。廊下を見回って、唯一の照明であるオイルランプやキャンドルを灯すために、イギリスのカントリーハウスでは何代にもわたってランプマンが雇われていた。彼らは古いタイプの家臣のようなもので、けばけばしくて近代的な、スイッチを入れるだけの装置を不要とする特権階級の家には、かならずランプマンがいた。ランプの具合を調節し、汚れを除く毎日の作業は、根気のいる仕事だった。オイルランプはすぐに煤《すす》で曇るため、常時手入れをしなければならなかったが、ウェールズのアーシングに住むヨーク家では、それを四〇台も使用していた。第一次世界大戦中、ある匿名の作家が書いた短い回想録「年老いたサーヴァント（*An Old Servant*）」には、「部屋の天井は、いたるところから糸状の煤が垂れ下がっていた。きちんとランプを掃除しないと、そこらじゅうに油っぽい煤がついた」とある。[15]ボーフォート公爵の活動の中心地、バドミントン・ハウスには、全盲のランプマンがいた。彼流の専門家的な廊下の見回りは、一九二〇年代まで続けられた。ビーヴァー城では、少なくとも三人のランプマン兼キャンドルマンがいて、キャンドルの芯を切り、ランプに油を注ぎ、ガラスからきれいに蠟を取り除く作業を一日の仕事としていた。「ガスは軽蔑されました、その理由は忘れましたが……下品、たぶん、そんなところでしょう」と、ダイアナ・クーパー子爵夫人は思い起こしている。[16]ゴードン・グリメットは、一九一五年にランプボーイとしてロングリートのバース侯爵のところへ奉公に入ったが、屋敷には電気が引かれておらず、そういった技術革新への嫌悪は、支配階級には不便なことに対する免疫があるせいだと考えた。「イギリスのパブリックスクール〔上流階級の子弟が行く私立の寄宿学校〕の制度は、スパルタ式生活の美徳をあの方たちに植えつけました。若いうちに覚えた信条が、なかなか捨てられなかったようです。外国の貴族はみんな弱腰ですから問題なかったんですが……。大英帝国が、いつまでも変わらなかったという理由がそれですよ。それに、なぜ私が毎日四〇〇個のランプを集めて、掃除して、芯を切って、油を注がなければならなかったかという、その理由でもありました」[17]

一九〇〇年のエドワード朝の英国では、家事奉公は最大規模の職業であり、女性労働者四〇〇万人のうちの一五〇万人は使用人で、その大多数が小規模な所帯でひとりで働く女中をしていた。その時代は、使用人を置くことがかならずしも富を意味するわけではなく、多くの家庭にとって、存在がほとんど見過ごされている使用人のいない暮らしは、想像もできないことだった。ロチェスター大聖堂の参事会員を父にもつ女優のシビル・ソーンダイクは、十九世紀末に行われたインタビューで、四人の使用人がいた幼年時代を、「とても貧しかった」と繰り返し述べている。

しかし、使用人が労働者人口で最大の割合を占めていたにもかかわらず、彼らの記録はたいてい不明瞭で、その暮らしぶりもぼんやりとしか描写されていない。使用人たちは、雇用主のステータスを体現する存在であって、目に見えると同時に見えない存在でもあった。彼らの歴史上の記録を管理したのは雇用主たちで、それぞれの個人的な経験に関する詳細は、雇用主のそれに組み込まれてしまっている。たとえば、アリス・オズボーンという女性の記載例はこうである。一九〇一年、彼女はバッキンガムシャー地方タップロー村のレクトリーファーム・ハウスに住む、ボールドウィン家の使用人のひとりだった。その年の国勢調査では、彼女は二一歳のナーサリーガヴァネスと記述されていた。それでアリスは、ボールドウィン家の二人の息子、ジムとハロルドの世話をするために雇われていたことがわかる。レクトリーファーム・ハウスの名簿には、近隣のクッカム出身の女と記載されている。もうひとりの使用人のエレン・ゴドフリーは、年齢は二五で「炊婦兼女中」となっていた。アリスの登録はぞんざいな扱いで、バーミンガム近郊のキングズノートンで製糸工場を経営していた雇用主のウォルター・ボールドウィン同様、ウォリックで生まれたこと以外、明らかにされていない。

レクトリーファーム・ハウスは、近隣のタップロー・コート（デスバラ卿夫妻の家）や、あるいはアスター家の荘厳な屋敷、クリーヴデン・ハウスと比較すれば、むろん質素ではあるものの、大きな張り出し窓がついた母屋と広い庭のある、かなり立派な不動産だった。所帯の大まかな管理はアリスに任され、エレン・ゴドフリーが炊事と掃除を担当していたようだ。拭いたり磨いたりと骨の折れる「きつい仕事」をするために毎日やってくる、通いの女性もいたと考えられる。

アリスの日常生活の断片は、国勢調査が行われた五年後の一九〇六年から、彼女がつけた日記によってのみ知ることができる。彼女は、ピーター・ロビンソン百貨店で買った日記帳を年頭からつけ始め、関心事である毎日の天気、ロンドンのアーミー&ネイヴィー店や地元の店に注文して配達される食料、そして家事に関するさまざまな務めについて、几帳面に記録しはじめた。一九〇六年の最初の週、アリスは、卵十二個、キジ一羽、バターを一ポンド注文し、一月二日にはさらにバターとチョコレートケーキ七個、その翌日には鶏一羽とレタス二玉、タラ一尾と小さなカレイ一尾を注文している（鶏については、五シリングもしてじつに高かったことと、デスバラ卿夫妻の子どもたちとグレンフィル兄弟が夕食にやってきて、鶏肉を食べすぎたことにも言及している）。またその週、アリスは馬車の泥よけを修理するためにメイデンヘッドまで外出し、子ども部屋では煙突掃除夫を監督して、時計に油をさす男に予約を入れた。

しかしながら、アリスにとって最も重要なことは、一九〇三年にボールドウィン夫人が三九歳で出産したひとり娘、ダフネ・ボールドウィンの存在であった。アリスは、病気がちの幼いダフネの食べる物から着る物にいたるまで、こと細かく日記に記録している。ダフネは、地元の学校へ入学したのちも、耳の痛みや便秘、頭痛などのせいで、家で過ごすことが多かったようだ。

アリスが一年、二年と年を追って記したレクトリーファーム・ハウスのありのままの姿からは、エドワード朝の暮らしぶりが明らかになる。そして、彼女はときおり、じれったさや心配といった、正直な感情をほのめかしてさえいる。一家がロンドンのラドブローク・グローヴにも家をもっていることや、たまにブライトンで何週間か過ごすこと、またウォルター・ボールドウィンが商用でバーミンガムへ行くことも、日記に書かれている。学校休みで帰省した二人の息子は、繕《つくろ》ったり洗濯したりする必要のある服を山のようにもち帰ってきた。一九一二年、九歳になったダフネがローディーンにある寄宿学校へ入学することが決まると、アリスは制服などの必需品を日記に書き出し、リストもつくって、その両方を慎重に照らしあわせた。

一九一一年の新たな国勢調査によれば、エレン・ゴドフリーはボールドウィン家を去り、代わりに、五五歳のエミリー・ジョンソンが「女中」として働いていた。アリスの日記には自分が料理をしたという話は出てこないものの、その調査で彼女は「炊婦」とされている。おそらく国勢調査に書き入れる際に、どんな記載がいいかとアリスに訊ねるわけでもなく、ボールドウィン氏は万年筆を取り出しながら、「炊婦」は「ナーサリーガヴァネス」も兼ねるかもしれないと思い、登録項目書にそう書き入れたのだろう。一方、アリス以外の使用人たちは、たびたび入れ替わっていた。一九一二年、「さらにもうひとり」のパーラーメイドが出て行った。アリスは日記に、「あの娘はタップローが自分に合わないと思っている」と書いた。出レクトリーファーム・ハウスに住んでいた人の数は、国勢調査の記載よりも多かった可能性がある。出て行ったり新たにやってきたりと、住み込みと通いの使用人の数は、流動的であったようだ。国勢調査への登録は、じつは人数のほかにも情報の食い違いが見られる。ウォルター・ボールドウィンの妻、ライリーの出生地は、一九〇一年にはラトランドとなっていたが、誰がその調査票に記入したにせよ、一九一一年にはシュロプシャー州のブリッジノースに変わっている。しかも一九一一年の記録では、どういうわけかアリスの年齢は三七歳となっており、これでは十年で十六歳も年を取ったことになる。

　アリス・オズボーンの日記は、彼女が部分的に垣間見たボールドウィン家での暮らしにすぎず、一家と彼女の関係がどれほど親密であったかは、例によって、真実を突きとめるのは難しい。とはいうものの、分類不可能な特性をもつ使用人と主人の絆は、とかく主人側に都合良くなっていたため、十九世紀が終わるまでには、どうやら擦り切れはじめていたようである。大勢の使用人が、産業革命によってもたらされた社会の変化から自分たちが除外されていることを、苦々しく感じていた。複雑ではあっても本質的には慈善に満ちた社会的ネットワークが、共依存関係にある別々の階級をひとつにまとめ、それがイギリス社会を団結させているという考え方は、実生活での不平等が明白になっていたエドワード朝のイギリスにおいては、最も説得力をもつ伝説のひとつであった。上流階級と中流階級は、食生活、衛生、医療における向上と、その結果として延びた寿命を謳歌《おうか》した。新世紀になろうとするころ、紅茶とパン、肉の脂で食事を済ませていた労働者階級の最貧困層は、三世紀のあいだ寿命が延びることもなく、わずか三〇年ほどの生涯であったのに対し、上流と中流層に属する人々は、六〇まで生きられるようになっていた。親密であると同時によそよそしくもあった家庭内の関係性は気まずくなり、ますます増え続ける中流階級においては、しばしば疑念ややましさに満ちたものになった。作家のG・K・チェスタートンは、ケンジントンで過ごした快適な中流階級の子ども時代を振り返り、こう書いている。「中流階級特有の奇妙さのひとつは、それがひとつの階級で、実際に中間だということだった。良きにせよ悪しきにせよ、多くの場合、上の階級と下の階級の両方から過度に区別されていた。後世の脅威となる労働者階級については、あまりにわからなすぎた。自分たちの雇っている使用人のことすら、わからなすぎた」。チェスタートンは、使用人の話題に関する重苦しさを、こう思い起こしている――「沈黙と決まり悪さのようなもの」であったと。[18]

第二章　上品な暮らし

十九世紀最後の年に、ジャーナリストのアルフレッド・プラーガ夫人は、みずからの経験を基にして、苦悩する主婦のための自己改善の手引書『体裁——限られた収入で上品な暮らしを保つ方法（*Appearances: How To Keep Them Up on a Limited Income*）』を出版した。弁護士をしている夫のプラーガ氏は、年俸三〇〇ポンドというほどほどの稼ぎしかなく、夫人はその本に、西ケンジントンの流行遅れ《デモーデ》な小さな家で、上流を気取るためになくてはならない備品を維持しようと奮闘する、ひとりの妻を描いた。それは、プラーガ夫人自身のように上流気取りゆえの貧困の瀬戸際にいながら、家庭の秩序とその努力を世間に認められることで報われそうな、「上品な暮らし」を目指す女性たちに、希望を与える目的で書かれた、気楽な本であった。

使用人は、プラーガ夫人が描いた世界においても、ステータスを示す最も重要なもののひとつであり、誰を招いて誰を招かないかというディナーやティーの場で、彼女と家族を巨大な社会的ネットワークのなかに正しく位置づける、重要な役を演じ続けた。ペンネーム「貴族の一員」はこう忠告している。「訓練された使用人の、たゆみない協力にはずいぶん頼っていますが、それがなければ、女主人たちが属する特権階級は、不利な立場に置かれます」[1]。よって、プラーガ夫人にとっては、炊事や掃除を自分でするなどもってのほかだった。住み込みの炊婦とハウスパーラーメイド——まだ若く未熟で（年齢は十二から十五歳のあいだ）、仕事を教える必要がある——を雇うにしても、年に十五ポンド（炊婦に十ポンドと女中に五ポンド）の賃金とまかない費しかかからない。プラーガ夫人は、雇っていた十四歳のハウスパーラーメイドをかなり「お馬鹿さん」だと思いはしたものの、安く使えて「器用」で「声が小さく足音も静か」であることからわかる、控えめな性格という不可欠で喜ばしい長所と比べれば、たいした欠点ではないと判断していた。

プラーガ夫人が住んでいるような、小さな家では難しかったかもしれないが、使用人の存在がほとんど目に入らないという状態は、そうできるのなら、望ましいことだった。上流階級の大きな邸宅では、家のなかで雇用主に出会った使用人は、壁に顔を向けなければならなかった（家内で仕える使用人には、外側にゴムを張った音のしない靴が推奨された。しかし、年若い従僕のジョン・ジェームズなどは、最初の雇用主から足取りが肉体労働者のようだと言われ、「それで、僕が屋敷のなかで働く使用人向きでないことは明らかでした」と話している）[2]。

エドワード朝末期の一九〇九年、自由主義の政治家で歴史学者でもあったチャールズ・マスターマンは、何よりもまず、無駄、余分、過剰なことを好む「無益な歓び」が、エドワード朝時代の特徴のひとつであると結論づけた。「一軒の家で十分なところを二軒必要とし、良質なディナーにはさらに高い質を求め、服やドレスや花までも、今では際限なく欲している」[3]。奉公について回想録を書いたある匿名の著者は、「たしかに今は誰もが、以前より注意するよう心がけてはいるが、私たち年老いた使用人は、無駄が過去のものであることを切に願う。今こそ確実に、無駄をやめるときなのだ。私たちは最も顕著な場面で、無駄の上を行く無駄を目撃してきたのだから」[4]と書いた。プラーガ夫人のような、流行を追うために苦労している中流階級の主婦たちにとって、無駄はそうやすやすと手に入るものでもなかった。たとえ無駄がステータスの表れであったとしても、プラーガ夫人は、無駄に対して終わりなき闘いを遂行した。プラーガ夫人の家計は零細工場ほどの規模で運営され、夫人の家事日誌には、ささいな経費ですら厳格に記された。中流階級では、倹約の実践が有能な主婦と怠け者の主婦との決定的な違いを際立たせ、倹約こそ、周到に計画された正しい暮らしを示唆するものであった。プラーガ夫人は、卵一個からスープストックをとる骨一本にいたるまで、食材にはまんべんなく留意し、余すことなくすべて使い切った。洗濯屋は往々にして高価であったため、週ごとの洗濯代は、慎ましい世帯の家計を圧迫する要因でもあった。そこで彼女は、使用人たちには濃い灰色の生地のドレスを買うようにしていた。「私は使用人に、明るい柄物のドレスを着せたことは一度もありません。洗濯代を節約するためです」[5]

　イギリス社会の階級のうち、中流階級のどこかに位置する家はどこも、使用人が何人雇えるかを計算した。一九〇〇年、新世紀のための連載を始めた『コーンヒル・マガジン』は、読者が目指す家計モデルとして、ロンドンでまずまずの生活水準を保つことのできる、中の中に属する世帯を設定した。同誌は、アドバイスを必要とする社会区分の幅を、一年に一五〇ポンドの生活費で暮らす事務員クラスの中流の下層から、一万ポンドを使うかなり裕福な層までと見極めたが、それは十九世紀のうちに、イギリスの中流階級の層が拡大したことを明示していた。大まかには、実業、知的職業、そして商業にたずさわる人々を包括するこの階級は、一九〇〇年までには三倍に膨れ上がっており、政治にせよ経済にせよ、地主階級が何世紀にもわたって握っていた権力を、今度は彼らが独占しようとしていた。

『コーンヒル』誌の記事が「英連邦の中堅」と表現したにもかかわらず、レイトンストーンかフォレストゲートあたりの「郊外のこぢんまりした家」で満足する下層中流階級は、住み込みの手伝いを雇うような余裕があまりなかった。記事の執筆者は、そんな生活費で暮らす主婦が、家事に手伝いを求めようと思うことは妥当でないと、なんとか納得させようとした。家庭での倹約アドバイスを提供する者たちのほとんどが、ささやかな収入で暮らす者はみずから家事をすることに甘んじるべきであると助言した。そういった家事のアドバイス集のなかには、家事手伝いを利用している人々は、自分たちよりも貧しい人々への道徳的努力という観点で奉公を見ていると指摘しているものがある。『コーンヒル』誌が中流階級で最も低い収入とした層には、「弁護士事務所の管理事務員、大都市で発行される一流日刊紙の若い記者、植民地局の下級公務員、オルガン奏者、牧師補、衛生検査官」が含まれていた。その妻たちに対しては、みずからの境遇をわきまえて、年に一五〇ポンドの生活費で家を維持し、切り詰め、倹約し、物を長もちさせ、空き部屋に下宿人を置くことを勧め、それが道徳的に向上する方法であるとしている。もし数ペニーの余裕があるのなら、たまには洗濯女や「きつい仕事」を手伝う女性に使ってもよかったが、「簡素な暮らしはあたりまえ」のことであり、エドワード朝の過剰志向の最盛期ですら、「簡素な暮らし」は大部分の人々の宿命だった。

　しかし、たとえそういった簡素な暮らしのなかでも、異常でくだらないと多くの評論家が評価したものが、何かしらの娯楽として発展した。一九〇五年、ジャーナリストのT・H・クロスランドは、郊外で暮らす人々の楽しみとなった「小銭バス、蓄音機、竹でできた家具、快適な日曜日の午後、グローリーソング、現代語で話すティー、金製品、テニス、高等学校教育、疑わしいつくり話、何シリングか払う価値のあるユーモラスな読み物、絵葉書、奇跡のような育毛剤」を小馬鹿にし、それを思い浮かべただけでヒステリックに笑った。[7]ところが、下層中流階級の人々は着々と自信をつけていき、彼らの趣味や興味、習慣などが、やがて大衆文化を支配するようになるのである。それは、事務員たちの時代であり、小さな店で働く店員たちの隆盛期であった。たとえば、小説家のV・S・プリチェットの家族が、そういった階級に属していた。彼はヴィクトリア女王時代のヨークシャーで、非国教会の伝道師の息子として生まれたが、彼自身は巡回セールスマンになり、その後新しい製品やしゃれたハンドバッグを扱うディーラーの職に就いた。「なぜなら、突然金融が活発化して、商業が発展し、中流階級の下層にチャンスが訪れたのだ。中流階級が長いあいだ頑固に使わずにいた金のほんの一部を、彼らが得ることになったのである」。金、少なくとも人の目に見える金儲けは、もはや罪でもなければ汚らわしいことでもなかった。「〈財〉と〈善〉とのあいだの違いは、徐々に失せつつあった」[8]

いわば「コーンヒルの梯子」を一段ずつ上がろうとしている中流階級は、「初年度の年棒八〇〇ポンドの公務員職に、なんとか就いた若い息子」のようなものだった。高くてせいぜい一三〇ポンドの家賃を払ったあとでも、使用人を二人雇う余裕が十分にあった。「二人が妥当な人数。費用は炊婦が二〇ポンド、ハウスパーラーメイドが十八ポンド。気立てが良くてまあまあ賢い二人の使用人がいれば、主婦は秩序と優美さを保ちながら、家庭を営むことが可能。ただし、みずからそれを選べばの話である。つまり、主婦は積極的に家を監督し、その詳細にも関心をもたなければならない」。家事の手助けを維持するには、出費の抑制を厳しくする必要があった。しかし、家計の予算が一万八〇〇〇ポンドの家ですら、四人の住み込みの使用人には総額でも一三〇ポンドしかかからず、家計に食いこむ最大の経費は、洗濯代、照明代、修理代、そして夫と妻の被服費（それだけで二〇〇ポンド）だった。『コーンヒル』誌の執筆者は、その収入のレベルで使用人の費用を倹約するのは、誤った倹約になりかねず、「結婚生活の初期にレディーズメイドがいれば、安心できるということ以上に、彼女が古いドレスを仕立て直して新しいドレスの仕立代を節約すれば、レディーズメイドが自分で賃金の一部を払っているとも、考えられはしないだろうか」[9]と書いている。

使用人の賃金よりはるかにかかるのが、使用人の食費と、昔ながらの「ビールマネー」であった（大きなカントリーハウス以外ではまれにしか見られなくなってはいたものの、それは田舎の地所がエールを自家醸造したことから生まれた慣習で、現にビール費だった。十八世紀には、使用人が高価な紅茶に手を出さないように、ビールを飲ませることが好ましいとされていたからである）。プラーガ夫人の母親は、娘が雇っている女中二人の費用を心配したが、金がかかるのは「彼女たちの賃金ではなく、食費！」だった。また、彼女たちのエプロンやキャップ、制服を定期的に洗濯屋に出す「洗濯代」もかさんだ。加えて、一九〇〇年代には法律というより個人の善意として、雇っている者の医療費を支払う義務があった。『コーンヒル』誌ではアール夫人が、使用人は賃金を含めて、「どんな女中も年に六〇か七〇ポンド余分な出費を意味しますし、従僕はそれに七〇から八〇ポンド加算されます」と読者に警告した。自分たちが使う金は、どうでもいい出費であった。当時、年収が一〇〇〇ポンドから三〇〇〇ポンドほどの多少余裕のある専門職に就く中流家庭なら、目立った苦労もなしに、執事、女中二人、炊婦、そしてガヴァネスかナニーを雇うことができた。とはいえそれは、中流でも最も上の階層にしてみれば、心から楽しめるような贅沢《ぜいたく》ではなかった。『コーンヒル』誌が家計予算のトップに想定したのは、年収一万ポンドの世帯で、おそらくそういった世帯なら、家を二軒もち、流行やステータスを満たす要求を優先し、暮らしを維持するための必要事項は、二の次でよかったはずである。たとえば、紳士のたしなみとしてのスポーツは、有閑人の立場にはきわめて重要であったため、家計全体の五分の一の予算を当てるのが望ましいとされた。他方、同誌が提案する十二人から十四人の使用人の賃金に当てる予算はというと、合計で年間四〇〇ポンドにもならず、慈善事業への寄付金として推奨された額よりも少なかった。それは実際、貯金のためにとっておくよう計算された額の半分でしかなく、馬を飼う費用の予算でさえ、六〇〇ポンドかかるとされていた。[10]

中流階級の上層に属する裕福な家庭は、限られた予算ながら貴族の家に負けまいとし、家が家族や家臣であふれかえるよう、多くの人を住まわせていた。ベリル・リー・ブッカーは、何不自由なく送ったエドワード朝の幼年時代を、こう回想している。「私たちの時代には、両親と私たち子ども三人の五人家族の世話をするために、八人の使用人が必要でした。ナース、ナーサリーメイド、レディーズメイド、女中、ビトウィーンメイド、炊婦とキッチンメイドです。そんな女中たちが、噂話をしていたり、お互いに仕事を言いつけ合ったりしながら、家のあちこちでごった返していました」[11]。ゆえに、家事をする機械となった人間たちが一緒に住める規模で住宅が建てられ、一九〇〇年をすぎると、今度は投機目的の建築ブームが起こった。新築住宅の戸数は、十九世紀中期には三五〇〇万戸ほどだったのが、一九一一年にはその二倍以上の七五〇〇万戸に増加している。

土地開発の新たなブームによって、郊外の田園都市に生まれたフラット〔集合住宅〕群では、住宅の狭さのせいで、何でもするメイド・オブ・オールワークか、さもなければ専門をもたない「ジェネラル」の求人が増大した。一九〇〇年には、週刊誌『レディー』の特派員が、次のように指摘している。「以前はそうでもなかったジェネラルが、金回りのいい階級のあいだでひっぱりだこになっている。ロンドンの中心部と郊外に瞬く間に誕生するフラット、コート、マンションなどの巨大な集合住宅の急激な発展が、その要因である」[12]。執筆者はまた、フラットという建物の形式は、女主人と女中の関係を近づけ、文字通り平らな位置で「お互いを知り合い、思いやりが伴うような状況にする、広さの限られた空間」となるに違いないと書いた。しかし現実には、その接近はより良い関係をつくるどころか、使用人の生活水準の低下を招いた。一九〇六年、医学週刊誌『ランセット』は、フラットにおける使用人専用居住部分の改善運動を呼びかけ、女中部屋として宣伝されていた「コンパクト」な宿泊施設は、その大半が厨房脇にある息の詰まりそうな納戸であり、「人ひとりが十分に呼吸できるほどの広さもないのに、気の毒な若い娘二人が寝る場所として、まったく足りうるものではない」と指摘した。[13]

ヴィクトリア朝やエドワード朝の家庭生活において、支配勢力を顕著に例証したのが「ヴィラ」〔大邸宅〕である。ヴィラは、生垣、壁、窓、よろい戸を使って、外の世界の視線をさえぎるように建てられていた。その内側に住む一家は、通用口の複雑な手順や裏階段、地下室などを設けて、使用人と彼らがたずさわる作業から自分たちを切り離した。そのイギリス式住宅の主室は、狭い廊下の増殖によって、厨房、パントリー〔食料貯蔵室兼配膳室〕、スカラリー〔食器洗い場〕から、隔てられるようになっていた。ロンドンの外れにあるペンジ、ダリッチ、フォレストヒル、フィンチリーなどの田舎くさい地域が、瞬く間に「こぎれいで使いやすいヴィラ」[14]の集落となった。しかし、エドワード朝の「コンパクト」という考えには、かなりの幅があったようである。『イギリス人の家（*The Englishman's House*）』の著者、建築家のC・J・リチャードソンは、「間取りのコンパクト性と空間の経済性」の実例として、「郊外型ヴィラ」と名づけた住宅を設計したが、その家は約五六〇平方メートルの広さをもち、使用人が寝泊まりできる大きな屋根裏部屋を含み、全部で十七室あった[15]。

郊外型ヴィラとメイフェアにある設備の整ったタウンハウス〔田舎の地主がもつロンドンの別邸〕に共通する特色があったとすると、それは、自由裁量の維持の重視と、家の中心にいる一家と舞台裏にいる使用人との分離だった。十九世紀中期にはこのように、プライバシーという理念が定着していた。一八六四年、建築家のロバート・カーがまとめた、「紳士の家」の鍵となる要素のリストには、一番に（家の広さ、快適性や利便性、優雅さ、明るさや通気性よりも格づけが上である）プライバシーが挙げられ、家族専用エリアと使用人専用エリアを完全に区別することが推奨された。

厨房のあたりから匂いや騒音がもれ出ることは、絶対に容認されなかった。迷路のように複雑につながった階段や通路、廊下など、家の片側からもう片側を隔てるものが造られたのは、そのためである。ジョージアン様式の家に、ヴィクトリアン様式の重厚な付け足し部分が増築されると、同じ屋根の下のふたつのコミュニティーのあいだに、十八世紀にもそれ以前の時代にも予想できなかったような、ひとつの境界が生まれた。スーザン・ツウィーズミュアは、ハートフォードシャーにある実家、ムーア・パークを振り返り、新たに増設されたまどろっこしい翼棟は、「最大限段数が多くなるように造られた階段、長い廊下、そんな何もかもが、どうしても労力を省くことができないような構造をしていた」[16]と語る。

家の一部分からもう一部分のプライバシーを守るために、何らかの工夫をする必要があった。家のなかを歩き回る距離が延びると、さっそくベルが採り入れられた。十八世紀にはハンドベルが好まれていたが、その後、一家の活動の中心から離れた場所に作業部屋が設けられるようになると、ワイヤーと滑車を経由して使用人のいる部屋をつなぐ、より複雑な装置のベルが導入された。上の階から指示を受けるための「呼び出しチューブ」は、電話の前身であり、人気を集めた。一九三〇年代の新築住宅では、電動ベルの設置が一般的ではあったものの、不機嫌に壁を振動させてガタガタキーキーと音を出す、気紛れ屋として知られた旧型の電池式ベルほどには、人気が出なかった。階から階へ上下し、食べ物や料理を運搬する「ダムウェイター」もまた、ヴィクトリア朝の発明であった。温かい料理をカートにのせて暖房のない寒い廊下を歩く時間を、大幅に節約することができた。使用人たちはご多分にもれず、忙しく動き回っているあいだも、「見えない、聞こえない」存在でなければならなかった。[17] 雇用主は、女中の作業で邪魔をされないために、大きな階段の踊り場や書棚に見せかけた壁の背後などに、秘密の入口を造った。「ちゃんと仕事をしながら目につかない女中になるのは、たいへんな苦労。五〇年前の殿方は、女中の姿をしょっちゅう見ても気にしなかった」と、ある匿名の著者は『家事奉公（*Domestic Service*）』に書いている。

家はまた、女性と男性の使用部分を厳しく分けて設計されていた。女性には、居間（訪問客を迎えるため）とブドワール〔婦人の私室〕と着替え室があり、男性には、ビリヤード室、書斎、書庫、喫煙室（それから野外スポーツをする男性には銃器室）があった。もちろん使用人たちにも、スカラリーの続き部屋、離れの洗濯場、屋根裏の寝室（たいがいは共同）、厨房、パントリー、ラーダー〔主に肉のための食品貯蔵室〕、倉庫など、彼ら専用の場所があった。大きな屋敷では使用人も客人も、男女の居る場所が廊下によって隔てられていた。二〇世紀になるころには、新しく建てられた家々の厨房は狭くなり、使用人たちの息抜き用のテーブルや椅子を置く場所を確保するのが難しかったため、建築家は、女中用の小さな居間を設計図に組み込んだ。しかし、因習的な考えの中流階級が建てる家屋は、あいかわらずカントリーハウスを手本にし、ひとつ屋根の下のふたつの世界を維持できるように、特別に設計されていた。

よりシンプルで質素で個性が強い「美術的な趣」が、新しい家の美学として流行する一方で、ヴィクトリア朝の応接間の大きなソファやフリンジのついた調度品などの古風な趣味も、依然好まれていた。家は、消費ができる人々のための陳列ケースであり、そこに並べるものの市場は、産業革命のスピードに乗って発展し続けた。きらびやかな高級品のショールームをロンドンにもつウォルター・プリチェットは、誰が自分の顧客であるか知っていた。「彼らの家といえば、壁を埋めるほどの額、古い小物類、クッションなどであふれ返っていて……それどころか、ごてごて飾り立てた自分たちまでも、競争の対象でした」[18]。他方、唯美主義者〔十九世紀後半のイギリスで起こった芸術運動。物質万能主義を批判し、新しい美的価値を追求した。ウィリアム・モリスなどが参加〕のあいだでは、フリンジや飾りのついた家具カバーの類は廃れ、本物の素材と本来の機能を追求するという新たな価値観が推奨されて、埃がたまりやすいヴィクトリア朝風のものは、道徳的堕落とさえ見なされた。しかしながら、後期ヴィクトリア朝とエドワード朝の人々は、ごちゃごちゃとした小さなものに執着し、婦人が午前中に使う当世風のモーニングルームには小さなテーブルがいくつも置かれ、あいかわらず、取るに足らない小物で埋められていた。「船、馬車、馬などの銀のミニチュア像、香水壜、煙草ケース、インク立て、キャンドル立て、手鏡、砂糖菓子入れ、実際に数十個はある銀や金の置物だとか、そんなものならまだまだあったに違いない」[19]と、一八九〇年代にフットマンをしていたエリック・ホーンは、当時の部屋のようすを書いている。絵画の主題や装飾的な織物の絵柄は、自然、花、そして古典的な情景などが流行した。ウィリアム・モリスがデザインした壁紙は、美学に傾倒した人々のあいだでは大人気で、ペルシャ絨毯《じゅうたん》や、鳥、神話、獣などの彫刻を施したフリーズ〔小壁〕も、とりわけ好まれた。

　アメリカのニュージャージー出身のジャーナリスト、エリザベス・バンクスは、一八九〇年代末期のロンドンの暮らしを伝える記事を連載することになり、女中のふりをして私邸に潜入し、取材を開始した。「エルスモア・ロッジ」と書かれた真鍮《しんちゅう》製の表札のある、ケンジントンのこぎれいな家へ出向くと、その家のダイニングルームには「日本の畳が敷かれ、中央にはダマスク柄の大きな布。あちこちに敷かれた絨《じゅう》毯《たん》。家具は見事なイングリッシュオーク材か皮革製。壁には、野鳥、果物、魚、馬、そして犬などの絵」[20]が掛かっていて、最新流行のスタイルで飾られていた。インテリアデザインの実験が盛んに行われた、その時代ならではのことである。個人の趣味やスタイルを表現する手段としての――しばしば、ぎょっとするような結果を伴うこともあったものの――新たな注目が、家に集まっていた。母親の灰色のスーツを小さく直し、それを着てロンドンのポートランドスクエアへ向かった十四歳のマーガレット・トーマスは、初めて奉公に就く際の面接で、天井から下がった何十羽のカナリアがいる金色の鳥かごと、モーニンググルームの水色の壁を見て、目を丸くせずにはいられなかった。[21]

一年中窓を閉め切り、石炭の煤《すす》で汚れた空気が漂う部屋に、じっとこもっていたヴィクトリア朝の人々の好みに反し、世紀末には、病原菌と病気の蔓延《まんえん》につながる原因についての科学的な発見があり、新鮮な空気の利点という新たな福音が人々にもたらされた。一九一一年、『理想の家とその問題（*The Ideal Home and its Problems*）』のなかでユースタス・マイルズ夫人が、「使用人は仕事にかかる前の朝一番に、すべての窓を大きく開き、清々しい朝の空気を入れなければなりません。そうすることで、気持ちだけでなく身体をも活気づけ、部屋を閉め切った夜の不純さを追い出すことができるのです」[22]と説いた。今度は家が、衛生と健康に関する新しい科学実験の場と見られるようになった。消毒学のジョセフ・リスターやワクチンを開発した微生物学者のルイ・パストゥールなど、微生物論を発表した十九世紀の科学者とその擁護者たちの論文は、さらに多くの家事専門家によって、公衆衛生のみならず私的な美徳と精神の純粋さを保つための秘訣であると解釈され、消毒への執着に結びついた。『カッセルの家庭ガイド（*Cassell's Household Guide*）』は、埃のなかには「命取りになるほどの何万もの細菌が生きている」とし、「病気の種」である微生物は姿の見えない敵であり、カビや傷んだ食べ物、そして不健康な体内で「繁殖」し、人間同士の芳しくない接触やよどんだ空気がそれを運んでいると、読者に警告した。また、ある公衆衛生の先駆者は、「流しと下水設備、排水管と排水口、水路の穴と排気管、トイレと風呂場、ゴミ箱と屑《くず》入れ、そして放射線状に〈病原菌〉を拡散させる中心点である屋外トイレ」の、大規模な洗浄を指南した。[23]

当時の金持ちと「下層民」である貧乏人との区分は、自分を徹底的に清潔に保てるか否かの差にあった。世間では以前にも増して、その差がはっきり目立つようになっていた。簡素なトイレと水汲み場を共同で使い、きゅうくつな住宅で暮らす貧乏人たちは、当然のことながら不利な状況に置かれ、病気をまき散らす存在と見なされた。勤勉さや節度といった、美徳につながる規律に、今度は清潔さが加わった。十九世紀末期のハウスキーピングの権威、フィリス・ブラウンは、石鹸王のリーバ卿によって築かれた労働者のモデル村、リヴァプール近郊のポートサンライトについて、「埃が排除された場所では、快適な家が純潔と啓蒙を手に入れている」と書いた。[24] 牛乳、水、野菜の煮沸（家政学の教科書では最低十分間を推奨している）、そして洗濯が、命取りとなる微生物の大群に立ち向かう最初の一歩であった。家族旅行には携帯消毒器を携帯する者も多く、食器からの感染を予防するために、銀器やナプキン、皿などを大衆レストランへ持参することは、思慮深い行為であると見なされた。どんな小さな汚れも目立つように、浴室や厨房では、純潔を表す色である白が使われるようになった。わけてもナースメイドやナニーは、警戒を怠るわけにはいかなかった。乳母を養成するノーランド研究所の季刊誌には、こう書かれていた。「風呂桶、洗面器、そしてトイレの備品はつねに注意すべきで、それぞれの場所で使用する専用の布巾を備えることに力点を置く必要があります。どの布巾にも目立つ印と別々の洗濯バサミをつけておけば、混同するおそれもありません」[25]

オックスフォードシャーのチャールトン・オン・オートムアでナースメイドをしていた「ミセスA・D」は、家のなかの子どもたちが過ごす一画を、毎日牛乳と水でごしごし洗い流さなければならなかった。食品についても、「卵売りがやってくるときは、ひとつ残らず卵を洗う手伝いをさせられました。汚れが残っていようものなら、耳に一撃をもらうことになりました」[26] と話している。一九〇五年に初めてキッチンメイドになったある女性は、涙を流さずにはいられない時もあった。彼女の孫娘が語るところによると「私のおばあちゃんが仕えていた女主人は、料理の下ごしらえのとき、子どもたちが食べることになっていた肉に触ったからといって、おばあちゃんの指に包丁を下ろすような意地悪をしたんです」[27]。また、硬貨はどんな不潔な手で扱われたかわかったものではないというので、雇用主が財布にしまう前に、夜な夜な小銭を洗うという作業が、レディーズメイドの仕事のなかに含まれていた。

公立の小学校では、一八九〇年代から「家政学」が新たな教科となった。衛生の訓練と家事奉公に科学的な箔《はく》をつけ、それによってさらに多くの女子生徒が奉公に出る気になるように仕向ける、ふたつの機能を果たしていた。教科書は、安全で健康的な家庭に侵入するバクテリアとの闘いが、いかに重要であるかを強調するようにつくられていた。規則正しい生活こそが闘いを制する鍵であり、日ごろ使用人たちの無秩序な個人主義と闘っているすべての主婦が、目的とするべきものとしていた。規則正しい生活は、身体的な清潔さと同様の、道徳的規律の奨励であった。「毎日の決まった仕事、そしてその日課を邪魔されないという強い意志によって、無秩序は避けられる」と、ある教科書には書かれていた。健全なハウスキーピングを習慣づけるための指示は、頻度にせよ時間にせよ、ほとんど異常の域に達していた。髪を、窓を、カーペットを、階段の手すりを、そして爪を、どのくらいの頻度で洗うべきか、その厳格な指針が示された本には、身体や家に関する項目にひとつのもれもなかった。一九一〇年、ロンドンのキングス・カレッジで女性のための科学の学位授与が始まると、『家がいちばん（*Home is Best*）』の著者、ルーシー・ソウルズビーは、「家長、ハウスキーパー、警部補、あるいは市役所の職員であったとしても、女性の将来の人生にありそうな要求に、影響することになるであろう」と書いた。

家庭生活に関するこの新しい科学には、ひとつには、日常生活を制する力を女たちに与えるという意図があった。家事に科学的な目的と尊厳を付与するであろう知識を喧伝し、世間に知らしめようとしたのだ。しかしながらそれは、使用人の必要性をなくすどころか、むしろ強化していた。家政学科の学生たちは奉公人になる運命であり、キングス・カレッジでその科学の学位を取得した女性たちは、奉公人を管理するように運命づけられていた。たしかに、ソウルズビー夫人をはじめとするほかの家政学の支持者たちも、家庭の保守、家計、清掃が、女性によって管理される必要があると認めてはいたものの、家政学は女性が働き手にうまく指示を与えられるようにすることを、主な目的としていた。さらには、技術を要する家事の「美点」を強調することによって、労働者階級の娘たちが教育を受ければ受けるほど、奉公がより魅力的な職業になることを狙った。マイルズ夫人はこう書いている。「依然としてイギリスでは、料理、衛生、子どもの世話の基礎を知っている賢い女性や若い娘は、田舎でも都市でもひっぱりだこです」[28]

第三章　玄関ホールの椅子

体裁を整えるのは、つねに表玄関からだった。まずは夜明けとともに起き出した女中が、「ドンキー」と呼ばれる漂白効果のある石で玄関の階段をこすり、ピカピカに磨き上げた。エドワード朝の屋敷では、表玄関は城門のようなものだった。ご用聞きや、必要でも好ましくない出入りの者たちは裏に回り、彼ら専用の入口を使うか、外の階段から地下室へ下りた。家の主と同族と認められた者だけが、敷居をまたいで玄関ホールへ入ることが許されていた。二人以上のフットマンがいる屋敷では、玄関のドアを開けるのはフットマンのみで、ひとりか、あるいはフットマンを雇っていない場合は、執事がドアを開け、フットマンも執事も置いていない場合は、パーラーメイドがドアを開けた。彼らは見せびらかすための使用人であり、ゆえに、容姿を基準に選ばれていた。

一八九〇年の『使用人の職務（*The Duties of Servants*）』は、ドアを開けるのは「魅力的な外見で、背は低いよりも高いほうがよく、装いの洗練された、礼儀正しい若い娘のみの職務とすべき」だと主張している。雇っている女中はハウスパーラーメイド――賃金は安く仕事量は二倍――だけというプラーガ夫人の家のような規模の世帯では、訪問客を迎える午後には着替える習慣があり、女中たちは白い襟と袖のついた黒い服を着て玄関を開け、夕食の席で仕えた。彼女たちはひとり二役をこなさなければならず、つねに動ける態勢を取っていなければならなかった。オックスフォードシャーの老医師に仕えた「ミセスA」は、「私はハウスパーラーメイドでしたが、どこでどんな仕事をしていようと、P先生がお出かけになるかどうかをいつも気にかけていなければならず、階段を下りて……いちいち階段を下りて、先生がコートと帽子を身に着けるのを手伝わなくてはなりませんでした」[1]と、当時を思い起こしている。しかし、こういう芝居がかった演出は、質素な所帯にとっては負担が大きかった。女中の制服に使用する生地は、たとえ切れ端といえども無駄にすることなく、「心の痛みがないわけでもない」プラーガ夫人は、雇っているハウスパーラーメイドには、流行中のひらひらした飾りリボン（ウィリアム・プロマーはそのリボンを小説『奇妙な関係（*Curious Relations*）』のなかで、主人公のポートメリオン卿がなんとかつかもうとして突進する「波のようにたなびくクラゲの脚」と表現した）[2]のついていないキャップで済ませた。ましてや、背丈に対して余分に払う余裕は、彼女にはなかった。哀しいかなプラーガ夫人は、年五ポンドの予算内で、「身長が標準しかない」パーラーメイドのメアリーで我慢するしかなかったが、その半面、雇用主としてはほっとしていた。つまり、メアリーが身に着けるエプロンは、「さほど大きくつくらずに済んだ」からである。

　エリザベス・バンクスは面接の際、外見の良さに限らず、背の高さが重要視されることに気づいた。彼女、「リジー」は、メリルボーン通りのグリーン夫人から「わかるかしら、テーブルのものに手が届くだけの長い手をもっていなくてはならないし、パーラーメイドなら、背が高くなくては。そうでなかったらどうやってシーツをいちばん上の棚にしまったり応接間の鏡の汚れを落としたりできますの？」と告げられる。結局、背が低すぎて家事の実用に向かない彼女は、不採用となった。富裕層の家庭で奉公した経験をもつエリック・ホーンは、「斜視の使用人を見た人がいるだろうか？　いるはずはない。彼らは死んだロバと同じぐらい珍しい。使用人は、姿も気質も行動も、絶対に完璧でなくてはならないのだ。背の低い娘たちは、下働きのまま地下室に縛られるか、もっと金のない家で働く宿命なのである」と書いた。ある女中も、「背丈が足りなかった」ために、「私はハウスパーラーメイド以上になれなかったんです」[3]と回想している。フットマンに髪粉とひざ下までのズボンを着せるのが好きな家に仕えたジェームズ・ヒューズは、「なぜなら、十分な体格ではなかったので」、フットマンとして無視されていた。[4]

それは、驚くようなことではなかった。孤児院や救貧院の出身者もいた使用人たちは、そのほとんどがろくに食べられずに思春期を迎えた未成年者ばかりで、家の表に立つ仕事に就くだけの理想的な身長に届くはずもなかった。第二次ボーア戦争の勃発後に、当時の徴兵事務所が、労働者階級出身の新兵の大部分は戦地勤務に向かないと報告しているが、英国の貧困層が病気と栄養不良のせいで、どれだけ発育不全であったかを如実に表している。彼らがとってきた食事はというと、「主食」のパンに肉の脂と紅茶、安売りの残飯――傷んだ果物や割れたビスケットに肉の切り落としなどの、最貧困層にはめったとないご馳走からなる――が、ほとんどを占めていた。小規模所帯のひとりしかいない女中なら、週におよそ三トンの水を運搬しなければならないため、リリアン・ウェストールは、成人男子同様の体力を必要とする、階段を上がり下りして熱湯の入ったバケツを運ぶメイド・オブ・オールワークの仕事に就くのは、不可能に等しいと思った。「そういった仕事には牡牛ほどのスタミナがいるのに、半ば飢餓状態を送っていた私に、そんな力が出るわけがありませんでした」[5]

玄関ドアを開ける役目を担う使用人には、社交上の鋭いアンテナが求められた。彼らは、たとえば服装、声、礼儀作法などから、紳士然としただけの者か真の紳士か、柄の悪い輩《やから》か身分の立派な人かを、自分で見分ける必要があった。階級のルールは複雑をきわめたが、他人を家に入れる際には、慣習にとらわれないボヘミアンと見紛う余地のない貴族のみが、そのルールを破るだけの説得力をもっていた。一八九二年、浪費家の地主との結婚を控えていたロマン主義作家のエリノア・グリンは、義理の母になる予定の女性から、もてなす客の概要を先に知らされていた。「ランチかディナーにお招きするのは、陸軍か海軍の将校、さもなくば外交官か聖職者のみです。教区の牧師は、もし紳士的なお方なら、日曜の昼食か夕食に毎週お招きしてもいいでしょう。医師や弁護士はガーデンパーティーなら招待することもあるかもしれませんが、ランチやディナーにはお呼びしないことです。芸術、演劇、貿易や商売に関わっていらっしゃる方々は、どれほどつながりが深くとも、家に来ていただいてはいけません」[6]

イーディス・ウォルドマー・リヴァートン夫人は、著書の『使用人と彼らの職務（*Servants and their Duties*）』（一九一二年）に、軽率な使用人が留意すべき落とし穴について、こう列挙している。「女主人はたいてい、接客の準備ができているかどうかを使用人にほのめかしますが、ほとんどの場合において、夫人がその訪問客を快く迎え入れるかどうか、女中がみずからの裁量で判断する必要があります。いつも簡単に判断できるわけではありません。私自身、紅茶の注文を取って回っている紳士を招き入れ、ちょっとしたお茶会の最中に応接間に通してしまったことがありましたし、またその逆に、うちの女中が訪問客を見て、少々〈馬の世話係的〉なその風貌に、馬丁と間違って家に入れるのを拒絶したこともありました」[7]

一八九二年に、「リジー」を妻のパーラーメイドとして雇ったブラウンロー氏は、友人と債権者をなかなか見抜けるようにならない彼女にショックを受け、「ブラウンロー氏は玄関ホールに私を呼び、リジー、家族の友人と借金取りの違いが、おまえにはわからないのかい？　と訊いてきた」と、彼女は書いている。自分ではわかっているつもりだという彼女の答えに対し、彼はこう話した。「いいかい、今後ひと月は、いかなる集金人も家に通してはならない。私はパリに行っている。わかるね？　相手が何の用かを言わせる前におまえが察して、私はロンドンにはいないと即座に言うんだ。前いた娘は、収税吏に裁縫師に仕立屋まで家に入れてしまい、あの娘の間抜けさのおかげで、とんだ迷惑をこうむったんだ。彼らが仕事をしていなくて立っているだけのときに、何のご用かと、その訊ね方がわからなかったと言うんだがね。有能なパーラーメイドになるには、人の心を読み取ることだ」[8]

ドレスの仮縫いにやってきた裁縫師やセールスマン、秘書に応募して面接を待っている者など、社交目的ではない訪問者は、ただちに部屋に通されることはなく、しばらく待たなければならなかった。そのため玄関ホールには、小さくて硬い専用の椅子が並べられていた。ウォルドマー・リヴァートン夫人によるパーラーメイドへのアドバイスは、「疑わしい人物なら、ホールの椅子を勧めなさい」[9]である。そういった椅子は、飾りとしても機能するよう装飾が施されてはいたものの、布張りになっていることはめったになく、だらしない姿勢で座ることは不可能であり、訪問者は忍耐を示すかのごとく、背筋を伸ばして、少々控えめに座らざるをえないようになっていた。一方、アメリカのあるインテリアデザインの大家は、「使い走りタイプ、書籍販売業者、国勢調査人、そして石鹸を売りにきた未亡人」[10]など、社会階級の中間に属する者たちを、「ホール椅子の使用者」として挙げた。

十九世紀末は依然として、込み入った用件については、午前中に訪問するのが一般的であったものの、社交的な訪問は、概して午後三時から六時のあいだに限って行われるようになっていた。この時間帯になるとパーラーメイドは、午前中に応接間の掃除をするときに着ていた平凡な柄物か無地の服を脱ぎ、昼食を出す時間までには、白い襟と袖のついた暗い色の服――そして当然、飾りリボンつきか、あるいはなしかの例のキャップ――に着替えなければならなかった。一九〇三年、ハロゲートの教区牧師のところで働いていた十二歳のイヴリン・アスクウィズは、訪問客のためにドアを開ける午後には、その代用として、いつもの白いエプロンから、刺繍を施したエプロンに替える必要があった。[11]

訪問におけるルールは、複雑をきわめた。有閑階級の紳士か婦人が馬車で到着すると、彼らは自分の使用人にその家の夫人が在宅かどうかを訊きにやり、徒歩で訪問した場合は、使用人ではなく彼ら自身が玄関へ足を運んだ。訪問客は、夫人が不在だと告げられると、カードを置いて立ち去った。婦人の場合は、女主人に渡すための自分自身のカードを一枚と、女主人と主人の両方に渡すための夫のカードを二枚、合計三枚のカードを残した。パーラーメイドか執事かフットマンは、白い手袋をはめてそのカードに触れ、かならず盆にのせて女主人に差し出した。一八九六年のエチケット手引書では、著者が、訪問カードが「自分の代わりとなるよう」につくられていることを読者に気づかせながら、その「厚紙の魔法の欠片」の、神聖ともいえる性質をほのめかしている。[12] 一九〇八年、ある女性は、使用人が二人いるだけという家で働いていたが、彼女の女主人の「在宅日」は、毎月最初の木曜と決められていた。その六年後に当時の話をする機会があり、金に困っていた女主人の、手のこんだジェスチャーをこう振り返った。「玄関ホールのテーブルの上の盆には、よくカードが置かれていましたけど、なぜかわかりませんがおかしなことに、二枚の訪問カードは旦那様ので、一枚は奥様自身のものだったと思います。そうすれば、いらっしゃったどのご婦人も、三枚そこに置いていかれるからです。みなさんにそれが見えるよう、そこにカードが置かれていることが、とても重要だったのです」[13]

女主人が「在宅」で客に応じる場合は、使用人は訪問客を応接間に案内し、客人の名前を儀式ばって告げた。男性の訪問客は、帽子、ステッキ、手袋をもって二階まで上がった。「ホールに帽子を置くのは無礼と見なされ、悪趣味なことである」と、『良い社会のマナーとルール（*The Manners and Rules of Good*

Society)』に書かれている。だらだらと長居して話が長くならないよう、それにおそらく、すべての関わりを軽減する目的で、訪問時間は十五分以内と決まっていた。会話の内容は軽く、写真撮影や芸術的な試みのような娯楽を伴う行動は、礼儀にかなっていないと見なされた。また、ティーが来客用の唯一の軽食であり、出す時間は四時半きっかりと決められていた[14]。

エドワード朝の婦人の日常生活は、ちょっとした活動で埋まっていた。その多くが気晴らしのようなもので、ときには何かの芸事もあった。ビンズ夫人は、「一日中ソファで横になって小説を読む以外、何もしないというのは本当ですか？」[15]と女中に訊かれ、「七種類の楽器を演奏できます、しかもどれも完璧に！」と憤慨しながらそう言い返した。

サフォーク州のソマーリートン地所で雇われていたガーティは、午前中、女主人のソマーリートン夫人の寝室にある暖炉を磨く仕事があり、夫人は、彼女のようすを見張りながら、ずっとベッドで横になっていた。「奥様のベッドはカーテンで囲まれていました。奥様が喋らなければ、自分からは話しかけられません。びくびくしていましたが、慣れるしかなかったんです。今は顔を見られますけど。それはいつも十時か十時半のことで……奥様は、一日の半分はベッドにいらっしゃいました、何しろご高齢ですから。下の階にブドワールをおもちで、それが奥様の居間でした。白とブルーの部屋で、とってもきれいでした」[16]。当時は、慈善団体のジャンブルセール〔寄付された不用品の販売〕、トランプ遊びのホイスト大会、バザーなども開かれた。

エドワード朝の応接間では、大流行中のブリッジ遊びに興じる人々の姿が見られたが、ゲームのとりこになってしまう者も少なくなく、ブリッジは使用人専用広間まで浸食し、上級使用人たちが集まる部屋のブリッジテーブルの上でちょっとした賭け事が始まり、やめられない楽しみとなった。それは、「アッパーテン〔等級が最上位の使用人たち〕の愉快な気晴らし」という、現代の歌の文句にもなっている。

上昇志向のある中流層にとって、自分たちの社会的な地位を盤石《ばんじゃく》にするため、もしくは夫になり代わって夫の仕事仲間の機嫌を取るために、ディナーパーティーを開くこつの習得は、きわめて重要なことだった。しかしまたそれは、費用がかさむものでもあった。エドワード朝時代には、最も簡単なディナーパーティーでさえも、二種類のスープ、魚料理二皿、肉料理二、三皿、それに甘くないデザートと甘いデザートが各二、三品ずつ出された。ディナーパーティーが厄介な社会的領域であることは、評論家たちも認めていた。「人々は非常に敏感で、この話題にはかなりぴりぴりしており、客は招かれた友人宅で、例のごとくまずいディナーが出されても、その改善方法を提案するより、むしろそのまま食べたほうがいいと思っているらしい」[17]。何より重要なのは、使用人専用の広間では、すべてが整然としていることだった。不器用、もしくは未熟な使用人の失敗が、女主人のせっかくの計画をふいにしかねないからである。

チェスターフィールドのタプトン・ハウスでは、マーカム夫人が「失敗から学ぶ」べく、自宅で開いたディナーパーティーの、成功例と失敗例を詳しく記していた。たとえばこんなふうに書いている。「不愉快な待ち時間によって完全に台無し。またもやうんざりするディナー……おまけにどのお料理もすっかり冷たくなっていたのが苛立《いらだ》ちの原因」[18]。家にひとりしかいないパーラーメイドにとっては、ディナーパーティーは悪夢である。リジー・バンクスは「誇らしいことに、私はナプキンをボートの形に折る要領をつかんだが、どんなに頑張っても、ワインの栓抜きは使いこなせなかった」[19]と書いている。一方、リリアン・ウェストールはこう回想している。「私たちは絶対に、お皿に直接指で触れてはいけないと厳しく指示されていて、かならずナプキンでもつようにしていました。お皿に指紋がついていないかどうか注意深く調べられ、万一それが見つかったときは、その場でお皿を返されました」[20]

アーノルド・ベネットの小説『エルシーとその子ども（*Elsie and the Child*）』に登場する、気立ての優しいハウスパーラーメイドのエルシーは、上昇志向の強い雇用主が開いたディナーパーティーで、静かに、そして人目につかないように皿を重ねようとしていたときに、誤って赤ワインをテーブルクロスの上にこぼし、汗が噴き出るほどの苦悩に陥った。「またもや忌まわしい瞬間！　その後しばらく、彼女には白いテーブルクロスについた赤い染み以外は何も見えなくなり、主人が染み抜きに使った塩の山の下からでさえも、それが見えるのだった」[21]。一般的な雑用をする多くの使用人同様、エルシーは、料理の盛りつけのルールを習得するのは、不可能に近いと思った。なぜならそれは、大勢の使用人によって体裁よく盛りつけられるように考案されているもので、使用人がたったひとりの世帯では、その真似をすることは不可能だった。セロリ用ゴブレットにキュウリ用トレー、カスタード用グラスにマフィン入れ、骨の髄をかき出すロングスプーン（その半世紀後、炊婦のミス・エルリーが、「骨をもらった犬が髄をなめているところを今見たら、おかしくて笑ってしまいます！」と述べている）[22]などなど、こと細かな用途に応じてつくられた数々の備品を、すべて覚えることが求められた。

　銀製の装飾品や食器は、当世風の家の食卓の上で、きらびやかな見せ物となった。花嫁の結婚祝いには、スプーンつきのボンボン入れバスケット、ピクルス用フォーク、サンドウィッチボックス、そしてメニュー立てなど、すべてが銀でできたものが選ばれたため、食卓は、花を生けた花器以外にも、おそらく中央には装飾用のカップと、役割を隠したような銀製の動物の一群——塩と胡椒の詰まった猟犬とキツネか、マスタード壺を抱えた熊など——で、華やかに演出されていた。ナプキンの折り方は多種多様であったものの、通常はまっすぐ立ったミトラ〔司教帽〕の形にたたまれ、現代ではよく見かけるナプキンリングは、まだ存在していなかった。ときには、それぞれの場所に凝ったつくりのホルダーが置かれ、名前の書かれたカードが添えられていることもあった。大がかりなディナーパーティーともなれば、めいめいの席に十二本セットの銀のカトラリーを用意しなければならなかった。野菜（かならず四種類以上）は概して、原形がほとんどわからなくなるような、手のこんだ料理となって出された。皮をむいたトマトは、切りこみによって花の形にされ、ゲーム〔狩猟でしとめた鳥獣肉〕に添えるジャガイモは、完璧な円に整えられた。アーティチョークの芯は完璧な球形で、ホウレンソウは茹でてピュレにされてから、型を使って完璧なピラミッド型に盛られた。しゃれた肉料理は、調理されたあとでもまだ生きた動物のように入念に仕上げられた。たとえば、ローストされたウサギは、針金を使って耳を立たせ、今にも後ろ足で跳ね出すかのように盛りつけてあり、またロブスターのムースは、ピンク色のロブスターに見えるように、時間をかけて型で固められていた。

羊の骨つき肉にかかる費用を日々計算するプラーガ夫人は、ディナーパーティーが、夫のキャリアにとっていかに重要であるかということを認識しており、準備は周到に計画するように助言した。プラーガ夫人の場合は、「フランスのブルジョア階級のような、とことん上品な料理」が、価値ある効果をもたらしていたものの、ディナーパーティーを開くたびに家計の帳尻を合わせる必要があったため、ふだんは質素な暮らしを余儀なくされていた。しかし大邸宅では、とりわけカントリーハウスでは、上の階でも下の階でも、何もかも大量に消費した。バッキンガムシャーのガートルード・ピットが働くことになった屋敷では、毎食、ジャガイモには半ポンド〔約二三〇グラム〕のバターが添えられ、グリーンピースには決まって半パイント〔約二八〇CC〕以上のクリームがかけられていた。マーカム夫人の会計帳簿によると、タプトン・ハウスの一八九三年の昼の食事は、十二人が席に着き、肉汁のスープ、ロブスターソース添えのヒラメ、菓子パンのマセドワーヌ、カツレツのスービーズ仕立て、鹿の後脚の肉、子牛の頭、ライチョウ四羽、ナポリ風ケーキにゼリーのフルーツ添えが出された。のちに彼女の娘であるヴァイオレット・マーカムが、「クリーム一パイントにバター一ポンド、卵を一ダース使うことが、ご馳走が出る前のただの予備段階でしかなかった、食べ物がふんだんにあった日々」[23]と、当時を懐かしく振り返っている。それよりは控えめな状況にあったタップローのレクトリーファーム・ハウスですら、一九〇六年のある一週間を記したアリス・オズボーンの日記には、ボールドウィン家が、五日で七七個の卵を使い果たしたとある。アイルズベリー侯爵家の炊婦は、毎日の朝食に、脂ののったウサギ、ヘッドチーズ、豚足のゼラチン料理を用意した。彼女が「ディナー用のルークパイをつくるために、朝食前に三〇羽のルーク〔山鳥〕の皮をはぐ」ことすら、珍しくはなかった。成功を収めた弁護士のジェームズ・ローレンスと家族が住んだエセックス州のピルグリム・ホールのような、中規模のカントリーハウスでさえ、週日のふだんの朝食は「ベーコンエッグとキッパー〔ニシンの燻製〕。干しダラ、フィッシュケーキ〔コロッケに似た白身魚のフライ〕、ケジェリー〔魚、茹で卵、米を煮たインド料理〕、キドニー〔牛・豚・羊の腎臓〕などで変化をもたせて」用意された（半世紀以上もたってから、レスリー・ローレンスは、当時の人々が消費した食べ物の量を思い起こして愕然《がくぜん》としたが、それでも肥満児はめったにいなかったようだ――「太った子どもは、かわいそうな奇形児だと見られていた」[24]）。

そういった屋敷では、階下で働く使用人にも、奉公生活に入るまでは想像もできなかったような、贅沢《ぜいたく》な食事が提供された。サリー州のボックスヒルで初めてスカラリーメイドとして働くことになったローズ・ギブスは、使用人専用広間に並ぶ食品を見て、両親はちゃんと食べられているのだろうかと心配し、「ただただ、立ちつくしたまま泣きました。バターは地所内の貯蔵所でつくられ、畑では野菜が……夏になれば、苺にラズベリー、ローガンベリーや桃や杏も採れたんです」[25]と振り返っている。大きな屋敷で二番手のフットマンをしていたチャールズ・ワシントンは、スティルルームメイドのメイシーの故郷へ、一緒に行ったことがあった。ウェールズに住む彼女の父親は、病気を患ったせいで炭坑夫の仕事を失い、家族はひどく貧乏で、パンとジャガイモだけでなんとか食いつないでいた。彼らのために牛の首肉を一キロほど買って持参したワシントンは、「金持ちになった気分」がしたという。そのとき、メイシーの母親は涙を流し、父親はひざまづいて神に感謝した。[26]

第四章　卵の黄身は真ん中に

規則正しい家づくり

執事をしていたアルバート・トーマスは、「ねえジョージ、羊が二、三頭、子羊と跳ねまわっていたら、この野原の造作も完成して見えるんじゃないかしら?」と、公爵夫人から問われた。「それで私は、翌朝までに羊と子羊がそこにいるよう、手配しました」[1]

季節外れで分別のない奇妙な要求は、どんな時代においても、金持ちの特権である。雇用主が尊大であればあるほど、その頼みごとは突飛になる傾向があったが、使用人たちはさらに寛大な気持ちでそれを眺めていたようだ。実用的な面についての常識の欠如と、暇にあかせて助長された奇妙な強迫観念は、彼らにとっては娯楽のたねであると同時に、苛立《いらだ》ちの源でもあった。雇用主の日常生活のスキルのなさを、多くの使用人は一種の哀れみをもって見ていたようだ。執事、アーネスト・キングの最初の雇用主、チャールズ・チチェスターは、料理に手を出すのが好きで、よく厨房に入りこんでは奇妙な食事を使用人に食べさせた。彼は「厄介な人でしたよ」[2]と振り返っている。チチェスターは「仔鹿の肉のパイや、レント〔受難節〕などには雨水用の樽《たる》に浸けた塩ダラ」をつくったが、それを食べたいと思う者はひとりとしていなかった。また彼は、バーンステープルにいる馬車の御者が、日ごろ大勢の客を駅から彼の屋敷まで何度も運んでくれることに感謝し、みずから料理したディナーに総勢四八人を毎年招いた。

しかし、そんな芝居じみた気まぐれは、メトロノームのような規則正しさで営まれる、偏執狂と紙一重の日常生活のなかの、娯楽の一端にすぎない。ジョージ五世は、秩序、正しい服装、そして時間の厳守に異常なこだわりをもっていて、不注意な女中のせいで物を置く位置がずれることのないよう、所有するすべての屋敷のすべての部屋を、写真に撮って管理するという念の入れようであった。ウォードーフ・アスター子爵は、自分の地所で飼う牛の牛乳しか飲まないため、スコットランド旅行の際も、乳牛を汽車に乗せて連れて行った。エリック・ホーンの場合は、首相の甥で、やや変わった双子の、グラッドストン兄弟が最初の雇用主であったが、その兄弟は、同じ屋敷の左右に建て増しされた翼棟に別々に住み、別々の馬車に乗って外出し、お互いほとんど口をきかず、同じテーブルで食事をしても、かならず違った食べ物――決まって魚だった――を用意させた。兄弟のひとりは、どんな天気であろうと散歩に出かけるのが日課で、いつもコートを五枚着こんで出発したが、暑くなってくると、それを一枚一枚脱ぎ捨てて歩いた。そのたびに、ほどよい距離を保ちながらあとをつけていたフットマンがコートを拾い上げていたという。また、極度の孤独から、狂気に近づいていったポートランド公爵の場合は、万一空腹になったときに備えて、厨房では串刺しの鶏を一羽、昼夜を問わずつねに焼いていなければならなかった。

アメリカの資産家の娘、コンスエロ・ヴァンダービルトは、マールバラ公爵と結婚したものの夫婦関係は冷え切っており、一八九五年以来、抜き差しならない状態に追いこまれていた。彼女はブレナム宮殿での最初の数年についての叙述を残しているが、強烈に自己中心的で、ささいなところまで指示しつづける公爵の行動が、公爵自身と使用人たちの双方にとって、限界に達していたことが記されている。公爵は自分のステータスに関わることに対しては、微細なところにまで執着した。わけても、ほとんど無言のまま次から次へと料理が運ばれる食事は、公爵夫人にとっては試練だった。「考えてみると、人生において毎日三回、かならずあてにできる喜びは、秩序の保たれた食事だけではないかね」と、夫に諭された彼女は、退屈を紛らわすために、テーブルの端で編み物をしていた。「私たちは、料理の利点や熟成ワインの芳香がどうのこうのという話に、何時間もかけるようでした。食事の席で夫が話しかけていたのはメートルドテルで、彼は重要人物になっていました」。公爵夫妻の二人だけの食事に、少なくとも八人が給仕し、毎食のコースごとに、十七種類のメニューのなかから選べるように料理が用意された。彼女は食事風景をこう描写している。「そんなディナーがだんだん嫌になり、憎悪さえするようになっていました。長い一日の終わりのディナーの時間が、どれほど不気味にわずらわしく迫ってきたことか。ディナーはいつも仰々しく給仕され、いったん料理が運ばれると、呼び鈴だけを残して、使用人は次の料理まで顔を見せませんでした。マールバラが呼びつけない限り、ドアは閉まったままです。夫流の食べ方はというと、自分のお皿にお料理を山のように盛ってから、ナイフ、フォーク、スプーン、グラス、お皿、その全部をテーブルの奥に押しやるのですが、すべて計算され尽くされたこのしぐさにたっぷり時間をかけて、それから椅子を引き、脚を交差させると、今度は指輪をぐるぐる回しはじめます。それを十五分ほど続けてから唐突に、現実の世界に、というより食事に戻って、というべきかもしれませんが、それから夫は、おそろしいほどゆっくり食べ始めるのです。たいてい、お料理が冷めていると文句を言いながら！」[3]

　習癖のせいでものの見方が歪むのは、何も大金持ちに限ったことではなかった。あらゆる要求を実現させる過酷な労働に甘んじる者がいるときは、望みは叶って当然の日常的な決まりごとになり、苦しめられた側の話によると、ほとんど現実離れした様相を呈していた。オックスフォードシャーの女中、ミセスBは、女主人の寝具を、毎日取り替えなければならなかったことを覚えている。「枕カバーにしわが一本でもあれば、ベッド脇に落されていました——奥様は枕カバーにしわがあったらお眠りになれないので。

それで、枕にカバーをかけるときはいっそう気を使わなくてはなりませんでした。ちゃんとできるようになるまで苦労しましたが」[4]。その時代の炊婦とキッチンメイドの思い出には、たとえば、朝食の際によくある要求として、黄身がちょうど真ん中になるように茹で卵をつくらなければならなかったことなど、料理の体裁に関して辟易するような注文に悩まされていたという共通点がある。ハロゲートの教区牧師のところにいたイヴリン・アスクウィズもご多分にもれず、湯が沸騰しているあいだじゅう鍋のなかで卵を回し、黄身を真ん中に落ち着かせるこつを習得する必要があった。万一、中心を外れていた場合は、茹で卵を下げて初めからつくり直さなければならなかった。イヴリンの女主人の飼い犬は、毎日夕方の五時になると、細いスポンジケーキがエサとして与えられたという。一方、アーネスト・キングの場合はこうである。「日曜日の朝食にかならずチポラータ〔香料入りの小さなソーセージ〕を食べる夫婦のところで働いていましたが、奥さんは三個、旦那さんは五個召し上がりました。奥さんはそれを三角形に並べてから、今度はペーパーナイフを使って茹で卵を半分にするのです。ふつうのナイフでは刃の幅が広すぎるので、それには向かないと思っていらっしゃったようです。旦那さんのほうは、チポラータをそろえて刻み、それを茹で卵に浸して召し上がっていました」。アーネスト・キングが、「そういった変人ぶりに対処するには、精神医学の勉強が必要かもしれません」と思うのも、無理のない話である。[5]

ドーセット州の赤貧家庭に生まれた小説家のトーマス・ハーディですら、晩年はクモの巣に対して病的に執着した。パーラーメイドをしていたエレン・ティッターリンガムは、ハーディを「無口でむさくるしい小さなスズメ」と表現している。救いようのないほど細かいことを気にするハーディは、一九二〇年代に、自宅のマックスゲートでエレンが見落としたクモの巣がないかと、夜な夜なランタンを手にし、暗い廊下を見回ったという。[6] アーノルド・ベネットの小説に登場するエルシーは、中産階級の雇用主の、奇異で手間のかかる要求に呆《あき》れながらも、ラステ家の舞台で繰り広げられる芝居の補助員役を、全面的に受け入れた。「毎日お風呂に入れないと、あの方たちは不幸なのです！　そして食事も、簡単に済まそうなんてことはありません。布類もグラスもカトラリーも銀器も全部、独特の並べ方でなければ満足せず、教会の礼拝みたいにややこしいものでした」[7]

時間の管理は、軍隊のような正確さをもって実行され、事実それが、運営状態の良い家の証でもあった。作家のシンシア・アスクィスは一九〇七年、宮中に拝謁《はいえつ》をたまわったが、「デビュタントの私に絶えずつきまとっていた恐怖は、ディナーに遅れてしまうことです」と思い起こしている。着替えの合図のゴングが鳴り響くと、その半時間後に、客人はディナーに集まらなくてはならなかった。「しびれを切らせて待っていただく最後のひとりになるなど、冗談ではありません」[8]。ランチを知らせるゴングは、手を洗う余裕を与えるために、十分置いて二度鳴った。一方、ほとんどの家で、家族と使用人のために祈りを捧げる習慣が続いていた。「十時を十五分すぎたところでベルが鳴り、どこにいようと、屋根裏部屋まで上がってきれいなエプロンを着け、下の階まで駆け下りて、全員が応接間に並ばなければなりませんでした」との証言がある。[9]

子どもたちの人格形成には、日課表通りの行動が不可欠な要素のひとつとして考えられていた。一九〇〇年、ドンカスター近郊で、ある一家の幼児と赤ん坊の世話をひとりで任されていたナースメイドのセイラ・セジウィックは、子どもたちが快適に過ごせるように、「それは、すべて分刻みで決められた行動でした」と振り返った（そして冬になると、「暖炉の薪を追加しに、フットマンが二時間おきにやってきました」）。「十時ちょうどに乳母車で外に出て、十二時半まで散歩しました。ランチョンは一時です。それからまた二時から三時半まで乳母車を押して歩きましたが、どの家のナースメイドも、外出用の制服を着るのが習わしになっていました」。新鮮な空気に軽い運動（概して、着心地が悪く仰々しい服を重ねて着ていたせいで、動きは鈍かった）[10]と、淡泊でも健康的な間食が、中流階級以上の家庭で育つ子どもの、ふだんの生活を形づくっていた。六歳以下の子どもの食べ物は、たいてい細かく刻まれているかピュレ状で、野菜も肉も裏ごしされているため、液体に近かった。香辛料や香味料を使うよりも、クリームやバターミルク、牛乳たっぷりのプディングなどを多く摂《と》るほうが、はるかに栄養価が高いとされ、エドワード朝の子ども用のメニューには、ライスプディング、セモリナ粉のプディング、ジャンケット〔甘い凝乳〕、牛乳ゼリーなどが目立った。午後のティーには、当然、ケーキやビスケットがふんだんに並び、最初に食べるのは、「いっぺんに吹き飛ばしてしまえるほど小さい、縦長に切ったバターつきパン」[11]と相場が決まっていた。

　前の世代では、形態においてはさして大人と変わりがないと見られていた子どもたちは、子どもだけの世界に住むようになり、健康面と倫理面で快適な暮らしができるように、大勢のナニーやナースメイドによって日々監視されるようになった。子どもの世話をする使用人の制服は、フローレンス・ナイチンゲールの着ていたような、清潔で、糊《のり》がきいていて、染みひとつない純白でなければならないという先入観を反映し、従軍看護婦の制服によく似ていた。「家のなかでは私たちはいつも、靴やストッキングさえも白で、全身白い服装をしていましたし、外に出るときは、黒い靴とストッキングをはき、白いブラウスと灰色の服を着ました」[12]と、セイラ・セジウィックは当時を振り返っている。裕福な家の子どもは、季節にかかわらず、午前中に着た服をそのまま午後に着ていることはなく、また、手短に顔を見せるために階下の両親のところへ連れて行かれる際は、いうまでもなく、服を着替えて頭の先からつま先までおめかしをさせられ、そのあとベッドに入るためにまた服を脱いだ（シンシア・アスクィスは、「切り離された領域でありナーサリー〔子ども部屋〕から出てきた子どもたちは、珊瑚《さんご》か琥珀《こはく》のビーズのネックレスをし、サッシュを着けて、両親の部屋へと重い足取りで入っていきました」と書いている)。[13] しかも、二日着続けることがめったにない服は、夜のあいだに洗濯が行われた。凝った下着のフリルは糊づけされ、リボンはいったん外してからアイロンがかけられ、そしてふたたび服に縫い付けられた。細かく刻むかピュレ状になった特別な食べ物にしても、天候にかかわらず午前と午後に延々と歩く二時間の散歩にしても（新鮮な空気は、エドワード朝のしつけの信条のひとつだった）、その作業は決して単調なものではなかった。セイラ・セジウィックは「子どもたちに毎日盛装させるのだって、ものすごく骨が折れました」[14]と話している。

新生児は「まさに最初の関係からとんでもない厄介者」という素っ気ない判断を下したパントン夫人は、育児はなるべく早い時期に、プロにアウトソーシングすることを勧めた。労働者階級の女性たち、ほぼ確実に母親でもあった彼女たちは（十九世紀末には、平均的な労働者階級出身の四〇歳の既婚女性は、推定七人から十五人の子どもを出産していた）、何世代にもわたり、次の何世代もの子どもたちのために、ウェットナースやナースメイドを引き受けてきた。ところが十九世紀のあいだに、都市部の中流階級は自分たちの家庭を貧困層の社会に対して封鎖しはじめて、ウェットナースになる女性を、子どもの初期養育の適任者と見なさなくなっていた。一方、中流層の家庭でこつこつ働くいたいけなナースメイドの人数は、著しく増加していたが、彼女たち自身もまだほんの子どもだった。その増加は、中流階級の親と子どもの距離が、日常生活においてますます遠のいていたことを証明していた。一八五一年には、五九三七人の少女がナースメイドとして雇われ、一八七一年になると、その数は七万五四九一人にまで膨れ上がっていた。しかし、ナースメイドはナニーのための使用人である。そして子守の域を超えた資格をもつ専門職的なナニーは、ますます必要とされた。

一八九二年のノーランド研究所の設立によって、子ども部屋専属のナースとナニーのステータスは、教育上のメンターと道徳的指導者にまでレベルを引き上げられた。研究所の初代校長、イザベル・シャーマンは、「イギリス以外の国で、こんなに独特で独立した保育をされる子どもはいない」[15]と察知し、ドイツの教育学者、フリードリッヒ・フレーベルの教育法に注目して、イギリスの子どもの柔軟性のない日課に、遊びながら学べる時間を導入した。ノーランド研究所の生徒は、教師になるには学識が十分ではないような娘たちから募られ、創立者のエミリー・ウォード夫人の主張によって、生徒たちはつねに「ジェントルウーマン」（貴婦人）とみなされるべきということになっていた。彼女たちは使用人と一緒には食事を取らず、使用人専用広間に対して優位性を示すべく、雇用主の家庭に赴くやいなや、自分の整理ダンスの上に、銀のヘアブラシをこれみよがしに置くよう指導されていた。

ノーランドのナースは、拭いたり洗ったり掃いたりはせず、彼女たちの関心は、預かっている子どもの、道徳と心理的な発達の世話のみに向けられた。* しかしながら、そうした特定がなされなければ、明らかにその仕事は家事労働の領域に入ったため、一八九五年、ナースのクリスティン・ティスドールは、エディンバラの雇用主から「家庭内であつれきを生じさせることなしに、貴婦人の精神で使用人としての職務を果たす」[16]という、結局は使用人としての彼女の能力をほめ称える推薦状を受け取った。

たいていどの厨房の棚にも置かれていた『ビートン夫人の家政読本（*Mrs Beeton's Book of Household Management*）』の著者であるビートン夫人は、かつて主婦を「軍の司令官」にたとえた。毎日のルーティーンは、軍事行動作戦に似て混沌に陥ることなく、女主人と使用人の両側で徹底した秩序が保たれた。もしくは、そうなるようにと考えられていた。H・G・ウェルズの短編『結婚（*Marriage*）』のなかでは、結婚したてのマジョリー・ポープが、両親の無秩序で質素な上品さよりもずっと効率よく管理された、設備の整った理想の家庭を、こんなふうに夢見ている。「そこにあるすべてのものが、輝いていて、良質で、豊富にあり、使用人たちはおおらかで礼儀正しく、反感など微塵《みじん》ももっておらず、朝食では卵やなんやかやにとげとげしくなる必要も、あるいは卵なしで済ませる必要もなかった」[17]。マジョリーの夢の家庭で、従順な使用人の働きによる規則正しさはくつろぎをもたらし、そしてまたそれが、自分が「とげとげしく」なることを防いで最も好ましい性格を引き出して、自分自身の道徳的発達の助けになると彼女は信じている。マジョリー・ポープのケースでは、完璧に規則正しい家づくりを達成しようという彼女の目論見が、最終的には、借金と惨事の悪循環に自分を引きずりこむことになる。よく管理されたエドワード朝の家の印とも言える、人を拘束するような規範は、家計上の苦労と社会的な不安定さを背後に横たえた、単なるファサードでしかなかった。

＊一九〇七年、ノーランドのナースたちは、労働者階級の子どものための初めての託児所の設立に貢献した。託児所ができたことで、主に洗濯産業で働く多くの女性が、自分の子どもを一日中専門家の手にゆだねることができた。ロンドンのハマースミスにできた最初の託児所は、児童一人につき四ペンスか二人につき七ペンスという、母親たちには負担とならない利用価格が設定されていた。近隣のアクトンにできた二軒目の託児所には、半年間で二四三六名の子どもが通った。

第五章　しゃれ者とモブキャップ

使用人の服装

エドワード朝の雇用主にとって、使用人が使用人だとはっきり見分けがつくことは重要であった。十九世紀の中頃には、工場で織られた安物の生地の登場によって紳士階級と使用人の身なりの差が縮まったため、明らかな区別の維持はきわめて重視された。十九世紀初期から、雇用主が執事や従僕にいらなくなった服を与える習慣はあったものの、同時に、それがあまり「正しい」着こなしにならないように配慮され、使用人の着けるネクタイはコートと少々ちぐはぐであったり、デザインがやや流行遅れであったりした。したがって執事は、紳士に仕える紳士には見えても、彼ひとりでは紳士ではなく、やはり従僕にしか見えなかった。『使用人の職務（*The Duties of Servants*）』のなかで、レディーズメイドはこう警告されている。「身分を逸した服を着ることや、一家のご婦人方の装いと張り合おうとしてはいけません。これは、ほかの持ち場にいる使用人よりもずっと用心すべき大事なことです。素材やトリミング、流行に関するあなたの知識は、ほかの使用人よりも首尾よく仕事をこなすための、絶好の手段になるのです」

社会的な境界線を越えようという試みには、敵意のある目が向けられた。十九世紀の出版物を見ると、雇用主を真似て腰当とクリノリン生地のペチコートで流行を追う、滑稽《こっけい》な若い女中を描いた風刺画であふれている。一八四〇年代、ジェーン・カーライルは、彼女の雇っている女中がある日曜日、厨房用のはたき三本を合わせてつくった即席の腰当を着けて外出したという話を聞き、愉快に思った。ファッションに関心の高い使用人は、大衆文化のなかで、淑女を装いたいのに人を唖然とさせてしまう、けばけばしくて下品な物真似の代名詞となった。エドワード朝のある作家は、極端な流行に乗った女性をからかうときに、「頭のおかしい女中のよう」[1]と形容している。上流社会の女たちが化粧をしたり髪を短く切ったりドレスのすそを上げることが、珍しくなくなったばかりか慣例となってからずいぶんたったころ、若い女中たちもようやく最新のスタイルで装いはじめたものの、身の程知らずと冷笑された。また同時期には、ルール集の小区分の細分化を進めるような、複雑をきわめた排他的なやり方で、単なる服装への考慮という範囲を超越していることが、紳士階級の特徴であるとされた。つまり、たいていの場合は、仕立ての良い服のほつれやほころびが、卓越した内面の証であったのである。しかし、男性の衣装にはこれがうまく作用したが、女性の場合、着古した服が放つ魅力には疑問が残った。ボンファイアー〔焚き火祝い〕のある夜、詩人のイーディス・シットウェルの祖母、ロンデスバラ伯爵夫人は、幌つき車椅子に座っていた。そのとき、一家を訪れていた運の悪い牧師補は、ぼざぼさの白髪で黒装束の彼女を「みすぼらしい服の人」と勘違いし、膝の上に小銭を置いた。これがロンデスバラ伯爵夫人の逆鱗《げきりん》に触れ、彼女は金輪際《こんりんざい》使用人には直接声をかけないと決心し、人を介して、階下でその出来事を話題にすることを禁じると伝えた。

　使用人はみな、それとたやすくわかるような制服を着た。農場で雇われた最も貧しい女中でさえも、粉を入れた古い粗麻《あらそ》布製の袋を洗って煮沸し、牧婦エプロンをつくって身に着けた。ヘレフォードシャーのナイトンで羊飼いの家に生まれたイーディス・ワトキンスは、十九世紀が終わるころ、地元で奉公に出て農家の妻に仕えた。彼女は仕事中、赤いネルのペチコートに黒い厚手の長靴下とブーツという自前の服に、

「ものすごく暖かい」エプロンを着けることになっていた。「小麦粉用の麻袋でできた素敵なエプロンを着けてなきゃ、おしゃれには見えませんでしたよ。小麦粉が白いので、袋を煮出せばきれいな白になったんです……清潔で素敵な牧婦エプロンを着ければ、とってもおしゃれで、すごく勤勉だと思われました」[2]と話している。

ちょっとした屈辱的な事柄のなかでも、わけても服装に関する腹立たしい規則が、家事奉公を著しく不人気にした。たとえば、日曜に教会へ行くときでさえも、女中は雇用主の身内に間違われることのないように、帽子の代わりに使用人とわかるボンネットをかぶる慣習があった。しかし、そのしきたりがひどく恨まれたのは、教会は唯一、使用人がほかの者たちと平等になれるはずの場所だったからである。ジェームズ・ヒューズはチェシャーのゴーステージ・ホールでフットマンをしていたときに、「私たちが教会から出てくるとき、女中たちは規則でかぶらされていたボンネットを蹴とばしながら歩いていました」[3]と話している。しかも教会内でも、たいてい家と同様の厳格な区別が維持され、家格が上の屋敷で雇われている一団が等級にしたがって着席するために、列をなして教会に入る姿もひんぱんに見られた。第一次世界大戦前、サフォーク州のレンドルシャム・ホールで女中をしていたミセス・スペンスは、教会へ行く際には「地味な服」を着るように指示されたことや、レンドルシャム卿がボンネットではなく帽子をかぶったスティルルームメイドを見つけたときの「逆上」ぶりを忘れることができなかった。[4]ノーザンバーランドでは、リジー・グレインジの女主人が、列車に乗る際も制服を着るように女中たちに指示したが、彼女たちはこう話していた。「推測でしたが、奥様は、私たちが自分の娘だと誰にも思われたくなかったからでしょう。女中のひとりが、何が問題かわかってるわ、お嬢様たちより私たちのほうが器量良しだからじゃないの、と言っていました」[5]

スタイルにおける独自性は、ほとんど許容されなかった。たとえ雇用主が最新流行の凝った頰髭《ほおひげ》を自慢していたとしても、従僕は髭を生やさないように仕向けられた。エリック・ホーンは執事としての長いキャリアに微塵《みじん》の後悔もないとはいえ、過去を懐かしく振り返ったとき、「奉公したあの長い年月、じつは口髭を伸ばしたいという強烈な願望がありました。髭を生やすことはご法度《はっと》でしたので」[6]と、年をとってから思った。また、ありきたりな柄物のドレスに流行を加えることも、たとえそれがわずかであったとしても認められていなかった。「［奥様が］私に、自分のところで奉公するつもりならと三つ条件を出したんです。ひとつめは、髪の毛のパッドを外すこと（大きなシニョンが当時は流行の髪型だった）。ふたつめは、ドレスのひきずる部分を切り落とすこと（当時はすその長いドレスを着ていた）。三つめは、胸当てつきのエプロンを着けることでした（その時代にはもう誰も着ていなかった）」[7]と、ある女中は話している。

クリスマスになると雇用主の多くは、女中たちが制服のドレスを仕立てられるように柄物の生地を一反贈ったが、その習慣は第二次世界大戦が勃発するまで続いた。イヴリン・アスクウィズが堅信礼〔正式に教会員となる儀式〕を受けたいと思ったとき、彼女の雇用主はそのドレスを買おうと申し出た。ところが、若い娘が式に着るような白ではなく、「それが黒いドレスだとわかったときは、もう泣きそうでした」と彼女はそのときの気持ちを述べている。雇用主側にしてみれば、家でも着ていられるほうがよっぽど実用的で、彼女にとっても良いことだと思ったのである。[8]制服や作業着はめったに支給されることがなく、もし支給された場合は、その費用が使用人の賃金から差し引かれた。

貧困家庭では、最大の出費となっていた衣類がブーツだった。フェビアン協会の民生委員、モード・ペンバー＝リーヴスによる一九一三年のランベス地区の貧困家庭調査によると、家計のうちの乏しい被服費の半分以上が、ブーツ代とブーツの修理代に費やされていた。また、ゴムを張った靴の持参を使用人が求められた場合には、しばしば雇用主から前借をしなければならなかったようだ。サマセット州のある娘は、最初の一か月の賃金が靴代で消えたと話している。

服装の区別は、いつの時代も最重要事項だったわけではない。実際十八世紀には、男性使用人が流行の先導役となっていた時期もあり、一日中座って過ごすような紳士たちは、仕事をする男にたたずまいを似せようと努力した。一七六五年、作家のソーム・ジェナインズが、「われわれのフットマンたちでさえ、金や銀、かつらやひだ飾りでめかしこんでいるのに、われわれはといえば、彼らの身なりのとんでもない物真似で、自分たちの品位を落としている。ゆえに、耳当てつき帽子や緑色のフロックコート、丈の長い服みたいなもの、それに鹿皮の短いズボンなどが生まれるのだ」[9]と書いた。一七八〇年、プロイセンからイギリスを訪れていた学者、J・W・アルヒェンホルツは、ニューカッスル公爵と食事をしている際に、「十人から十二人ぐらいの使用人が私たちの世話をしていたが、それがお仕着せ姿ではなかったため、客人なのか使用人なのかを見分けるのが困難」[10]で、恥ずかしい思いをした。本来の役割通りの「フット・マン」として、メッセージを受け取るために随行団の先を走ったフットマンの面影は、剣を収める空き口がついた、コーチマンの脇に立つときに着る丈の短いコート、あるいは「コーティ」と呼ばれたフットマン用のお仕着せから、いつまでも消えなかった。しかし、十八世紀末のフットマンの実質的な職務は、名門一家の行列で最も人目を引く一員となることであり、個々の服の趣味は随行団と調和する服装の下に包摂された。一八〇〇年、あるアメリカ人旅行者は、王室の誕生祝典でのコーディネートされたお仕着せに、強烈な印象を受けた。「極度に派手で風変わりだ。彼らは、縁だけでなく縫い目にもレースがついた服を身に着け、大きな三角帽は金か銀の幅広の房で飾られていた」[11]

ヴィクトリア朝とエドワード朝の屋敷では、フットマンは使用人のなかで最も華麗で目立っており、給仕や銀器磨きはさておき、部屋と女主人の営みの見張りを主な仕事とする、いわば装飾品的な存在であった。フットマンとは「夫人の自由になる男である。朝起きると白いネクタイのお仕着せを着る。朝食を盆にのせて夫人の寝室のドアまで運び、夫人の犬をちょっと散歩に連れ出し、夫人の靴を磨く。玄関ホールに置かれた毛皮のコートや傘を手入れし、夫人の狩りの道具も、すべて彼が汚れを落とす」[12]と、エリック・ホーンは書いている。背の高い二枚目の若い男ほど、良家の使用人へといち早く昇格したようだ。サッカレーの小説のなかでは、従僕のミスター・チャールズ・J・イエロープラッシュがそれに気づいている。「二着のお仕着せ、四〇ポンドの年俸、モルトウィスキーをなめ、洗濯、絹のストッキング、そしてキャンドル」という、最も大それた望みを抱いて屋敷に出向いたことを、彼は回想録に記した。身長が一メートル八〇センチを超えるフットマンは、それより背の低い者より十ポンド以上高い年棒が期待できた。ウェルベック・アビーのポートランド公爵夫人は、健康体操と柔術の練習所を設け、彼女に仕えるフットマンたちが身体の調子を好ましい水準で維持できるようにした。フットマンは、活発ではつらつとした仕事ぶりを見せる男性として、強健な容姿を要求されることが多かったが、仕事の内容はほとんどお飾り的なものでしかなかったため、それが、家の表舞台に立つ従僕が甘んじる、ちょっとした屈辱のひとつでもあった。

お仕着せはかつてないほど派手さを増し、雇用主がスポーツ競技の際に着る服と同じ色に染められ、紋章の刺繡が施された。フットマンは晩になると、半ズボン、ストッキング、バックルつきの靴を身に着け、昼間はたいてい、縞柄のチョッキに燕尾服を着た。慣例的にそのお仕着せは、家内使用人は横縞、屋外使用人は縦縞と決まっていた。夜間、そして劇場やディナーに出かける女主人に付き添う際は、正装をしていなければならなかった。また、「訪問客があれば、チョコレート色のコート」を着て、「赤い襟とカフスで、緋色のチョッキに銀の錦織で飾った半ズボン、ピンク色の絹のストッキング、バックルつきの靴、髪粉をつけた髪」[13]という出で立ちで迎えた。一八八〇年ごろ、ハワード夫人のフットマンとして初めて仕事を得たフレデリック・ゴーストは、「青いビロードの膝丈のズボン、白いストッキングに銀色のかかとのパンプス」という、華麗な衣装に身を包んだ。[14]

十九世紀半ばのフットマンの装いにはまだ、ジョージ朝風のきざなしゃれ者の伝統が永らえていたが、ヴィクトリア朝のイギリスは、ともすれば暗い色のスーツばかりがあふれた、男臭い世界であった。髪粉の流行は、一七九五年に髪粉への課税が導入されて以来廃《すた》れていたものの、フットマンと（ときには）コーチマンには、髪粉をつける習わしが残っていた。じつのところ髪粉は、粉というより粘土のようなもので、スミレの粉に水を混ぜてつくられており、それが乾くと、頭の形になった覆いをかぶっているように見えた。髪粉をつけるには手間もかかり、その感触は不快で、もつれた髪が髪粉の下で固まった。髪粉は、混ぜるのも巨大なパフで髪につけるのも厄介であり、つけていると頭皮をチクチクと刺激した。極端なケースでは、髪がすっかり抜けてしまうこともあったようである。

一流の仕立屋が見事にあつらえたお仕着せのおかげで、奉公のなかでもお飾り的な位置を占めるその部門には、人を引きつける力があった。一九〇〇年、貧しい農家出身の「まだ青いデヴォンシャーのちびっ子」エドワード・ハンフリーズは、十一歳の若さでピカデリーのアルマックス・クラブにページボーイとして奉公に入った。彼は、ウェストエンドの洗練された仕立屋で「上質の黒のメルトン地で、黄色の縁どりと、絹で覆った黒いボタンが三列ついた」スーツの仮縫いをし、「ボックス皮のブーツ、黒のレインコート、飾りつき絹のトップハット〔山高帽〕」[15]も支給された。ミュージックホールに出入りするページボーイたちの愛称「バトンズ」は、お仕着せに輝きを添えるように並んだ、凝ったつくりのボタンからつけられた。ベッドフォードシャーのルートンでフットマンをしていたピーター・ホワイトリーは、「それは、私が憧れた劇場の一部だった。メイフェアのコンディット通りの仕立屋へ、採寸に行ったときに私が嗅いだ、あのドーランの匂いとともに」[16]と綴《つづ》っている。

しかし外の世界では、フットマンはつねに滑稽に映り、上品ぶった隷属状態を体現するものと見られていた。ビリングスゲートのある魚売りの女は、市場を軽やかな足取りで通り抜けようとしていたフレデリック・ゴーストと彼のフットマン仲間に向かって、悪臭のするヒラメを投げ捨てると、「おやまあ、フランキーさんたちだよ、ちょっとごらんよ！」とわめいた。「子鹿色のコートに、でっかくて醜い染みをつけられた」[17]ゴーストは、屈辱を味わった。ゴーストの回想録によると、そのとき、ウニを入れるための濁った貯め水が、白いストッキングをはいた彼らの脚――おそらくふくらはぎをくっきり目立たせるために、特製パッドを詰めた――をめがけて故意に跳ね上げられた。

フットマンは、派手な衣装の壮麗さをよそに、本名で呼ばれることはめったになく、雇用主が新たな名前を覚える苦労を惜しむせいで、よくある一般的な名前で呼ばれていた。炊婦のマーガレット・トーマスが働いた家はどこも、「フットマンはウィリアムとヘンリー、もし三人いるときは一人目がジョン、二人目はウィリアムで、決まって三人目がヘンリーでした」[18]というが、このようにフットマンには汎用名があった。

一九〇〇年になると、男性使用人の仕事は奉公の世界では尊重されていたものの、外の世界では、もはや男性に適した仕事だとはあまり思われなくなっていた。かつては家事奉公といえば男の仕事であり、中世に貴族のスポーツや軍隊の従者を務めたその子孫が、代々使用人になった。腕のいい料理人から表に立つ使用人までもが男性で、下働きやレディーズメイドのみに女性が雇われていた。ところが十九世紀は、家事奉公がますます女性化した世紀であった。ジャーナリストのC・S・ピールが一九二九年に著した書物によれば、一八七〇年代は大邸宅においてすら、すでにフットマンやページボーイがパーラーメイドと交替しはじめ、「一八九〇年代になると、執事やフットマンの代わりに、二人、あるいは三人ものパーラーメイドを置いていた」[19]という。男性による家事奉公には関心が寄せられなくなり、その後も人気を回復することはなかった。

以前なら街で恰好よく見えたファッショナブルなお仕着せ姿のフットマンは、『パンチ』誌の「バークリースクエアのジェームズ」のように、大衆向け刊行物の漫画で、「馬鹿にされていた」と、チャールズ・メイヒューはとらえている。一八九二年、執事の「ジョン・ロビンソン」が、『十九世紀』〔月刊の文芸誌〕に「男らしくて自尊心をもつラキ、あるいは百年前のメジャードーモは、卑屈にへつらう現代の使用人と比較できないほど、どれだけ優れていたことか」と書いた。また、その記事「執事もの申す」には、雇用主は男性使用人に対し、訓練された職業人や感情のある人間として敬意を払って接してほしいという、身を切るような訴えも書かれている。『ナショナルレヴュー』誌が掲載したヴァイオレット・グレヴィル夫人の記事は、男性使用人とその「弱点」を笑いものにするかのように書かれていた。ロビンソンは、からかい調子で書かれたその記事が、雇用主たちが従僕を「粗野で卑劣で堕落的」だと思っている事実を、まさに示唆していると、自身の記事で批判した。上級従僕の役割は、つねに主人に服従し、ほかの使用人同様に自由を失う屈辱を受けることであり、「自己啓発の機会は通常ほとんどない。ひとりになれそうな時間は不規則でまれである。きつい職務ではないかもしれないが、良き使用人であることを証明したければ、つねに待機していなければならないのだ」[20]と、ロビンソンは書いている。

男性使用人は、家格の高い家では依然目立つ存在ではあったものの、立場は次第に後退していた。一八六一年の国勢調査では、家事に就く男性使用人の数は六万二〇〇〇人で、女性使用人は九六万二〇〇〇人いた。ところが一九〇一年になると、その数は前者が四万七〇〇〇人で後者は一三〇万人弱と、大きく変化している。一七七七年の男性使用人への課税（アメリカで起こった独立戦争に勝つ資金調達のため）も、その減少に拍車をかけていた*。一八七〇年代は農業不振を受けて、田舎出身の若い娘たちが街に押し寄せ、家事奉公に入っていった。十九世紀の中頃には、それまで使用人を置くことのできなかった小売商人や事務員などの、拡大を続ける中流層が、次の世紀の家事奉公を特徴づける若い娘たちを酷使することになった。

　しかしながら、男性使用人は減少傾向にあったにもかかわらず、女性使用人と比較すると、依然としてはるかに稼ぎが良かった。一九一二年には、執事は平均で五〇から八〇ポンドの年俸を取り、三週間の休暇がもらえたのに対し、ハウスキーパーが望める年俸は、三〇から五〇ポンドのあいだでしかなかった。また厨房では、「炊夫」（とりわけフランス人の）の雇用がとびきり当世風の選択とされ、彼らは一〇〇から一五〇ポンドというかなりの年俸を稼ぐことができた。他方、炊婦は、どれほど腕を称賛されようが、一〇〇ポンドを稼げれば、ずば抜けて幸運であると思われた（一八二五年、『完全な使用人（*The Complete Servant*）』の著者、サミュエルとセイラ・アダムスは、欧州大陸出身の炊夫がもつ、優越者としての雰囲気を称えた。「当世風の家では、だいたい炊夫は外国人だ。そうでなかったらイギリス人でも、流行中の外国風の珍味をどんどんつくり出しているか、あるいはたしかな味つけや風味づけを自分の料理にも採り入れるような、そんな特殊な手腕を振るっているに違いない」）。この職業では、装飾的な部門を任された男たちが、大儀そうに廊下に立って何時間も客人を待っていたり、もしくはディナーの手のこんだ料理を考案したりしているあいだに、女たちはきつい下働きの大半を請け負い、蟻のような働き手となった。「あの娘たちをどう働かせたかって！　朝の五時に起きたら掃除をして火を焚き、アダム式暖炉の鋼鉄製の火格子を磨き、そのあたりを白くしたら今度は真鍮《しんちゅう》のバケツに湯を入れて、寝室まで運ぶのさ。俺たち男が仕事を開始するのは七時で、午後には腰を下ろすことだってできたのに、娘たちはそのころ、麻の下着の繕い物をしていたね――それだけ働いても、年にたったの八ポンドだった」と、アーネスト・キングは思い出している。[21]

二〇世紀の変わり目は、男性使用人にとってはまだ終わりではなかったとはいえ、終わりの始まりであった。エリック・ホーンは、「パーラーメイドが、箱からものを出す手品師みたいに、すべての仕事をしているであろう」と、いかにも陰気な予言をした。

＊課税されなかったアイルランドでは、事情が異なっていた。一九二〇年にアイルランド出身のドロシア・コニャーズは、与えられた仕事は何でも進んで引き受けたアイルランド人使用人について、こう言及している。「アイルランド人の使用人は、誰もがどんな仕事でも機嫌よく引き受け、男たちは、床や靴を磨く女たちの手伝いをし、女たちは、男たちがみな出払っているときに、馬にエサをやることさえいとわない」（ドロシア・コニャーズ、『遊猟の思い出（Sporting Reminiscences）』131ページ）。

第六章　完璧願望

執事の真髄

　男性の家事奉公が衰退しはじめた一方で、使用人のピラミッドの頂点に執事が居座っていたとは、いかにも矛盾している。しかし、ステレオタイプな特徴が脳裏に焼きついていて、今では即座に浮かぶほかの使用人たち——小生意気なパーラーメイド、酔っぱらった赤ら顔の炊婦、気取ったフットマン、だらしない恰好のスカラリーメイド——が、その地位につくことは想像しがたい。まるで執事たちが共謀し、公に向けた自分たちの人物像を創り出したかのようである。執事らしい声と立ち居振る舞いは仕事の一部となったばかりか、ほとんどの場合、彼自身の一部にもなったようである。階段の上とそっくりのヒエラルキーが使用人の世界にもできると、使用人専用広間の家長である執事は、応接間の道徳的および社会的価値を体現し、手本となって目下の者を導いた。立ち居振る舞いや態度の慎重さでは非の打ちどころのない執事が、彼の雇用主と間違えられたという話や、その逆の話も、たびたび伝えられた。実際、模範的な執事は模範的な紳士であり、人生を公的な奉仕に捧げていたため、物腰に威厳と慎み深さをあわせもつのである。ジェームズ・ヒューズはこう思い起こしている。「ええ、執事たちのことはみんな高く買ってましたよ。どこの執事だってかならず礼儀をわきまえた男でしたし、ダンスにホイスト大会に、村ではいつだって歓迎され、いつだって尊敬されていました」[1]

ホールデン卿は、陸軍大臣在職中のある週末、列車に乗ってカントリーハウスへ出かけた。途中、ひとりのレディーズメイドから執事に間違われたが、彼のほうも彼女を「魅力的で、ドレスの着こなしがうまく、明らかに世慣れた貴婦人」だと思い、最初は同行の客仲間と勘違いして話をしていた。紳士としての礼儀を心得ていた彼は、相手が思い違いに気づかないようすを見て、彼女が玄関で使用人専用の入口へと向きを変えなければならないことを察した。彼女が恥ずかしい思いをせずに済むよう、彼はそのまま馬車で表玄関まで行かず、馬車を降りて屋敷まで歩いたという。この話を自著で紹介したヴァイオレット・マーカムは、それを彼女の子ども時代の世界を象徴するエピソードだと考えていた。その世界では、上の階に住む人々が抱く社会奉仕に関する気高い理想が、私的領域で奉仕する階下の人々に反映されていた。マーカムはこう続けている。「戦前の執事のなかには、分別、品格、礼儀などが卓越している者がおり、彼らに話しかけるときは、〈閣下〉以外に正しい呼びかけ方がないという気にたびたびなった。それほど素晴らしい執事に間違われることは、閣僚にとってすら不名誉なことではなかった。ホールデン卿には、ワインセラーの鍵や秘密の問題をゆだねる人物として、決して不適任とは思わせないような、そんな雰囲気があったのである」[2]

執事に関する記述は、執事自身によるものにしろ、第三者が書いたものにしろ、執事を主人の補佐官として表す傾向がある。仕える家のなかのみならず、自然界に、母国に、そして大英帝国の支配下にいる人々に、外に向かって広がる波紋のごとく、執事の慈悲ある指示が下された。「表玄関にまっすぐ歩いていき、ドアにある大きなものをつかんで叩きました――ガン、ガン、ガン――現れたのは執事。でも、旦那様ご自身かと思いました」と、初めての面接に行った若い女中が話している。[3] クリーヴデンで長年仕えた著名な執事、エドウィン・リーは、規律や能力の高さが語り草となり、使用人のあいだに留まらず、世間でもよく知られる人物となった。彼は、自身の振る舞いだけでなく、階段の上と下での秩序にも最も高い水準を維持し、彼の下で働く者たちからも客人からも一目置かれた。アスター子爵夫人のレディーズメイドをしていたロジーナ・ハリソン（「ローズ」）は、「彼は、私の人生で最も存在感のあった人物で……彼の洗礼名はいちばんどうでもいいことだった。その名前で呼ばれていたかどうかさえ、私には思い出せない。リーか、ミスター・リーという名前で、訪問客には知られていた。王室でさえも、それをご存知だった。当時、ほかにも立派な執事はいたものの、ミスター・リーが最高の執事であることは、ほぼすべての人が認めていたのではないだろうか」[4]と書いている。また、クリーヴデンの元副執事は、リーの容姿についてこう語った。

昼間は黒いアルパカ毛のジャケットに蝶ネクタイ、もちろん、晩は燕尾服に着替えます。それと場合によっては、お客様につりあうように正装します。フットマンはかならず若い男でしたし、執事はたいてい恰幅《かっぷく》が良くて、そして……存在感が、そうです、存在感がありましたから、フットマンを執事と間違うなんてこともありませんでした。リーは完璧で、衣装もちで……ものすごい服の数でしたよ。ええ、そうなんです、衣装代が出ましたからね。それで、ふだんからきちんとした身なりでした。ともかく、だらしない恰好をした彼を一度も見たことがありません。散歩に出るときでさえ、ステッキをもち、スポーティなスーツを着ていました。知らない人なら屋敷の当主だと勘違いしたかもしれませんね。いや、実際、彼に会った人たちだって、アスター卿だと思っていたくらいですからね！いかにも、そんな物腰でした。[5]

『使用人の職務』の著者は、「執事の事務室は、責任が重いだけ古めかしい」と書いている。なるほど執事の役割は、フットマン同様、中世の貴族のお祭り騒ぎに従事する随行団から派生している。ほかの使用人からは「ミスター」をつけて、そして雇用主の一家からは姓で呼ばれる執事は、食卓の準備や飲み物の補充、銀器の磨き方にも気を配った。ワインセラーの鍵のみならず巧みな給仕方法の鍵を握っていたのも彼らである。「執事の給仕は、お皿、またお皿と料理が出てきて、まるで魔法のようだった」と、レスリー・ローレンスは振り返っている。[6] 使用人専用広間で上座に座るのが執事であり（まだハウススチュワードを置いていた世帯でも、貫禄でその位置につけた）、日曜日に出されるロースト料理を彼が切り分けるときは、格が同等のハウスキーパーをいちばんにし、その後は序列にしたがって、オッドマン、スカラリーメイドと分け与えていき、最後になるのはホールボーイと決まっていた。

いくつもの箱が入れ子になったからくり箱のごとく、大きな箱のなかにその小型版が何重にも入っているような上下関係が、貴族の館の使用人専用広間では繰り広げられていた。

儀礼上のしきたりと上流気取りに支配される夕食は、一日のうちで最大の行事だった。使用人全員が食事に集まったが、厨房にいる者たちは例外で、彼らはいつも彼らだけで行動し、厨房で食事をする……。執事はハウスキーパーを連れて一番乗りすると、細長いテーブルの端の席に座り、その反対側の端にハウスキーパーが座った。執事は夜用の正装で、羽根襟、白のネクタイ、燕尾服を着ていた。ハウスキーパーは黒い絹のドレスを着用し、ときにはレースで変化をつけていることもあったが、イヤリング、ネックレス、腕輪、輪になったブローチなど、いつも何かしら自分のもっている宝飾品を身に着けていた。彼らの次にやってくるのが、一家の個人に仕えるレディーズメイド。装いはハウスキーパーと似ていた。それから一番手のフットマン。彼は執事と同じような制服を着ていたが、ひとつだけ違う点があった。フットマンは全員、黒と黄の縞模様のチョッキを着ることになっていた。彼らがテーブルの片側に並んで座る姿は、食事時の蜂を彷彿とさせた。列の端に座るのはオッドジョブマンとホールボーイ。そのホールボーイが私たちに給仕をしているときに、どこか間違えていたり、ちょっと何か忘れていたり、私たちのコップに水をつぐときにこぼしやしないかと、執事がいつも目を光らせていた。最後に列の端に座るのは、ブートボーイだった。その反対側が、女中たちの席だった。頭に十センチほどのレース飾りをつけた女中頭が座ると、あとからほかの女中たちも、それぞれの身分にしたがって座った。[7]

使用人の食事は、正午に取るものが一日の主要な食事であり、たいてい大きな肉の塊が全員に振る舞われた。きわめて豪奢《ごうしゃ》な屋敷では、格下の使用人に食事が出されたあと、骨付き肉の塊が、「見せびらかしながら任務を遂行するフットマンによって、ハウスキーパーの部屋へ厳かに運ばれ」、そこで食事の続きをする上級使用人たちがあとに続いた。アッパーテンにはかならずデザートのプディングが出るため、彼らのいるハウスキーパーの居間は、俗に「パグのパーラー（使用人頭の応接間）」として知られていた（現在コックかシェフの仕事であるプディングづくりは、昔はハウスキーパーの職務のひとつとされた）。バース侯爵夫人は、一九五〇年代にはこういった「変わった儀式」の奇妙な手順が、「ほとんどの屋敷で広く行われていた習慣」[8]であったことを思い出している。元執事のジェームズ・ヒューズは、下級使用人の身分だったころは、このプディングの決まりに欲求不満を募らせていた。「彼らは部屋に上がってしまい、何をデザートに食べたのか知りたくても、私たちにはわかりませんでした」[9]

体裁と計画は、執事の最重要事項であった。「すべてが所定の位置で正常な状態にあるかどうか、応接間、モーニングルーム、そして書斎は、すぐに使える状態になっているかどうか、部屋のブラインドは上げるべきか下ろしておくべきか、書き物机は整理整頓されているか、本は正しく並んでいるか、新聞は記事が切りとってあるか、すぐに読めるように乾かしてたたんであるか、暖炉の火はフットマンがきちんと管理しているか……などなど、一日を通してそれを確認するのは、執事の職務である」[10]。執事は、執事用のパントリーを活動の中心としていた。ジェームズ・ヒューズは、よそで働いているうぶな若者が、彼の家の執事のパントリーには食料が入っていると勘違いしていたのを、面白く思った。「その若僧が、『ちぇっ、執事は食料不足とは無縁なのかい?』と訊くので、『どこのことを話しているんだい?』と私が言うと、『だって、執事のパントリーと言ったじゃないか』と。それで、『なんて馬鹿なやつだ。食料を置いておくパントリーじゃないだろうが、執事の仕事部屋のことだ』と私は教えてやりましたよ」[11]

執事は昔も今もキャリアサーヴァントの真髄である。シュロプシャー州の、食べる物にも事欠く小作農の息子に生まれたエドウィン・リーは、ほかの小作農同様、農業恐慌によって家が窮地に陥った一九〇〇年に、みずから家事奉公に出る道を選んだ（両親の願いに反して）。それは彼が、「肉体労働者では得られない出世のチャンス」[12]を見越していたからである。リーに限らず多くの執事は、最初はホールボーイとして出発し、フットマンの助手からフットマン、それから副執事へと徐々に出世の階段を上っていった。バーンステープルで『北デヴォン・ヘラルド』紙のオフィスボーイ〔雑用係〕をしていたアーネスト・キングは、週給三シリングと六ペンスをもらっていたものの、一九〇一年に父親が他界すると、母親の面倒をみるために、もっと稼ぎの良い仕事を捜さなければならなかった。『ヘラルド』紙の編集長は、キングが家事奉公の世界（「ぺこぺこすることを覚え、脱いだ帽子をいつも抱えていなければなりません！」）に入ることを聞かされて仰天したが、実際、仕事は規則的で、新聞社の賃金よりも週に四ペンス多く稼ぐことができた。そしてそれが、食べ物も、洗濯費も、部屋も、すべて含まれる「一切支給」の住み込みの仕事であったことが、彼にとっては最も重要だった。「ほかの男たちが陸軍や海軍へ行ったのと同じように、私は使用人になりました。食べなくてはなりませんでしたから」[13]

アーサー・インチは、一生を奉公に捧げた自分の父親が、いつも携帯していた執事ハンドブック（執事であるその著者は、自分を「ウィリアム」としか名乗っていない）が好きで、よく引き合いに出した。「すべての所帯で、統治するのは彼（執事）の職務である。大所帯ではとくにそうで、分別ある権力の行使が必要とされる。なぜなら、手ぬるい管理下では、下級使用人たちにとって心地の良い状態にはできず、より多くの不満をもつようになるからだ」[14]。ましてや、大所帯を管理するような者は、そうなるまでに何年も訓練する必要があった。ジェームズ・ヒューズは、執事になりたいという若いフットマンには、三、四百人が集まるパーティーの準備を二四時間以内にできれば、いつでも執事になれると話したという。

運営状態の良好な富裕層の家庭では、管理の基準が非常に高かったため、執事にすみずみにまで気を配る情熱を欠いてはならなかった。しかし、ともすればそれは過度の献身になる傾向があった。円滑に回っている歯車は外には見せず、その家で必要なことや快適なものが不足する場合があると間違っても思われないように、人目につかないようにあふれんばかりの補充をすることが、きわめて重要であったのだ。それで、煙草入れは定期的に満たされ、石鹼はつねに新しく、花壜には摘まれたばかりの花が、いつも飾られていなければならなかった。一九五〇年代に「私にとっての喜びは効率の良さ」と書いたアーネスト・キングは、「完璧さを目標にするあまり、それがちょっとした強迫観念になっていた」[15]と半世紀にわたる執事生活を振り返った。

　十九世紀半ばまでには、絶対に必要な従僕、ドアを開ける係、黒いスーツを着た男、泰然自若として表に立っている門番などが、現在認識できるような形で姿を見せていた。執事は、重々しく真面目くさった態度で慎重に慈愛を示し、流儀の誤りに気づいているという訳知り顔を表に出さず、断固たる自制心で表に出さずに役目を果たしさえすれば、大衆の期待に沿うことができた。実在した執事たちもまた（入手可能な回想録を読むと）、その類型を演じることが、自分の仕事に最も効果的だとわかっていたようである。事実、フィクションでも現実でも執事を型にはめるとすれば、家の表に立つ従僕のいる舞台空間の、非常に重要な構成要素になっている。二〇世紀に書かれた小説に登場する執事たちは、たいていJ・M・バリーによる一九〇一年の戯曲、『クライトン提督』の主人公からヒントを得ている。その表題となった執事は、哀しい服従の背後に世俗的な知性を隠しもっていた。クライトンの雇用主で自堕落なローム卿夫妻が、使用人を社会的にまったく平等な者として扱うと宣言しても、当事者の使用人たちは、ローム家の保護を受ける世界ではそんな平等は存在しえないとわかっている。運営する組織のために、厳格な階級区分の維持の有用性を守ったのが、クライトンである。ところが、のちに一家の船が遭難し無人島に漂着した際、執事としてのクライトンとツウィーニの「ビトウィーンメイド」のもつ実用に優れた能力が、過重な負担をみずからにもたらすことになるのだ（一九八九年出版のカズオ・イシグロが書いた小説に登場する執事は、二〇世紀半ばの激変する世の中で身動きがとれなくなり、精神的不能者となる。その痛ましい悲劇的な描写は、バリーの喜劇的な作風に相対する）。

　バリーは、クライトンを女性にとって魅力的な人物に仕立て、ツウィーニとメアリー・ローム夫人の両方が、彼に恋慕の情を抱くようにした。しかし、現実の世界での執事の結婚は、使用人夫婦に広い居住部分を与えられるほど大きな屋敷でもない限り、たいていの場合、雇用主から良い顔はされなかった。同僚の使用人――似つかわしい階級のハウスキーパーかレディーズメイド――と結婚して身を固めたという例も、いくつかあるにはある。二人の貯金を合わせれば、快適な引退生活になるとも考えられた。「とても素晴らしい執事を知っていましたが、レディーズメイドと結婚していて、二人とも住宅金融組合にお金を預けていました。そして素敵な家を手に入れました……二人はそこで、使用人まで雇っていたんです」と、「ある老年の使用人」[16]が思い出している。しかしながら執事の多くは、この仕事を独身者の天職と見ていたようだ。おそらくそれは、使用人専用広間の外にあるどこかの世界では、キャリアサーヴァントがいったいどんな立場になるのか、彼らには想像しがたかったからである。「使用人に不安をもたらす唯一のものが結婚」と、生涯独身で通した執事、ウィリアム・ランスリーは考えていた。[17]一方、結婚したアルバート・トーマスにとっての不快な真実は、「子どもがいたら、誰も雇ってくれない」[18]ことだった。若い女性使用人には結婚が、おそらく唯一の奉公から逃避する道となりえたが、男性のキャリアサーヴァントにとっては、結婚は障害となる可能性があった。もちろん妻帯者の執事もいたが、配偶者はしばしば昇進の妨げになるものと見なされた。また別の独身の執事、エリック・ホーンは、結婚は忠誠心の分割を暗示するため、「単なる自殺行為」になると警告している。アーネスト・キングは一九三〇年代に、色気のある女中と抜き差しならない仲となったが、かろうじて窮状を切り抜けた。彼が地位を確立したあかつきには結婚しようという話になっていたものの、完璧を貫く職務をもう一歩で放棄しようとしていた自分にふと気づき、思わず身震いした。「私が仕える家のなかで情愛を彷徨《ほうこう》させるような真似は、二度としなかった」[19]

とはいえ執事は、ひとり残らず厳格で、黒装束で、克己心があったというわけではない。きわめて豪奢な家では、使用人のために舞踏会が恒例で開かれ、執事は女主人とワルツを踊って、ダンスの口火を切るよう求められた。ジョージ・シットウェル卿のバトラーヴァレットをしていたヘンリー・モートは、活気に満ちあふれた男で、快楽の享受にも、独身の立場を最大限に利用した。モートの感服させられる話の多くは、彼がいかに女性に対して魅力的であったかに重きを置いて語られている。一九〇八年、彼は休暇で滞在していたスカーブラから、若きオズバート・シットウェルに独特の文体で手紙をしたため、御者用お仕着せのストッキングとかつらを大急ぎで送ってくれるように懇願した。モートは、レオナルド・ダ・ヴィンチの扮装をして、仮装舞踏会に行く算段をつけていたのである。彼は手紙にこう書いた。「若くておてんばなカバの戯れに、私はすっかり興奮し、跳ね回っています」[20]

執事の職で最も顕著な誘惑は、つねに手が届くところにあった酒類である。執事がみな酒豪だという評判を立てられたのは、そのせいだった。ジョン・ロビンソンは、近ごろの従僕が、ワインの壜を調べる雇用主の軽蔑的な「監視」に耐えなければならないことを、苦々しく訴えている。ロビンソンによれば、それが、階段の上と下の人々のあいだで敬意の欠如と信頼を失うことにつながり、やがて、不満足感、寂しさ、自尊心の喪失を生み、最後には飲酒の習慣をもたらすのだという。ベッドフォードシャー州のバーウッド・ハウスで女中をしていたエセル・スタンブリッジは、こう振り返っている。「使用人たちは、ふだんから昼食時までに酔っぱらっている執事の指示を受けました。みんな彼が酔っているのを知っていたのに、エレズミーア夫人の目には、彼が曲がったことをする人には全然見えなかったようで、四〇年も働いていましたよ。レディーズメイドも酔っぱらいでした。彼女の手当の一部は夕食時のビールでしたからね、晩にビール、そして寝るときにもビール！　一度だって飲み忘れたことがなかったくらい」[21]。アルコール中毒の執事の事例は執事の評判を悪くし、職業上酒に走りやすいという理由で、いかなる形態でも執事との契約を拒否する保険会社が多かった。アーネスト・キングは保険の申請の際に、職業欄には「ヴァレット」

と書くよう助言された。

執事生活の代償は、卓越性が具体的で測定可能な形で表れる成果であり、たび重なる強い抵抗に立ち向かいながら、正確さ、秩序、そして規律が維持される。シットウェル家で愛されていたヘンリー・モートは、のちにイーディス・シットウェルによって「慈愛に満ちたカバのような、紫色の大男」と描写された。ひどく無礼な、しかし親しみをこめた態度で使用人仲間に接した彼は、仕事への要求と体裁をつねに尊重していた。フレデリック・ゴーストがフットマンとして働いていたサセックス州カーデン・パークの執事、ミスター・リングは、ムクドリを生け捕る巧妙な罠づくりを主な余技とし、その鳥を焼いて食べるのが好きな酔っぱらいであった。しかしゴーストによれば、リングの身だしなみはわずかでも乱れていたためしがなく、彼はゴーストが眺めているのに気づかないまま、「すべり結びにした灰色の絹のネクタイを、いつまでも指でいじりながら入念に折り目を調整し、壁の鏡に映る自分を見つめて、自己評価に余念がなかった」[22]という。

執事がもつことのできた唯一の野心は、可能な限り最高の執事になることだった。それが、金銭的な恩恵と安定にもかかわらず、社会進出の見込みがまったく提示されない数少ないキャリアの、選択肢のひとつだった。執事は、紳士的な物腰とリーダーになる力量を備えていても――なおかつ、あまりそうではなくとも――永遠に使用人専用広間に縛られる運命をもっていた。執事のちょっとした知識が問題視されるため、越えてはならない限界を熟知していたエリック・ホーンは、「紳士階級と使用人のあいだには非常に大きな溝があり、使用人が知的で博学であればあるほど、主人や女主人に話すことは、より控えなければならないであろう」[23]と書いている。だからこそ執事像というものは、心の痛むような矛盾を体現しているのである。キャリア家僕が、リーダーとして求められるすべての技能をもっていたとしても、そういった技能は、一日の家事の周到な計画以上のものにはなりえなかったのである。店主か工場労働者なら、ひょっとすると億万長者になることもあり、ゆくゆくは国会議員か、貴族の地位さえ手に入れることができたかもしれないが、執事は、執事専用のうやうやしい言葉使いと物腰に、生涯がんじがらめにされているしかなかった。

バリーは『クライトン提督』を書きはじめたとき、島にいるメアリー・ローム夫人と執事クライトンとのあいだにロマンスが芽生え、結婚で終わるという筋書きを考えていた。ところが、たとえ芝居上の効果でしかなかったとしても、そんな結末を思い描くことは不可能に思え、「一階席の観客には我慢ならんだろう」という理由で、その筋書きをあきらめることにした。

第七章　「階段の下」のメイド

「貧しい娘は、上がったり下りたりしなければ……」[1]

新世紀に入るころのケント州で、十二歳になる娘のデイジー・レコードを、無理やり家事奉公に出す父親がこう言った。「いいかい、おまえの居場所はもううちにはない、誰かの家に慣れて、うまくやるんだ」[2]。デイジーのように貧しい家庭の子どもは、仕事に就ける年齢に達するやいなや、家から出て稼ぎ手となる必要があった。そして女にとってお決まりとなっていた選択が、奉公である。一九一一年に生まれたロジーナ・ウェルシュは、農村の貧困家庭の娘が奉公人になるのは「あたりまえのこと」だったと言っている。「養う余裕がないので、どの親も喜んで娘を奉公にやりました」[3]

ところがイギリスには、貧しいからといって家事の手伝いを雇わなかった世帯は、ほとんどなかった。一九〇一年にジョゼフ・ロウントリーがヨークで行った有名な貧困調査を見ると、使用人を雇用できる世帯の分類基準には、最貧困層以外の、わずかに貧しいという層まで含まれていたのである。当時、社会的地位としての階段の下の段にいたのは、スズメの涙ほどの賃金で床磨きや子守をする、おそらくまだ十か十一歳の少女たちで、それより下の段を想像することは難しい。「家計費で最も安い費目は、老女か少女に二ペンスと紅茶一杯で、二、三時間子守をさせるときの予算」であると、ロンドン東部のイーストエンドで活動した慈善家、ヘレン・ボサンケット〔政治哲学者バーナード・ボサンケットの妻〕が書いている。[4]ランカシャー州のステラ・デイヴィーズの家庭は、労働者階級の上層に属していたが、「太っちょエレン」というあだ名で「間断なく奴隷みたいに働くお人好し」[5]の、メイド・オブ・オールワークを雇っていた。身分の定義において、まさに初めの一段に立っていたのが、使用人なのである。一九六〇年代と七〇年代に、最後のエドワード朝生まれの人々にポール・トンプソンが行った有名な取材によると、ある女性は、子どものころには工場の副主任をしていた父親の稼ぎで、週に一度ウォッシャーウーマンを雇えたと話している。しかし、自分たちと社会階級が同じであることをほのめかさないように、彼女を「メグおばさん」と呼ぶことになっていたという。

　女たちも、子どもたちも、多くの場合彼ら同様に貧しい人たちの洗濯をして、生きるための小銭を稼いだ。自宅で仕事をするウォッシャーウーマンは、チャーウーマンと並び、家事労働の数ある等級のなかでも、最も賃金の低い最下級に属した。一八九〇年生まれの労働組合主義者で労働党の活動家、ウォルター・サウスゲートは、子どものころイーストエンドに住んでいた。母親は大衆洗濯場のウォッシャーウーマンをしていたが、そこでは「よくある巨大な水絞り機」が手動で操作されていた。「私が小学生だったころ、たらいのある洗濯場でウォッシャーウーマンが稼げたのは、一日だいたい三シリング、一食つきで」[6]と書いている。一九〇七年、十四歳のリリアン・ウェストールは、週給二シリングの仕事に就くためにキングスクロスの洗濯場へ行った。彼女は、洗濯物を集めに「遠いところではハイベリーまで出向き、帰りは洗濯物の山を抱え、よろめきながら歩いた」という。その後リリアンは昇進し、頑固に折れ曲がったシャツの襟を伸ばすプレス機を担当するまでになったが、彼女のか細い体では、機械のスピードに追いつくことができなかった。そして結局、解雇されてしまった。[7]また、ヘレン・ボサンケットはこう記している。「職人でもより上の階級は、子守の少女、若いスレイヴィーかジェネラル、そして通いのチャーウーマンを雇っていることが多い。そういった女性の属する下層階級は、たいてい学校を終えた娘を何らかの仕事に就かせており、母親のほうも、水準を維持したいどこかの家庭で、料理、繕《つくろ》い物、洗濯にかかりきりである。それでも、店主クラス以上でなければ、すべての能力を備えた成人女性の使用人を雇っている世帯は、ほとんど見かけることがない。労働者階級のあいだでは、未成年か老人か、手足の不自由な者か、あるいは工業の戦いによってどこかに障害をもった人々が、家事奉公を行っている」[8]

不用意な少女たちを、いかがわしい策略が待ち構えているような社会では、多くの者が、家事奉公を安全な就職口として見ていた。とくに、農村地方のわけても家父長制的な地所に住む家族にとって、娘たちの奉公は、ほかの雇用形態よりも世間体が良いと思えた。一九〇八年に、年給八ポンドでキッチンメイドとして働きはじめたひとりの田舎娘は、ほかの職業に憧れていた。七〇年後、彼女の娘がこう振り返っている。「母はそこで働きたくはなかったんです、でも、ほかに選ぶ道がないのに抵抗しても得にはならないことは、よくわかっていました。母はずっとあとで、当時はダンサーか女優になりたいとひそかに思っていたと話してくれました。そういう仕事は実家では下品だと思われていましたから、母は舞台に関わる話は誰にもできなかったんです。祖父の意志で、ダンスを観に行くことさえ許されていませんでした」[9]

好ましい奉公先を確保する最も効率のいい方法として、新聞広告、登録機関、そして口コミが利用された。「欠員状況欄」が人気の『モーニングポスト』紙や、『モーニングクロニクル』紙や『タイムズ』紙も評判が良かった。雇用側には、カトリック教徒不採用と明記する者や、わけのわからない条件をつける者もいた。リリアン・ウェストールがロンドンのチェーンウォークで初めて雇われたとき、女主人から「歯を見てみましょう」と言われて口を開けた。「何が見えたかわかりませんが、満足だったようで、仕事をもらえました」[10]と話している。

エリザベス・バンクスが「リジー・バーンズ」という名前を使ってハウスパーラーメイドの職を求める広告を出すと、数百にのぼる応答があり、富裕層の住宅地では使用人の需要が供給を上回っている現状を知った（一九〇〇年のウェストミンスター地区では、住民一〇〇人に対し十二人の使用人がいた）。彼女が受け取った手紙のなかには、「レディーコンパニオン」を求める独身男性や未亡人が数人含まれていた。手紙の多くは礼儀正しく、そのほとんどに返信用の切手が同封されており、そのうちの一通は、雇う可能性のあるリジーの推薦状と引き換えに、雇用者としての自薦状の提供を申し出ていた。また、クリフォード＝モリス夫人という人物から届いた手紙は、丁重な書き出しではあったもののかなりあわてていたと見え、宛名が「親愛なるバロウ様」となっていた。必要条件については、具体的に挙げているものもあった。たとえばある老婦人の条件は、関節炎で痛む膝をさすれる「落ち着いた外見」の女中とあり、そのほかには、繕い物の専門的な技術――とくにハンカチとストッキングの繕い――をもつ女中に限定するものもあった。また、「ある詮索好きな人は、私の年齢、身長、人生における立場、父親の職業、母親が洗練された女性かどうか、婦人国教信者か非国教徒か、それを全部知る必要があると書いてきた」ものもあった。私生活について彼女を質問攻めにした者は、ほかにもひとりいた。一方、彼女がグローヴナースクエアに出向いた面接では、「この家では前髪を垂らすことは認められていません」と告げられた。バンクスは記事のなかで、一週間で、「独身男性たち、男やもめたち、未亡人たち、名家の婦人たち、上流、中流階級の人たち、女優たち、女流文学家たち、そして寄宿学校の管理人たち」[11]の面接に行ったと書いている。

求人や求職には、最も効率の良い形態として、たいてい登録所や家事奉公斡旋所《あっせん》が利用された。使用人登録所は、国中いたるところで開設されていた。その多くが慈善団体の後援によるもので、ＭＡＢＹＳなどは、十九世紀後期になるまで野放し状態になっていたこの産業に、規制を導入させることに成功していた。斡旋所のなかでは、メイフェアのマッセイズとミセス・ハンツが最もよく知られ、どちらも地区ごとに開いた事業所で雇用主の登録を募り、満足のゆく就職口を提供した。

初めて家を離れる少女たちには、駅で待ち伏せしているという、白人奴隷売買業者の噂が飛び交っていた。かたや雇用主のあいだでは、先に女主人が払った列車の切符代をもち逃げし、それから「金を入れた箱を失くした」[12]ふりをして切符を買ってもらうと「すぐに行方をくらます」という、非行少女たちの噂がささやかれていた。汽車の切符代を雇用主に払ってもらった少女たちが、英国中の駅で見知らぬ人に出迎えられ、見知らぬ街の見知らぬ家へ連れて行かれることを、当時の人々は予期していたようである。

斡旋所に手数料を払いたくない雇用主には、ほかの方法があった。一八九九年の『カッセルの家庭ガイド』の著者、マックレイ夫人は、使用人を必要としている主婦は、登録所を跳び越えて教区牧師の妻のところへ行くよう提案した。そうすれば、教会の聖書クラスに出ている地元の少女を斡旋してくれて、しかもそういった働き手の候補者なら、養護施設の出身である可能性が高く、それゆえ、「ちょっとした親切を進んで受け入れ、ありがたく思う」に違いないと書いた。そしてもちろん、彼女たちなら安くつくはずであった。

農村地帯では、何世紀も続く雇い入れ市がまだ開かれていた。マーティンマスで毎年十一月に開催されていた「モップ市」には、「モップ〔農場労働者〕」や使用人になる娘を自分で探そうという、農家の人々がやってきた。そしてたいてい彼らは、使用人をひとりしか雇わなかった。境遇を変えたい使用人たちを、「逃走モップ」市がすくい上げていた。農村の生活構造に組み込まれ、ずるずると続いていた使用人と主人の関係の、あの無規律で無秩序な慣習を、その雇い入れ市が呼び戻していた。雇い入れる手順には駆け引きがなく、人柄に関する推薦状も、面接も制服もいらなかった。たとえば、一九〇五年のカンブリア州でのようすは、こんな具合である。「年寄りの農場主たちがよくキング通りにやってきて、『雇われたいのかい、娘さんよ』と言うので、『うん』と私は言いました。『いくら欲しい?』とその人が訊き、「あたしらにいくら払ってくれるのさ?」と答えると、『四ポンドと十(ペンス)』と言うので、『いえいえ結構』と言って、私たちはキング通りをもう少し先まで行き、するとまた別の農場主が近づいてきて、『雇われたいのかい、娘さんよ』と訊いたものでした。私たちがもらえたのは、半年働いてだいたい五ポンド十ペンス。農場主はいつもこう訊いてきました、『洗濯は? パンは焼けるのか? 床磨きもできるかい?』って」[13]

雇い入れ市は、自分の得意技能を暗に示すために派手に着飾った若い男たちが、雇用主になりそうな人々にしつこく売りこみ、ドンチャン騒ぎをする場でもあった。一八九五年の『ブリドリントン・ガゼット』紙は、こう報告している。「ワゴナー〔荷馬車の御者〕は帽子に撚糸《よりいと》の飾りをつけ、ラペルには明るい色の花(造花かもしれないが)をさしており、上着はボタンをかけないでいるが、これは正しい服装とはいえない。留め具に六、七センチの真鍮《しんちゅう》の鎖を使うのが正式で、たくましい胸は見せるほうが望ましい。ボウラーハット〔クラウンが半球型の山高帽〕についている羽根は、[羊用の]囲い地を表すものである」[14]。しかし、一八五〇年代には、雇い入れ市で自由に交わる若い男女への取り締まりがあり、一九〇〇年までに、男女一緒の雇い入れはほぼ姿を消した。またその影響で、そういった市での家事奉公人の雇い入れも消えた(もっともモップ市は完全には廃れず、イングランド北部では一九二〇年代まで続いている)。一八七〇年のノーサンプトンシャー州では、無法状態となっていた雇い入れ市の、危険性を警告するチラシが配られた。

親御さんたち！　自分の子どもたちをモップやスタチュート市〔雇い入れ市の一種〕に行かせるのですか?

……じろじろ見られて連れて行かれ――子どもが会ったこともない、そして馬車や馬よりもその子について知らない、見てくれだけで判断する主人に、微々たる金で縛られるために……今は、登録所に行くチャンスがあることを、子どもたちに告げなさい。子どもたちの名前を登録してくれて、人柄が良ければつねに好ましい勤め口を保証してくれることを。[15]

奉公に出るときの平均年齢は、十四歳だった。ウィリアム・ランスリーにいたっては、「小鳥と似て、使用人は若いうちに捕えなければ」という、嘆かわしい忠告さえしている。[16] 農村地帯の家事奉公人は、代々同じ地所で奉公人をしてきた家の出身者が多かった。オックスフォードシャーの「ミセスB」は、御者をしていた父親が、彼女に女中の仕事をもらってきた。「私がその仕事に就きましたが、ああいった場所で、何代も昔から続いている名家ですから、高価なものがたくさんあるのを知っていなければなりませんし、あの方たちも使用人の素性をちゃんと知っておかなければなりませんしね、とにかく、あの家のコンパニオンハウスキーパーが、父と顔見知りだったんです、たまに馬車で送り迎えをしていたので。それで仕事がもらえました」[17]。若い娘のほとんどは、奉公生活に入る前に、そしてときには何年も、自分の家で働かされていた。子だくさんの家庭では、かろうじて幼児期をすぎたばかりの少女に、幼い兄弟姉妹の世話を託した。新聞に掲載された短編「活気あるロンドン（*Living London*）」の著者でジャーナリストのジョージ・シムズは、スラム化した借家が並ぶ首都の迷宮「ルーカリ」〔貧民窟〕と、赤ん坊をあやす八歳の子どもの姿が目に入り、「あの少女は結婚し、自分の子どもをもつまでに、母親業に厭《あ》いた女になるだろう」[18]と綴《つづ》った。マーガレット・パウエルがキッチンメイドになったのは十五歳のときだったが、それまでは家で弟や妹の朝食の世話を任され、七歳のときから「いわば、人生で決められた自分の席に着いた」[19]彼女は、学校から戻ると野菜を料理して夕食をつくっていた。オックスフォードシャーの羊飼い、モント・アボットには、一九〇〇年生まれのドーラという姉がいた。彼女は、女中階級で最も低い「ツウィーニ」のビトウィーンメイドとして奉公に入り、使用人全員の手足となって働いた。「ツウィーニメイド」のドーラがオックスフォードで下女をしていたころ、彼女は十三歳にして「大勢の村の子どもたちにとっては二人目のお母さんだったし、ほんとの歳の倍も老けて見えました」と、モントは思い出している。ドーラはオックスフォードのその家で奉公を続け、その四〇年後、未婚のままで亡くなっている。[20]

　一九〇〇年には、学校を終える年齢が十二歳まで引き上げられたものの、女中の年齢がそれよりも低かったのは、安く雇用できたせいである。「一部免除給費生」（少女たちの家事奉公促進のための仕組みのひとつ）と見なされれば、週にわずか半クラウン〔五シリングの半分〕で、少女たちを働かせることができた。子どもは半日だけ学校に出る必要があったが、放課後は週に二七時間半以内の労働が許されていた。アメリカの作家、ジャック・ロンドンは、『どん底の人びと』を執筆するためにロンドンのイーストエンドに住み、人々の暮らしぶりを追った。そこで、「腐った臭いのする奴隷状態」と彼が呼ぶ現状をたびたびまのあたりにし、「ファビアン協会の改革主義者たちが強く主張している」パートタイム労働者の一部、なかには六歳の幼い子さえいる少女たちが、週にせいぜい三シリングで働かされている現実を知った。[21]

　最もありふれた使用人の形態は、あの糊《のり》のきいた服とキャップを身に着けたパーラーメイドではなく、雑用をこなす下働き、掃除婦、炊婦であり、彼女たちは仕事場と生活の場を兼ねる地下室から、めったに姿を見せることがなかった。ウォルデマー・リヴァートン夫人は、雑用に就く使用人の職務を、上級使用人を目指して心血を注ぐ者か、特殊な任務に就く者よりもはるかに多い七ページを割いて、箇条書きにした。奉公人として働く若い娘や朝食を取るよりも、まず済ませておかなければならないことのリストは、左記の通りである。

雑用に就く使用人の職務は、数が多く多様なため、夏場は朝六時、冬場は六時半の起床が望ましいでしょう。窓を開け、各部屋の換気をして、厨房のレンジを掃除し、火を起こし、食堂の暖炉を片づけて火を起こし、沸かした湯を各寝室に運んだあと、ブーツにブラシをかけてバケツの石炭を補充します。そこで、料理をして朝食をお出しします。そして不可能でなければ、その日最初の食事を準備する前に、表玄関の階段をきれいにします。それから寝室へ上がり、各ベッドから寝具をはがし、洗面台をきれいにして、ベッドを整えます。[22]

エリザベス・バンクスが「上流階級の人々と家事のあいだには、両立しがたいものなど何もない」ことを、新世界からやってきた者ならではの気の利かせ方で証明しようとしたとき、ロンドンの世帯でひとりで働いている若い女性の使用人が、雇用主から要求される仕事の内容に、ひどく驚かされた。ふたを開けてみれば、雇用主は上流気取りを固持し、使用人がすべての仕事をこなしていたのである。ポートマンスクエアの住人、アリソン夫妻の家では、炊婦、パーラーメイド、レディーズメイド、そして女中のエリザベス――「リジー」――が雇われていたものの、一家は、その倍の動員を必要とするような暮らし方をしていた。「私の肩にのしかかった責任は、とてつもなく大きいものに思えた。私は毎朝六時に起きることになっており、最初の仕事は、アリソン氏の寝室のドアのノブに引っかけられたズボンをとって、埃をはたき、ブラシをかけることだった。私はアリソン夫人に、自分はヴァレットとして従事しているわけではなく、ズボンのブラシかけの技にも精通していないと告げる寸前で、突然私は、自分が〈若い娘〉などではなく、手に触れたものがどんなものであっても、一所懸命なんとかすることを期待された、〈若い人〉であることに気づいた」。その後エリザベスは、アリソン夫人のドレスにブラシをかける係となり、家族全員のブーツは炊婦が磨くことになったため、彼女はブーツを厨房に運ぶだけになった。エリザベスはそれから、「四つの階段と四つの広間を掃いて埃を払い、書斎と応接間を片づけて埃を払い、そのあと各ドアをノックして家の人たちを起こしながら、湯の入ったバケツをそれぞれの部屋に運ばなければならなかった」。するとそのとき――「私は聞き間違いでもしていたのだろうか？」――朝食を食べたいとアリソン夫人が言い出した。「というわけで、空っぽのお腹で、ヘラクレスの偉業をすべてやってのけることになった」エリザベスに、アリソン夫人はのんきな口調でこう告げていた。

「リジー、朝食が済んだらアニーがお皿を洗うのを手伝ってあげてね。それからベッドを整えて洗面台を掃除し、水差しに水を入れて、各寝室を掃いて埃を払って、居間のキャンドルをきれいにして、何もかもが完璧に収まっているように片づけてちょうだい。十一時までに全部終えるのよ……十一時から三時までは、ひと部屋か二部屋を徹底的にお掃除し、そのあいだにディナーを取りなさい。四時になったら、清潔なキャップとエプロンを身に着けてほしいの。それから使用人のアフタヌーンティーにして、あと片づけをして……夕食までの時間なら、針仕事で埋められるわ」……夕食後、私はふたたび各部屋を回って、十時半まで縫い物をすることになっていた。

ようやくその時点で、くたくたにくたびれたエリザベスは、ベッドに行くことを許された。[23]

ベリル・リー・ブッカーは、エドワード朝のロンドンで過ごした裕福な子ども時代の、「あえて考えたくない女中たちが眠っていた場所」を、「気の毒な娘三人が寝ていた天窓つきの暖炉のない四角い部屋と、ナーサリーメイドが籐のトランクに囲まれて寝ていた水槽の脇にある四つ目の小部屋」[24]と書いた。こと使用人たちの居住部分に関しては、ほぼすべての雇用主が、人一倍思いやりをもつ人物ですらも、質実剛健な簡素な暮らしが、使用人にとっていちばんの幸福になると考えていた。一家のためにひとりで仕事をこなすメイド・オブ・オールワークの場合、ほとんどが、換気のできない、暗くじめじめした、不健康な場所で眠っていた。アーノルド・ベネットは小説のなかで、主人公のエルシーと夫のジョーが眠る、ラステ一家の不要な家具が詰めこまれた地下室を、「それは洞窟だった、地面の下の、洞窟のような感じがした」と表現した。湿っぽくてひんやりする居住部分は、不用品が行きつく場所であり、飽くなき消費の温床であった。一八九〇年代、家事全般について主婦に助言したパントン夫人は、若い女性使用人の寝室の壁は、地味な色の水漆喰《しっくい》か、「衛生用品に使用する洗える紙」を貼ることを勧めている。また、カーペットを敷きつめる代わりに「簡単なダーリ」〔インドの綿絨毯〕をベッド脇に置けば間に合うとし、さらに、「使用人たちには個別のベッドを使用させるべきでしょう、もし可能ならば」と助言した。

アリソン家では、エリザベス・バンクスが見た女中部屋には、「ベッドの枠組みが三台並び、その前には、ぼろぼろのカーペットの切れ端が三枚置かれていた」。一八九七年、著述家で教師のモリー・ヒューズは、新婚生活を送る家の調度品や家具をそろえながら、使用人の部屋は目先を変えて、小枝模様などが向いているのではないかと考えた。彼女はこう思い起こしている。「使用人の寝室では、モスリンで覆ったピンク色のチンツ地が、彼女のテーブルの周りを囲んでいなくてはという、昔から変わらない考えが、私にはありました」[25]。ところがパントン夫人は読者に対して、きれいすぎると使用人に悪影響を与えるとし、彼女たちはきれいな部屋に感謝するわけでもなく、逆に居心地の悪さを感じることになる、と戒めている。

「それぞれの女中にきれいな部屋を与えようかと思っています。けれどこの問題に関して、目下のところ彼女たちは、どうしようもないというのが現状です。せっかく部屋を素敵にしたそばから台無しにしますから……自分が少女時代を過ごした家に似せることが認められ、横になれて、可能な限りぐっすり眠れる場所になりさえすれば、使用人たちは満足できるはずです」[26]。それで、床に安物のリノリウム（一八五五年の発明）を張った、雑用に就く使用人用の寒い部屋には、でこぼこした安物のマットレスに染みのついた鏡でも置いておけば、故郷の家を思い出させる調度品になるかもしれないと思われていた。さらに、たいてい使用人の部屋は、「女中のクローゼット」の近くにあった。そこにはチェンバーポット（汚物用バケツ）の中身を捨てる流し台が収納されており、一八八二年に『家の衛生ハンドブック（*The Hand Book of House Sanitation*）』で警告されていたように、「わずかだが不愉快な臭いを嗅がざるをえない」場所だった。

家事奉公の斡旋所ですらも、雇用主と雇い人の待合室に、適切とされた状況での厳密な区分が適用され、使用人は、将来どんな境遇で寝泊まりすることになるのか、そこで味わうことになった。女中志望のある女性は、登録をするつもりで行ったメイフェアの斡旋所のドアを押し、一歩足を踏み入れて喜んだ。「白と金に塗られた壁の優雅さ、ビロードのカーテンと上品な椅子、クッションがたくさんのったソファ、それを見て嬉しくなりました。ふかふかのカーペットの上に立ち、じっと眺めていると、とても洗練された女の人がなめらかな足取りで近づいてきました。彼女は……私もですが、すぐにわかりました。ドアを間違えていたんです」という思いをしたその女性は、いずれ女中になる者が待つための部屋まで、きびきびとした態度の斡旋所の女性に案内され、現実を見ることになった。「もう、なんていう違いでしょう。ふかふかのカーペットも、ビロードのカーテンもなく、床は茶色のリノリウムで、部屋の両側にベンチが並べられていました[27]」

地下の厨房は、その家の家事の拠点であり、使用人の寝室に上がる裏階段がついていた（より貧しい家庭で働く使用人は、厨房のレンジの前で眠った）。名家の地所の使用人たちは、敷地内の畑で採れた新鮮な食料をふんだんに使った食事を、使用人専用広間で取った。一方、たいていの使用人が働いていたような、つましく生活している小さな家では、食べ物は使用人にふさわしいとされた安価で味気ないものばかりで、使用人たちは明けても暮れても、ニシンとパン、目立つように置かれたマーガリンで食事を済ませた。アン・ハンページの母親は奉公をしていたとき、高齢の夫婦と姉妹二人が住む家で働いていたが、彼女の待遇はさらに痛ましい。「母が眠るのは屋根裏部屋でしたが、部屋が暖かかったことは一度もなかったそうですし、調理された温かい食事を口にできるのは、ウォッシャーウーマンが来る月曜日のみで、ほかの日はいつも一家の食べ残しを食べていたそうです。休みの日に外出して戻ると、汚れたお皿が山と積まれていたと、母は話していました」[28]。キングスクロスの洗濯場でロンドリーメイドをしていたリリアン・ウェストールは、「立身」のためにパーマーズグリーンでのナーサリーメイドの仕事を辞めたあと、チジックに住む歯科医の家庭へ移ったが、「よく覚えている食事は、朝食に食べたパンと肉の垂れ汁が固まったもの。その上にのっているのは、最初に削り取らなくてはならないネズミの糞《ふん》。ディナーはニシンで毎晩同じ。そしてティーは紅茶とパン」だった[29]。

清掃における科学技術は、省力化する最新の方法には疑いの目が向けられ、それよりも、手間をかけた骨折り仕事があいかわらず好まれた。農村の家々では、煙道の掃除にはまだ鶏頭の花が使用されており、機械や洗剤が重労働の仕事の良さを奪って怠け癖をつけるとされ、便利なものへの深い疑惑の念は、いつまでも消えなかった。「ほらイーディス、あなた、だんだん無精になってきている」と、イーディス・ホールの雇用主は彼女に言った。なかなか取れないリノリウムの染み取りに、昔からの重曹水ではなく石鹸水を使ったらどうかと彼女が提案したときに、雇用主からそう反対されたのだ。[30] 最新式の、あるいはもっと便利な掃除道具を使用したいと要望する使用人に対し、多くの雇用主のあいだでは、強い抵抗があった。エリザベス・バンクスの雇用主のアリソン夫人が、部屋のすみをきれいに掃くためのブラシの購入を拒否したため、彼女は着ている服をブラシ代わりにして、部屋のすみを掃除せざるをえなかった。食器洗いの布の使用にも、雇用主の賛成はなかなか得られなかった。ゼリーの流し型の曲線やパンの焼き型の角は、直接指を入れて洗うほうが効果的だと信じられていた。ドーセット州では、キッチンメイドのエドナ・ホイウェイの雇用主、グレイ夫人が、休暇旅行先のジャマイカからココナッツの殻を抱えて帰宅した。グレイ夫人は、そのココナッツの殻を半分に割って、エドナが厨房の板石を洗うときの、素敵なブラシをつくればいいと提案した。「密集したココヤシのむしろは、板石の上でこすれるようなひどい音を立てたものの、そうするように言いつかったので、疑問の言葉は胸の奥にしまいました」と、彼女は書いている。[31]

ほとんどの掃除は、あいかわらず手作業で行われ、一七〇〇年の女中が慣れ親しんでいたような道具が、一九〇〇年になっても使われていた。ほうきやそのほかのブラシなど、用具類の大部分――ぼろ切れでつくったモップ、豚の剛毛のブラシ、樺かエリカでできたほうき――が旧態依然とした、じつに粗末な材料でつくられていた。しかし、健康的な家庭にとって最も致命的な侵入者とされていたのは、埃である。女中が濡れ雑巾で拭く昔ながらの掃除方法では、永久に埃を拭い取るというより、むしろ埃をまき散らしているだけにすぎないという、もっともな懸念があったにもかかわらず、一九〇一年にイギリス人のセシル・ブースが発明した電気式真空掃除機は、掃除革命を間違いなく約束したが、英国の家庭の日常生活に入りこむまでには、長い年月を要した。電気式真空掃除機の第一号は非常に大きく、吸引パイプを玄関前の歩道に置かれた機械につなぎ、その機械を馬に引かせて動かさなければならなかった。

さまざまな種類の実用的な家庭用掃除機が市場に登場する前の一九一〇年には、パワフルな機種「ベイビーデイジー」が発表されたが、それを操作するには腕力の強い使用人二人を必要とした。一九一四年に発売された比較的ポータブルな電気式真空掃除機は、一般的な女中のおよそ半年分の賃金に相当する、約六ポンドの価格がついていた。初期の電気式真空掃除機は気紛れで、塵《ちり》のなかの病原菌より大きなものは何ひとつ吸引できなかった。チェシャー州にある大邸宅、ライム・パークでは、フーヴァー社の最初の機種を使っていたものの、「ええ、あそこは最初のフーヴァー〔掃除機〕を一台もっていましたけど、女中たちがしょっちゅうヘアピンを吸いこんでたもんで、いつも動かなくなりました[32]」といったありさまだった。自家発電をしていた大きな屋敷でも、電力を食って発電機の電池を消耗させる電気式真空掃除機は敬遠された。フレッド・コレットがいたゴーリングの屋敷では、蓄電池の管理をフットマンの彼と運転手が任されることになり、電気の消費を節約するために、清掃用の新しいテクノロジーはあまり使わないように用心したという。

それよりも、たちまち人気を博したのがカーペット用の掃除機である。早くも一八七六年には、アメリカから英国に入ってきていた。英国のふつうの家庭で働く使用人たちが、従順な機械に置き換えられるという憶測は、二〇世紀が終わるまでなくならなかった。それでもたいていの場合は、一九〇〇年の『レディー』誌に掲載された「つねに独創的なアメリカ人は省力機械まで発明したけれど、機械じかけのメイドを追い払ったりはしませんよ、毎日油をさして、ネジを巻けばいいだけだから[33]」という投書のからかい調子のように、むしろ屈託のない冗談として扱われた。奉公という概念は、英国人の魂の非常に奥深いところに根づいてしまっており、単に雇える使用人がいなくなったせいでテクノロジーが家庭での居場所を獲得するまでに、もう五〇年を要するのである。

清掃用洗剤然り、使用されるもののほとんどが旧態依然であり、研磨剤、石鹸、そのほかの昔ながらの洗剤に、手間をかけた骨折り仕事が組み合わせられていた。たとえば、砂を厨房の床と階段にまき、油汚れ、塵、そして外からもちこまれた泥をその砂で吸収させ、それから掃いた。ラグやカーペットには茶葉をまんべんなくまき、掃いたあと戸外で叩いて埃を落とした。洗浄アルカリ剤の重曹は油を分解する特性があるため、十九世紀半ばから一段と普及し、必要不可欠な洗剤になっていた。しかし、ほとんどの洗剤の調合には時間も手間もかかり、たとえば床板の掃除に使用するさらし粉などは、数日前に用意して毎日かき混ぜる必要があった。鉄製の火格子とレンジ、そしてブーツ磨きになくてはならない黒色塗料は、耐油紙入りの粉の状態で購入し、酢か水で溶いてからすりこんで使用した。磨き剤は、酢と水を加えた亜仁油を沸騰させてつくっていた。オックスフォードシャーの元女中が、当時の掃除をこう説明している。「床を掃くのに使ったのは、もちろんフーヴァーなんてものはなかったので、ちりとりとブラシ、ぼろ切れ、そしてビーズワックスとテレピン油。ビーズワックスは前の晩に、瓶に入れてテレピン油に浸しておくんです。そうしたら溶けて棒状になるので。それをひとつ、ぼろ切れに取ります。床は全部ビーズワックスで磨きました、いつも膝をこすりつけながら[34]」

エセックス州のピルグリム・ホールの貯蔵室は、半年ごとに注文するアーミー&ネイヴィーストアから届いた、大量の品で埋まっていた。「ごしごし洗う仕事には黄色の石鹸、食器洗いにはゼリーみたいな緑色の軟石鹸、床の磨き粉、家具の艶出し、金属光沢剤、ブーツ磨き……[35]」と、ここで育ったレスリー・ローレンスの本に記述がある。家が広い世帯に関して言えば、「ああそうですとも、何もかも鍵つきで、貯蔵室は鍵束そのものでした[36]」と証言があるように、その貯蔵室に入る鍵は、みだりに人を入れない場所へのパスポートを意味した。大きな屋敷では炊婦が食品の注文を出し、ハウスキーパーが黒いドレスの衣擦れの音を立てながら、それが妥当な量かどうかを見極めた。とはいえたいていの家庭では、女主人が戸棚の食品と補給品を管理した。

ラテックス製の手袋は、第一次世界大戦前のアメリカで外科手術用に開発されていたが、通常の家事に使用するゴム製手袋が製造されたのは、一九六〇年代になってからのことである。エドナ・ホイウェイは緑色をした石炭酸の石鹸を使って、五〇個の銅の深鍋や浅鍋を毎週洗わなければならなかった。寒くなると手は荒れてひび割れ、キジの羽根をむしらなければならないときに、ひりひりと痛んで彼女を苦しめた。珪砂《けいしゃ》〔ガラスの原料〕や酢、そして熱湯などで刺激され、すっかり荒れてひび割れやしもやけのできた手を、どれほど恥ずかしく思っていたか、若い女性使用人の多くが覚えていた。ある女中は、「いつでも白い手袋をはめてなけりゃなりませんでした、あたしの手は下品すぎたもんで……ひどい硬水のせいで、あたしの手はあかぎれやなんやかやができてひび割れてましたし、なんとか下品な手に見えないように、いつだって白い手袋をはめてなきゃならなかったんです[37]」と話した。アーネスト・キングは、フットマンの手が「板ほど硬かった」わけをこう説明している。「金属製食器の手入れはまさに地獄だ。それは緑のベーズ地のドアの向こうの最大の悩みの種であり、家のなかで最もきつい仕事である。その仕事を始めたころは、銀器、スプーン、そしてフォークをこすっていると、たまにフォークの先が親指に突き刺さることもあれば、だんだん痛み出した指にまめができることがあった。ところがあの時代は、文句を言ってもさっさとやれと言われるのがおちで、その仕事をするしかなかった。まめが破れても痛みに耐えて続けていたおかげで、二度とまめのできない、金属のように強靭《きょうじん》な手になったというわけである[38]」。ロンドレスのアニー・ウィルキンソンは、ひだつけアイロン*——絹のリボンやレースの傷みやすい部分に、プレスをかけてうねをつくる——の金属製のチューブを、煮えたぎる湯から取り出して仕事をしていたが、長年それをしているうちに手にひどい火傷を負った。グライミエルゼリー剤は、手にできた水泡の手当に効果があるとされた薬のひとつで、毎晩それを塗ってから、手袋で覆う必要があった。一方、農家の一般雑役使用人として働いていた十三歳のケイト・テイラーの雇用主は、彼女に対して情けも容赦も見せなかった。「私は酪農を手伝わなければなりませんでした。もし、滅菌用の熱湯から搾乳《さくにゅう》器具を取り出すのに、私がしりごみしているところを彼女［酪農家の妻］が見つけたら、唯一強くする方法がこれよと言って、私の手をよくそのなかに押しこんだものです」[39]

家屋の大きさによっては、厨房のなかの調理をする場所は、使用人たちが作業する小部屋が並んだ領域の、雑然とした一部でしかないこともあった。ドイツ人の建築家、ヘルマン・ムテジウスは、台所仕事を水仕事（洗浄）と水を使用しない仕事（食べ物）に分ける習慣に注目し、イギリスの住宅の家事に関する建築史について書いた自著のなかで具体例を挙げながら、「きわめて小さな田舎家ですら、スカラリーを担当する者のいないイギリスの厨房は、想像しがたい」[40]と書いた。肉や魚、牛乳などは、冷蔵庫ができる前の時代には石板製の棚のあるラーダーで保存された。銀器の手入れはパントリー内で行われ、油混じりの熱湯をはった巨大な流しのあるスカラリーで、洗い物が片づけられた。スカラリーメイドは、手元がつるつる滑りやすくなる軟石鹸と、油汚れを落とすための重曹を使って、山と積まれた皿と格闘した。一九〇三年の『友好の葉』（使用人の慈善団体「若い女性の友好協会」の機関誌）では、その明るい調子によってスカラリーメイドを元気づけたとはとても思えないものの、その「正確で機敏な」手作業を、「超一流のピアニストが鍵盤を見るときのように」とらえたらどうかと提案している。

エドワード朝では、スカラリーは未処理の食材の下ごしらえをする場所を兼ねていた。レスリー・ローレンスは、「食材はたいてい、畑から採られたままの状態で炊婦のところへ届いた。野菜には泥や排せつ物がついていた。鳥はすべて家で羽をむしってはらわたを抜き、鶏の体内から卵が出てくることもあった。野ウサギも家ウサギも、皮をはいで内臓を取り、ギロリとにらむような目のついたタラも、頭を落とさなくてはならない。スカラリーは気の弱い人が来る場所ではない」[41]と書いている。エドワード朝の人々の好物のひとつ、ウナギ料理のウナギは、生きたまま皮をはぐ必要があった。キッチンメイドと炊婦を兼ねていたミス・エルリーは、一九三〇年代には、毎日のようにウナギの皮をはいだという。「そうですね、ウナギは新鮮でした。手に大量の塩をつけてウナギの頭をつかみ、調理台みたいなところにそれを置いて、二股のフォークで突き刺したら、思い切り力を入れてそれを台に叩きつけ、周りの皮を切りとって、一気に皮を引っ張ればいいんです」[42]。一方、炊婦と厨房の使用人が享受する因習的な特典のなかには、ウサギ、茶葉（再使用する）、そして肉の垂れ汁が含まれていた。ウサギの毛皮は高くて一枚八ペンス、肉汁は約五〇〇グラムにつき六ペンスで売れ、それを買う男が毎週顔を見せた。また、使用済みのコルク栓の売却も、厨房の使用人の儲かる副業となっていた。レクトリーファーム・ハウスのアリス・オズボーンは、白イタチにやるために、古くなったパンはすべて取っておくよう炊婦に指示していた。

　厨房は、湿気、排水管の悪臭、コンロの煙、ゴキブリ、そのほかの侵入者、そして何より次から次へと出てくる「臭気」問題の温床であった。十九世紀に生まれた緑のベーズ地を張ったドアは、ふたつのコミュニティーが接触せずに居住することが可能な広い家で、厨房が発する不快な匂いから一家を隔離するように工夫されてはいたものの、問題を省略したにすぎなかった。そしてほとんどの家では、部屋と部屋が接近しすぎており、調理の匂いをすっかり遮断することは不可能だった。大きな屋敷の厨房は、近代的な発明によっても変貌することはなかった。十五歳でスカラリーメイドとして奉公に出たミセス・クロスビーは、ノッティンガムシャーのナットホール・テンプルで、一九一二年になってもまだ、古めかしいままの厨房に目を疑った。中世のスタイルを手本にしたような厨房には、石畳の道を照らすガス灯は別として、「炉辺と家庭」というイギリス人の伝統的な観念から決して切り離すことのできない暖炉がかならずあり、依然としてそれが、家庭の中心となっていた。

　広い厨房には、中央テーブルと、四方八方に置かれたテーブル、銅の鍋と流し型をしまう棚、中庭を見下ろす大きな窓があって、中庭には、猟のための納屋と家で殺した羊を置く小屋……厨房の奥の石炭レンジには、それぞれ真鍮製の煙突のついた大きなオーブンがふたつと、その前のほうにはパン焼きや骨付き肉料理に使う焼き串がついていました。スカラリーは地面より低くて、円形の浅い流しは、芝生の植え込みと湖の方向に水が流れ出すように、裏に穴が空いていました。オーク材の巨大な桶《おけ》もふたつあって、ひとつは調理道具を洗うため、もうひとつはすすぎ用です。油汚れは、すすいでもすすいでも落ちませんでしたが、私は男に売るために、油を集めてためておきました。[43]

大きなカントリーハウスにはスティルルーム〔保存食品をつくって貯蔵する厨房の続き部屋〕があり、朝食とティーの準備はそこで行われた。きわめて豪奢《ごうしゃ》な屋敷では、スティルルームメイドを二、三人置き、貯蔵食品、菓子類、チャツネなどをつくるハウスキーパーの手伝いをさせた。彼女たちはそこで、バターの彫刻や花の砂糖漬け、あるいは花を蒸留して化粧水をつくる方法などを覚えた。

レクトリーファーム・ハウスのアリス・オズボーンは、炊婦に指示する詳細のリストを作成した（同家の炊婦は、厨房と食堂付近の掃除の大半を受けもっていたようだ）。ボールドウィン氏が七時二〇分に食べる一日の最初の食事までに、炊婦は厨房の火を起こし、玄関ホールを掃き、真鍮部分を拭き、玄関ドアを洗い流すこと（「石鹸は使わず、きれいな水だけで」）になっていた。ボールドウィン氏の朝食は、「まんべんなく火を通したオートミール粥《かゆ》［そして］短時間茹でただけの卵一個」である。八時になると、ボールドウィン夫人が「とても熱い」コーヒーとフライパンで焼いたパンとベーコンで朝食を取り、そのあとは食堂を徹底的に掃除して、クモの巣もブラシで払わなければならなかった。

エドワード朝の平均的な家の厨房のほとんどは、さほど広くはなく、衛生上の理由から室温の低い北側に面していたため、かなり薄暗かった。壁の表面は拭き掃除がしやすいように、たいていニスが分厚く塗られていた。使用人専用の屋外トイレと石炭庫、そして勝手口のある狭い庭へ、直接出られる厨房もあった。厨房自体は、毎日ごしごしこすって汚れを落とす必要のある木製テーブルと、毎朝真っ黒になる鋳鉄製レンジが支配していた。そして、最も豪奢な厨房から最も粗末な厨房まで、かならずそこでは、ストックを取る寸胴鍋が一日中グツグツと音を立てて煮えていた。「スープやソースのベースにするため、食べられるものならほとんど何でも、鍋のなかに入れた」と、キッチンメイドのエドナ・ホイウェイが書いている。週に一度洗うことになっていたその鍋は、料理と湯を沸かすためにも使用された[44]。レンジのほうは、昔からの石炭燃料式で（ガス式レンジも見かけられたが）、火が消えないようにつねに見張る必要があった。

苦しい家計においても水準を維持したいという中流家庭にとって、金のかかる食費の次に留意しなければならなかったのが、洗濯費である。プラーガ夫人は、ウェストケンジントンの自宅に、コッパー（台所の真鍮製つくりつけ洗面器で、下から火を焚いて湯を沸かす）がついていたことを幸運だと思った。つまり彼女は、一家のリネン類を洗濯屋に出さずに、十分に酷使している炊婦に洗濯までさせて、洗濯にかかる法外な費用の節約ができた。洗濯物の水を切って絞る巨大な機械もすでに普及していたが、最も伝統的な洗濯方法であるコッパーは、一番洗い用の熱湯を沸かす際と（それから木製のたらいに移してごしごし洗う）、洗濯物を入れて煮沸する二番洗いのために、まだ多くの世帯で使われていた。近代的な給湯設備をもっている人がほとんどいなかった時代には、プラーガ夫人の家のように、小さな家でコッパーが使えた炊婦は、たしかにまだ運が良かったのかもしれない。ハムステッドに住む国教会大執事一家のナースメイドをしていたローズ・ステイシーは、家の最上階にある狭いパントリーで、ガスコンロの上にブリキの浴槽をのせて湯を沸かし、一家の洗濯物をすべてひとりで洗っていた。[45]

　カッスルハワードで四〇年間ロンドリーメイドをしていたアニー・ウィルキンソンは、第一次世界大戦前、「朝の九時から夕方の五時まで、宮廷用ペチコートにアイロンをかけるために立ちっぱなしだった」[46]ことを覚えている。精巧な手仕事で丹念につくられた古き良き時代のものに対する貴族の情熱に応えるためには、最も高等で最も集中力のいる専門的な技術を必要とした。彼女はこう話している。「メアリー・フィッツウィリアム夫人は、素晴らしい老婦人で、ええ、とっても素晴らしい方でしたよ。それに、彼女のもっているものはどれもこれも、とてつもなく古いものでした。で、私が笑いながら『奥様、まさかこれを着るおつもりじゃないでしょう？』と言うと、『もちろん着ますわ、これを着たらあたくし、素敵に見えるんじゃなくって？』と」。一方、名門リー家の屋敷、ライム・パークには、バスケットに詰めた洗濯物が、ロンドンの別宅から毎週列車で届いた。遊猟会が開催されているあいだは、専任のロンドレスが三人がかりで、一五〇枚のシーツにアイロンをかけた。こんな証言がある。「まず、服をごしごし洗い、下から火の焚ける巨大なコッパー型の湯沸かしのなかへ、白い物を全部入れました。洗濯物をなかで撹拌《かくはん》させるための、巨大な円筒形の容器がありましたが、それが洗濯機だったようです。湯沸かし器から出した洗濯物をそれに入れて、なかで洗ってすすぎました。それが終わると、巨大な回転式脱水機に入れました。脱水の終わった洗濯物は、晴れているときは戸外に干しました。洗濯したあと、アイロンをかけるまでどれもしわだらけでした。それで、大きな自動輪転機に洗濯物を全部通して、しわを伸ばしていました[47]」

工業化の進むイングランド中部地方では、繊維産業が盛んになり、木綿地を生産するようになったが、工場で織られた木綿は、生地としての美しさを保つために漂白したり、しわを伸ばして糊づけしたりして、プレス機にかける必要があった。労働者階級の主婦は、週に丸二日かけて、自宅の洗濯物を片づけた。洗濯日のその単調な仕事を、「ザブ、ザブ、ザブ、ザブ、あんたの根性をザブザブ洗い流すみたいに」という節をつけて記憶に留めた者もいる[48]。エルシー・トンプソンの母親は、一八九四年にストーク・オン・トレントで生まれ、食べるために洗濯をしていた。ところが、自分の家族のための洗濯日になると、一日中子どもたちをベッドから出さなかった。着替えの服をもっていないことを、近所の人に知られたくなかったからである[49]。一八九六年にランカスター郊外で生まれたミセス・スコットの家は、代々、ロンドレスをして生計を立てていた。彼女の母親は、その地域に住む「すべての名士」から洗濯を任されていた。「母たちがしていた洗濯は、ふつうの洗濯じゃありません、おわかりの通り、アイロンでひだをつけなきゃならなかったんです。母がひだつけをしている姿が目に浮かびます……［女中の］キャップとエプロンと、ガウン［すそが床まであるドレス］みたいなものも。キャップはひだをつけなければならなかったんです、それとエプロンの縁も[50]」

使用人と雇用主が使用したリネン類は、たとえ同時に洗濯が行われたとしても、複雑に色分けした印をつけることによって、きっちりと分類されていた。ライム・パークでは、三人の住み込みロンドレスが洗濯を分担した。ロンドリーメイド頭が一家の着る上質の服を、二番手が上級使用人の服を、そして三番手が下級使用人の服とタオルを洗った。また、ピール夫人は、一家と客が使用する毛布と使用人専用の毛布とを区別するために、使用人には赤い毛布を与えるよう勧めている。ロンドンにできた最初の百貨店のひとつ、ベイズウォーターのホワイトリーズ百貨店は、使用人専用と雇用主専用に分かれた設備で洗濯サービスを始めたとたんに、店の人気が急上昇した[51]。

シーツ、タオル、ナプキン、テーブルクロスなどの家庭のリネン類は、効率よく管理するために、かえってややこしい整理方式が採用され、戸棚にしまっておくこと自体が、じつに複雑な作業になっていた。新しい品が加わるたびに、赤い糸のクロスステッチで女主人のイニシャルをつけ、豪華なリネン類は、イニシャルの刺繡によって整理されていた。ほとんどの家で、このイニシャルを調べるのは女中の仕事だった。イニシャルの横には、家のどの場所で使用されているか（浴室、寝室、または食堂）、購入時の日付、そしてシーツかタオルが六枚あるうちの三枚目なら、それを示す3／6のような番号も、刺繡されていなければならなかった[52]。

当時の上流社会の女性は、一日に三回服を着替える習慣があったため、洗濯は終わりの見えない作業となっていた。『良い社会のエチケット（*Etiquette of Good Society*）』では、貴婦人はかりそめにも、午前中にレースの服を着ることがあってはならないが、午前中に友人を訪問する際の刺繡のついた服は容認できると、読者に説いている。また、午後の「在宅」時のティーガウンは、その下に着けたコルセットを二、三時間緩めていられるように、意図的に薄くて軽い絹でつくられていた。貴婦人の衣装には、飾りをつける必要のある帽子、磨く必要のあるブーツ、そして、忘れることのできない手袋があった。「手袋はどれも腕が隠れるほど長く、ボタンでとめるようになっており、その数は、外出用手袋の六個から夜用のドレスに合わせる手袋の二〇個まで、じつにたくさんついている」[53]。一度はめた手袋は、たいていそのつど洗われることになっていた。キッド革の手袋に関しては、テレビン油、アンモニア、そして軽石粉を混ぜたものをつけて、ていねいにブラシがけされた。

下着〈さもなければ、シックな表現で〈ランジェリー〉は、エロチックで、なおかつ機能的な用途をもつものとして、初めて認識されるようになった。貴婦人は、シュミーズ、パンティー（取り外せる裏張りつきで、毎日洗濯）、コルセット、キャミソール、ガーターつきストッキングなどの下着を、少なくとも二ダースずつ所有することが望ましいとされた。黒の下着はきわどい趣味とはいえ、汚れが目立たないという理由から、家計に余裕のない女性たちのあいだで広く好まれた。シフォンは非常に高価であったものの、流行中の薄膜のような下着に適した素材として、非常に人気があった。しかし、その扱いには細心の注意を必要とし、規模の大きな大衆向け洗濯屋で使用するスチームやしわ伸ばしは、避けなければならなかった。値段が高く、薄い雲がたなびいているかのような、こういった傷みやすい下着類は、たいていレディーズメイドが手洗いすることになっていたが、貴婦人はそれを脱いだあと、飾りのついたシフォン製の小袋のなかへ、さりげなくしまう習慣になっていた。小袋はどれも、そのために特別につくられていた（たいていは慈善施設で）。ナンシー・アスターの小袋は、「肢体の不自由なフランス人の少女」が彼女のためにつくったもので、女中のローズ・ハリソンが、アスター卿のレース用自動車と同じ色の糸で、それに刺繍を施した[54]。

レディーズメイドは、裕福な家庭でのみ見かけることができ、使用人専用広間のヒエラルキーでは、独特の位置を占めていた。アッパーテンの使用人のなかでさえ、レディーズメイドは仕事の性質上、雇用主と親しくすることが特別に許可されていると見なされていた。レディーズメイドはガヴァネスや秘書と同様、女主人からは姓だけで呼ばれ、ほかの使用人からは「ミス」と呼ばれた。仕事の特典として、たいてい交通費が支給され、女主人から服のお下がりをもらうこともよくあった。また、雇用主の慣例を採り入れて、出入りの業者から手数料を受け取っていた。『コーンヒル』誌のアール夫人は、優れた裁縫技術をもっているレディーズメイドを、経費を削減する者と考えて、ひとり雇う余裕がある場合は、「ペチコートやリネンの肌着などではなく、割に合うものが家でつくれるというのは夢のような話ですが、針仕事ができる器用な女中はほとんどいませんから、大事な職務として、レディーズメイドもリネン類の繕いを引き受けるべきです」と書いた[55]。

またレディーズメイドには、女主人がカントリーハウスで開かれるパーティーに出席する際に、付き添う役目があった。そこでは雇用主から名前で呼ばれ、使用人専用広間では何がしかの栄誉を味わうことができた。一八九五年の『パンチ』誌に掲載された漫画を見ると、今にも出発しようとしている女主人の乗る列車の横で、リストをチェックするレディーズメイドが描かれている。「ええ、奥様、ジェームズは今朝〈狩猟犬たち〉と出ましたし、それに私が、前もって〈重い荷物〉をチャールズと一緒に送っています。でも、今ここにあるのは、奥様の〈鉛筆ケース〉に、〈自転車〉と、お嬢様の〈ゴルフクラブ〉と〈乗馬用の鞭〉と〈ビリヤードの突き棒〉、〈ローンテニスのラケット〉、〈ベジークのトランプにマーカー〉、お嬢様の〈賭博帳簿〉に〈レース用眼鏡〉に〈スケート〉に〈ステッキ〉――それと、ああでも、もし私が何か忘れていても、最初の停車駅から簡単に電報が打てます」

レディーズメイドは執事同様、女主人の所有物を同僚の使用人のところへ送ったり、女主人の代理として、階下でつねに正しい手順が保たれているかを確かめたりと、責任のある仕事を任されることが多かった。ゆえにレディーズメイドには、それだけの格にふさわしい者であることが求められた。クウィニー・コックスがスカラリーメイドからキッチンメイドに昇格したとき、「つまり、レディーズメイドが、スカラリーメイドよりも先に、私におはようとあいさつすることになるわけだ」[56]と思った。レディーズメイドとして最も格が上だと考えられていたのは、フランス人かスイス人の娘だが、それは雇用主が、ヨーロッパ大陸の優雅さにあやかりたかったからである。レディーズメイドの社会的な地位は、仕事上要求される親密さのせいもあり、より流動的であったようだ。レディーズメイドがイギリス人の場合は、たいていが下層中流階級の出身だった。そして外国人であった場合は、セクシーな下着や外国人独特のコケティッシュなしぐさと結びついたイメージを一般的にはもたれていた。一九一一年のウィリアム・ル・クーの小説『あるレディーズメイドのささいな悪事（*The Indiscreyions of Lady's Maid*）』は、「聞いて《エクテ》！　ちょっとした歴史《イストワール》をもうひとつ聞かせるわ」という一節で始まっている。

＊四〇年後の一九四〇年になっても、カッスルハワードの洗濯場では、十二台のひだつけアイロンが使用されていた。

第二部　神聖なる信頼

「私を侮辱するためにここに来たの？」彼女は床を足で踏み鳴らしながら、そう私を問い詰めた。「ええ、奉公に行きますとも！　キャップとエプロンを着けて、あの奴隷の印のね！　いいえ、そんなのはお断り、自由で独立しているほうがいいに決まってるもの」。

――エリザベス・バンクス『好奇心の活動（*Campaigns of Curiosity*）』一八九四年

「月日がたつにつれ、イギリス人の家庭で働く目新しさが、私のなかで薄れはじめた。ジェニングス夫人のなかでも、インド人の使用人を雇う目新しさが薄れていた。自分に合わないイギリス人夫婦をつかんでしまった、と私は思った。そしてジェニングス夫人も、自分に合わないインド人をつかんでしまった、と思っていた。どちらも正しかった。彼女はインドで甘やかされてわがままになり、私はイギリスで甘やかされてわがままになった」

――フェイズル・ラスル『ベンガルからバーミンガムへ（*Bengal to Birmingham*）』一九六七年

「母はよく、『私はあの人たちと同じくらい立派よ』と言っていました……母はイーストエンドに住む女たちを大勢集めて集会の座長を務め、彼女たちに規律を守らせ、何事にも屈しないで頑張っていました。ところがひとたび誰かと、たいして高い身分でなくても、ちょっとした称号をもつ人、とでも言いましょうか、そういった誰かと向かい合うと、母はすっかり自信を失くしてしまいました……私は、母が女中をしていたせいだと思います、『はい奥様、いいえ奥様』と服従していた時代のせいだと。部屋に入るときも出るときもおじぎ、ですよ」

――ポール・トンプソン『エドワード王時代の人々（*The Edwardians*）』から引用

第八章　理想の村

一八九二年、エリザベス・バンクスは、イギリスの中流階級を悩ませていた疑問の答えを探すべく、奉公についての調査に乗り出した。他人の家の掃除をするくらいなら、「お粥《かゆ》の朝食とクレソンだけの夕食の二食」しか食べられない生活になっても、奉公以外の仕事を選ぼうとする若い娘たちが、なぜこれほど多いのか、人々は理解に苦しんでいた。エリザベスはさっそく、カンバーウェルの週十八ペンスの部屋で、ひどい暮らし――「男が着るようなぼろぼろの服、古くなったパンの耳、壊れた椅子とはみ出した藁《わら》」――をしている、ひとりの若いお針子を訪ねた。あまりの窮状に動揺したエリザベスが、「清潔な寝室と豊富な食べ物、朝用の柄物のドレスに、白いキャップとエプロンに襟とカフスのついた午後用の黒い制服」が支給される女中の勤め口を、ぜひ紹介したいと申し出ると、「『私を侮辱するためにここに来たの?』」。彼女は床を足で踏み鳴らしながら、そう私を問い詰めた。『ええ、奉公に行きますとも！　キャップとエプロンを着けて、あの奴隷の印のね！　いいえ、そんなのはお断り、自由で独立しているほうがいいに決まってるもの』[1]」と娘は激しく憤り、エリザベスは愕然《がくぜん》とした。

多くの若い娘たちが、自分の育った家よりずっと快適な生活ができるチャンスを、なぜありがたく思わないのか、使用人を雇用できる階級には理解しかねた。もはや家は、道徳的にも実際にも避難所となる、安全な場所ではないのだろうか？

十九世紀は、煙突掃除夫、交差点掃除夫、スリ、マッチ売り、搾取的な工場でボタン分類作業に就いて目を悪くした五歳の子どもなど、産業革命の犠牲となって彷徨《さまよ》う子どもたちの幻影にとりつかれていた時代だった。世間では、彼らはみな孤児で（事実ではなかったとしても）、ひとりぼっちで街をうろつき、栄養失調と貧困と育児放棄のせいで発育が悪く、年齢よりも体が小さいというイメージをもたれていた。社会改革者のエドウィン・チャドウィックが、一八四二年に『見捨てられたロンドンの悲痛な叫び（*The Bitter Cry of Outcast London*）』を発表すると、「ルーカリ」や安アパートに関する彼の記述が社会に強烈なインパクトを与え、公衆衛生改革に火をつけるきっかけとなった。富裕層の家族が住む居心地の良い世界から完全に切り離された人々が、もがき苦しむ希望のない世界を、チャドウィックは巧みに描いた。十九世紀のロンドンには、「たまった汚水とあちこちに捨てられたゴミから、毒性ガスの悪臭がつねに漂う」汚い箱のようなスラム街が、迷路のようにつながっていた。[2]

ヘンリー・メイヒュー〔『パンチ』誌を共同で創刊したジャーナリストで、貧民層の社会調査でもよく知られた〕によると、一八六八年のイングランドとウェールズには一万七〇〇〇人の浮浪者があふれ、その十七パーセントが十六歳以下の未成年だった。一八八九年には、救貧院に登録された十九万二〇〇〇人のうち、十六歳以下は五万四〇〇〇人にのぼった。ヴィクトリア朝の慈善家のなかで最も著名なトーマス・バーナード博士は、裸同然で風雨にさらされながら鉄製の排水路の横で眠る十一人の少年を見つけたとき、彼らのためのホームをみずから設けなければならないという思いに突き動かされた。博士が設立したバーナード・ホームの年次報告を見ると、道で拾われ、保護された子どもたちがかかっていた病気の、ぞっとするような目録がある。くる病、外反膝、甲状腺腫、脊髄《せきずい》麻痺《まひ》、聾唖《ろうあ》と、ほかにも長時間工場で働かされるうちに吸いこんだ埃に由来する肺の病気では、肺結核、気管支炎、肺炎、ぜんそくなどがあった。一九〇六年、トーマス・バーナードが、通りを彷徨っているところを見つけた「誰の子でもない」五歳の女の子、イーディスは、まったく望まれない子であったようで、素性や親に関して手掛かりが何もなかった。また、バーナードには、倒れた石油ランプの火がついて母親が焼死した、脚の悪い十歳の少年も託された。[3]

放浪しながら路上生活をする子どもたちを収容しようと、公的な職業訓練学校が努力を重ねていたが、そういった学校は罰を課す役割に焦点を当てがちで、「浮浪児たち」のそれぞれ個人の問題に立ち入っての世話は、民間慈善団体や博愛主義者の有志による努力にゆだねられた。一八七八年には、児童福祉事業に専念する慈善協会の数は、ロンドンだけでも五〇の団体があった。

バーナード博士をはじめ、二〇世紀の変わり目に活躍した社会改革者たちの大半は、道徳心を低下させて疎外を生む、工業化の影響を憎悪した。そこで彼らは、失われた田舎の理想郷――つまりイギリスの真髄――の階級制を回復することに解決策を見出していた。家庭管理の教えによって倹約の規範や浪費との戦いを叩きこみ、贅沢《ぜいたく》と余剰をもたらす元凶が、工場の大量生産だということになった。工業化社会以前の荘園制をイメージしたユートピアは、別の社会環境のなかで大切に守られ、その中心には階級間に存在する相互依存性があった。レッチワースの田園都市とハムステッド・ガーデン・サバーブを設計した建築家、レイモンド・アンウィン卿は、「村は小規模な団体生活の表れである」と考え、「そこでは異なる集団が互いに親しく触れ合い、その関係を意識的に素直に受け入れて、ほぼ満足が得られている」と書いている。[4]

工業都市ににわかに林立した安アパートの、無秩序な広がりとは対照的に、新興の田園都市には、屋根つき門、窓の方立《ほうだて》、切妻屋根などが、調和のとれた非対称性のうちに、隣り合わせに並んでいた。国会議員のアルフレッド・リトルトンは、田園都市を共同体の模範として以下のように称賛した。「大地主と教区牧師、そして牧師館や屋敷の周りに集った人々には、片側での横暴な行為や恩着せがましい保護もなければ、もう一方での労働の搾取や隷属状態、そして自立を損なわれる兆候もなく、彼らは平和に共生していた」。田園都市は、「実際的な社会主義」と「筋肉的キリスト教」〔ヴィクトリア朝に流行した、男らしさを強調する福音伝道〕を信奉する創設者による、まさに急進的かつ復古的なイギリスらしいエデンの園構想であり、本質的にはきわめて父権主義的であったと言える。つまりそれは、さまざまな段階から成っている天国であって、その階段の最底辺にいる人々の有益な職人技と奉仕がなければ、最上部で行われる公共サービスは発展することはなかった。

事実、イギリスの地所はまだ田舎ならではの影響力を発揮してはいたものの、イギリスの村はすでに、小作人、地主、移住者からなるハイブリッドな共同体となっていることが多かった。サリー州のファーナムから四キロほど南下したところの、ヒースがうっそうと茂る原野が広がった場所に、ボーンという名で知られる小さな共同体がある。ジョージ・スタートはその共同体を題材にし、一九一二年に『村の変化（*The Change in the Village*）』という本を発表した。スタートは車輪修理工を本業としていたが、その本のなかで、昔ながらの共同体的な経済が商業主義の経済に取って代わられた世界を、生き生きと描写している。スタートが言うには、この変化が村人たちの自尊心を少しずつ奪い、「彼らの人生のなかに、劣等感が入りこんでしまった」のである。ボーンには、田園都市を推進した改革派が思い描いた理想の村とは違い、恩恵を受けられる荘園もなければ、メイポール〔春の訪れを祝う五月祭で立てられる、森から切り出した木でつくったポール〕の周りで踊れるような、共有の草地もなかった。「メリー・イングランド」〔中世のイギリスで生まれた「のどかな田園風景のなかで暮らせる国」という故郷のイメージ〕を祝う人々がこよなく愛すような、幸福な社会階層はほとんど見られなかった。古い工芸や過去の技能は、最低賃金の出来高払いの仕事へと少しずつ置き換えられていき、そのために疲れ果てた村人たちには、善意の部外者が願っていたような伝統的な田舎の祭りを楽しむ余裕は、とにかくなかった。「特定のタイプの博愛主義者たちが貧困層に勧めた、農民芸術の面映ゆい復活」には、彼らはかたくなに賛同しなかった、とスタートは書いている。[5]

二〇世紀初期のボーンの最も大きな変化としては、村外れに続々と出現した郊外型ヴィラの増殖があり、農村の新しい経済として、新しく建てられたヴィラへの生計の依存も見られた。中流階級が住む家には手入れの必要な庭がついているため、「安いヴィラですら……黙々と雑用を片づける、安い労働者の手を借りる必要」があったのである。従来の収入源は、ますます不安定になっていった。機械が人間による労働に取って代わり、家で仕事をしていたウォッシャーウーマンは、規模の大きな洗濯屋に仕事を奪われていた。昔からの屋敷が存在しないボーンのような村では、仕事の口といえば、低い報酬で保護のない、単調で骨の折れる家事奉公しかなかった。スタートは、娘にヴィラの使用人をさせて家賃の半分を稼がせていた、貧しい農場労働者の苦労話を紹介している。スタートはまた、中流家庭で働くことが使用人の向上心を高めるという主張に対して、歯切れよくこう反論した。「実際のところ、中流階級の家庭第一主義は、中流階級の女性たちが義務から逃れて教養を身につけるため、農民の女性たちを、心身ともに中流階級を目指す道に導くのではなく、コースから逸脱させて、チャーウーマンとロンドレスにした」[6]

ジョージ・スタートは、ボーンに住む人々の食生活の質が、安価で粗悪な加工食品によって、いかに低下したかということにも言及しているが、それは村民が店で購入する品物に頼るようになった結果である。またその購入のために、彼らがいかに苦労して倹約しなければならなくなったかについても触れている。当時は庶民の生活が変化し、かつては大富豪の貯蔵食品であったパイナップルやサーモンが、庶民にも缶詰で手に入れることができるようになっていた。マーガリンは貧民にとって、バターの安価な代用品だった。肉は船便の冷蔵コンテナで、アルゼンチンやニュージーランドからはるばる運ばれてきた。「遠い国から船旅をしてきたカチカチの牛肉は、料理の前に解凍する手間がいる」[7]と、著述家のE・V・ルーカスは苦言を呈した。出所の信頼性、本来の状態、そして農産物としての素性を表す食品に、最大級の割り増し料金とステータスが与えられていた。食品は白いほうがいいとされた時代には、有機的な滋養分が薬品によって人工的にこすり取られていたが、今度は土に近い色をした食品が好まれ、そのほうが自然で健康に良いとされた。ウォルター・サウスゲートは、牛乳屋が卵を高く売るために、紅茶やコーヒーで茶色く染めていたことを覚えている。作家のフィリップ・メイソンは、母親が、「何もかも自家製でなければならなかったの。市販のケーキやジャムを買うのは恥ずかしいことだったのよ。お金の無駄にもなるし。そうでなくたって、お店で売っているケーキやジャムは〈いい品物〉ではなかったの。あんまり美味しくなくて、不純物を混ぜていたのよ」[8]と彼に語った話を紹介している。

農作物が豊富に採れて自給自足のできる地所で、人生のほとんどを執事として送ったアルバート・トーマスによれば、その味は、「何から何まで、本来の［そうあるべき］味」であったという。そこで収穫された果物は、汽車に積まれ、地主の住むロンドンの別宅まで毎日届けられていた。特権階級の家庭では、密封容器に入っているものや包装されたもの、冷凍や缶詰になったものはすべてさげすまれた。獣肉は、高く吊るされた肉からうじ虫がはい出していなければ、食べごろとはされなかった。死んだままの姿で配達されるウサギは、皮をはぎ、肉切り包丁で頭を落として目もえぐり、脳みそを大きなスプーンですくい出す必要があった。本物の肉とは、血と度胸と苦役の、独特の味がするものであったようだ。マーガレット・パウエルは、「その炊婦は、決して私に野ウサギを洗わせなかった。私が洗うと、風味まで一緒に流してしまうと彼女はいつも思っていた」と振り返っている。[9]

家庭と、そしてより広いコミュニティーにおいて、共依存的な調和で階級をまとめる家事奉公は、そういった社会秩序の構想のなかでは、有益なものと見なされた。ヘンリエッタ・バーネット夫人のハムステッド・ガーデンサバーブ計画は一九〇三年に建設が開始され、その建物には、通いの使用人専用の広い簡易宿泊所と、彼らが有効に余暇を楽しむための会館や集会所が含まれていた。さらにバーネット夫人は、無駄を出さない管理の行き届いた家庭運営のスキルを身につけるように、主婦と使用人の両方の訓練を主張し、家庭技芸学校を設立して、忘れ去られていたようなひと世代前の技能が、そこで学び直されることになっていた。

　バーナード博士が考えた完璧な共同体の形は、ヘンリエッタ・バーネット夫人と同様、理想の村であった。プリマス・ブレザレン〔保守的で福音主義的なキリスト教運動〕の一員で（改宗による）、並外れたエネルギーと聴衆を引きつける手腕をもっていたバーナードは、ロンドンの貧困層のために力を注ぎ、その後は英国の各都市に活動を広げて、最貧困層の子どもの境遇を改善するという、救世主的な役割を引き受けて活躍した。一九〇五年、バーナードが他界すると、彼が設けた九六軒のホームに八五〇〇人の子どもたちが残され、イーストエンドの表通りを進む葬儀の行列には、何千もの人々が加わった。規模の大きな施設や救貧院、職業訓練学校や少年院の子どもたちは、ホースで体を洗われるといった人間性を奪われるような行為を経験し、髪を短く刈られ、屈辱的な制服を着ることを強いられていた。バーナードは、自分が救った子どもたちをそういった場所に囲い入れるのではなく、中流階級の私生活が営まれる安全な場所にいさせて、守りたかったのである。極貧から浮浪児を救うことができるのは、安全で秩序が保たれた、女性性をもつ場所であり、すなわち家庭をおいてほかにはないと、バーナードは確信していた。そして、子どもたちに自分の家庭がないのであれば、誰かほかの人の家庭での家事奉公が、救済の手立てになると考えていた。

　バーナードの子どもたちの窮状は、ヴィクトリア朝の一般市民の想像をかき立てることになった。バーナードはつねに不足する基金集めのために、子どもたちの写真を利用することを思いつき、「救済後」の写真には白いエプロンドレス姿を、一方、「救済前」の写真では悲惨な恰好（日常的にでっち上げられた）をさせて、対照的な写真を二枚撮影した。バーナード博士の構想で鍵となったのは、都会の大衆向け工業のもつ不自然さと階級の混乱に対して砦《とりで》の役割を果たす、家庭の秩序と職人技である。彼は、少年にも少女にも家事の規律を教えた。バーナードは一八九〇年代に、「ホームの家事は、すべて少年たちが自分でやっている。あの子たちはみな自分たちのための炊夫であり、給仕であり、ブートブラック〔靴磨き〕であり、ハウスメイドとチェンバーメイドなのである。床もごしごし洗っている（そしてわれわれは、ステップニーの床を誇りに思う）」と書いている。少年は、仕立屋、鍛冶《かじ》屋、パン屋になるように訓練され、他方、少女は、家事奉公のための教育を受けることになっていた。とはいえ、バーナード博士は子どもたちをフットマンやレディーズメイドにさせるつもりはなかった。「バーナード・ガールズ」は、メイド・オブ・オールワークや、平凡でも腕のいい炊婦となって、キリスト教徒の中流家庭で働くことが運命づけられていたのである。バーナード博士はこう書き残している。「犯罪に関わりそうな道から救われた少女は、おのおのが、貞淑な女性で尊敬される使用人になるという、次世代への贈り物なのだ[10]」

どんな子どもであっても、決して拒否をしないという方針を貫いたバーナード博士は、未婚の母親に対しても、見識ある見方をした数少ない改革者のひとりであった。未婚の母親は、奉公の就職斡旋《あっせん》所では登録が許されず、また万一奉公人が妊娠した場合はほぼ確実に、雇用主から紹介状をもらうことなく解雇された。彼は、未婚の母親たちでも家事奉公ができるように、親切に、そして注意深く吟味して勤め口を探し、生まれた子どもはほかの女性に週五シリングで育ててもらうように彼女たちを説得した。その費用に関しては、バーナード博士が三シリングと六ペンスを出し、若い母親たちはその差額を払えばよいことになっていた。一九〇八年にはこの仕組みによって、四一七人の子どもがそれぞれ家庭に引き取られている。

この洋々たる庇護《ひご》への対価は、彼女たちの自由だった。バーナード博士はほぼすべての詳細にいたるまで、保護をしている子どもの将来を支配した。規則に背いたり「身をもち崩した」りしたような若い母親は、バーナードのドアが永遠に閉ざされることを知るはめになった。しかし、彼女たちの選択肢には、働く母親とその子どもとの、無慈悲で完全な別離しかなかったのである。二〇世紀に入るころ、ロンドンのイートンスクエアの家庭で女中をしていたジェニーは、交際していた警官の子を身ごもったが、結局捨てられてしまい、その後はウォトリントンに移って、ある一家のもとで二〇年間働いた。ところが一九二〇年代になって、ジェニーは、ノーフォーク州の祖母が自分の娘を育てていたことを初めて知った。彼女の娘はこう証言している。「母の不名誉は二〇年間も秘密にされていましたし、私たち子どもは、何も不審に思ったことはありませんでした」[11]

バーナードがバーキングサイドに設立した最初の少女の村は、その設計にしろ着想にしろ、じつに懐古的な趣味で、ケイト・グリーナウェイの描くイギリスの村のごとく、緑地や共有の庭の周囲に並んだ木骨造りの小さなコテージには、それぞれ野の花の名前がつけられていた。どの家も有志の「お母さん」によって管理され、将来の使用人としての勤め口を確保するべく家事技能の訓練を受ける少女たちは、それぞれの「お母さん」から監督を受けていた。少女たちは山羊とポニーを飼い、野菜を栽培し、パンを焼き、そして共同洗濯場で働いた。村の共有地では盛んに祝祭行事が開催され、少女たちは昔ながらのイギリスのフォークソングを歌ったり、メイポールの周りで踊ったりした。清潔さに重点が置かれた生活では、自分だけのベッドで寝るという（ほかの施設では得られない）贅沢を、すべての少女が味わうことができた。最優先するべきは、規則正しい日課であった。新聞のみならず、ラジオも禁じられた少女たちは、ほとんど外の世界を知らずに暮らした。「お母さん」たちは、それを天職とする精神にのっとり、未婚で禁酒主義の、福音主義的なキリスト教徒でなければならなかった。その「お母さん」たちは、ときに優しく愛情豊かで、ときにはあまりそうではなかったことが、その後の話で明らかにされている。

少女たちのコミュニティーは、単に「ヴィレッジ」として知られていた。住人たちはみな、残酷な無政府状態に陥った街頭から救われ、いわば社会工学を実践すべく、そこに移住させられていた。穏やかな独裁制と綿密な管理によって、「ヴィレッジ」は営まれていた。元住人のアグネス・ボーリーはこう話している。「高い塀と鋳鉄製の門があって、その門が背後でガチャンと音を立てて閉まってしまうと、外へはもう出られず、自由だという気はしませんでした」[12]。使用人として勤める家庭は、監視の目が行き届いていた。アグネスはつねにバーナードの「お母さん」に連絡を取ることが許され、不当に多い洗濯物を押しつけられることもなかった。雇用主となりそうな者には、バーナードの高潔な生活観に対して口をはさむ機会を与えることなく、質問が投げかけられた。一九〇二年に、セヴンオークスで小さな学校を運営する女性が申し込みを済ませた際、「家に住むあなたの家族全員が、絶対禁酒家でしょうか？」と質問された。続いて、「ご家庭では、朝晩の家族礼拝が定期的に行われているでしょうか？」と訊かれたその世帯主は、自分と夫は英国国教会に属し、雇っている炊婦が非国教徒であることを先にことわってから、女中がパブへ行くようなことは何があっても許可しないと、約束せざるをえなかった。

家事奉公による救済は、そのほかの慈善団体や社会改革者たちも、テーマとして取り上げていた。一八七五年、ヘンリエッタ夫人は、同志の社会改革主義者であるジェーン・ナッソー・シニアとともに、若い使用人のための交友協会「ＭＡＢＹＳ」を設立し、若い娘たちが家庭という避難所で大事にされ、そして有給で雇われるように、彼女たちの訓練と保護に着手した。ＭＡＢＹＳは、若い娘たちの雇用方法の規制においても重要な役割を果たし、「八〇〇〇人のいたいけなチャーメイドが、救われ、慰められ、叱られ、助言され、予想不可能な誘惑と悲惨な状況から守られた」[13]のである。保護施設と家事奉公斡旋所、そして雇用先の待遇を訪問して確認する大勢のボランティアとをつなぐ、広大なネットワークを築いていたMABYSは、一八八〇年代には、若い使用人の雇用と保護に貢献する、最も影響力のある監督機関となっていた。「父親たちは、娘を放棄したか、もう死んでいていない。母親たちは、死んだか、頭がおかしくなったか、酔いつぶれている。彼女たちには親類もなく、もしくはもっと不幸なことに、いてもひどい親類だけである。いかにも彼女たちは、国家によって生かされてきた。しかし、国は親というより保育器でしかなく、この協会は、途方もない無力感と子どもの苦難に対し、真心と情けをもって子どもたちを助けようと、長きにわたって努力を重ねている」といった状況下で、MABYSが本人の代理で決断しなければならないことがあるため、彼女たちは思いやりをもって扱われた。またMABYSは、安全な家庭に首尾よく家事奉公させることが、道徳的、そして物質的な変革をもたらすと考えていた。小説家のウィリアム・サッカレーの娘で、初期のMABYSの歴史を記録したリッチモンド・リッチー夫人は、ストランドの事務所へやってきたひとりの引き取り人について、こう書きとめている。「彼はがっしりとした小柄な体格で、よくあるしゃれた帽子をかぶり〈将軍〉の上着をはおって、〈行楽に出かける〉雰囲気を漂わせながら意気揚々と現れた」[14]。娘たちの行き先が見つかるまでのあいだ、MABYSの宿泊所が彼女たちを「迎え入れてかくまう」ことにより、街頭でのおそろしい誘惑は回避できるようになっていた。

一八八〇年代のMABYSは、二五軒の登記所と八〇〇人の女性が滞在する十七軒の施設を運営し、毎年約五〇〇〇人の娘たちに家事奉公を斡旋していた。MABYSネットワークのメンバーとなっているボランティアの婦人たちは、娘たちに就職を許可する前に、かならず条件や賃金を調べて、雇用希望者を面接した。

一八七五年にはメアリー・タウンゼント夫人により、また別の若い女性のための友好協会「ＧＦＳ」が設立され、使用人として働く若い娘たちを支援するために、英国国教会の既存のネットワークを通して運営された。ＭＡＢＹＳの影響力が徐々に衰えると、若い家事奉公人のパストラルケア〔聖職者による心理療法的なケア〕を提供するＧＦＳが、一九五〇年代まで主要な役割を演じた。ＧＦＳの考えは英国国教会の信条に基づいていたものの、当時流行していた中世的な慣習が加味されていた。会員は、「メイデン」〔乙女〕または「巡礼者」と称され、ＧＦＳメンバーシップ全体は「娘時代同盟」と呼ばれた。バーナード博士と同様に、禁酒、衛生、倹約を守るための善行の奨励が、ＧＦＳの任務の鍵となっていた。ＧＦＳのおそれを知らない婦人たちによって、英国中でクラブや共同体が運営され、自分たちを必要としそうな娘たちのいるあらゆる場所で、その存在感を確立していった。友もなく、知らない街で新しい仕事に就く多くの使用人にとって、ＧＦＳクラブは安息所となっていた。しかしそれにはまた、教訓的な目的があった。村で開かれていたＧＦＳの聖書研究会に出ていた女中のアニー・エドワーズは、「教会ですし、娘たちを善い子にして、街をぶらつかせないようにしたのです」と当時を振り返っている。アニーと研究会仲間は、聖書を読んで、気分を高揚させるような引用をくまなく捜さなければならなかった。「おかげで善い子になれました」[15]

家から、そしてＧＦＳやＭＡＢＹＳやバーナード博士の慈善心に富んだ保護から、一歩でも足を踏み出せば、たとえおぞましいスラム街はなかったとしても、そこには道徳的な混沌があると、世間では信じられていた。オックスフォードのような田舎町ですらそういった見方とは、無縁ではなかったようである。未婚の若い娘や青年が、公然と危うい交流をするセント・ジャイルズ・フェア〔移動遊園地〕について、一八八八年の『オックスフォード・タイムズ』紙は、あきれ返ったようすの社説を掲載した。「十六から十八歳の娘たち、保護者なしでフェアを歩き回る、騎手帽をかぶり……誰かの真似をし、前開きジャケットにチョッキを着て、口には煙草、もしくは葉巻?」。ドリー・デイヴィーの父親は、彼女が「どうせ若い男たちと戯れている」[17]ことしかできないと主張し、娘を奉公に出した。どうすれば働く娘たちの気を誘惑からそらすことができるのか、博愛主義者たちは熱心に思いやった。アルビニア・ホバート＝ハンプデン伯爵夫人は、「娘たちの戯れ——心配なのは、たびたび起こるパブへの入店——に目を配ること」[18]が必要であると考え、若い娘たちの夜の外出を阻止するために、家庭で娯楽の場を設けようと提案した。

当時の新聞は、女性にとって街頭がどれほど危険かという話であふれていた。一八九〇年代、活動家でジャーナリストのW・T・ステッドは、ロンドンで繁盛する売春宿の女主人に身分を隠して取材し、初めてロンドンに出てきた無防備な若い下女を売春婦に育てるために、手ぐすねを引いて待っている売春斡旋人の女たちの存在を、世に知らしめた。売春の斡旋は、高く売れる処女が最も儲かった。娘がわずかな金と引き換えに売春目的で「紳士と会う」ことを承諾した時点で、産婆を装った女が処女かどうかをテストし、それから高値をつけた客のいる私邸へ連れて行くという、その巧妙な手口の一連の流れを、ステッドは聞き出すことに成功した。「引っかけるのがいちばん簡単な年ごろは、十四か十五歳……あの娘《こ》たちは、まだ分別がちゃんとできないうちにもっと自由が欲しくなって、お金で買える洋服なんかを欲しがり始めるもんなのさ。それを手に入れるのに、自分たちが手放そうとしているものの価値なんか、ちっともわかっちゃいないからね」。ステッドの記事は、荒廃、孤独、不信感、そして退廃の実態を、巧みな言葉で伝えている。また、売春斡旋人の女は、よく稼ぐ「ナースガール」〔ナースやナニーの助手をする若い娘〕たちについて誇らしげに彼に話した。「ちょくちょくガヴァネスも斡旋するし、たまに炊婦や、ほかの使用人だっているよ。ナースを通して彼女たちと知り合うのさ。田舎から出てきたばかりの若い娘なら、店で簡単に引っかけられるし、そうでなきゃ、使い走りの途中でも。とにかくナースガールたちは、実り多い畑ってとこだね」[19]

貧しい人々は、かならずしも、後援者が期待する態度を取ったわけではなかった。婦人慈善家のメネラ・スメドリーは、典型的な「貧民学校」での家事奉公人の斡旋に対し、(「信じがたいほど乱暴で頑固な」)少女たちがしばしば採用の機会をありがたく思わないことを、驚きをもってこう伝えた。「無愛想で、乱暴で手に負えない。癇癪《かんしゃく》を起こさずにいるときは無関心。現実の事柄にまったく無知で、学習能力に欠ける。ふてぶてしく、強情で、不正直。性格の良い娘もいることはいても、きわめてまれ」[20]。MABYSから少女の世話を委託された多くの婦人が、少女たちを訪問し、貧困や悲惨さを経験した少女の行動を案じて、工場やあまり安全ではない仕事より家事奉公を考慮するように助言すると、拒絶されて狼狽《ろうばい》することになった。一八九一年にある婦人は、洗濯屋で働いていたアニー・タウルを訪ねたあと、「まじめな娘であるものの、決して奉公には入らないと、固く決意している」と報告している。十七歳のアリス・コールマンは、MABYSが運営していた「アシュフォード・ディストリクト学校」で賞を授与されるという立派な経歴にもかかわらず、いざ女中になってみると、手に負えない娘であったことが協会側にわかった。博愛主義の婦人たちが救済した女子工員たちと同じように、アリスは「自分の稼ぎは全部、いい服と顔に塗るものを買うために使う」[21]と主張した。

工員生活の最大の利点は、自由であった。毎日恩着せがましい女主人の言いなりになって、決まった自由時間もなく、男友だちに(あるいは女友だちにすら)会う時間さえもらえないという、やりきれないほどの屈辱に、女子工員たちは耐える必要がなかった。バーナード博士は、彼のコテージにいた娘に書いた「あなたの心からの友人」と締めくくった手紙で、忍従と忠順についてこう助言している。「親愛なるわが娘よ、生意気でも怒りっぽくも怠け者でもなく、世話好きで礼儀正しく、敬意を表する働き者で、早起きして精いっぱい女主人に喜んでもらえるように、一日中努力しますと、その言葉があなたから聞かれることを、私は願っています」。[22] しかしながら、私宅での奉公生活の現実は、ヴィレッジが約束した健全な充実感にはほど遠かった。「しょっちゅうごしごしと洗い物ばかりしていた私の手は、あかぎれだらけでした。汚らしい女で。最低でした」と、一九三七年にヴィレッジを離れた元バーナード・ガールは振り返っている。[23]

工場と家庭が、娘たちの仕事の分岐点となっていた。「長年奉公をしていた女中のなかには、雇用主に似た話し方や物腰を身につけ、今度は女子工員を見下して、彼女たちを〈下品〉だと思う者もまでいた」ことを、イーディス・ホールは思い出した。女子工員たちは、家事使用人たちにいっそう激しくやり返し、スキヴィー、スレイヴィー、「使い古しの下水掃除婦」[24] と呼んで軽蔑した。ひるがえって、エリザベス・バンクスは、「独立」を勝ち取る突撃の合図とともに、若い女性にとってチャンスが急増する新しい世界を、アメリカの読者に向けてこう説明した。

どこへ行っても、私はその言葉を耳にした。タイプライターを叩く手元でもその単語がカタカタと音を立て、騒々しい工場の歯車でさえ、その音をかき消すことはできなかった。バーメイドがもつグラスのカチンカチンという音からも、それは聞こえた。電話のベルが鳴る音、現金支払機の立てるモーター音、そしてコーラスガールの歌声に、その言葉は混ざっていた。電信係の女は、さまざまなメッセージの文字からその言葉を拾って小さくつぶやき、女教師は、次の算術の授業について発表しながら、それをそっとささやき、女子簿記係は、ずらりと縦に並んだ数字を計算しているあいだに、その言葉を発した。日刊紙から言葉を盗んで週に一ドル稼ぐだけの、編集補佐の娘にさえ、いわゆる独立精神が、吹きこまれているようだった。[25]

しかし、エリザベス・バンクスの見解は、かなり楽観的にすぎたかもしれない。彼女が家事奉公の調査を初めてから二〇年近い月日がたった一九一一年、働く女性の七人に一人は、依然、奉公の形で雇用されていた。社会調査員のバーバラ・ドレークによる一九一三年の調査結果は、学校を終えたばかりの十四歳の少女にとっては、ほぼそれが現実だったようである。「平均的で平凡な大多数の少女が、結婚のために仕事の適性を見つけそこなっており、その前途は芳しいとはいえない。彼女たちに将来の仕事に対し、経験もなければ技能もなく、また別の就職先への希望もほとんどないため、取るに足りない欠点で解雇されるか、あるいは低賃金の手伝いの身分のままで退職させられて、シティーやストランドにある馴染みの店からも追い出され、郊外のティーショップでウェイトレスになるしかないという、不安定な境遇が待ち受けている」[26]。いちばんの問題点は、労働者階級の女性の大部分が、中流と上流階級の女性同様、家事以外の職業訓練を受けていなかったことである。エミリー・イードンは、就労生活のすべてを雑役婦として送った。「あたしらはみんな、母の人生をちょっとばかり受け継いでますから、母みたいに働いて――あたしらはみんないいお母さんですし、清潔で、たくさん家事をしますが、子どものころから叩きこまれてきたので、きちんとした家事をたくさんするより、ほかにすることがありませんでした」[27]

若い娘たちに、有給の家事のもつ〈道徳的〉な優位性を納得させることは、もはや簡単ではなくなっていた。そして、苦情を訴える声も聞かれるようになっていた。バーナード博士は、靴の修繕のような技能を男子にも女子にも訓練するよう主張したものの、そういった分野は瞬く間に新しい科学技術に取って代わられ、雇用社会に足を踏み入れる前に、子どもたちのほとんどが余剰人員となっていた。

十九世紀終盤、労働者階級は一段と積極的に政治運動に関与し、それを組織化していった。一八九〇年に七五万九〇〇〇人の労働者が加入した労働組合は、一九一四年には組合員の数が四一〇万人に増えていた。また、一九〇六年に二九人しかいなかった労働党の国会議員も、一九一〇年には四二人になっていた。健全な後援を唱えた改革主義者たちにとって、模範を体現していると思えた大地所においてでさえ、大勢の使用人たちが社会変化の匂いを嗅ぎ取っていた。工場労働者たちは、過去の世代の服従に対して抵抗を示した。第一次世界大戦が勃発する前夜、ビーチヒル・パークで二世代にわたってエドワーズ家に仕えた奉公人の娘が、両親があたりまえとしていたぺこぺこする習慣を拒否した。「あの方たちの態度が、私に上流階級を嫌悪させました。門を開けるときに、私たちがおじぎするのが当然だと思っていました。母はそういうことに慣れていましたけど、あの時代の娘は、奉公に入るしかなかったからです。いいですか、あの人たちは、使用人でも投票できると教えてくれなかったんですよ！　それに、自分から望んであの仕事に就きたかったわけでもなかったので、工場の仕事を見つけました。でも、エドワーズ夫人はそれが気に入らなかったんです。女子工員は品がなくて不作法だと、母に文句を言ったエドワード夫人こそ、そういう人間なんじゃありませんか！」[28]

一九〇〇年までには、ジャム工場とマッチ工場の労働者の大部分を、女性が占めるようになっていたが、劣悪な環境のきつい仕事であったようだ。改革主義者のクレメンティナ・ブラックは、工場でココアを梱包する若い娘を観察し、「まったく血の気がない。病気の兆候がとくに認められなかったにせよ、誇張なしに、死ぬほど疲れているように見えた」と、労働搾取に関する報告書に記した。彼女たちは、平均で週七シリングほどを稼いだが、メイド・オブ・オールワークとほとんど差はなかった。新聞はつねに、女子工員たちは派手で厚かましく、そしてたいてい酔っぱらっていると非難し、かならずその記事には、彼女たちのけばけばしい「羽根飾りのついた服」と厚化粧をした顔の、嘲笑的な描写が含まれていた。女子工員たちは、使用人に求められる取り澄ました物静かさとは対照的に、挑戦的でやかましいと世間から決めつけられ、ブラックも報告書に、「仲間に向かって楽しそうに大声を出し、男たちにも生意気な口をきく」[29]と書いた。バーナード博士は、あるときひとりの女子工員の声を聞いて、恐怖心を抑えるのに苦労し、不運なその遭遇を「乱暴さ、下品さ、信じがたい女らしさの欠如」[30]と表現した。一方、慈善目的で工場の現場を調査していたクララ・コレットは、出会った若い娘たちは「粗野で、陽気で、無遠慮で、けれど心の温かい、正直に働く娘たちだった」と報告している。また、娘たちの「道徳の規準はとても低く、あまりに低いので、多くの娘たちは道徳心がまったくないように見えるかもしれない」とつけ加えたが、「面倒なことになった」[31]友人たちを守る忠誠心と度量のほうが、それを上回っていることに気づいていた。

保守的な農村地帯の共同体に住む人々には、工場での仕事を外聞が悪いものとして見る傾向があった。一九〇〇年にヘレフォードシャーで生まれたリビー・ロウは、こう記憶している。「女の子にできたのは、奉公に入ることだけでした。ナイトンに工場がたったひとつあったけれど、もしそこで働いていたら、誰も口をきいてくれなかったでしょう。そうです、そこまで落ちぶれたってことですから。このあたりじゃ、ほとんどの男が農民でしたし、娘を工場へは行かせなかったんじゃないでしょうか。奉公ならよかったんです。でも稼ぎは少なくて、だって、たしか工場のほうが賃金はよかったはずです。工場で娘を働かせてた人もいましたが、知り合いにはいませんでした。近所では、私たちのする仕事じゃないと言っていました」[32]。地所で働く人々の娘は、毎朝ヒバリとともに起きて、大きな屋敷の恩恵を受けて育っているため、むろん、使用人には最適の人材と見られた。

郊外の発展によって家事奉公人の需要が高まると、厄介な話題として、いわゆる「使用人問題」がますます広く知れわたるようになった。たいていの小説家やそのほかの評者は、郊外のサーヴァントガール（たいてい単独で働いている）をけんか腰で生意気な人物に描き、そして女主人のほうを、過度に厳格な人物として描いた。

一九〇五年、T・H・クロスランドは、郊外の女性たちの特徴をすべてあわせもった「スコールド夫人」を創造し、しいたげられるメイド・オブ・オールワークを、スコールド夫人に「自堕落女」と呼ばせた。郊外に住む階級を毛嫌いするクロスランドのケースは、たしかに極端ではあったものの、拡大する中流階級の下層を、本来なら使用人を置く資格はないと見ていたのは、じつは彼だけではなかった。そういった層は生来、家父長制的温情主義の結びつきにおける、神秘的な本質を吸収してはおらず、使用人に対する正しい態度を会得していないと見られた。クロスランドが考えたように、郊外に住む階級が、生まれついた階級相応に暮らすことを拒否する思い上がりに、我慢がならない人々がいた。しかも、使用人不足のおりには、郊外に住む階級が本来は手に入れることのできない偽りのステータスを捨てて、みずから家事に精を出せば、実際に必要としている者たちに行きわたるはずの使用人の数が、もっと増えるのではないかと考えていた。

クロスランドは、「郊外で働く使用人が、あれほど不快な思いをしている真実の理由は、ぶしつけなことを言うようだが、女中たちの十中八九が、支配ではなく闘うべくして生まれた女主人と、同階級であるということだ」という持論を展開した。彼が、チャッツワース・ハウスやブレナム宮殿、あるいはウェルベック・アビーのような豪奢《ごうしゃ》をきわめた暮らしを経験していないことは疑う余地がないものの、クロスランドはこうも言っている。「理にかなった世帯の使用人は、それが不可欠なものであるから雇われているのだ。一方、あまりにも多い郊外の世帯では、使用人は余剰であり、見せびらかしにすぎない」[33]

事務職に就く上昇志向の強い下層中流階級は、からかわれると同時に防御的な憤りをもって世の中に迎えられた。冗談や漫画では、教育と余暇を利用した自己啓発に力を注ぐ彼らの姿や、容認されてしかるべき行為に対する見るからに偏狭な考え方が、世間の笑いを誘うお馴染みのネタになった。「なぜなら、郊外でわれわれは首尾一貫して、軌道を逸脱することなしに、揺るぎなく品行方正でなければなりません」と、クロスランドの口調を真似て、彼らをからかう者まで登場した。しかし、貴族や自由奔放なボヘミアン、それに知識人らが、世間体を気にする彼らへの軽蔑を口にしても、プライバシーや協調性、自己啓発といった世間体と結びついた価値観は、社会的な模範として、ほとんどのケースで大勢を占めるようになっていた。

使用人に関していえば、世間体は保守的で慎重で恭順な思考態度を促すので、独立した人間を好ましい働き手に変える利点があった。そのため使用人は、愉快で哀れみを買うような逸話のネタを、雇用主に提供することになったのである。労働者階級の世間体は、良い奉公に見られる非常に好ましい資質――答えにくい質問をせず、主人の命令と使用人らしい外見を楽しみ、噂話はせず、酒煙草に手を出さず、男友だちと遊びまわることもないといった、女子工員たちには絶望的なほど欠如しているすべて――を奨励した。とりわけ、性的な表現は、いかなる程度であっても難色を示された。ほとんどの世帯では、「信者」のルールが女中たちに強制され、性的関心につながる表現は「軽佻浮薄《けいちょうふはく》」と考えられるようになった。たとえ男女の使用人がひとつ屋根の下で働いていたとしても、彼らはあらゆる誘惑に打ち勝つ必要があった。「ハウスメイド用の部屋は、フットマン用の部屋と比べて雲泥の差でした」と、ウォバーン・アビーで女中をしていたイーニッド・フィールドは思い出している。その区別は一九三〇年代まで維持され、「女中はフットマンを避けましたし、フットマンもハウスメイドを避けました」[34]という。

一八九七年にカーディフの赤貧家庭に生まれたメイ・コッシュは、生意気で出しゃばった態度は、品行方正なことではないと家でしつけられ、「お喋りは許されていませんでした。話しかけられたら答えますが、ぺちゃくちゃとは話しませんでした」と言っている。また、メイ自身は母親が奉公人だったかどうかについては触れていないものの、「母は古着や缶詰を信用してなかったので、高くても、新しい服や新鮮な食品を好みました」[35]という話から察すると、缶詰を嫌悪する彼女の母親の考え方は、新鮮な野菜が豊富に手に入った、上流階級の世帯で身についたものだった可能性がある。

自分の殻に閉じこもることは、世間体の重要なもうひとつの教養である。そうすることによって、自分を堕落させる者を見抜き、その人物を避ける方法を身につけるのだ。世間体とは、規律であり、限界であり、抑制であり、良い使用人にはまったくもって望ましいものなのである。七五歳までチャーレディーとして働いたストーク・オン・トレントのエルシー・トンプソンは、どれほど外見が重要であったかを思い出し、こんな話をした。「母はとても気難しくて――食事中、私たちは話すことが許されませんでした。母は手袋をはめていました。母は自分を〈低い階級〉だとは信じていなかったんです。だって母は、見苦しくはありませんでしたから」[36]

世間体と品行方正、そして清潔を保つことは、強い抵抗があったにもかかわらず、大げさに賛美された。最貧困層のあいだでは、そういった社会的区別のひとつでも手に入れた者が、世間に対して堂々と振る舞えたのである。たとえば、ロンドンで貧しい子ども時代を送っていたチャーリー・チャップリンは、ある日曜日に、きちんと調理された食事を取ったことによって、即座に社会的地位を授けられ、無秩序で習慣をもたない群衆から引き離された自分がそこにいるような気がしたと語った。しかし、世間体を気にする義務は、女たちの肩に重くのしかかることになった。世紀の変わり目に、バーモンジーでセツルメントワーカー〔中間層が都市に隣保館を建て、貧困層と助け合う「セツルメント運動」で福祉事業を行う人〕をしていたアナ・マーティンは、「貧困層のあいだでは、夫が酔っぱらいでろくでなしであるにもかかわらず、家庭をひとつにまとめ、子どもたちを見苦しくないように育てて、一所懸命に働く人という母親の姿は、あまり称賛されていない」[37]と書いている。品行方正な使用人は、T・S・エリオットがもったいぶって想像したように、地下の厨房にいる女中たちの内なる「落胆した魂」が、たとえ「朝食の皿をガチャガチャと音を立てていた」[38]としても、現状を維持する傾向がより強く、そして悲しいかな、彼女たちは不完全だった。

多くの使用人たちは、忠実に守るよう求められた品行方正な態度の水準が、かならずしも雇用主に尊重されているわけではないと知り、衝撃を受けた。メイ・コッシュは、初めて家事奉公に就いた場所で実情を知り、驚いた。「あそこでは不満でした。不満だったのは、あの人たちは上流階級のはずなのに、あの家の子どもたちときたら、私たち貧しい家の子たちより、礼儀を知らなかったんです」[39]

第九章　「物静かで、へつらい、どこにでもいた」

植民地生活と使用人

一九〇二年、英国が支配する南アフリカの草原では、「植民地の淑女」たちが、きわめて原始的な生活環境のなかで苦闘していた。同年、文芸雑誌の『十九世紀』が、その状況をこんなふうに伝えている。「石で簡単に建てた四寝室のコテージに、土の床、安い紙を貼った壁、完成している部分はまばら。隣人宅への訪問は難儀で、使用人はほぼ日常的に不在、もしくはほとんど不運なことに、いてもいなくてもさして変わらない不潔で横着な〈カフィア〉〔アフリカの黒人〕の女中で、話す言葉はギリシャ語より難解」

大英帝国の農場を営む男たちを助けるために、妻、婚約者、使用人、姉妹、そして孫の世話をして嫁を助ける義理の母親と、女たちの誰もが家事奉公人の穴埋めに駆り出されていた。「南アフリカでの発展の最大の障害は、有能な家事奉公人の獲得が不可能なことである」と、『十九世紀』の記事には説明があった。新しい国の未開地では、家を切り盛りする苦労を軽減するはずの使用人の不足が、嫁不足に結びついていると考えられた。それでも、まずは英国で女中経験のある若い娘たちに十分働きかければ、イギリス人の女性たちが海外で家庭をもつことに関心をもち、現地での植民地化に参加してくれるのではないかと考えられていたため、「われわれの子どもには、気立てがよくて素晴らしい話し相手、そしてわれわれ自身には、家事を助けてくれる有能で気の合う人材の確保が、絶対的に不可欠だ」[1]と、同誌は主張した。

ほどなくして、カナダやニュージーランド、そしてオーストラリアでも、英国人のサーヴァントガールへの需要が高まったため、南アフリカでは、娘ひとりに対し、六〇件の採用の申し出が殺到するという事態も起こった。一八九〇年、英国国教会海外移住協会の名誉幹事、E・M・トムリン師は、オーストラリア人はなおも「家事奉公人を切に必要としており、全然足りていない」と報告した。外国で手に入るはずの見返りは娘心を刺激し、一九〇四年から七年までのあいだに、カナダだけでも一万六〇〇〇人の女中が海をわたった。[2]植民地までの外航の船代は自分で負担する必要がなく、英国人たちは使用人でさえも、国内では得られそうもないステータスを、植民地で享受しようとした。バーナード博士も、海外移住を熱心に後押しして、英国の都会の醜いスラムから、新世界の広い空の下での健康的な農作業をするために少年少女たちを送り出すことは、誰にとっても損にはならないと信じた。すでに一八八四年にはＧＦＳの活動家が、「誰でも担うことのできる、最も実用的なちょっとした宗教活動」のために、英国女性海外移住協会を設立していた。[3]

増殖した数々の慈善団体によって、困窮した家庭の娘たちが一挙にすくい上げられ、入植地の家庭のさらなる発展のために、船に乗せて送り出された。ところが、最も若い例で十三歳の少女を含む娘たちは、強い望郷の念にかられた。過疎地の農場へ送られた娘たちはとくに顕著で、帰国させられる者まで出たが、海外生活に慣れて非常にうまくいったケースもあった。また、売春婦になっていた娘たちには女中への復職を、そしてお針子や帽子職人などの、出来高払いの仕事で苦労していた娘たちには女中への転職を勧めて、海外移住によって救済する仕組みもできていた。彼女たちは、白人奴隷密売人への警戒を約束する布教団体や禁酒協会などにより、渡航中は保護されていた。渡航に許可が下りるのは、十件の申請のうち一件のみという厳しさで手続きが行われていたため、「過去」からの逃避が目的の移住申請者――おそらくは売春婦か私生児、あるいは元雇用主から「人物証明（推薦状）」をもらえなかった元女中など――は自費で渡航するか、船代がない者は個人的に資金を工面しなければならなかった。[4]

現地に到着した娘たちが、いざほかの女性の世帯で骨を折る仕事に就くという段階で消極的になり、雇用主の期待通りにいかないケースがひんぱんに見られた。彼女たちは、新大陸によってもたらされる利益を、つかめるだけつかみ取ることに熱中した。一九〇二年、南アフリカのケープ州知事の妻、ヘリー＝ハッチンソン夫人は、英国の若い女中の移住計画が「嘆かわしい失敗」になっていると愚痴をこぼした。夫人によると、彼女たちは「軽はずみで、虫が良く、目標をもたず、無知で、怠惰で、無能」で、ほとんどが「疑わしい道徳心をもち、通俗的」であり、十八歳になると「もはや使用人にはなろうとせず、レストランやバーなどに通うか、本来ならば彼女たちよりもっと上の階級の相手を選ぶべき若い男を見つけると、さっさと結婚してしまう」ような娘たちだった。[5]

女性の植民地移住において非常に興味深い点は、中流階級女性に、家事奉公人になろうという申請者が多かったことである。しかし、「疑わしい道徳心」をもっているとは思えないその女たちは、育ちの良さと実務経験の欠如から、原始的な環境での家事には適さなかった。未婚で、あまり学のない彼女たちは、みずから「レディーヘルプ」の広告を出して、新しい人生と、そしてあわよくば結婚相手を見つけるチャンスを手に入れようと、冒険の旅に乗り出していった。女中となっての海外への移住が、英国での上品な貧困生活の限界を打破する、絶好の解決策となったのである。ところが、子守でもなく家庭教師でもなく、炊婦でもなければ女中でもないレディーヘルプは、農場や人里離れた鉱業開拓地で、必要とされていた人材ではなかった。重労働には向かず、「あまりにか弱くて軽い職務しかこなすことができない」彼女たちの不適任ぶりに、多くの苦情が寄せられる結果となった。一九〇四年に出版された定期刊行物の『インペリアル・コロニスト』は、南アフリカ在住のレディーヘルプに対して、「職はない、なぜなら［彼女たちは］雇用不適格者だからである」とし、「たとえ無能でも、本国よりはうまくやれると考えて南アフリカにやってきた」ような、たいていが「落ちぶれた淑女」であると、痛烈な判定を下した。

一方インドでは、イギリス人の女中はあまり需要がなかった。亜大陸には、南アフリカやカナダ、オーストラリアといった農業共同体のような、人生をやり直せるチャンスはそう多くなかった。しかも、インド国民がもつ厳格なカースト制度という複雑な階級社会の伝統が、英国の伝統と社会秩序にうまく一致したのである。大英帝国は、官僚制においても儀式においても、英国とインドと両方の支配階級に対して、非常に映りの良い鏡をかかげ続けた。貴族の住むデリーの屋敷は、家という巨大な機械を歯車となった使用人が動かしながら、まるでイギリスのカントリーハウスそのままに、順調に運営されていた。「使用人たちは裸足でちょこちょこと歩き回り、できたての料理を食べる人々のあいだで巧みに身をかわす。彼らの背後では、ゆったりした白い上着と頭から垂れ下がったターバンの端が、ひらひらとはためいていた。彼らは物静かで、へつらい、どこにでもいた」[6]

植民地同好会は、自分たちのタブーや規則、そして排斥を強化し、社会的確実性と階層を守った。統治するインド総督を筆頭に、その下に控えたラジ〔統治する英国人〕の家庭でもそれに同調した。抜きん出て絢爛《けんらん》豪華な総督府のインド副王に任命されたカーゾン卿は、こう述べていた。「われわれは、現在と過去が半々の世界に暮らしておる。状況のなかで、そして公務の際の多く儀式のなかで、そのふたつが奇妙なハーモニーを奏でながら調和し、どちらが終わりでどちらが始まりかもわからず、過去の魂は、われわれが吸っている空気の一部のようである」。一九三〇年代の後半になっても、インド総督が亜大陸を周遊する際には、権力を誇示するために約二〇〇人の「下っ端使用人」を随行団に加えた。植民地で現地の使用人を雇う家庭はすべて、統一と秩序、そして神秘性という、大英帝国が保持する原則を、そっくり実践できるようにつくられていた。スター・ストーントンが少女のころ、インドで生活を始めるためにボンベイに到着すると、父親の家の使用人たちが彼女を出迎え、マリゴールドやユリやジャスミンの花でつくった首飾りを差し出した。「どの男も、義務とされたいい香りの贈り物を私に届けるときに、彼らの習わしとして、愛情と忠誠の誓いを、歌うようにつぶやいた」[7]

そういった体験をした者には、インドの英国人家庭の仰々しさに匹敵するものはほかにないと思えた。『インド・タイムズ』紙に「あるアングロ・インディアン」というペンネームで毎週寄稿する陸軍将校の妻は、「インド生活の愚行のひとつ」は、「ひとり分の仕事に三人も雇わなくてはならないことです」[8]とコラムに書いた。インドでは、英国人の独身男性の家なら、少人数——炊夫、庭師、「ボーイ」（奉公の経験があり、執事やヴァレットとしての役目を務める中年男性を指す言葉として使用された）の三人ぐらい——で間に合ったが、妻を迎えたとたんにラジの家は、群衆のような使用人であふれかえることになった。

第一次世界大戦の始まる前の、現在はバングラデシュになったナラヤンガンジで、姉の「ジョン」とともに子ども時代を過ごした小説家、ルーマー・ゴッデンは、当時をこう振り返っている。「インドの流儀を知らない人は、使用人の多さにまごつくようだった。私の家は、たとえばフィッツギボン・グレイ家ほど多くはなかったものの、それだけの数の使用人がいることを私たちは当然のように思っていた。そのフィッツギボン・グレイ氏は、近所の黄麻工場の代表をしていただけでなく、その農園全部の所有者でもあったようだ。フィッツギボン・グレイ夫人には〈アーヤー〉〔インド人の子守〕がいたが、子どもの世話ではなく——子どもはひとりもいなかった——自分の服の世話をさせるためだけに置いていた。夫妻の家には、飲み物を専門に運ぶ〈ウーリヤ〉に、犬の毛を手入れして散歩させる掃除夫兼ドッグボーイがいた」。雨季には、自家用車がぬかるみにはまりこんで抜け出せなくなる事態に備えて、慎ましい暮らしの家庭ですら少年を雇っていたが、実際、自動車が動かなくなったときは、その少年が女主人とほかの女性を順番に背負い、流れの激しい川を渡った。二〇世紀初期になるまでは、ディナーパーティーの女性客は使用人をお付きにする習慣があり、パーティーの席でも自分の使用人が仕え、使用人を伴って帰宅した。インドの使用人は、英国でさえなかなか見られないような献身的な仕事ぶりで、自分の務めを果たした。たとえば、料理を運ぶ〈キドマガル〉〔男性の給仕〕の職務には、食事中の主人の座る椅子の背後に立って茶をかき混ぜたり、肉を切ったりする役も含まれ、とにかく主人の料理を食べること以外は何でもした。しかし、一九二〇年代中期になると、尊大に振る舞いたがる〈プッカサヒブ〉〔立派な紳士〕でさえ、さすがにそういった尽くされ方は、気恥ずかしく思ったようである。

好奇心があってインドをよく知りたいと思うラジの妻がいたとすれば、彼女にとって最初のインド人が、使用人であった。インドのカースト制度、そして宗教的慣習には、じつに細かく微調整された格差があった。派閥に難解な差異があるのは、必然的にどの仕事も、独自の宗教的有意性をもたされ、尊重されることを意味している。炊夫（インドではかならず男性）がイスラム教徒であれば豚肉には触れず、またヒンズー教徒であれば、牛肉に触れることはできなかった。使用人の管理を任務とするキドマガルは、自分の任務以外は一切何も引き受けず、家具を動かすような簡単な仕事ですら、自分よりも低い等級の者に任せた。掃いたり拭いたり洗ったり、寝室用の便器を空にしたりするのは、不可触賤民のみである。犬の世話は、また別のカースト――たいていは幼い子ども――に任されていた。ところが、不可触賤民は死んだ動物に触ることができないため、そういったものの処分には、また別の人々の手を必要とした。ゴッデンはそれをこんなふうに綴《つづ》っている。「たとえ家の庭でカラスが死んでいても、あるいはペットのモルモットが死んでしまっても、うちの掃除夫のニタイは、死骸に触れることができなかった。そういったときは、バザールから特別な宗派に属する少年を呼んでこなくてはならなかった。その陰惨な仕事を片づけたのは、マリゴールド色の一張羅の絹のシャツを着た、ひとりの少年だった」[9]

使用人は、乳母のアーヤー以外はほとんどが男性であったものの、炊夫〈カーンサーマー〉が女性の〈タニーケトチ〉に厨房を手伝わせることも、場合によってはあった。タニーケトチは、鶏にエサをやったり、香辛料を挽いたり、米を炊いたり、ランプの保守や主人のブーツを磨いたりする仕事が許されていた女性で、使用人としては、炊夫の下の等級と見なされていた。英国の「スカリオン」のような、食器洗いを手伝う〈ムサロチ〉について、フロラ・アニー・スティールが一八九〇年に、「肌身離さずもっているのは、油染みだらけのボロ布が先についた、役職の記章としての竹の柄のモップ」[10]と描写した。大きな家には、たいてい仕立屋の〈デールジ〉がいて、ベランダに座って黙々と服を縫っているか、繕《つくろ》っているか、あるいは服の複製品をつくっている姿が見られた。それから、際限なく一家の洗濯をする〈ゾビ〉もいた（インドでは、暑さのせいとディナーのために、ほとんどの人が一日に二度着替えた）。電話がない場所に行くと、メッセージを送るための〈チュプラシス〉が雇われており、彼は家の出入りを見張って、私的なボディガードの役目も務めた。そしてまた、電気の引かれていない多くの農村地帯には、扇ぐことだけが仕事の〈プンカーワラー〉が雇われ、電気扇風機の代わりに扇風機かプンカのロープを引き、昼も夜も風を送り続けた。プンカーワラーは晩になると、うっかり居眠りをしても自動的に起こされるように、自分の足にロープをくくりつけた。

使用人が持参する「人物」の推薦状は、イギリスでは雇用主にとって非常に神聖なものとして見られていたが、インドではまったく考慮されなかった。一九一〇年の『インドで料理をする妻の手助け（*The Wife's Help to Indian Cookery*）』の著者は、読者にこう注意している。「だいたいにおいて、そういった人物推薦状〈チティス〉は借りものです。そうでなかったら、アナ〔旧通貨単位の銅貨で一六分の一ルピー〕をほんの数枚渡して、それを生業とする者に書かせることもあるのです」。そしてインドには、使用人の特典については、切り出しにくい問題があった。地元の店で食品を注文する炊夫は、地元の業者から利益の分け前をもらう権利を有し、その取引には入り組んだ連絡網があった。〈ダストゥル〉という名のその制度は、取引をしている内部の者なら完全に理解できたが、外からやってきた者にはおよそ理解しがたい。それで、多くの〈メームサヒブ〉〔奥様〕のなかでも、とりわけ土地の言葉を覚えようとしない者は（放漫運営の最も非難されるべきこととして、すべての助言集が挙げる例のひとつがそれである）、使用人がしきりに金をくすねようとしていると信じて疑わなかった。もし彼女たちが、インドの作家、サンサ・ラマ・ラウの伯母の忠告に耳を傾けていれば、そんな勘違いは避けられたのかもしれない。ウィーン出身のその伯母は、インド人と結婚してデリーに何年も暮らしていた。インドの家事奉公産業が築いた微妙な関係を、彼女がすっかり把握していたとは言えないまでも、少なくともそれに対して、以下のような理解を示していたようだ。「たとえば炊夫は、一、二ルピーほどの月謝を取って、彼の仕事を学ぶ弟子を置き、市場での買い物やジャガイモの皮むき、豆のさや外し、そのほかもろもろの仕事をその少年にさせる。一方、私は炊夫にひと月二〇ルピーほど払っているけれど、こういった裏取引には目をつぶることにしている」[11]

しかし、イギリス人の新参者は、インド同様にイギリスの家庭にいる奉公人にも、手当てや出入りの業者から歩合をもらう複雑な制度があったことを全部忘れて、いとも簡単に、理解のない家庭内の暴君となった。彼女と使用人とのあいだに、絶えず横たわる疑惑の念が、その関係を特徴づけていた。

現地人の使用人に(多かれ少なかれ、彼らは生まれつき怠惰で不注意である)満足のゆく仕事をさせるには、厳しい監視が必要です。使用人の数は少なければ少ないほど好ましいでしょう。多ければ多いほど仕事を片づけなくなり、ごまかしや盗みが増えることになります。使用人には、あなたが彼らを過度に好んでいると、断じて思わせてはなりません。彼らは、自分が必要不可欠な存在で、自分がいなくてはあなたには何もできないと早合点して、嘘をついていても疑われることなく、怠けていても大目に見られるに違いないという思い込みによって、あなたからものを盗み、注意散漫な横着者になって、恩知らずな態度を取ることになるのです。[12]

これでは、メームサヒブは酒と密通と悪口を好む、ヒステリックな意地悪ばあさんだという評判が、家のあちこちで立ったとしても不思議はない。小説家のE・M・フォースターは、こういったタイプの英国人を、現地の言葉を十分に覚えようとせず、「ていねいな語形も動詞も使わずに、命令調のムードのみ」[13]で、使用人にがみがみ言っていただけだったと振り返っている。実際、語学は重要ではあっても、英語が堪能すぎる使用人の雇用は、逆に賢明ではないと判断されていた。会話を立ち聞きされるか、または冷やかしや慣れ合いでその内容を使用人専用広間で暴露されれば、英国の支配階級の神秘性を危険にさらすことになりかねないからである。典型的なメームサヒブ(わけても、若いほうのチョーターメーム)のお決まりのイメージは、どこか辺境の地で、ひまをもて余しながら暑い日々を過ごし、関心があるのは狡猾《こうかつ》で強情な使用人との苦痛に満ちた日常の戦いだけという姿であったが、もちろんこのイメージがあてはまらないケースもあった。

植民地の新参者に与えられた助言は、同胞の家庭への助言と同様に、ルーティーンの確立の重要性に関連したものがほとんどであり、それが、ラジの家庭の幸福の礎石になるとされた。現地の使用人に関しては、子ども並みに一日の作業の時間割をつくることが一般的な知識となり、そうしなければ彼らは手に負えなくなって、混乱に陥ると考えられていた。「彼らに多くを期待しないこと」と、一九二〇年代のハウスキーピングの手引書では助言している。「彼らの頭脳は適切に発達していないため、私たちが物事を見ているままに彼らにも見えているとは、望まないほうがいい」[14]と考えたからである。ラジの家庭生活におけるルーティーン――早朝の紅茶、ランチョン後の昼寝、夕刻の酒――は、毎日行われる一連の儀式として神聖化されていた。使用人が請け負った朝の仕事で最も重要なものは、衛生点検である。水はかならず煮沸し、すべてがごしごしと洗い流され、食料品室からアリを排除し、土砂散布式トイレからはヘビを締め出し、野菜はすべて、灰汁《あく》の過マンガン酸塩でよく洗わなければならなかった。

ラジの家庭生活についての記述は、さまざまな逸話であふれている。しかし、ことによっては真偽の怪しい、衛生にまつわる怖い話も登場した。炊夫がサヒブ〔主人〕の（汚れた）靴下でスープを濾《こ》しているのを目撃したという女性の話や、炊夫が脇の下でパイ生地を練っているところを見たという女性の話などが、たびたび人々の耳に入った。インドでは暑気のせいで、どんなところでもバクテリアが繁殖した。清潔さを保つ新しいルールは、つねに頭に叩きこむ必要があり、熱帯病で子どもを亡くす悲劇が現実に起こっていたため、英国人の恐怖心をあおった。そしてラジには、そういったことのほかにも、闘わなければならない未知の習わしがあった。インドの宗教や文化の慣習は門外漢には理解しにくく、イギリスの礼儀作法と同じように重要で、また同じように誤解しやすかった。インド南部の森林警備官を夫にもつハドリー夫人は、女に攻撃された男が不浄となることを、誰にも教えてもらっていなかった。彼女が、ベランダ越しにトーストをひと切れ放り投げたとき、偶然それが使用人に命中してしまったため、彼は清めの儀式を受けることになったが、その費用の十二ポンドを、ハンドリー夫人が払うはめになったのである。またある女性は、自分の寝巻きを着た亡骸《なきがら》が荼毘《だび》にふされるために、行列をつくって通りを進むところを目撃した。その後、〈ドービー〉〔洗濯夫〕によってきれいに洗濯をされたその寝巻きは彼女のもとへ返されたが、むろんこの件については、それ以上言及されることはなかった。

インド在住のイギリスの主婦に向けた一九〇九年の手引書では、著者のモード・ダイヴァーが、子どもたちと使用人を過度に密接な関係にしないよう、親に注意している。「子どもたちを使用人とあまり交わらせないことです。親しくなることによって悪い癖がつきますし、両親がこの点を軽視したせいで、ヨーロッパ出身の多くの子どもたちは、墓地で眠っているか、相当苦しんでいます」。モード・ダイヴァーはまた、「生来の嘘つきであるアーヤーは、真実という黄金でできた足かせをまったく知らない」[15]と書いた。とはいえ、インドでラジの暮らしを送りながら大きくなった子どもたちの思い出のなかで、じつに重要な場所を占めていたのは、紛れもなくアーヤーであり、楽園の喪失という哀愁の念は、多くの例にあるように、アーヤーによって具現化されているように見える。子どもたちはアーヤーを通して土地の言葉を覚え、その最初の単語は、ヒンディー語やタミル語、ウルドゥー語ですらないことも多く、その土地に伝わる歌、わけても子守唄を覚えた。イギリスでも、使用人専用広間に出入りする子どもが彼らの友人となったように、両親にとっては閉鎖的かもしれない植民地で育った子どもは、自分の住む国をよく理解する必要があった。そして五、六歳になるまでは、英語よりも使用人の話す言葉のほうが流暢《りゅうちょう》に喋れる場合があり、わが子のそういった姿をまのあたりにし、多くの親が動揺した。

アーヤーには、彼女たちが爪に塗ると広く信じられていた睡眠誘発用の、アヘンに関する噂がつきまとっていた。一方、インド在住の幼い子どもは、甘やかされた小君主として描かれた。母国イギリスでは、イギリス人のナニーが道徳的なしつけに責任をもち、禁欲主義的な姿勢できびきびと子どもの世話をしていた。フランシス・ホジソン・バーネットの『秘密の花園』に登場する、甘やかされた不幸な孤児のメアリー・レノックスのように、インドに住む白人の子どもは、辟易《へきえき》するほど機嫌が悪く、親の知らぬところでインド人の使用人によって「悪質な甘やかされ方をされているせいで堕落していると、母国の子どもたちは思っていた。ときには、インド人の使用人と親しすぎる関係に防壁を築くために、莫大な費用をかけてイギリス人のナースが呼び寄せられることもあった（ノーランド・ナースの人気が高かったため、ノーランド研究所では熱帯の赴任地向きに、薄手の制服を特別につくった）。インドを紹介した著述家で放送事業者のマーク・タリーは、一九三〇年代でさえも、彼のイギリス人のナニーにとっての主な仕事が、インド人使用人との交流を阻止することだったと、当時を振り返っている。[16]

植民地のインドで生き延びるための鍵は、あまり質問をしないことのようであった。より見識のあるメームサヒブは、使用人に身をゆだねて、彼らとの良好な関係を維持した。ラジ生活を送っていたグレアム夫人は、一九一四年にとても気に入っていたアーヤーについて、こう思い出を語った。「彼女は三度、いもしない人の埋葬を口実に私のもとを離れ、その三度とも、私の所持品を自分のかばんに詰めました。一度、いい加減に衣類のあいだに詰めこんでいたものが、私の足元に落ちてきたことがありましたが、私もアーヤーも、少しも驚きを見せませんでした。私たちのあいだの理解は、それほど完璧だったのです」[17]。一方、オリヴ・ダグラスは、使用人に対して尊大さが足りないとたしなめられ、「愛想よく彼らに微笑む必要はない、おつむが弱いと思われるだけ」と注意を受けた。[18] また、完全な貴族政治によって使用人を扱うことに慣れていた上流階級のインド人は、英国人の態度にたびたび困惑し、矛盾を感じていた。サンサ・ラマ・

ロウは祖母から使用人への甘さを嘆かれた。「あなたと平等ではないのだから、そんなふうに扱ってはいけません。使用人があなたを怖がるだけでは不十分です、そのおそれは、敬意の上に成り立っていなければならないのです。彼らに対するあなたの迎合は、西洋社会で身につけた、実情にそぐわない感傷です」[19]

インドにいる英国人の家庭生活は、大英帝国のどこにも並ぶ場所はない、虚飾と豪華さで群を抜いていた。とはいうものの、イギリス流の形式の尊重は、植民地体験がはるかに原始的で、環境もはるかに厳しく、隣人宅を訪ねるのに徒歩で数日かかるような居留地に役人が駐在していたアフリカですらも、滑稽《アダブサーダム》なほどに維持された。たとえば、ナイジェリアの入植者の家では、一九四〇年代になってもなお、訪問カードのややこしい慣例が守られていた。若い入植役員のナイジェル・クックはアフリカで、対応に苦慮するこんな経験をした。「誰かがある人の持ち場へ行くと、居住者のノートに記帳しなくてはならなかっただけでなく、所定の場所にカードも残さなければならなかった。居住者はかならずカードを受け取る必要があり、しかも居住者が夫婦なら、カードを二枚受け取る必要があった。だが、妻を連れていない男か、または独身で妻のいない男には、カードを残す義務はないと言われた」[20]。入植者の住むバンガローに続く道の入口には、たいてい、訪問カード用の特別な箱が置かれていた。

英国人は移住した先のどこにいても、ディナーのために正装するというルールを守った。ハエ、暑さ、缶詰の食事、煮沸した水など、どんな条件下のディナーであろうと、「夜になれば、みんなディナーのために正装した。家にいようと、外出しようと、ディナーに正装しないでいるなど夢想だにしない」[21]ことであった。あるインド人の高等文官は、一九二〇年代と三〇年代に、ケニルワース、ローズ・コテージ、へイゼルディーンと名づけられたインド在住の英国人用のバンガローで、わざわざ居心地を悪くしているようなルーティーンと行儀作法への、彼らの執着ぶりを振り返った。「好きな恰好でよかったのに、ディナージャケットを着てきた若い担当官は、本当のところは襟の開いたシャツを着たかったのかもしれませんな、わけても蒸し暑い気候のときは……。にもかかわらず、大英帝国の威信のために規律を維持しなければならない場所では、個人的な感情や不快感が存在する余地は、どうやらなかったようでした」[22]

それどころか、優先順位における決まりごとへの配慮は、すべての事柄に浸透していた。一九二〇年代初期に、冒険と社会主義を探し求めて、ベンガルからイギリスへ旅をしていたフェイズル・ラスルは、船賃を稼ぐためにある高位のインド人の使用人として働いたが、船上では、甲板の位置まで交渉しなければならないことに気づいた。

私が最初にたどり着き、ずっといた場所は、船の下の部分の船尾を下げた下甲板だった。ほどなくして、インド人の中年の女がやってくると、私に話しかけ、こう言った。「初めて船に乗るようね。お若いの、心配しなくていいのよ、慣れるから。私たちみんなそうだから。で、ほかの人たちを見かけた?」

「ほかの人たち?　ほかの人たちって誰?」（いくぶん驚いて）

女は「ほかの使用人たちよ、おまえみたいな」

「誰の使用人?」私は訊ねた。

「まあ、新入りだね!　おまえ、船客の使用人じゃないのかい?」

「あ、ええ、そうですよ、僕は」が私の返事だった。

「あのね、ほかにも船客がいるのよ、おまえのご主人様みたいに、使用人を連れて外国に渡る……。もうすぐみんなここにやってくるはずよ。使用人は、昼間の時間はほとんどどこで過ごして、夜はそこで寝るの（間仕切りに沿ったデッキの上の部分を指さしながら）、ご主人様の世話をしなくちゃならないとき以外はね。もうひとつ、女の使用人専用の場所もそのなかにあるの。ところで、誰がおまえの主人だい？　国産（先住民）？　それともサヒブ？」

「国産さ」

「私のご主人様はサヒブ、高等裁判所の判事の。私が子どもたちのアーヤーってわけ。もう何年もね……。ご主人様の家族とイギリスに渡るのは、これで十一度目。故郷を離れて外国に初めて出たときは、おまえみたいに、くよくよ考えたもんだよ」[23]

植民地で暮らした多くの年配の夫婦が、英国に帰国するなり、その変化に困惑しても不思議はなかった。E・M・フォースターの言葉にたとえるなら、彼らは「栄光から追放」されていたのである。大英帝国の長年の務めから戻った一家は、人の扱い方を知らないという不満が、どのイギリス人使用人の口からももれた。ロンドンのクロムウェルロード近くの小さなフラットに住み、怒りに満ちたハウスパーラーメイドに嫌々ながら奉仕されるという、わびしすぎる現実に幻滅させられた彼らにとって、それは没落を意味した。マーガレット・パウエルの雇用者、ギボンズ夫人は、「小麦粉の容器、野菜用の網棚、氷室のなかをのぞきこみ、とうとう最後には卵を数えるはめになった」。彼女は、夫とともにラジ全盛期のインドで何年も過ごしたあと、ケンジントンで、炊夫とパーラーメイドを置くのがやっとという年金暮らしの身となり、カースト制度の失墜《しっつい》に震え上がっていた。[24]

一方、英国にたどり着いたフェイズルル・ラスルは、雑用をこなす使用人として、ジェニング夫妻のもとで働きはじめた。ジェニング夫人はかつて、マハーラージャ〔インドの大王〕に仕えるガヴァネスとして働いていた。

月日がたつにつれ、イギリス人の家庭で働く目新しさが、私のなかで薄れはじめた。ジェニングス夫人のなかでも、インド人の使用人を雇う目新しさは薄れていた。自分に合わないイギリス人夫婦をつかんでしまった、と私は思った。そしてジェニングス夫人も、自分に合わないインド人をつかんでしまった、と思っていた。どちらも正しかった。彼女はインドで甘やかされてわがままになり、私はイギリスで甘やかされてわがままになっていた。彼女はフラットの隣人たちに、ヴィクトリア女王と同様に、インド人の使用人を置いていることを見せびらかしたがった。私は、仕事でも、奴隷根性でも、彼女が好んだインド人使用人のお得意のへつらいでも、何ひとつ、彼女の期待に添えることがなかった。[25]

ヴァネッサ・ベルの女中、ハッピー・スタージェンは、ロンドン塔の管理官とその妻に仕えていたことがあったが、「ご夫妻はインドにお住みでしたから、奥様はちょっと、まあその、特別なお考えをおもちでした」[26]と彼らを軽蔑した。当然のことながらインドは、そこで暮らした者にとっては、余暇を楽しむエデンの園のように見えた。エセル・サヴィの一九一〇年の小説『渡り鳥（*Birds of Passage*）』では、長年メームサヒブの身分でいたハースト夫人が、海の向こうで、怠惰に対して無感覚になっていくようすを描いている。インドの暮らしが、彼女の勤勉さを一生回復不能にしてしまったのである。「それに、ほら、「英国では」私たちがどれだけすごい量の家事を片づけなくてはならなかったかを考えると、うんざりします――なんて奴隷状態なのって！　あそこで引退したいとは決して思いません。辛い仕事が多すぎますもの」[27]

ラジの家庭に生まれ、インドに住み続けたオリヴ・ダグラスは、一九一三年、まったく意味がないことに驚いている自分に気づいた。彼女は、凝ったお仕着せに身を包んだインド人の使用人が、たった一家族に仕えるために船隊のように並んでいる姿を、ベランダからじっと眺めながら、ふと浮かんだ思いをこう記している。「『なぜ?』と一日中訊いてまわっても、誰も何も満足に答えてはくれない、そんなことのように、私には見える」[28]

第十章　複雑な階級と支配

一九一一年、『タイムズ』紙は、二万人の家事奉公人がアルバート・ホールに集結する模様を報じた。「ホールの歴史上最も驚嘆すべき今回の集会は、ボックス席もギャラリーも、床から天井まで女中たちであふれかえっている……入場できなかった何千という品行方正な娘たちは、同志とともにこの重大な抗議の輪に加わるべく、入場できる望みを捨てずに、辛抱強くホールの外で長い列をつくっている」[1]。大道芸人は外で待っている集団を楽しませようと、「統べよ、ブリタニア（*Rule Britannia*）」をアコーディオンで奏でた。ホールのなかでは、中心となる演説者のデザート夫人が大声を張り上げ、議論すべき問題は、各家庭の被雇用者の医療失業保険の義務を導入しようとする法案が、主人と使用人のあいだの「神聖なる信頼」を、脅威にさらしている事態であると呼びかけていた。

ロイド・ジョージが主導した医療と失業保険を義務化する法案は、一九一一年に失業保険法となるまでに二年を要した。二〇年後には大蔵大臣のフィリップ・スノーデンが、国民健康法とその手引書について「法令集にある最も素晴らしい社会改革の法令」と評したが、ほかでもないそのロイド・ジョージによる改革案が、雇用主と使用人の両者の怒りを爆発させていたのである。統括的な抗議組織の「使用人の税金登録阻止団体」が催した最初の集会では、大蔵大臣を革命的恐怖の仲介人と結びつけて、「暴君、言論の自由の抑圧者、ギロチン執行人、暗黒時代の最悪の国王が失敗したことを試みる者」[2]とこきおろした。法案の反対運動で先導的な立場をとったデザート夫人は、「法案の健康保険条項は使用人とその雇用者にとって苛立たしくて遺憾」なため、双方がその法案に書かれた条項の「すみからすみまで」、異議を唱えるであろうと述べた。『タイムズ』紙は、法案に反対するハロルド・コックス氏なる人物の意見を投書欄に掲載した。そこでは、共済会や秩序ある家庭において具体化されている、権利と責任の微妙なバランスのような、伝統的な福祉の源を支える「疑似宗教的な献身」が、新たな法律によって破壊されるおそれがあると批判していた。

じつのところ、多くの者が目を向けていたのは、法案の社会的意義のほうではなく、それによって生じるささいな出費のほうだった。新しい法令によって保険料が義務化されると、雇用主は被雇用者ひとりにつき週三ペンスを、そして男性の被雇用者自身が週四ペンス、女性の場合は三ペンスを納めて、政府がひとりにつき週二ペンス助成することになっていた。それと引き換えに、すべての保険加入者は治療や薬代の心配をする必要がなくなり、出産給付金も受け取ることができた。しかし、そうまでしても歓迎されなかった原因は、お役所的な形式や申請書の記入、そして事務処理（最も不名誉なのが、舌でなめなくてはならない切手貼り）の煩雑さと、彼らをいらだたせるような、私的関係への政府による常ならぬ干渉であった。

ロイド・ジョージは、まったく保護されない立場になる可能性のある労働者を、その法律が救済することをみずから説明し、会合を呼びかける書簡を国中に送って、反対の嵐に立ち向かった。法案に賛成する側にいたディグビー夫人は、女主人がどれほど優しい心の持ち主であっても、現実には、病気になった女中を数日以上家に寝かしておくことも、ましてや看病することもできるわけがないと指摘した。どこかの親切な団体が救助の手を差し伸べない限り、そういった娘たちは、施設か救貧院の診療所へ否応なく送られることになっていた。ディグビー夫人は、多くの使用人が保険法案をよく理解できておらず、さらに雇用主によって、内容にはあまり精通しないように妨害されていると考えた。大蔵大臣との面会で、ダウニングストリートの官邸へ招かれた女中代表団は、数分もしないうちに全員が法案支持に転向した。使用人の福利厚生を懸念する多くの慈善団体は、「神聖なる信頼」がつねに頼りになるという考えを家事就業者に捨てさせるために、保有する記録から実例をいくつか挙げた。会合に出席した「若い女性の生活部隊」のガーネット夫人は、慈善組織協会の役員のひとりから、彼女の地元の協会が扱った困窮や病気の事例のうち七〇パーセントが、病気で貯金を使い果たした雑用専門の使用人だと告げられたことを、ロイド・ジョージに話した。またその役員は、協会が扶助する年老いた使用人（なかには「四〇年も奉公をしていた」ケースもあった）への寄付金を、女主人から受け取ったことはただの一度もないと話した。[3] ある女中は、「あの人たちは病人が好きじゃないのよ、だから病気になんかなれない、絶対に」[4]と、その状況を訴えている。

一九四四年、執事のアルバート・トーマスは、国民保険法の可決につながった出来事を、象徴的な関係と見ていたものの終焉としてとらえていた。「健康保険や子どもの診療所など、機関としてはどんなに優れていようと、上流の人々と貧乏人とのあいだの人間的な触れ合いは、あのとき葬り去られた」[5]ことを残念に思った。主人と使用人は、職務と服従の不滅のピラミッドにおける自分の「位置」を知る、あの古めかしく半ば神秘主義的な言葉使いからすっかり脱却するまでに、じつに三〇年を要するのである。しかし一九一五年には、その変化はすでに撤回不能になっており、使用人の新保険法の活用を支援する家事奉公保険協会の会員数は、七万五〇〇〇人になっていた。

一七六五年、裁判官のウィリアム・ブラックストン卿は、三つの「私生活における崇高な関係」のうち、主人と使用人の関係は第一番目であると述べていた（夫と妻、親と子どもの関係がそれに続く）。[6] しかしその関係は、途方もなく複雑で、非常に細かい段階に分かれた等級で管理されており、関係を定義しようにも正反対の実例が存在するため、じつに込み入っていた。たとえば、虐待や搾取の実例に対しては、相互愛と忠誠の実例が存在していたのである。労働史研究では、使用人と公共機関との関係は、彼らが雇用主と同居している密接さが原因で、かなり不自然な形で収まっている。Ｅ・Ｐ・トンプソンによる『イギリスの労働者階級の形成（*The Making of the English Working Class*）』では、産業革命時には家事奉公人が農場労働者の次に大きな労働者グループを構成していたという認識があったにもかかわらず、家事奉公に関する記述は三か所しかない。一九〇一年になってもなお、家事奉公に従事する人の数は、鉱業や農業よりも多かった。

それでも、二〇世紀の最初の十年を震撼させた産業不安から、大部分の使用人が除外されたので、労働者階級の同輩からは、階級を裏切る最も軽蔑すべき見本として、彼らはさげすまれていた。二〇世紀を迎えようとするころ、故郷のソルフォードで引退生活を送る元使用人のロバート・ロバーツは、「王政主義者の大半と、超保守派、政治的にも根強い階級意識の持ち主……そういう人々は、概して、当時の階級制度全体の擁護者であり解説者だった」[7] と考えていた。トンプソンは、飢餓寸前の生活をする手織り職人とその妻の地位は、「フランキー」よりはまだ上級であると書いている。[8] 多くの、そしてわけても大きなカントリーハウスで働いていた使用人は、徹底して保守的であり、懐古の念にとらわれ、無数の等級に分けられた階級とそれが支えた奉公生活の社会的区分に、敬意の念さえもち続けていた。

ドリー・スキャネルの母親は、ロンドンのイーストエンドで貧しい家庭に育ち、かつては豪華な屋敷で女中として働いていた。その母親から、彼女はこんな話を聞いた。

骨付き肉の大きな塊の話に、ご馳走を無駄にする話。食料貯蔵室はうちのよりも広く、朝はときどき、脂垂れの桶が、まるで誰かが――ネズミだと私は思った――なめ尽くしたように、きれいになっていたという。それから、猟場番人がネズミ狩りの手はずを整え、男たちはみなそれに加わったそうだ。その数年後、母は食べさせなくてはならない子どもを抱えながら、パン屑しか手元に残っていなかったときに、ご馳走を無駄にした話を思い起こしただろうか。いや、私はそうは思わない。母はいつも前向きで、決して過去を振り返る人ではなかった。母は、何年も石炭のバケツを階段の上まで運んでいた苦労や、狭量な制約ですら、奉公時代の不平を一度も口にしなかったし、ただの一度も「労働党」に投票しなかった。さすがにこれには、父が愛想を尽かしていた。[9]

キャリアサーヴァントは、等級のピラミッドの底部にいる同輩たちが、頂点にいる「上の者たち」に敬意を表して、キャップを脱ぐという前提を何も疑わずに受け入れていた。しかしそれが上流気取りとされ、たびたび攻撃の対象となった。フレデリック・ゴーストは、使用人は生き延びるために、上流を気取る必要があると考えていた。なぜなら、現状に抵抗すれば多くのものを失うことになり、等級の細かい差異に精通していれば、より多くのものが得られたからである。アルバート・トーマスは、若い貴族の命を救ったあと、身分の高い人に見出される機会を求めて、お仕着せを着たホテルのページ〔ボーイ〕になった。ところが、ホテルの滞在客が、彼に影響をおよぼすほどの上品さの欠片もない、「かなりふつうの集まり」であることがわかり、失望した。[10]それと似たような理由から、使用人には筋金入りの保守党員が多く、ヴァレットのチャールズ・ディーンも、共産主義の日刊紙『デイリーワーカー』の元編集長から仕事の申し出があった際、自分の保守思想を理由にきっぱり断っていた。「上流階級」や「自家用車所有階級」、そして教会の最前列の占有者には、権利どころか生まれもった優位性さえも与えられ、その承認が、国家の精神の奥深くにまで浸透していたのである。シドニー・フォードの母親は、家事奉公を離れて何年たったあとでも、貴族のいる前では畏敬の念によって萎縮した。「母はよく、『私はあの人たちと同じくらい立派よ』と言っていました……母は、イーストエンドの女たちを大勢集めて集会の座長を務め、彼女たちに規律を守らせようと、何があっても屈することなく頑張っていました。ところが、たいして高い身分でもなく、ちょっとした称号をもつ人、とでも言いましょうか、そういった人とひとたび向かい合うと、母はすっかり自信を失くしてしまいました……私はそんな母の性分は、かつてパーラーメイドをしていたせいだと思っています、『はい奥様、いいえ奥様』と服従していたころのせいだと。部屋に入るときも出るときもおじぎ、でしたから」[11]

使用人が部屋に入る際、ノックを必要としない家（実際は好ましくないマナーである）は、最良の家のひとつと考えられていた。なぜなら、隠すことが何ひとつないほど、一家と使用人が非常に打ち解けた日常生活を送っているからであり、また、使用人が何を言われていようと何をしていようと、家庭に何の違いももたらさず、使用人も家具や調度品の一部になりきっていると、考えられていたからである。「いいえ、違います、あの方たちは不親切ではありませんでしたよ、とにかく、私がそこにいても気にならないという、単にそれだけの理由でした」と考えたミセスA・Dは、自分の体験をこう語っている。「使用人はみんな、あの方たちの目には入っていなかったんだと、本心でそう思っています。ただ、お世話をして、どんな態度を取ればいいのかはわかっていましたし、知らなかったとしても、ほかの者を見てすぐに覚えました。声を荒げたことなど、一度もありません――使用人部屋でも、誰かが腹を立てて大声を出すようなことも、一度もありませんでした。何もかもが、いつも上品でした。上の階より下の階のほうが、上品ぶっていました、はるかに、ずっと」[12]。使用人の姿を見ることは避けられないものの、家のなかで雇用主に会った際に顔を壁に向けることを求めない家でさえ、彼らに対して隠すことがなく、共有するものもほとんどない側からは、たいてい「そこにいる」だけの存在として見られていた。エドワード朝の家庭では、使用人は「天国にいたわけでも地獄にいたわけでもありません。言われたことだけをしていました」と、マージョリー・フィルポットは記憶している[13]。

服従は、さまざまな領域において少しずつ、ゆっくりと、衰退しはじめてはいたものの、奉公においてはあいかわらず、物事の全体を中心で支えていた。その関係は、仮に階級の区分がなかったとしたら、ぎこちなく、ばつの悪いものにさえ見えていた可能性がある。それには、非常にたくさんの期待とステータスが層になって包まれており、関係を疑うことは、神聖なしきたりを疑うことであった。また、多くの、わけても都市部の使用人の多くは、奉公に入ってから、生まれて初めて紳士淑女の言葉使いを知ることになった。メイ・コッシュは「奉公に入るまでは、誰かを『サー』と『マダム』と呼んだことはなかったと思います」[14]と言っている。農村地帯の共同体では、使用人が名家の地所の恩恵を受けて暮らす慣習を、いつまでも維持していた。アルフレッド・ティンズリーは、馬丁として働いていた戦前の地所に対し、相反する感情を抱いていた。彼はこう思い出している。

紳士階級のところで生活していたので、俺の喋り方は、あんまりヨークシャー訛《なま》りがないんです。誰だって、田舎丸出しの訛りが抜けるようにしますよ。けど本当のことを言うと、あの時代、働く男たちはうまく利用されていました。で、言っておきますが、俺はああいう馬鹿げたことが嫌でした。

俺は、ぺこぺこする習慣がなくなってすぐ貴族の奉公に入ったんですが――それでもたいへんでした。B夫人はロスチャイルド家の出身でね、使用人がぺこぺこするような家で育ったんです。労働者だって、あの人たちがこうだと決めつけてる以上の人になれるって、気づいてないんじゃないかと思うんですよ。ああいう古い時代が終わるところでしたが、俺が初めて厩舎へ入ったときは、年上の使用人たちはまだ――いえね、ひれ伏して服従してたとまでは言いませんが、ともかく古い因習に忠実でした。[15]

家内で働く使用人には、雇用主一家が沐浴しているところ、服を脱いだところ、機嫌の悪いところ、有頂天になっているところなどが、否応なく目に入った。雇用主は実用的なことに無力であったため、広くない家での接近は、使用人に対して隠せるものがほとんどないことを意味した。ツウィーニメイドのイヴリン・アスクウィズは、まだ少女だというのに、雇用主が虫垂の緊急手術を厨房のテーブルの上で受けることになり、医師から手伝うように告げられた。十四歳のウィンフレッド・フォリーは、ひとりで寝るのが怖い高齢の女主人と一緒に、四柱式のベッドで眠らなければならなかった。両親がヨークシャーに大きな家を構えていたジョック・ヨークは、親近感と度を超えた親近感のあいだに、見えない境界線があったことを、こんなふうに覚えている。「もちろん、彼らはずいぶん打ち解けていました。彼らは、古臭い言葉でいうなら、〈尾籠《おこ》なこと〉はしませんでした。いつでも礼儀正しかったんです。僕らが何か間違うと、悪態をつきました。笑い転げながら冗談を言ったり、僕たちをからかったりもして。けれど、決して度を超えることはありませんでした。最近の気のいい狩猟使用人は、一緒にいるときに親密になったり、汚い言葉を使ったりしますが、そんなことをしようとは、僕らが思うほど彼らは、思ってなかったのかもしれません」[16]。ロジーナ・ハリソンの最初の雇用主の娘は、彼女と同じ年齢であったため、「ローズ」は娘のレディーズメイドになり、いつもそばについていた。それでも二人の関係は、それほど近くはなかった。「お嬢様の音楽のことや、私たちが会う人たちのこと、そして私たち両方の個人的な事柄に関して、聞きもしたことはなかったけれど、私の意見を訊かれたり言ったりすることも、一度もなかった」[17]

ロイド・ジョージの「保険法」によって「神聖なる信頼」が踏みつぶされた一九一一年、「ハリエット、戸主」と名乗る女性が、求職中の彼女の執事が、アメリカ人ジャーナリストから、ディナーパーティーにやってきたセレブリティーの噂を買い取る話をもちかけられたことを、『タイムズ』紙に投書した。『タイムズ』紙はこれを補足すべく、使用人に何を盗み聞きされ、将来彼らが役立てるつもりで、どんな秘密を胸にしまっているのか、気にしていたに違いない読者の不安を代弁する、怒りに満ちた社説を掲載し、なんという「私生活の尊厳への胸が悪くなるような侵害」であろうかと、その行為を非難した[18]。家のなかで話したことをうっかり立ち聞きされ、何が外にもれたかを完全に把握することは不可能である。ところが、ちょっとした軽い暴露が双方にとって満足な展開をすることも、まれにあった。チャールズ・クーパーはヴァレットをしていたが、雇用主のウィングフィールド氏は、自宅に造った私設動物園で、訪問客を動物に乗せては楽しんでいた。そこでクーパーはコダックの箱型写真機を買い、おりおりその姿を撮影しただけでなく、被写体の同意を得て、新聞や定期刊行物に写真を売り、結構な収入を得ていたのである。「もちろん、どの報道機関も、貴族の写った珍しくて新しい写真には大喜びで、気前よく私から買い取った。『ペルメル』誌では私が撮った十種類の動物の説明写真を掲載し、ダチョウにまたがったモーヤ・ブラウン夫人の写真が、『タトラー』誌に登場したこともあった」[19]と書いている。

使用人と主人の関係は、両者の絆の本質が特定しにくくなればなるほど、より親密になった。長年仕えた使用人は、一家の暮らしにしっかり組み込まれていたため、雇用主側はしばしばその関係を、友情という観点から考えた（しかし、友情という言葉は使用人側ではめったに使われず、多くの場合、むしろ不愉快な言葉であったことにも留意すべきである）。

アリス・オズボーンの立場は、どう見るべきなのだろうか？　国勢調査では、アリスは雇用主によって「ナーサリーガヴァネス」と記載され、十年後にはその記載が「炊婦」と変わり、彼女の日記からは、その両方の記載以上の存在であったことが見て取れる。一九一二年、九歳になった一家の娘、ダフネ・ボールドウィンがローディーン校に入学する際、アリスはボールドウィン夫妻に付き添ってブライトンまで行き、学校生活に慣れたダフネを見届けるまでの数週間、夫妻とともにブライトンに滞在した。ダフネの精神的な幸福に関しても、責任を負っていたのはアリスであり、泣きながら電話をかけてきたダフネを憂慮し、校長と話をするために呼ばれたのも、ほかならぬアリスだった。「ミス・ウォルトンとティーをし、ダフネについて話した」と、彼女はいつものごとく日記につけている。

アリスの社会的地位は、彼女の年齢や生い立ち同様、正確に判断することは難しい。しかし、彼女がレクトリーファーム・ハウスで、一家の生活に不可欠な一部となっていたことは、彼女の日記から明らかである。彼女は、ガヴァネスと同じような少々曖昧な社会階級の領域にいたように見えるが、ボールドウィン家の兄弟が彼女をからかったり、その騒がしさに彼女が溜息をついたり、怖かったり悲しかったりしたダフネが真っ先に話をするのがアリスだったことから、いずれにしても、一家とアリスのあいだの親愛の情を読み取ることができる。兄弟が大きくなるにつれ、ともに観劇に行った話も、彼女の日記にはひんぱんに登場する。一家はアリスを、「オッブス」と愛情をこめて呼んでいた。加えてボールドウィン氏は、アリスの個人的な資産が増えるようにと、その運用まで買って出ていたようだ。一九一二年は、一二一ポンドというかなりの収入があったことがアリスの日記に記されているが、そのほとんどは投資からの利益であり、使用人としての稼ぎは合計してもわずか二五ポンドにすぎなかった。

ボールドウィン夫人は、原因不明のもやもやした疲労感のせいで、ふだんから寝込みがちであったらしく、家庭の管理はアリスに一任されていた。彼女はボールドウィン家に一生を捧げ、その代わりに、一家が彼女の面倒をみていた。アリスの日記の一冊には、ボールドウィン夫人の書いた家事奉公斡旋所に宛てた手紙が、表紙の裏にはさまれていた。夫人は新しい女中の申請に、レクトリーファーム・ハウスにはすでに二人の使用人がいることを書き添え、そのうちのひとりは「レディーハウスキーパー」で、「家族と一緒に食事をする」ことを説明していた。[20]

親愛の情は、たしかに珍しいものではなく、ウィリアム・ブラックストン卿の言った「第一番目の関係」を、商業的な雇用取引による腐敗から救う要因のひとつが、じつはそれであった。しかしまた、女中依存の構造は、綿密に管理された雰囲気のなかで、対抗意識や嫉妬を育てることにもなった。たとえば、女中たちの会話では、金銭や賃金の話題を出さないよう仕向けられていた。ドリー・デイヴィーは、チェルシーのある世帯で働き始めたときのことを、「賃金には差があって、みんなもらう額が違いましたが、誰がいくらなのか、知っていた者はいません」と言っている。給料日には、執事が盆にのせた封筒をめいめいに配り、ドリーにしてもほかの使用人にしても、ひと言も喋らずにそれを受け取った。[21]

豪奢で管理のよく行き届いたカントリーエステートの典型、クリーヴデンでは、一九二〇年代に使用人たちがお互いどのように接していたかを、ひとりの使用人がこう記憶している。「私が最初に気づいていた以上に、使用人はお互いを見張る必要があったのだと思います。働き出してからだいぶたったころ、それぞれを見張りあっていることがわかり始めたんです……仕事はまあ良かった面もありましたが、別の面が――嫌いでしたね……私がいつもどう思っていたかと言えば、ですが。でも、ほかのところでも見かけました、まったく同じですよ、お互いを観察してばかりいるんです。自分より多くもらってるんじゃないかって、おそれていたのかもしれません。おわかりでしょう？　私の言っている意味が」[22]

きわめてリベラルな雇用主でさえ、支配と従属という中心的な原動力を、家庭の秩序のためには維持しなければならないと考えていた。奉仕を受ける側と奉仕する側の、区別を目立たなくする試みのほとんどが、J・M・バリーの戯曲に登場するローム卿の愚かさのごとく、放縦なたわごととして見られていた。大地所のヒエラルキーはあいかわらず、労働関係の精神的な源泉として見られ、そしてそのデリケートな生態は、自然の法則と同じように神秘的で、持続すると見られていた。家事奉公人になり代わって運動を続け、公僕として人生を送ったヴァイオレット・マーカムは、彼女のハウスキーパーのミルドレッド・ブラウンを、「四四年間信頼を置く最愛の友」と呼んだ。とはいえヴァイオレットは、タプトン・ハウスの子ども時代にも、婦人参政権論者として活躍した時代にも、ミス・ブラウンの卓越性や「非の打ちどころのない忠誠心と清廉さ」の源泉は、ブラウンの父親が森林官をしていた大きな地所で育った環境にあり、貴族との深い関与から、「周囲の気質を吸収した」ものと考えていた。[23]

主人と使用人の関係についての議論では、霧のかかったような、神秘主義めいた言葉がしばしば使用されるが、それでもなお、後援と卑屈な服従が、深い情、あるいは愛情にすら変化する相互依存のエピソードには、心を動かされずにはおれないものである。オックスフォードのボドリアン図書館では、グウェンドリン（リナ）・ラッシュが雇用主のワンズブロー夫人宛てに書いた手紙を、何通か収蔵している。それには、リナが犬は天国に行けるかと心配する（ローマ教皇は最近、その可能性を除外したが）メモのような手紙も含まれており、犬好きの彼女が、ある晩、ワンズブロー夫人の玄関ドアの下から、それをそっと滑りこませたようだ。リナはこう書いている。「マダム、私をこれほど不安にさせているのは、ローマ教皇です。教皇様はそれをご存知ないのですが、もしご存知ならば、気になさらないと私には思えないのです。教皇様を冒瀆しているのではありません、なぜなら、私たちに与える歓びを、教皇様はご存知だからです。みんな絶望して死ぬのだとしても、とにかく希望を抱いて生きています。おやすみなさい、マダム」[24]

表面ではよそよそしくとも、時間と近接によっていく重もの相互理解の層をつくりあげた関係の、とてつもない献身の話は、数え切れないほど存在する。ウィリアム・ランスリーの女主人が、こよなく愛した女中に残した最期の言葉は、「私をその腕で抱きしめて、マージェリー」であった。一八八〇年代後期に、当時の首相の娘、メアリー・グラッドストンは、ドイツ人の女中のアウグステ・シュルウターが母親に会うためにドイツに帰郷する際、こんな手紙を書いている。「おまえがいない家は、とても寂しく感じます。でも、これに慣れなくてはなりませんね。それに、おまえとお母様が一緒にいる幸せを思うと、私も嬉しくなりますし、どっちみち、それほど遠く離れているわけでもありませんから。明日の晩には、ドイツに到着しているのではないかと察します」[25]

使用人に対する貴族の見下《デォータンバ》したような姿勢は、「ぺこぺこする」ことの首尾一貫した構造にもかかわらず、気さくさの出現によって、前世紀の緑のベーズ地のドアと勝手口のあった前世紀が、あたかも封建的に痕跡を残さなかったかのごとく、形式ばらない体裁によって特徴づけられることがしばしばあった。ダービーシャーのレニショウ・ホールでは、シットウェル家の子どもたち――オズバート、イーディス、サッケヴェレル――が、両親からは得られない日常的な愛情を、手軽にあてにすることができた幼年時代の使用人たちに、中年になっても頼っていた。一九三〇年代にイヴリン・ウォーがレニショウを訪れた際、こんな光景を目撃している。「使用人はじつに奇妙だ。彼らは、封建社会の親密な間柄で暮らしている。たとえばこんなことがあった。家族が呼び集められ、二階にいるミス・イーディスにシットウェル夫人が会いたがっているという伝言を、フットマンが届けにやってくる。すると、『行けないわ。一日中一緒にいたのよ。オズバート、あなたが行けばいいじゃない』『サッキー、おまえが行けよ』『ジョージア、頼むから行ってくれ』などの声が沸き起こる。それからフットマンが、『さあさあ、もういい加減にして。みなさんのうち誰かが行かなくてはならないのですから』と言うのだ」[26]

ウェールズの田舎、アーティグのヨーク家は六代にわたって、使用人と地所で働く人々を詩で称え、肖像画にし、それを一族の肖像画と並べて壁にかけるという、一風変わった親密さを育んでいた。一九七〇年代にヨーク家最後の跡取りが他界してしまうと、薄暗い灯りのついた屋敷は（電気は一九六六年になるまで引かれていなかった）、一族の歴史を物語る霊廟と化し、雨漏りの穴と、持ち主を失って彷徨《さまよ》っているような宝の蓄積が、あちこちで見られた。使用人専用広間には、歴代の使用人の肖像画が飾られてはいたものの、ところどころはがれており、ダーツ盤にされていたものもあった。ヨーク家の習わしとして、使用人に敬意を表して毎年詠まれた詩を書いた紙は、引き出しにあふれているか、あるいは厨房の廊下に、まるで壁紙のように貼り付けられていた。韻を踏んで二行連句になったどの詩も、照れのない滑稽なものばかりで、家庭生活の周辺で形づくられた奇妙な関係の全体像を、生き生きと伝えている。たとえば女中のベティ・ジョーンズには、「ベティ・ジョーンズに、私は大きな恩義がある　私は彼女を炉床で汚し、いく多の苦役を与えている」といった詩が捧げられていた。

アーティグのヨーク家は、外界の介入をほとんど必要としない自給自足の共同体として、地所を考えていた。地所が雇用する者たちに払われる賃金は、家事奉公の平均よりかなり低かったものの、彼らには保護と住居を提供し、そして地所で採れる恵みを分け与えた。アーティグの使用人の多くは、半世紀にわたって奉公し、結婚して地所で家庭をもち、次世代の使用人を育てた。一九一一年、ヨーク家のナースメイドが馬丁と結婚した際、ヨーク家の伝統により、婚姻を祝う詩が詠まれた。「愛着心がここで芽生えるとわれわれは信じる　生涯にわたって持続するであろう　そして愛が惜しみなく　われわれの子どもに示されれ二人がもつ子どもにも注がれる」[27]

アーティグのヨーク家では、雇用主一家と使用人が、昔のままに押し合いへし合いしながら生活していた。一方、裕福な地主の家父長主義は、ときとして妙なほうへ向かうことがあり、地主のなかには、地所で働く者たちのために、凝ったコテージのひな型や村さえも造った者もいた。十九世紀後期のポーランド公爵（彼は屋根つき馬車に乗り、窓から銀貨を放りながら地所を駆け抜けた）の場合は、使用人に遊びの特典を与えるために、地所にスケートリンクを設置した。

紳士階級が貧困層に差し伸べた援助の手は、建前上は、忠誠によって報われていた。病める者たちへの薪や石炭、クリスマスのハムや衣類やスープなど、慣習的な贈り物による名家の恵与は、たいていお喋りを交えて行われていた。しかし、贈り物そのものが、受け取る側の低い身分を思い知らせただけといったことも、たびたび起こったようだ。

新しい制服をつくるために、柄物の木綿一反を贈呈するクリスマスの習慣は、わけても女性使用人の憤りを買った。多くの者の目には、関係における篤志的な性質が、クリスマスの義務としての贈り物を神聖化しているように映っていたが、ウォリック伯爵夫人はそれを、「毛布、スープ、石炭、ウサギ、それ以外のもの全部にも、対価が払われていました……従属と、自我の完全なる放棄によって」[28]と見ていた。こういったやりとりでの感情の乖離は、ときとして痛々しいほど深刻なものであり、富裕層の認識を従属者から隔てる深い溝がそこには存在していた。

一八九〇年代のきわめて寒い冬、ケイト・テイラーの母親は、屋敷のフットマンから茶紙を受け取り、添えられていた手紙を読むと、こう書いてあった。「これで子どもたちも温まるであろう、暖かい季節になったらこれを洗う必要がない、燃やせばよい」[29]。コンスエロ・ヴァンダービルトがブレナム宮殿で暮らしはじめたとき、プディングであろうと、骨であろうと、スープであろうと、食事の食べ残しを全部ひとつの大きなボールに入れている執事の姿が目に入った。気になったコンスエロが、その残飯をどこへもって行くのかと執事に訊ねると、彼は、「貧者のところへ」と答えた。

栄華をきわめるようなカントリーエステートは、そこに関わる人々のあいだの、はっきりと言葉にはしない微妙な相互理解を、維持することによって営まれていた。地所では実際、お互いが生存するためにお互いを頼りあった。小規模な地所ですら、保守管理と修理の専門家を必要とし、驚くほどの数がいる使用人のなかに、塀係、垣根係、豚の世話係、屋根係、クモの巣をはらう係がいた。無数にある得意分野の技能を、地所が最も低い賃金で支え、そして地所が広げた賛助の傘は、そういった使用人たちのところまで届いていた。たとえば、スコットランドの地所で働いていた「レター・ベティ」は、五〇年間、郵便物の分類だけをしていた[30]。第一次世界大戦前のロングリートは、カントリーハウスの典型としての例にもれず、花形紋章つきの三角帽子に銀ボタンのケープという目立つお仕着せ姿のコーチマン二人に加えて、数人の下級コーチマンに馬丁、スティールボーイ（馬具の金属部分を磨く係）、そして「タイガー」の幼い少年まで雇っていたが、ミニチュア版のお仕着せを着たタイガーの役割は、胸で腕を組んでコーチボックスに座り、馬車の飾りになることだった。十九世紀末、ジャック・クラリッジはオックスフォードシャーのヘイソープで、「公認の害獣捕獲係と、アースストッパー〔狩りの前にキツネの穴をふさぐ人〕、クルミの木を叩く係」として働いていた。ラジオグラム〔ラジオ受信機とレコードプレイヤーを組み込んだ家具の一種〕や自動車のダッシュボードに、クルミ材のベニアが使用されるようになって需要が高まる以前のことで、樹液が出るようにクルミの木を叩く仕事を、ジャックは父親から引き継いでいた。[31]

住居、私立救貧院、慈善機関、病院への因習的な寄付は、ゆりかごから墓場までの保証を、地所で雇う者たちに提供することができた。恩寵豊かな夫人像「レディー・バウンティフル」が、名家神話を成立させるには不可欠な要素となり、十九世紀半ばにはそれが頂点に達したが、そうなったのは、当時の上流階級が福音主義的なキリスト教に影響を受けていたせいでもあり、また、暴徒化して政治的になった都市部の労働者階級の問題に対する、ひとつの応答になっていたせいでもあった。なんとなく時代遅れの習わしをもつ理想の村からは、騎士道時代に由来する後援が姿を現し、理想の村の主唱者たちによって多くのことが成された。一九〇一年、『カッセルの家庭マガジン』に掲載された使用人に関する記事では、「アングロサクソンの時代までさかのぼって、作法のおきてが存在した」と、マックレイ夫人は説明している。しかし、ウォリック伯爵夫人が「極度の恩着せがましさ」と評したこの手の他人行儀な賛助は、地所の階級、つまり、土地の世襲財産は神によって定められているという、上流階級にとって都合の好い印象を加味しながら、受ける側を忠誠と謝意の車輪に縛りつけて、身動きできないようにしていたのである。一方では、あらゆる規模の所帯が奉公人を募る広告には、「英国国教会推奨」という、お決まりのただし書きが目立っていた。教会が村の中心であるとするなら、使用人は、教会の一部とならなくてはいけなかった。「いつもたくさんの食べ物を食べました、それに日曜の夜は教会へ行くことになっていました、そしてある日曜日の晩、私は教会へ行きませんでしたが、翌朝D氏が……朝食を食べる前に厨房へやってきて、こうおっしゃったことをよく覚えています。『アニー、昨晩は教会で見かけなかったね』と」。[32]一八五三年の『女中のための常識（*Common Sense of Housemaids*）』には、良き使用人の耳には、教会の鐘の音が「音楽のように響いてくる」としていた。

キリスト教の教えは、家事奉公自体が美徳の主張になるという考えを支持するために、都合のいいものだけが抜き取られていた可能性がある。一八九〇年代の「使用人の問題」に関する記事は、「奉仕されるのではなく奉仕するために生きる彼は、まさに神のようである」と読者に説いていた。『サーヴァンツ・マガジン』にいたっては、ヴィクトリア朝の厨房に貼るための、「あなたの場所を、断じて変えてはなりません、神があなたに、その場所をお示しにならないのなら」というスローガンまで印刷した。また、日曜日の労働を認めない世帯もあったため、規則を破らずに家事ができるよう、慎重に検討する必要があった。たとえば、アクトンのバッド夫人の家でメイド・オブ・オールワークとして働いていたブロンウェン・モリスは、安息日にカーテンを取り換えるのは誤りでないかと思ったが、「バッドお母様が両手を合わせて、『神は、誤ってしてしまった行為に注目するほど、極端に厳しくはありません』とおっしゃいました。それで私は梯子に上り、カーテンを付け替えたというわけです」と話している。*33

日々の祈りは、すべての階級の家庭にとってのハイライトであり、主人の主導のもとで捧げられ、主人がいないときには、執事が主導した。朝の五時に起きて火を起こす十二歳のツウィーニは、初めて仕事に就いた日、祈りのあいだに紙切れを手渡され、それを読むと「疲れた汝らよ私のほうへ来たまえ、私が休息を与えよう」[34]という聖書の訓令が書かれていた。ほとんどの地所で、日曜礼拝は義務であった。上級使用人でさえも、日曜日の朝の礼拝に姿を見せなければならず（昼食の準備をする厨房スタッフは除外され、夕方の礼拝に出ることで許されていた）、信者席には当然、等級の高いほうから順番に座った。サフォーク州の地所で地所管理人と結婚したマージョリー・フィルポットは、雇用主の主張により、教会へ行かなければならなかったが、「夫は文句を言っていました。週日はずっと事務所で働き、そして日曜日も教会となると、自由になる日がまったくなかったからです」と当時を振り返った。[35]若いフットマンのジェームズ・ヒューズは、教会で雇用主が指示した通りの、使用人席に座ることを拒否し、「いえね、僕の体に血が流れているあいだは、使用人席には座りませんよ……ほとんど首になるところでしたが」と話している。[36]
　カトリック教徒の使用人は、雇用主だけでなく、対立する信仰にも忠実であると見られていたため、ことさら疑いの目を向けられた（アスター子爵夫人も、カトリック教徒の雇用を拒んだ大勢のうちのひとりである）。ましてや、別の教会の日曜礼拝へ行きたいという使用人の主張は、英国国教会がそれほどまで不可欠な要素となっていた社会的な賛助の、微妙な均衡を壊すことになった。チャールズ・クーパーの雇用主、ウィングフィールド氏は、英国国教会徒ではない使用人にはただちに改宗することを要求した。
　多くの雇用主は、住み込みの使用人に対して、自分が親代わり《インロコパレンティス》であると考えていた。実際、彼らが雇っている使用人には、まだ思春期にも満たない子どもが多くいた。プラーガ夫人が、使用人の少女二人を休暇旅行に連れて行った理由は、単に、家に彼女たちだけを残すには幼すぎたからである。しかし、親の役割の前提は、外出禁止令を課すことや、「随行者」としてのルールを定め、化粧に関しての決まりをつくることに正当性を与えた。使用人の一挙手一投足から、流行の服装、そして振る舞いにいたるまでの支配を見ると、子ども扱いの度合いがかなり強い。一九一三年、ＧＦＳのある地方支部長は、「自立は多くの危険をはらんでいる」と書いた。レザーヘッドのミセス・デンスは、奉公をしていた一九〇六年、歴史家のパメラ・ホーンに、こういう手紙を出している。「郵便局は家の門のすぐ外にあるのに、私は、手紙を出しにいくのにいちいちことわらなければなりません。買い物があるときも、どこへ何を買いにいくのかを、いちいちことわらなくてはなりません。私たちは廊下で喋ることも、同じ部屋で一緒に仕事をする家僕に声をかけることも、許されていません」。[37]クリーヴデンでは、厳粛な禁酒主義のアスター子爵夫人が、使用人のためにアルコール類抜きの社交クラブを独自に催し、彼らのパブ通いを阻止しようとした。

野蛮で未成熟であると見られている者が属する階級の代表である使用人は、自分自身のための境界を定めなくてはならなかった。当時の主婦に向けたアドバイス集では、優しく扱い、ときには甘やかし、けれど喜んで働いてもらうために、ルールを課す必要のある使用人を、たいてい子どもにたとえて助言した。「子どもを甘やかす以上に使用人を甘やかすことには賛同しかねますが、彼らには機嫌よくいてほしいのです」と書いたパントン夫人は、「全力を尽くして、彼らをあなたの位置まで高めなさい」[38]と読者に説いた。使用人が最も機嫌よくいられるはずの位置は、当然、パントン夫人のいる位置の下のほうにあった。使用人のいる領域は、精神を引き締めるための実用一点ばりで、エドワード朝の子ども部屋と同様、きわめて質素につくられていた。その子ども部屋については、「壁には、ウサギやリスの可愛い絵などは貼られておらず、椅子もなく、テーブルは子どもたちの背の低さに合わせてあった。私たちは固くてびくともしないテーブルの角によくぶつかり、こんな塩梅ではと、大人になってからの人生の厳しさを覚悟したものだった」[39]と、スーザン・ツウィーズミュアは綴っている。

中流階級の家庭で働く使用人の食事もまた、子どもの食事同様、簡素で、健康面をより重視する傾向があった。「クライズデール夫人は栄養価のみを考えていたため、私たちは、ニシンやタラやシチュー、そしてミルクプディング、そんなものばかり食べていた。ところが上の階では、そういった栄養のある食べ物は、一切出されていなかったのだ」[40]と、マーガレット・パウエルは書いた。使用人用のメニューには、ニシン、パン、マーガリンなどの安い食品ばかりが傑出していた。子どもっぽく、誰かに依存していると見られた女中たちの生活は、否応なく、一緒に住んでいる一家に吸収され、使用人の充足の限度や方法は、彼女たちを雇っている者の振る舞いや人柄、そして住んでいる家によって、全面的な制約を受けることが多かった。その関係に、思いやりや親愛の情、親密さすら存在していたことも決して珍しくなかったとはいえ、絶えずつきまとうよそよそしさが、ほとんど言葉を交わさないでいる使用人と主人のあいだに、しばしば気味悪く迫った。女主人は、雇用する者たちの惨めな気持ちを初めて知り、驚くことがよくあった。ヴァネッサ・ベル（その娘、アンジェラ・ガーネットは、ベルの使用人の呼び方は、まるでスピードを出して走る列車のなかから大声で名前を呼ぶときのようだった、と回想している）は、ベル家の暮らしを下敷きに書いていた小説を、半分書き上げていたところで突然辞めてしまったガヴァネスの、その辛辣な態度にひどく衝撃を受け、あとの執筆をなかなか続けることができなかった。[41]

使用人のなかには、雇用主から本を借りて読むことを奨励された者もいた。十九世紀後半に奉公生活に入ったある女性は、一九三一年になって、マーガレット・ルウェリン＝デイヴィスにこう語った。「そこでは、読書は時間の無駄とは見られていませんでしたし、それまで私が読んでいたようなくだらない本ではなく、若くて感じやすい娘向きの本を、私に与えてくださいました」。大きな家は、自慢の「使用人向けの蔵書」[42]（無難で、政治色のない、読書力を向上させるような一般的な本のみが、注意深く置かれていた）を備えていたものの、読書や勉強に勤しむ使用人は、つねに困惑した目で見られるか、反感を買うこととさえしばしばあった。

労働者階級の女性は総じて、怠惰、性的倒錯、そしてときには社会主義へと手招きするペニーペーパー〔大衆向けの安い新聞〕や低俗な恋愛小説に、いとも簡単に魅了されると思われていた。「平凡なハウスキーパーたちはみな、薄汚い中編小説を読む女性的民主主義の、みだらな考えと傲慢に翻弄されている」と、ジョージ・ギッシングの小説『渦（*The Whirlpool*）』に登場するハーヴィー・ロルフは言っている。したがって、下の階で読まれそうなすべての読み物の取り締まりが、雇用主には重要であった。パントン夫人は寛大にも、次のように提案している。「女中には良い本を読ませなさい、そして新聞にも触れさせなさい、けれど厨房に本棚をつくってしまってはいけません……そして彼女たちのもっている印刷物に目を配りなさい、そのほとんどが、有害なものだからです」[43]

一九〇九年、照明技師のボーラス・マシューズは、階下での読書のしすぎを抑止するために、消灯時刻をコントロールする装置さえ勧めた。「使用人の寝室の照明は読書を奨励し、結果的に長時間灯りをつけていることになるため、そこが問題だ……しかしある家では、使用人の寝室の照明をワイヤーでつなぎ、着替え室や、または似たような小部屋に取り付けたスイッチで、すべて制御できるようになっている。よって、それを使用する者が寝るときに、使用人の部屋の照明も消すことが可能である」[44]

使用人専用広間での低俗な文化より、さらに始末が悪かったのが、高尚な文化である。それは雇用主にとって、確実に自然の摂理に逆らっていることであった。使用人にとっての良書が、雇用主にとっても良いような書籍にまで広がってしまうと、彼らは不安になった。トーマス・カーライルは、家の階段を下りたとき、半分だけ磨かれた火格子の横に座ってゲーテの『ヴィルヘルム・マイスターの修業時代』を読みふける、女中のジェーン・アイルランドの姿が目に入った。そんな文学の趣味をもつ「このかわいそうな娘」に対し、彼は「妙ないじらしささえ」感じた。ほとんど教養の域に達しているほかの趣味もまた、たいていやめるよう仕向けられた。グレース・フルフォードは、新しく雇った女中たちが、寝室で音楽を練習しているところを目撃したときのことを、こう語っている。「バイオリンの旋律が階下から響いてきました。『いったいどこから聞こえてきているの?』と母が言いました――午後のお茶を待っているところだったんです。階段を上がると、女中のひとりがいました――寝室に譜面台を立てて、それを見ながら音楽を奏で、もうひとりの女中はオットマン〔足台〕のクッションの上に足をのせて、くつろいで椅子に座っているじゃありませんか。彼女たちといったら、入ってきたときよりも速く、あわてて出て行きました」[45]。オットマンのクッションの上に足をのせてという退廃的な下りが暗示する、何という秩序の乱れだろうか。

『理想の家庭』の著者、マイルズ夫人は、なおざりな態度で火格子に黒磨きをかける女中を見かけて、気高いはずのその単純労働を、なぜ彼女が楽しんでいないように見えるのか不思議に思い、女中に訊ねた。すると彼女から、その仕事が大嫌いなだけでなく、本当はマイルズ夫人のように本を書きたいと思っていて、早く仕事を終えて、部屋に戻って執筆を続けたくて仕方がないのだという言葉が返ってきた。「それで私は、作家になれるような学もないその娘が、失敗に終わることになる人生を考える代わりに、自分がしなくてはならない仕事を上手にこなして、ほかの者より秀でるように努力をすれば、人生がもっと幸福で、もっと楽なものになることを、理解させようとしました」と、マイルズ夫人は書いている。

一家の子どもと使用人は、ごく自然にふざけ合うほど、親密な雰囲気のなかに置かれていたため、のちの人生で、その関係をまったく別のものにすることは簡単ではなかった。流行のスポーツに興じる上流階級のイギリス人紳士が、「ハンティン」、「シューティン」、「フィッシン」のように「g」を落とす発音をしていれば、地所の使用人のいる厩舎に入りびたっていた日々を、容易に察することができた。ウィロビー・デ・ブローク卿も、父親の猟場番人と絶えず一緒に過ごしていた。「初めて私が殺したキツネを見たとき、彼がいた。初めて私がキジを殺したときも、アヒルのときも、野ウサギのときも、ウサギのときも、カラスのときも、そして初めての釣りも、そばにいたのは彼だった。ネズミの捕り方を教えてくれたのも、鳥の巣探しに付き添ってくれたのも、すべて彼だった……私が彼を慕うようになったのも当然である」[47]

ヴァイオレット・ブランドン夫人は幼年時代、上流階級の典型例にもれず、姉妹とともに子ども部屋のある屋敷の翼棟で、最も若い下級フットマンに給仕されながら、ナースやガヴァネスと一緒に食事をした。「それで私はその下級フットマンを知っておりまして、友だちになっていましたし、私は彼と話をしたり走り回ったりできるとわかっていたんです。彼は私と一緒に遊んでくれたり、私の足が痛かったときは二階まで運んだり、そんなことをしてくれました」[48]と話している。また、ピルグリム・ホールのフットマンのひとりは、「からかい上手」[49]で名を残した。

　子どもが大人へと成長し、ついには下の階でも大人として接するようになると、おのずと使用人との関係も以前のままではなくなった。かつては親密な間柄であった場所でのバランスは逆転し、使用人は、親切でもよそよそしさのある情愛を受ける側になったのである。一方、子どもたちが最初に、そして唯一出会う自分よりも低い階級の出身者は、多くの場合、使用人であった。ヴィオラ・バンクスは、ドーセット州のキングストンレーシーで過ごしたエドワード朝の幼年期を、こう振り返った。「私はよくベッシーに、波のようにうねった彼女の爪について訊ねた。『ねえベッシー、どうしてこんな爪をしているの?』。するとベッシーは、『お嬢様。あたしにはまるっきりわかりません』と答えたものだ。ビタミンやたんぱく質、摂取熱量について、誰ひとりとして考えた者はいなかった」[50]

　使用人たちが世話をしている子どもが大人になると、かつての友人で味方でもあった彼らは、「個性的な人物」となって思い起こされた。ナニーたちが書いた回想録によって広まった独特の話のなかには、たとえば、ナニーたちはヒマシ油とキャベツの匂いがする、といったものがある。「忠実なナン〔乳母〕」であったリジー・クローチャーを回想するフランシス・パートリッジのように、ナニーたちは、「髪をカールさせたいのなら、ドアの向こうで揚げパンを食べなくてはなりません」などのように、「古代北欧風の神秘的な言い習わし」をしばしば口にした。パートリッジの子ども時代の最愛の人であったリジーは、大人になった彼女の記憶のなかでは、滑稽で子どもっぽい人物に変貌し、ネルのペチコートと「黒玉と造花で縁を飾った、ノームがかぶっているような尖ったボンネット」[51]を身に着け、「安心させてくれる、慈愛に満ちた可愛い人」になっていた。

女性の使用人は、三文小説に描かれたイメージのせいで、たいていとげとげしい気質の持ち主とされたが、当時の彼女たちの痛快な会話は、回想のなかでは、面白いほど古風な趣を帯びることがあった。スーザン・ツウィーズミュアは、彼女の子ども時代の、純潔を貫いた二人の初老の女中をこんなふうに記憶している。「一羽の陰気なカラスのごとく、お喋りは決まって、気分を憂鬱《ゆううつ》にさせる話と物事の暗い裏側の話ばかりだった。ブラッキーがソーイに物語を話しているあいだ、私は気づかれないように座って、ゾクゾクしながらそば耳を立てていた。ついにその物語が終幕を迎え、彼女はこう締めくくった。『そうして彼が彼女に向かってオレンジを投げつけて、それから彼女のここんとこ（自分の豊満な胸に触れながら）をなぐったそうな、すると彼女は、一瞬にして、あの世へ行っちまったとさ』。その物語は何年ものあいだ、私の脳裏から離れなかった」[52]

それでも、ヴィクトリア朝、そしてエドワード朝の子ども部屋での思い出は、世話をした子どもたちと別れる物悲しさを伴って、いく度となく、使用人の心を引き裂いている。たいてい隔離された場所でつながりが強くなるこの仕事は、宗教的な使命に類似するようになり、献身の対象から見捨てられた彼女たちは、その喪失感のせいで悲嘆に暮れた（一九三五年の調査によると、ノーランド・ナニーのうち既婚者は四分の一にすぎなかった）。上流階級の子どもたちは、広い世界へと船出し、主のいない子ども部屋に置き去りにされた使用人は、生涯その家に留まることが多かった。そして彼女たちは、昔、世話をした子どもの人生とその新しい家族に関心を寄せ、愛情を注ぐ喜びを新たに見出していた。結婚（もしくは寄宿学校で働くか）以外に将来性がほとんどなく、選択肢のない女性のキャリアサーヴァントには、忠実な家臣の役割が手招きをした。責任をゆだねられた子どもが成長するにつれて、使用人と子どもを区別するきっかけが増え、両者の隔たりはさらに大きく、さらに顕著になった。

グラッドストン家のドイツ人のレディーズメイド、気の毒なアウグステ・シュルウターは、三八歳になったメアリー・グラッドストンが、彼女より十歳も若い副牧師のハリー・ドリュー尊師と結婚することになり、ひどく悲しんだ。「お嬢様は一日中、それを私に信じさせようとしました。そして寒気のような不安が私に忍び寄り、私の気持ちは拒絶していたものの……ドリュー氏をお見かけしたとき、自分の身を敵に投げ出す雌虎になりたい気持ちでした」と、アウグステは回想録に書いている。アウグステは、メアリーのいいなづけに「私はあなた様を、お嬢様を愛するのと同じだけ愛せるようにならねばと思っております」と、哀れみを誘うような手紙を書いた。それからまた、「あれほどお優しく、思いやりのあるお手紙は、あの方のお返事をおいてほかにはなかったでしょう」とも書いている。しかしメアリーの結婚式では、招待客のアルフレッド・リトルトン夫人が、「側廊でひどく取り乱しているかわいそうなシュルウターを見つけて、精いっぱい慰めました」と話している。アウグステはその後、ハンブルクの実家へ戻ったものの、彼女の言葉で言うなら「陸に上がった魚」[53]の状態で環境に馴染めず、苦労したようである。

奉公に入りたがらない娘の問題の解決策として、当然のことながら、主人側には礼儀正しさと思いやりを心がけるよう忠告されたが、使用人に対する敬意は、その立場上、本質的に限界があった。グレース・フルフォード（彼女の母親が、バイオリンを弾く使用人を解雇した）は、こう話している。「『礼儀正しさにお金はかからないし、それが多くの機会へ道を開く』と言った父は正しかったのです。若い人ならときどきするみたいに、あたかも使用人が無価値であるように話しかけているのを父に聞かれたら、私たちはすかさず叱責されました。ちゃんと敬意をもって接しなければいけないと」[54]

労働者階級と上流階級にはさまれた中流階級は、使用人の扱いが最悪で、無礼者だという評判が定着していた。第一次世界大戦の勃発時に、ソールズベリー侯爵の妹、ネリー・セシルは、「炊婦を失うことは、中流階級にとって良いこと」と書いているが、その理由は、「彼らは炊婦を置くと、犬のような扱いをする」[55]からだった。中流階級の気取りとして高慢に見られたものは、むしろ上流階級からは、中流階級の愛用する缶詰やガス照明が本物ではなく、家柄においても育ちにおいても本来権利がないものに対して、自信のあるふりをしているだけと見られていたのかもしれない。「気取ったようす」は、それほど軽蔑されていたのである。一九三〇年代、炊婦のマーガレット・フロックハートは、自分の雇用者について、「あの人たちは、貴族社会の最重要物だと思われるように行動した」[56]という見方をしていた。

これほど愚弄《ぐろう》された中流階級同様に、見苦しい振る舞いをした貴族階級の雇用主が多くいたことも、また事実である。ところが、彼らの礼儀正しい振る舞いや思いやりは「真実」の紳士階級に帰し、彼らは、偽造ではない「神聖なる信頼」の血統による正式なメンバーであるといった、感傷的なとらえ方をする傾向が、使用人にはあった。第一次世界大戦が始まる直前に、サービスフラットで執事として働いていたアルバート・トーマスは、彼が「ミセス・ラヴリー」と呼ぶ「保守派の令嬢」で、法廷弁護士の妻である女性に情愛を深め、こう書いている。「彼女はまったく面倒な方ではなかった。旦那様も完璧な紳士で、私たちは夜になるとたびたびフラットに招かれ、隣のフラットの女中を大いにうんざりさせた」[57]。一九一三年、オックスフォードの社会福祉士、ヴァイオレット（C・V）・バトラーが、使用人として働く若い娘に関する調査をした際、「真実」の紳士階級の話題が繰り返されていることを知った。調査に協力したひとりは、「育ちの良い、真に身分の高い人は、雇っている者たちを生身の人間として扱い、成金の中流階級は畜生な態度を、欠点として訴える声が多く、女中たちがもっている『自分たちと変わらない』人々のところで働くべきではないという意見に、それが結びついている」ことがわかった。家柄はさほど良くなくとも使用人に親切な雇用主が、もし紳士階級でなかった場合には、貴族的気質が備わっていると、彼女たちは評した。

一方、新しいタイプの使用人が出現していた。使用人で唯一の新しい類型は、二〇世紀初期に姿を現し、新時代の到来を告げるかのごとく、堅苦しさを感じさせない、爽やかな雰囲気を伴って登場した。自家用車の所有台数が急増すると、民間の雇用においても昔ながらのコーチマンから仕事を引き継いだのが、ショーファだった。とはいえ、新しい自動車の所有者となった人々の多くが、四頭立て馬車の象徴をすっかり捨ててしまうことには、いささか抵抗があったようだ。若いフットマンのチャールズ・ディーンは、まるで「ボックスワーク」（かつてコーチマンの隣に座った幼い少年の役割）のごとく、完全装備のお仕着せを身に着けて、ショーファ（つりあうようなお仕着せを着ていた）の隣に座った。一九一一年の国勢調査では、ショーファとコーチマンはほぼ等しい人数の男たちが従事していたが、一九二一年には、コーチマンはほとんど職を失い、私宅で雇われたショーファの数は、逆に五二〇〇人に増えていた。因習的な奉公の出身者ではなく、たいがい整備や技術の職歴をもつショーファは、さながら自動車によるエネルギー民主化時代以前に書かれた使用人規則集を携える騎士である、という評判を獲得した。

ショーファは、車室のあるサルーン型自動車が出現するまで、後部座席の私的な会話も耳にすることができた。その後、運転する者と彼が送り届けるべき人々のあいだにガラス製の仕切りのある自動車が設計され、後部座席とは伝声管のスイッチを入れた状態で話すようになった。しかし、こういった改修が長年にわたって進むうちに、省くべきではなかったはずの格式ばった作法は、密室と化した場所で維持することが難しくなっていた。「密告者のために造られたの、あなた、密告者よ」と、第一次世界大戦前の自動車に慣れようと努力していたラヴレイス伯爵夫人は、そう不満をもらしている。[59] 一九〇九年、ショーファ手引書の匿名の著者「四インチドライバー」は、こう警告した。「ショーファが解雇されるときの原因は、車の管理の軽視や乱暴な運転などよりも、無礼な態度によることが多く、故意ではなかったにせよ、そのせいでたいてい失職している」。そして、雇用主を乗せて長時間運転しなければならないショーファに、こんなことを注意している。「素っ気なさや機嫌の悪さが、ショーファの資格条件であるはずがない。そういった性格は自動車のオーナー側に表れているやもしれず、もしそうであるなら、ショーファはオーナーを思いやるべきである。オーナーが自分自身の悩みを抱えていることは疑う余地がなく、嵐が巻き起こっているときは、ショーファは可能な限り、自分が目立たないように振る舞うべきである」[60]

ひさしのついた帽子、ガントレット〔手袋〕、ゴーグル、ゲートル、真鍮《しんちゅう》のボタンがついたスーツをひとそろえとするお仕着せと、男性的な凛々しさと相まった、気ままな雰囲気と気安い態度が、ショーファの評判を押し上げた。始終、雇用主とともに広範囲に旅行し、外国人の旅行者をほうぼう連れてまわる稼ぎのいい仕事をするうちに、外国語まで身につけるショーファさえいた。ショーファのイメージには、ほかの従僕とは対照的に、奴隷根性の卑屈さを感じさせない生意気さと、色気を伴う華やかさがあった。ローレンス家のショーファは、休暇先のフランスから、「わが愛をあなたに捧ぐ」[61]というわくわくするような葉書を、思春期の少女だったレスリー・ローレンスに出した。マーガレット・パウエルは二〇代のころに働いていた屋敷の厨房で、訪問客のショーファが一杯の紅茶に快く応じたときの騒ぎを、彼女は「めんどり小屋の胸躍らせる羽ばたき」と表現している。

ある日、ショーファの制服を着た美男子が地下の階段を下りながら、炊婦に向かって、「昼食をここで取るように言われたんですが」と話しかけた。「僕の親分は医者なので、昼食は上で取るんです。患者をそこで診ているのでね」。炊婦は彼に、ありったけのご馳走を出し、彼が食べているところをじっと見つめ、そして私はというと、彼からほとんど目を離すことができなかった。それにしても、痩せた男が食べているとき、とりわけこの男のような二枚目の場合、哀れみを誘っている気がしてならないのはなぜだろう。しばらくすると女主人が厨房に下りてきて、「この方はどなたの従者ですの?」と訊き、その若い男に目をやった。太っちょの老いた炊婦か、あるいはこの私が、かかる人物をそそのかして、私たちの縄張りまで呼びこんだとでも、彼女は思ったのだろうか。それからある事実が明らかになり、ショーファの誤りは許された。彼は階段を間違って下りてきていたのだ。彼の親分は隣の家で昼食を食べていた。食事を済ませた彼が、階段を上がって隣の家の階段を下りるまで、私たちはずっと見つめていた。隣の家の女中の話によると、彼はそこでも昼食を食べたそうである。[62]

一九一三年、ヴァイオレット・バトラーは、ある事実を知って驚いた。たいていの使用人のなかでも、とくに長時間骨の折れる仕事をするメイド・オブ・オールワークは、同輩から嘲りの的になっていたにもかかわらず、「使用人以外の労働者階級を襲っていた社会不安に対し、免疫がなかった」のである。バトラーは、雇用主と使用人に送ったアンケートに何百という返事を受け取っていたが、それには、新世紀を迎えて以来、さらに大きくなっていた両者の隔たりが露呈していた。店や工場で働く娘の目には、使用人として働く同年代の娘が、時代遅れで不自然な依存状況のなかで働いているように映っていた。バトラーのアンケートへの解答からは、架橋しがたい分水嶺の両側でお互いをにらむ、孤独なメイド・オブ・オールワークと中流階級の不満そうな女主人の、両者の言い分を聞くことができる。

使用人たちは、週のうち午後の半日しか家を離れることができず、しかも門限時間が厳しく定められていたため、囚われているように感じていた。また、仕事の性質上、職務から決して逃れることができないような気分にさせられていた。ステータスを意識する女主人が愛してやまない制服のキャップは、わけても腹立たしく、「奴隷状態の象徴」として見ていた。一家の赤ん坊を「マスター」か「ミス」と呼ばなければならないことにも、彼女たちは異議を唱えた。使用人には文化の良さがわからないという前提については、普遍的な悔しさを味わっていた。ロンドンのジェネラルメイドがこう書いている。「女中にもいい演奏会や図書館を楽しむ能力があることに女主人が気づき、趣味を発展させる時間をちょっと与えてくれさえすれば、物事は、ずっと満足できる方向に進むのではないかと思います」

バトラーは、年金なしの退職に直面する五〇から六〇歳の未婚の一般雑役女中と、家のなかで寸時たりとも中年の使用人の監視から逃れられずにいる年端もいかないビトウィーンメイドの、両者の凄まじい孤立を知った。しかし、何より女中たちにこたえたのは、使用人を雇う階級のみならず、街頭でも「スキヴィー」と自分たちが嘲りを受ける屈辱的な状況で直面した、カースト的社会における威信の喪失であった。「いつでも、軽蔑的な態度で軽んじられた応対をされる」女中は、四方八方で恥ずかしいものとして見られていることに気づいたのである。ある炊婦は、よく海辺のホテルで休暇を過ごしたが、そこには「ビジネスガール」も大勢いたため、自分が何を生業としているかは、決して明かせないと感じていた。彼女は、「ひとたび使用人だとわかれば、ほかのすべての労働者に、かなり劣った人種であるかのような扱いを受けます。まるで、最も低いところにいる者のように」とバトラーに告白した。[63]

エドワード王朝時代が幕を閉じるころ、長きにわたって貴族が握っていた政治と文化の主導権は、最終的な転落を始めていた。その庇護下で暮らしていた人々には、それが終わりを迎えるなど、ありえないことのように見えていた。「今世紀の春の、いつも通りの春らしい朝に、わが君がお帽子にアイロンをかけるためにおみえになるたび、そういった暮らしは永遠に続くものと、私は堅く信じていました」と、帽子屋のフレッド・ウィリスは振り返っている。[64] 一九一一年に、「神聖なる信頼」を支持するためにデモ行進した二万人の使用人の多くが、やがて、国の軍需品工場、あるいはバスの車掌や運転手となって働くようになのである。一九一四年には、かつてあれほど確実に見えていたもののすべてが流動的になり、政治的な力をつけた労働者階級の脅威のみならず、女性たちもまた、変化を求める手強い勢力へと結集した。歴史家にしてリベラルな政治家のジョージ・デインジャーフィールドは、婦人参政権運動のなかに、悶々とする女性の化身を見て、「無為に過ごすことを余儀なくされた何十万人もの未婚女性の、ぼんやりとした欲求の表れ。彼女のなかの最も奥にまで侵攻した──ことわりもなく、否応なしに──空疎な人生の雰囲気に、彼女は落ち着くことができず、苛立っていた」[65]と書いている。教育により、ほかの女たちの自由が拡大していく一方で、家事奉公人にできる選択は、過去一世紀のあいだに、じつは狭くなっていた。「五〇年前、使用人として働く若い娘は、雇用主の娘よりもはるかに自由でしたが、今ではその逆です」と、ヴァイオレット・バトラーは告げられた。

極度に緊張した雰囲気のなか、一九一四年の参戦の声明は、敵対しあうふたつの陣営に、短期間のまとまりをもたらした。ヘレフォードシャーでフットマンをしていたアーネスト・スクワイアは、ためらいもなく入隊した。彼はレクサムの徴兵事務所へ行き、「何千人もの、あらゆる種類の男たち──炭鉱から作業着でまっすぐやってきた炭鉱労働者たち、上等なスーツを着た会社勤めの男たち、半端な制服を着た数人の男たちに、モーニングを着てトップハットをかぶった男たち」が、集まっている光景を見た。[66] アーティグで執事をしていたことのあるフランク・ラヴェットは、戦闘が始まった数か月のうちに入隊した。「私から便りが届いて、さぞ驚かれたことでしょう。昔から仕えた使用人のひとりとして、私がどこにいるか、お知らせしようと思いました」と、元雇用主のフィリップ・ヨークに向けて、彼は手紙を書いた。「ご存知の通り、私はカーキの服に身を包み、国王とお国のために、お役に立とうとしております……おそろしい戦争ではありませんか、しかし、神のお導きで無事に帰れることを信じ、私は陽気にまいります」[67]

＊一九一一年、ブロンウェン・モリスがキッチンメイドになるためにウェールズの田舎を離れた際、両親が彼女に聖書を贈っている。それには、「カーナーヴォンからロンドンに発つブロンウェン・モリスに。主人と女主人に従順な良い娘となることを祈って、そしてまた父と母の願いとして、この聖書が、彼女の人生を導き、道を照らす灯りとなりますように」とウェールズ語で書かれていた。

第三部　アンビバレンスの時代

「幼い少女たちが、ミルクをやって、世話をして、遊びなさいと、冷たい磁器でできた人形をもらった瞬間からが、彼女たちの運命と究極の結末なのだ。家と家族の限られた創造力の外には、ほかに何もない。自分が、水のなかで漂う藻になったような気がする。どきどきと速く打つ私の心臓の鼓動と、逃げ出したいという欲求に向かって、母の燃えるような目が、私の目をとらえていた。『おまえの人生が私の人生みたいにはならないと、思わないで』と」

―メイド·オブ·オールワーク、ジョイス·ストーリー『ジョイスの闘争（*Joyce's War*）』

「ポーターは『この子も、あんたと同じスキヴィーになりにきたのかい？』と彼女に訊いた。私同様、彼女が女優になりたがっている事実など知る由もなく、じろじろと品定めをするその男に、彼女はひどく傷つけられていた」

―ハウスパーラーメイド、ウィニフレッド·フォリー『森のなかの子ども（*A Child in the Forest*）』

「厳格な人物。冷酷さのない断固とした態度。物理学、心霊術、海外伝道についての会話も歓迎」

―アーンツ人材紹介所、ケイト·ハーバート＝ハンティング『ユニヴァーサル·アーンツ（*Universal Aunts*）』

第十一章　かごの外

一九一四年の宣戦布告から間もなくして、ハナ・クラークは、父親が庭師頭をしているヘイ・オン・ワイ近郊のクラロ・コートで、庭師の仕事に就いた。彼女は当時をこう思い出している。「そのころには、病気の母の具合がかなり悪かったので、私は家を出られませんでしたし、あまり家を空けられませんでした。それで戦力には加われなくて、免除されていました。今思えば、最初は五人いた庭師も、出征でだんだん抜けていったので、父と、年配の男の人と、私だけになってました」[1]

大所帯では戦争が勃発してからも、失業の増加を理由に家僕たちを引き留めながら、可能な限り彼らに頼ろうとした。その時期に交わされた会話を、ピール夫人はこう記している。「同朋のひとりが、使用人を解雇しないよう私たちに懇願した。接待をしなくなり、大勢の使用人は必要なくなるので、かなり困窮する人が出かねなかった。彼女は、失業者が増えて国中がひどい痛みをこうむることをおそれた」。開戦後の一か月は、戦地勤務を志望する男たちの列ができていた。[2] 一九一六年に、十八歳から四一歳の未婚の男たちに対し徴兵令が出されると、使用人を首にしないという特権階級の義務は、いかにも馬鹿げて見えたが、彼らにとっては、どうやって使用人を探すかが問題だった。『タイムズ』紙は、「現在起こっている状況が続くのであれば、この先、家事奉公人は、ドイツで食べる朝食にベーコンが出るのと同じくらい、珍しいものになるであろう」[3]と書いた。

タップローのレクトリーファーム・ハウスでもご多分にもれず、使用人の確保が難しいことにアリス・オズボーンは気づいた。ボールドウィン家は、戦前から使用人を探すこと（そして引き留めておくこと）の難しさに慣れていたとはいえ、戦争中となると不可能に等しかった。あいにく一九一四年のアリスの日記は現存しないものの、一九一五年の日記によれば、彼女は、ハウスキーパー兼、炊婦兼、掃除婦になっていた。家事労働者不足を反映し、戦時中の家事奉公人の賃金はインフレ傾向にあったが、一九一八年のアリスの稼ぎは、十九世紀末のナーサリーガヴァネスの賃金に相当し、年収わずか二五ポンドに留まっていた。一方、ボールドウィン氏がアリスの貯金を使って投資を続け、戦争終結の年には、彼女が受け取った戦時公債の利息は六六ポンドもあり、バーミンガムの二か所の抵当からは五八ポンドの利息を得ていた。しかし、仕事の内容から判断すれば、当時の彼女は、その乏しい賃金を大幅に上回る価値があった。ダフネやボールドウィン氏はさておき、ボールドウィン夫人は、頭痛、肝疾患、そして風邪などでほとんどいつも寝込んでいたようである。もはやアリスの仕事は、単なる家の運営だけに留まらなかった。彼女は一家の面倒をみながら彼らの個人的な問題も管理し、おまけにローディーンの寄宿学校から家に戻っていることの多いダフネに、つねに気を配っていなければならなかった。

一九一六年、ボールドウィン家の庭師兼ショーファのタルボットが徴兵されると、庭の手入れをする者を探す苦労について、アリスはたびたび日記で触れている。ダフネは、体調不良を繰り返しながらも調子の良いときは庭仕事に興味を示すようになり、戦争が長引いていた状況下では、役立っていたようである。アリスの日記には食料不足に関する言及がない。週ごとの備蓄用食料の注文を見ると、一家はびっくりするほど大量のクリームクラッカーを消費している。アリスの日報は引き続き天気が記載されており、「荒れ模様」、「快晴」、「雨天」などと変化に富んでいる。加えて、戦時中の日記の内容は、徐々に個人的なことに触れた記載が多くなってきている。一九一五年以降は、たとえば、ボールドウィン家の末息子で入隊していたハロルドが、ダーダネルス海峡へ移動する途中で病気になったことなど、一家の話が定期的に記録されるようになった。ハロルドは回復のために家に帰されたあと、軍隊に戻り、エジプトの駐屯地に配置されている。アリスの日記には、レクトリーファーム・ハウスでハロルドから届く知らせを延々と待ちわびながら、「ハロルドから連絡なし」か、もしくは感謝すべきことに、「ケンザイ」という一語に倹約した電報が届いたことなど、心配の絶えない日々が記録されている。一九一五年五月二三日、タップロー・コートのデズバラ家の息子で、詩人のジュリアン・グレンフェルが戦死した。アリスは、その五日後の午後三時半に、ジュリアンの埋葬を知らせる教会の鐘が、タップローに鳴り響いたことも記した。それから三か月もたたない八月五日には、今度はジュリアンの弟、ビリー・グレンフェルも戦死した。

一九一五年の十一月、アリスは、海洋少年団に入ったばかりの田舎の青年から、十二歳のダフネに届いた手紙を、そっくり写したのち彼女に送っている。その若者、ガイ・アードリー・ウィルモットの手紙は、「僕に腹を立ててはいけません、そうでなければ僕は姿を消し、孤独な人生のせいで死ぬでしょう」と書かれており、「ただただ、山のように大きな愛を」という言葉で締めくくられていた。アリスはその手紙の写しをていねいに折りたたみ、日記の裏表紙のあいだにはさんだ。[4]

開戦から一年たち、何千人もの女たちが、農場や軍需物資、工場、兵舎の食堂運営に、またはバスの運転手や車掌、看護婦として駆り集められた。地所で働く男やフットマンのような男の使用人は、入隊しているか屋敷を占領する軍のために働いているかで、その数は著しく減少していた。大きな屋敷はどこも、翼棟になった部分の閉鎖を余儀なくされ、あるいは苦肉の策として、伝統的な男の役割を女性使用人に務めさせざるをえなかった。背の高い女性にフットマンの役をさせていたケースが多く見られ、彼女たちは、いかにも活発な語感をもつ「フットガール」として知られた。その制服は、フットマンのお仕着せに可能な限り似せてつくられ、朝はピンク色のドレス、午後はボタンつきか縞模様のワイン色のドレスに着替え、夜になると黒のドレスを着て、銀のバックルつきの黒い靴をはいた。いうまでもなく、それを不満に思ったエリック・ホーンはこう書いている。「紳士階級は、乱脈をきわめる戦争の産物の、女執事をあまり好まない。女執事に仕えられている若い紳士の姿を、または夫人が男のレディーズメイドに仕えられる姿を、思い浮かべてみたまえ」[5]

第一次世界大戦中、女運転手のショーフューズが出現し、危ういほど自由で遠慮がないとされていた関係に、さらなる戦慄を加えた。一九一七年、『パンチ』誌の記事は、ショーフューズが誘惑するかもしれない自動車が、富豪の跡取りにとって危険な密室になることを示唆した。「ショーフューズが国民の長男の人生を脅かしているとき、彼女は不滅のコーラスガールの道から外れようとしている、そして出征する男をひとり解放するときは、ずっとそれ以上の男を、捕まえようとしているのだ」[6]

かつて、何千軒もの小さな家の厨房で働き、そこで寝ていたメイド・オブ・オールワークの「ジェネラル」は、戦時中には多すぎるほどの選択肢があったため、その職業はほぼ消滅していた。まだジェネラルが確保できていたところでは、戦前の小規模所帯で問題をはらんでいた関係が、いつ限界に達してもおかしくない状況にあった。一九一七年に「全国戦争貯金委員会婦人部」が、ロンドンのある劇場で家事奉公人の集会を開いた際、参加した女中たちは怒りをさらけ出し、わけても、食料を出し惜しむ女主人の吝嗇ぶりに不満を爆発させた。「一般論として、雇用主と雇われた者が食料を同じよう分けあう家では、配給の困難はなくなった。しかし、女主人が女中にはマーガリンを与え、なんとか調達できたバターを自分の家族だけで遠慮なく食べようとした場合、両者の関係はぎくしゃくしやすいようである」[7]とピール夫人は書いた。

長年におよぶ戦争により、一般家庭の食料貯蔵庫では、まずマーガリンを確保しておくという状態が日常的になっていた。一九一八年には週に三トン半あまりのマーガリンが生産されるようになっていたが、それは戦前の消費量の八倍に相当した。基本的な食材が不足し、さらなる家計予算の引き締めが行われた。一九一八年までは強制的な配給制度はまだ導入されていなかったものの、ある牧師の妻は、ピール夫人にこういった手紙を出した。「ココアバターで口当たりのいいケーキを、そしてグルコースでジャムを作ろうとして、なんとか努力しています。けれど、〈代用品〉ばかり強いられ、勝ち目もないのに長引くこの戦争に、私はほとほと疲れました」[8]

ジョージ五世の総料理長、ガブリエル・チュミは、戦前の多くのレシピではあたりまえに使用していたバターや卵などの、基本的な食材の少ない割当量に苦労しながら、「優れたシェフは、幻想によって多くの料理をつくることができる」[9]と書いた。ものが欠乏している状況にもかかわらず、王室は、ジョージ五世によって固定化されたルーティーンを円滑にこなすために、大勢の使用人を維持していた。一九一八年、バッキンガム宮殿を訪れたイーシャー卿は、王室の暮らしに「リップ・ヴァン・ウィンクル」〔「時代遅れの人」の意味。語源は一九世紀のアメリカの作家アーヴィングの小説『リップ・ヴァン・ウィンクル』の主人公の名前。浦島太郎に似た物語。〕の姿を重ねた。世界が動きを止めない限り、バッキンガム宮殿でのルーティーンは、何ひとつ変わることなく続けられていくように見えた。意味のないもので構成された王室の暮らしは、それでも忙しそうに見え、取るに足りない用件で、絶え間なく電話連絡が入っていた。[10]

第一次世界大戦中の家事奉公人の数は、予想されたほどの劇的な減少ではなかったものの、一九一四年には一六〇〇万人いた家事奉公人が、一九一八年には四〇万人減って、一二〇〇万人になった。[11]しかしながら、一九一七年のバスの車掌の総人数（約二五〇〇人）の半分以上を、元家事奉公人が占めていた。グレトナ国立コーダイト〔ひも状無煙火薬〕工場では、新たに採用した女性が工員全体の八〇パーセントを占め、そのうちの二〇パーセントが、家事奉公からの転職者だった。一九一五年、『タイムズ』紙は、奉公に戻ることを承諾しない若い娘たちに対して、悲観的な記事を掲載し、「戦争下の状況が、数多くの新たな仕事へと女性たちの道を切り拓き、自由な夜の外出や世間との盛んな親交、そして悪くない賃金を提供している。その主要な就職先は、おそらく軍需関係である。しかし、女性は今や、ショーフューズ、路面電車の車掌、メッセンジャー、ドアキーパー〔門番〕、ページ、クラブやレストランの給仕など、通常なら男性に限定した数多くの職場にも進出している」と論評した。すべての階級のあらゆるタイプの女性に、十年前なら想像もできなかったような就職の機会が、戦争によってもたらされていた。[12] 一九一六年、婦人参政権運動の雑誌『コモンコーズ』が、戦争関連の作業に女性を新規採用する検査部門について、こう説明した。

> 検査部門で働いているのは、手に技術をもつ労働者の階級と、家事奉公に出る階級の女性ばかりで、既婚者の女性も大勢います。彼女たちのなかから、私が個人的に知っている女性たちの元の職業を紹介すると、たとえば、看護婦が三人、百貨店のデベナムとフリーボディで経験を積んだ洋裁師二人、高級帽子店のショールーム担当者に炊婦二人、レディーズメイド――みな良好な状況です。キャヴェンディッシュスクエアの私邸で働いていたパーラーメイドがひとり、母親と寄宿学校を運営していたものの、兵器庫のほうが稼ぎがいいことがわかったという姉妹、ウェイトレス、十五年同じところで働いていたロンドリーメイドと、子どものいない既婚女性が二、三人。それから、学齢期の子どものいる既婚女性も数人います。[13]

リリー・トルフェットは、電気掃除機が吸いこんだ埃を量る（カップ一杯半分あれば好ましい仕事ぶりとされた）女性のもとで、週給五シリングで女中をしていたが、軍需工場に転職した。何年もたったのち、彼女はそのときのことを、「かごから出されたようだった」[14]と振り返っている。

使用人が不足していたせいで多くの者が家をたたみ、ホテル住まいをするか、まかないつきの住居に移るか、あるいは家族が使用する部屋の数を減らして暮らすようになっていた。戦時であっても、職業構成上、家事手伝いが不可欠な要素であると主張した者もいたが、説得力はなかった。『タイムズ』紙の投書欄には、使用人のいない主婦の重荷を、どうすれば軽減できるかという提案が殺到した。一九一五年、『タイムズ』紙の記者は、戦時の困窮によって仕事が減ったと不満をもらす洋裁師たちが、ひょっとしたら「古い偏見に許容を示して」、家事奉公に就くことを検討するのではないかと考えた。[15]またある者は、奉公に留まっている使用人たちにも愛国者として、二五パーセントの減給を承諾して戦争に協力するよう、働きかけることができるのではないかと考えた。さらには、「良家の淑女」でも家事奉公に入るように、説得できるかもしれないと思った者もいたが、「彼女たちは法外な額の報酬を期待し……社会的地位の高さにこだわりすぎる可能性がある」[16]ため、結局考え直した。

そういった状況下では、レクトリーファーム・ハウスのボールドウィン家もご多分にもれず、アリス・オズボーンの手となる者を見つけることは、不可能に近かった。それに対するアリスの所感は、「忙しくてきりきり舞い」のみであるが、戦時下の彼女の日記には、使用人志望者からの手紙や、定期的に置き換えられた募集広告がはさまれていた。一九一五年、ついにやってきたパーラーメイドは大歓迎されたものの、皮肉にもジェーン・パーフェクトという名前のその女中は、たったひと月で辞めている。その年、ボールドウィン夫人から炊婦兼ジェネラルとして採用の申し出があったターナーという女性は、アリスに手紙を書き、「たった二人の使用人」しかいないボールドウィン家の仕事はとても受けられないと、やんわりと断っていた。一九一八年、炊婦のエルシー・ピンチンは離職を告げ（「それで私は、完全に孤軍奮闘。女中すらやってこない」とアリスは書いている）、後任のアン・ベルソンは、クリスマス直前になって、母親に呼ばれて故郷に帰ってしまった。同じころアリスは、さほど遠くない場所で新しい仕事に落ち着いたエルシー・ピンチンから、「ハウスパーラー」の経験があって失業中の彼女の妹が、アリスが必要なときに手伝えるかもしれないという手紙を受け取った。戦前の暮らしの水準から質を落とすことはよんどころなく、引く手あまたの使用人たちが、みずから雇用条件を決める時世であった。エルシーの妹について、「料理はできないけれど、野菜の下ごしらえぐらいはするでしょう」と、エルシーは手紙に書いている。手紙のやりとりから察すると、アリスはエルシーにタップローに戻るようかなり熱心に働きかけたものの、無駄に終わったようである。エルシーの手紙には、「ワイルダー夫人に会うようにと、とある方から電話があり、お会いすると、炊婦を探していらっしゃったので、私の推薦状があちらに申し分なければ、行くことにしました」となっており、彼女がまた別の女性からも口説かれていたことがわかる。一九一八年には、ポラードという名前のチャーウーマンからも、「夫は足が悪いし、エディーもあんまり良くならない」[17]という理由で、定時以外に手伝う要請についてはことわられていた。

　うやうやしさの静寂のなかで、几帳面で従順な家臣たちによって家が営まれた、あの過去の世界に戻るという考えは、戦争が終結するころには、話にならないほど楽観的に見えていた。チェシャー州のライム・エステート近隣に住んでいたジャック・リーチは、多くの人々がそうであったように、戦争体験によって帰郷が一変してしまったことに気づいた。「引き揚げてきたとき、人生観がまったく違っていました。戦争が人に与える影響の大きさは驚きですよ。男たちのあいだの仲間意識は、以前より強くなっています。戦争を戦っていた男たちは、命令する男と同階級にすべきだという、そういった考えに結びつくような機運の高まりがありました。それが発展して――絶対に――今日の労働運動になるんです」。リーチは休暇中に、ダーダネルス海峡で負傷した帰休兵のトミーと、パブへ寄った帰り道でそう思った。二人が並んで田舎道を歩いていると、近づいてくる自動車があった。当時、傲慢な金持ちを乗せた自動車は、黒煙を放出しながらクラクションを鳴らし、わがもの顔で道の真ん中を走るのがつねだった。思うところのあったトミーは、脇に避けることを拒否した。リーチは彼の行動をこう説明している。「彼は、その自動車同様、道を使う権利が自分にもあると思ったんですよ。そういった態度は、戦争体験によるものでした」[18]

上流階級は、異なる世界に向けて準備を始めていた。元執事のエリック・ホーンは、一九二三年に発表した自伝のなかで、戦争の時代の到来で、「古いイギリスが崩壊していく」ことを予知したと書いている。地所労働者、農業従事者、そして地主も同様に、おびただしい数の人々が戦争で息子を亡くし、絶望的に不足していた地所の労働力の供給は、ふたたび補充されることはなかった。さらに、戦後の農業不況と、一九一九年に導入された税金と相続税の値上げにより、国中の大地主たちが、土地の売却を余儀なくされていた。一九一八年から一九二二年のあいだに、イングランドとウェールズの土地面積のうち、四分の一にあたる土地で、所有者が変わっていた。

ホーンはまた、次のように書いている。「高貴な生まれの人々が、彼らの地所や屋敷を売り払い、それが、学校や博物館、病院や精神病患者用の施設に生まれ変わっている。昔から、数々の宴会や飲めや歌えの大騒ぎが行われてきた場所で、従僕奉公の慣習と伝統が永遠に途絶えることになるのは、忸怩《じくじ》たる思いである」[19]

一九一九年、世の中が平常に戻ったことを示す果敢な試みとして、「社交期」が再開された。「それはそれは素敵な社交期でした──明るく陽気で、軍服姿の殿方が、みなさん散財して、生きている喜びをかみしめていらっしゃいました」と、一九一九年のデビュタント、フィリス・マックレイ夫人は思い出している。[20] ところがそのわずか一年後に、すべてが変わるのである。ストライキや失業者による飢餓行進があり、憤りと絶望感で緊張した雰囲気が、世の中を覆った。最も保守的なキャリアサーヴァントでさえも、社会構造にひびが入ってきていた時代として、戦時中を振り返った。一九二〇年の『パンチ』誌には、カントリーハウスでパーティーを計画する上流社会の夫婦が、皿洗いか靴磨きのスキルをもっている人たちに招待状を送ろうと、話しあう姿の風刺画が掲載されている。

一九一八年、著述家のウォード・ミューアは、戦争によって家事奉公が永久に消えたと思い、『デイリーメール』紙に次のように書いた。「私は、〈使用人用セット家具〉を備えつけた、メアリーの部屋を見たことがある。メアリーが、自分に言い寄る男たち（感じのいいオートバイ修理工の青年でさえも）を決して入れなかった、けれど週のうち六晩は彼女が満足げに座っているはずの、飾り気のない、狭い厨房も、私は覚えている。そして今は、そういった贅沢《ぜいたく》な安息の場所に、すぐにメアリーが帰ってくるとは、私には思えない」[21]

第十二章 「おまえの人生が私の人生みたいにはならないと、思わないで」

奉公に戻される女たち、戦場から帰ってきた男たち

失望、幻滅、そして失業手当を受け取る長い列が、一九二〇年代へと向かう暗い流れをつくっていた。その一方で、フラッパーたちの大騒ぎ、パジャマパーティー、大胆に短く髪を切った女性、ジャズ、ナイトクラブ、カクテル（一九三〇年に従僕のチャールズ・クーパーが「シェリーとカクテルが、紅茶を飲む習慣に終止符を打った」と言及した）、日光浴と肉体美を誇る行事などの陽気さが、世の中に漂っていた。しかし、そういった陽気さは表面的なものでしかなく、チョコレートを売り歩くか、街角で音楽を奏でて小銭を稼ぐ傷痍《しょうい》軍人たちがいる光景の、気まずさや後ろめたさを抑えようとしていたにすぎなかった。元執事のアーネスト・スクワイアは、戦後、傷痍軍人のための恩給を受け取っていたが、仕事を見つけることはできなかった。「軍を除隊したときから、障害をもつ男は食い物にされました」と、彼は振り返っている。文民の暮らしに戻る帰還兵に配られた官給品のスーツは、生地の薄さと雑な縫製で悪名高く、「お粗末既製服」をつくった政府の醜聞として知れわたった。アーネスト・スクワイアは、「除隊して家にたどり着くまでに、スーツのほとんどのボタンが取れ、ボタンのついていた部分の生地が破れていた。質があまりに悪くて、着用できたのはそれきりだった」といった経験をしている。一九二〇年代に、フットマンのゴー

ドン・グリメットは、「戦闘によって失明」と書いた盆にのせたマッチを売る旅芸人の男が、カントリーハウスに仕えていたころの知人であったことに気づいた。グリメットは彼に、なぜ盲人のふりをしているのかと訊ねると、「今、うまくいくのはそれだけさ、何しろ俺らのような退役軍人が多すぎるからね、盲人になっていて損はない」という答えが返ってきた。身なりの良い女性二人が歩み去ると、彼が「くそババア、くそババア」とつぶやくのを、グリメットは聞いた。[2]

一般向けの「狂騒の二〇年代」の顔と、陰の世界が見せる暗くおそろしい顔は、じつに衝撃的な対照を成していた。地方の、わけても単独の産業に依存しているような地域の住民は、貧困と失業のせいで、誰もが荒廃した生活を送っていた。ジャーナリストのレスリー・ベイリーは、「工場地帯の雰囲気は、憎みと不吉な前兆で重く沈んでいた」[3]と振り返っている。戦時下の仕事と自立によって見えていた希望をとうとう失ってしまった女たちは、若い娘さえも徐々に奉公へ戻っていったが、そうなったのは、戦後の経済不況で単に仕事がなかったことと、家庭的な女らしさという因習的な理想像が、力強い復活を遂げていたことが影響していた。戦線から帰還した男たちの疲れきった姿に対する、罪悪感と同情の念にかられた社会では、すべての階級の女たちが退役軍人に仕事を返すようにうながされ、戦争を戦う価値のあるものにした家庭を、心身ともに安らぐ場所にするよう、家庭への専念が奨励された。

報道機関にしても、政府にしても、戦時中に女性が労働者となったのは逸脱した行為であって、妻や母親としての役割の回帰が、平時の正常な状態の回復を象徴していると判断するようになった。一九一六年、首相のハーバート・アスキスは戦時中の女性の貢献をしぶしぶ認めて投票権を与えることにしたものの、一九一八年の議会条例として性急に通過させた折衷案は、参政権を三五歳以上の戸主か世帯主の妻に限定していた（当時の成人女性人口の一三〇〇万人のうち、約六〇〇万人のみである）。上流階級の運動家のあいだでは、「執事だって投票するのに、なぜ私にはできないの？」という疑問が湧き起こってはいたが、婦人参政権運動家のシルヴィア・パンクハーストにとってその条例は、発言と代表権を最も必要とする女性たちを排除しているばかりか、致命的なことに、「階級に対する古い偏見を支持し、労働者という多数派の意志を、不利益をこうむらずには表に出せないようにした、旧態依然の抑制と均衡」[4]でしかなかった。

戦前、政治運動に奮い立った工場労働者や婦人参政権運動家の多くの闘士たちは、新しい種類の女性解放主義に直面し、突然、沈黙していた。フェミニズムにおけるその新しい動きは、生来の自然な違いによって生物学的に決定される男性と女性の、「別々の社会的活動範囲」というイデオロギーを推進し、闘いの勝利を信じていた。そういった見解が女性にとって最大の利益であるとしたエリノア・ラスボーンは、一九一七年、「女性の労働者の大半は、自分たちが従事する産業では渡り鳥にすぎない。結婚と出産、そして子育てが、彼女たちの永久の職業である」という賛成意見を、『エコノミックジャーナル』誌に発表した。二〇年代の公的な言説では、悲惨な戦争によってばらばらに崩壊した社会の瓦礫の山から、新しい世界が立ち現れ、唯一の安全な場所が家庭であるとされ、その家庭を支配する人物が、母親、妻、ハウスキーパーであった。一九二二年には英国版『グッドハウスキーピング』誌が創刊された。読者である女性たちが軽く腰かけているのは、「女らしさに目覚める入口です。暮らしの出来事への……そして何より家庭への健全で知的な関心が、無関心や軽率さに取って代わりつつあります」と説いた。[5]

戦時中は、女性たちの禁欲主義、気迫、勇気、そして仕事の現場や工場での惜しみない努力に対しては、大げさに称賛されていた。戦争が終結してしまうと、作業着を着た女性、あるいはハンドルを握る女性は、慣習に逆らう危険な存在と見なされ始めた。世の中のムードは、それほど劇的に変化していたのである。一九一九年、『リーズ・マーキュリー』紙の記者は、「女性たちの口やかましい態度が、戦争の試練における不快なもののひとつとして、記憶に留まり続けるであろう」[6]と書いた。自由奔放に振る舞う女性労働者は、自立という不謹慎さのために、かねてより反感を買っていた。一九一五年、大衆の憤りを報じることにかけてはつねに信用のある『デイリーメール』紙は、レストランで臆面もなく食事し、しかも公の場所で喫煙する大勢の女たちについて、「戦時下のロンドンでは夜になると、ビジネスガールがひとりで、もしくは友人と、手頃なレストランで食事をする姿が見られる。以前であれば男性と一緒でない限り、女性が夜の街に出て夕食を食べるなど、まったく考えられなかった。それが今や、男性の同伴なしに自分の金を使って外で食事をしようという女性は、増えるばかりである」[7]と報じた。戦争終結時には、大げさな見方をする人々によって、女性の道徳的堕落の兆候がいたるところで目撃されていた。「ミュニショネット」〔軍需品の「ミュニション」を語源とする〕として知られた軍需工場で働く娘たちは、戦時中、性に無節操だという悪評を買っていた。戦前にはほとんど知られていなかった避妊具は、一九一九年にはどこの村の薬局でも購入することができた。戦後、シルヴィア・パンクハーストは、「道徳家たちが、話にならないほど馬鹿げた女像を思いついた――勤労と性的禁欲と禁酒を強制した父親や夫の支配から解き放たれた女たちが、家庭を放り出して極端な行動に走り、大勢の私生児を生んで、この国を悩ますというのだ」と書いている。

例のごとく、家事奉公の復活が社会的混乱の答えになると思われていたが、またそれは、戦時中の銃後においては家庭を守るために社会と闘ってきた、四苦八苦している中流階級の主婦にとっての、見返りとしても見られるようになっていた。女性の家事奉公人は、戦後の失業手当の受給権をもつ女性労働者から除外されていたにもかかわらず、「ドール」〔失業手当〕のせいで彼女たちを奉公から遠ざけているという（一九二三年の女性雇用委員会がまったく不当にその状況をとらえていた）、一般大衆による勝手な想像によって、非難を余儀なくされた。『デイリーメール』紙の読者と大勢の人々にとっての「使用人問題」は、詰まるところ、福祉にたかる者の頑固な不従順さに相違ない、ということになったのである。「この街で家事奉公人を雇うのはほとんど不可能になっている。このドールで食べようという習慣に、今こそ終止符を打つときである。街頭にあふれるめかしこんだ娘たちは働こうとせず、金が支払われる限りはそのままでいるつもりだと、あからさまに言っているのだ」と、同紙の記者は書いた。[8] 戦前に奉公に就いていた経歴を知られた娘たちは、ドールの不正受給の疑いをかけられて通報され、一九二一年の国民保険法には、社会保障の申請時に「偽りなく仕事を探している」ことを証明せねばならないとする、細かい条項が付け加えられた。奉公に就くことを承諾しない者は、福祉手当の給付を拒否されることが多かった。

男が就くべき仕事にしがみついていることは、非国民的で、女らしくないと見られるようになった。たとえばパム・テイラーは、戦時中、訪問販売人として働いていた彼女の母親が、「欠員のあった男の仕事をまだ続けている」[9]と見られていたと書いている。また、女中としての仕事に戻ることを余儀なくされたラヴィニア・スウェインバンクは、「新たな職業を始めるには、一九二一年は時期がよくありませんでした。なぜなら、あのころのタイン地方は不景気で、造船所には仕事がなく、鉱山も閉鎖され、ドールをもらう哀しい目をした男たちの列が日ごとに長くなり、仕事を見つけようという希望は、どんどん遠のいていきました」[10]と振り返っている。一九二四年に、ストックトン・オン・ティーズから「未知の世界」を求めてロンドンへ出てきたドリー・デイヴィーは、家事奉公か工場の仕事かを考慮した際、奉公なら自分を「向上させる」機会があると思った。ところが、彼女の母親は最初、それを認めようとしなかった。「でも、ご存知のように、当時、唯一の有効求人といったら、ほとんど農場の仕事しかなかったんです」と話している。[11]

一九二〇年のレクトリーファーム・ハウスでは、アリス・オズボーンが元炊婦のエルシー・ピンチンから手紙を受け取っていた。その手紙のレターヘッドには「ジ・エンプレスクラブ、バークリー通り、ロンドン」の文字があり、エルシー（終戦前の数年間は、彼女の職業人生でおそらく初めて、采配を振っていたようだ）はこう書いている。「あなたの都合を訊ねるためにこれを書いています。もし都合が悪ければ、二週間すればここを辞めますので、お訪ねしたいと思います。ここの食料はひどくて耐えがたく、このまま働くわけにはいきませんから。もしあなたが、二週間、私を待ってくれたらですが」[12]。アリスの日記からは、彼女がメアリー・マーシャルという炊婦を新たに雇う時期まで、エルシー・ピンチンの件がどうなったかについては知ることはできない。とはいえ、不況によって就職口の扉が閉ざされ、力関係のバランスが雇用者に戻っていた状況は、推し量ることができる。たとえば、傷痍軍人の妻たちは、通いのチャーウーマンとして仕事に戻ることを強いられたが、夫の世話があるため、住み込みの奉公に就くことはできなかった。一九二三年の『グッドハウスキーピング』誌では、従来なら二流とされる、この新しい奉公の形態に関し、マージェリー・ベンが読者の不安を鎮めようとした。「真実を見抜く心の目で見ると、迷惑なことが一目瞭然です。通いの女中はだらしなくて時間を守らず、不誠実で、泥棒を招き入れて姿をくらますのではないか」と、おそらく誰もが想像したかもしれない懸念に対し、ベンは、住み込みではない新しいタイプの通いの女中は、じつはもっと「仕事ができて優秀です」という結論を出した[13]。

戦争によって、新しい始まりを約束された労働者階級の女たちの多くは、大きな失望を味わうことが運命づけられていた。一九一一年の国勢調査によれば、英国の女性の三一・三パーセントが「有給職に従事」と答えていたものの、一九二一年には、それが三〇・八パーセントに減っていた。失業が大きく影響した地域では、またもや家事奉公が唯一の就職口となった。ジョイス・ストーリーとジーン・レニーは、一九二〇年代に奉公へ入ることを余儀なくされ、それぞれの母親は、娘に託した未来への希望が、打ち砕かれたことを知った。「どきどきと速く打つ私の心臓の鼓動と、逃げ出したいという欲求に向かって、母の燃えるような目が、私の目をとらえていた。『おまえの人生が私の人生みたいにはならないと、思わないで』と」[14]

食料品店を営む家の一般雑役女中となったジョイスは、休めるはずの午後に、店主の妻が石炭庫を掃除するよう言ってきたときに、突然、その仕事に終止符を打った。彼女は、「最後の一角を掃除し終わったとき、初めて顔を上げ、私は誓いを立てた。『この忌々しい私の人生において、はいつくばって、鼻を地面にこすりつけるような真似は、もう二度とすることはない、私の目が光をとらえているところで、まっすぐ立ち、歩いていこう』」[15]と、そのときの気持ちを綴っている。またジーン・レニーも、娘の将来により多くを望んでいた母親について、こう綴った。「母がどう感じていたかは、ぼんやりとしか想像できない。私が費やした時間、読んだ本、受けた教育のすべてに対して、母は口には出さなかったけれど、それでもやっぱり、長女で、内気で、賢く、有能な自分の娘が、自分自身が十二歳でそうしたように、〈奉公〉へ入ろうとしていることに対して、母の瞳ににじみ出ていた苦痛は、今の私には理解することができる」[16]

ジーンの父親は、美しいテノールの声をもつリベット工であったが、深酒のせいで家族に苦労をかけていた。中等学校の資格試験に合格した彼女は、十四歳のときに優等な成績で上級修了証明書も取得していた（五ポンドの奨学金を授与されたが、父親の飲み代に消えた）。彼女は、速記、タイピング、簿記を覚えるために夜間学級に通い、ついに製粉所で勤め口を見つけたものの、一年も続かなかった。ジーンはその後、なかなかめぐってこないチャンスと仕事を求めて、図書館へ通う毎日を送っていた。失業手当は一九二二年から、仕事の内容にこだわらずに働く意思をもつ者に限って、受給されることになった。ジーンは、最後の手段であった女中になることを決心し、大きなカントリーハウスで採用されると、結局、十六年間そこで働くことになった。彼女はのちに、「私の性格には、従順さが染みこんでいた」と振り返っている。ジーンはその地所で、下界から遮断された奇妙な世界での暮らしを、初めて体験した。彼女は、同僚の使用人が鼻持ちならない態度で話す噂に耳を傾けながら、彼女たちが、バターやジャム、フルーツケーキをたらふく食べながら紅茶をがぶがぶと飲み、食べ残しを豚のエサ用のゴミ袋に入れるところをじっと見つめ、「その理不尽な浪費ぶりに、私は憤りのあまり、もう少しで窒息するところだった。お腹を空かせた子どもたちを、大勢知っていたからだ――軽んじるように脇にやられた美味しい食べ物が、そこにあった」[17]と書いている。

障害をもつ元軍人が、家事奉公の雇用市場に空いた穴を埋めることがあった。軍務の訓練によって責任感や規律の多くが身についていた彼らは、衣類の世話や銀器の手入れ、すなわちヴァレットの仕事と、単純作業をする使用人の管理ができる人材であった。一方、「テンポラリー・ジェントルマン」――生まれよりもむしろ取り柄をふまえて、戦時中に限定して紳士階級となった元士官たち――は、軍人らしい物腰と能率の良さで、非常に人気があった。社会主義作家のナオミ・ミッチソンの夫は、レヴィソンという名の退役軍人から雇用の話をもちかけられ、彼を給仕として、そしてその妻を炊婦として採用した。ところがレヴィソンは大酒飲みであったため、ナオミは彼を、不安になるほど予測できない男だと思った。復員軍人たちには、戦争体験による恐怖の幻影や暗い影がつきまとい、社会の陽のあたる場所では、彼らの不格好な風采が疎まれた。一九二〇年、ジャーナリストのフィリップ・ギブスは、「帰還した男たちの精神が、すべて正常であったわけではない。彼らは、妙な気分や妙な感情、喜びを味わいたいという絶え間ない欲望と激しい絶望感の発作に、交互に見舞われていたのである……彼らの多くが無情なものの言い方をし、見解が極端でおそろしい」[18]と書いた。

戦前の家父長制度を下から支えていた「神聖なる信頼」は、戦後の地所の売却によって、さらなる痛手をこうむることになった。羽ぶりのいい実業家や戦争成金たちは、疲弊した紳士階級からカントリーハウスを買い取ったが、家屋とともに残った家臣からは、敵意と混乱の眼差しを向けられていた。彼らにしてみれば、「感情を交えない接触、長いお喋りへの敬遠、回報、家賃の経済水準までの値上げ、わけても非紳士的なスパイ行為とみなした秘書と代理人による個人的な調査」[19]は、法事人化されて官僚主義的になった官公吏社会の、不快感を起こさせる新秩序にほかならなかった。一九二〇年代の初期、エリック・「ジョージ」・ワシントンは、片足が奇形であったせいで家事奉公以外の職業訓練を受けることができなかったため、両親の反対にもかかわらず（彼らは奉公を最低の人間がするものと考えていた）、不本意ながら十四歳でリトルミセンデン・アビーのホールボーイとして働き始めた。ところが、羊毛で儲けたオーストラリア人の豪商が屋敷の所有者となっており、彼は、カントリーハウスの使用人特有の上流気取りで、それを嫌った。女主人のロナルド夫人がどれほど「上位の者の真似をしようと努力しても」、本物の紳士階級だけがもつ生来の温情にはおよばず、所詮、中流階級の妻でしかないと思った。[20]

ジェームズ・フレイザー（『金枝篇』の著者）の妻のリリー・フレイザーは、早くも一九一三年には、イギリスの平均的な家庭が使用人を置かなくなる社会の到来を想像していた。『使用人がいない生活の応急処置（*First Aid to the Servantless*）』では、ドイツ生まれのフレイザー夫人が、苦境に追い詰められた中流階級を元気づける擁護者となった。彼女は、イギリスの貴族階級は仕事もせず堕落し、労働者階級は度し難いほど打算的で怠け者だと見ていた。維持できない水準に執着する英国の主婦の、無知と愚かさを嘆きながら、フレイザー夫人の未来像のなかの使用人は、もはやステータスではなく、「表玄関の儀式」[21]の意味さえ彼女は疑っていた。その代わりに女中が、舵取りがますます難しい、怒りに満ちた関係を日々思い出させるものになっていると指摘した。

それから十年後、芸術家にして婦人参政権運動家、そして『家庭の問題、過去、現在、未来（*The Domestic Problem, Past, Present and Future*）』の著者であるアーネスティン・ミルズは、フレイザー夫人がテーマにした問題を取り上げただけではなく、さらなる尖鋭化を試みた。彼女は、戦争によって失業した大勢の男たちの誰かが、「ハウスパーラーマン」か「炊夫」となって家事労働を有効的に引き受ければいいのではないかとの提案がされた際に、「大騒ぎ」となったことに注目し、男性と家の仕事の扱いにダブルスタンダードがあることを見抜いていた。彼女はこう書いている。「家の掃除が、自動車やゴルフ場をきれいにすることより、なぜ〈非生産的〉と見られるのか、その理由については一度も説明されたことがなく、髪粉をつけたフットマンとして目につくように雇うのではなく、むしろ一般雑役使用人として男性を雇うことが、なぜ不都合なこととなるのか。あるいはなぜ男性は、〈平凡な〉炊夫などではなく、あまねく尊敬され、高給を取るシェフでなければならないのだろうか」[22]。しかし、アーネスティン・ミルズの提議は、その時代の用心深いムードにそぐわなかった。戦争で戦った男たちのために平和な時代の家庭を築くのは、女たちの仕事だった。一九二九年、ジャーナリストとして社会的な流行のバロメーターとなる本を多く出版していたピール夫人は、使用人と雇用主のための手引書、『給仕をすること（*Waiting at Table*）』を一気に書き上げた。それには、アメリカから入ってきた人気カクテルのつくり方なども含まれてはいたが、それ以外の項目では、「大きく息をしないこと」や「ナイフやフォークが触れ合う音を立てないこと」、「必要なとき以外は喋らないこと。下級使用人に指示を出す必要があるときは、可能な限り低い声を出すこと」など、使用人が憎悪した昔のままのルールが、むしろ強化されていた[23]。

女性の家事奉公人の供給に関して、女性雇用のための中央委員会による一九二三年の報告書では、女中の年金の規則化を挙げ、女中は毎日二時間の法定休憩と年に二週間の法定休暇を取らなければならないことや、使用人には「換気と採光が十分な」居心地の良い部屋を与える努力がなされなければならないと、賃金は規則化されなければならないことなどが、善意で書かれた報告書としての例にもれず、勧告されていた。よしんば女性たちが、そういった甘い言葉につられて、奉公に戻ることになっているのであれば、奉公そのものが規制される必要があり、奉公の実務者たちには、たとえば家事ハウスワーカーのような、プロらしく響く新しい職種名が与えられ、訓練、資格、免状、認証などといったものが、提供されなければならなかった。しかし、規制による家事奉公人の保護が試みられたのは、そのときが初めてだったわけではなく、そしてまた最後の試みでもなかった。奉公とは人間関係に依存したものであり、それが行われる家庭という場所の本質上、完全な規制など、いずれにしてもできない話であった。

うら寂しい地下室にいるメイド・オブ・オールワークの仕事に、なぜ若い娘たちが戻りたがらないのか、当惑する世の中の大きな疑問に対し、一九二一年、婦人参政権運動の雑誌『タイム&タイド』は、実在する女中に誌面で答えてもらうことにした。その女性は、感謝されないことや呼ばれ方、そして認めてもらえないことなどの、女中が受ける侮蔑的待遇のすべてと、休日から戻ると、洗うのに一時間以上もかかりそうな汚れた皿の山がかならずできていることや、食品を便利屋の男に恵むくらいなら、燃やすか捨てたほうがいいとする女主人への不満について列挙し、どんな規制機関でも解決しがたいような、問題の核心をこう要約した。「ひとつには、全体の雰囲気がひどすぎるからです。女主人の言葉がいちいち失礼で、言われたことが信じられないときもたびたびあります。健全な家庭で、誠実で正直に育てられた使用人が、そういった環境で仕事を続けるのは難しいと思うのも、しごく当然なことなのです」[24]

そういった屈辱や寂しさは、女中たちには耐えがたくなることがたびたびあったが、家を初めて離れた若い娘にはとりわけ、その傾向が強かった。初めて奉公の仕事に就くジェシー・コックスは、到着したパディントン駅で、パーラーメイドの出迎えを受けた。「金髪のもじゃもじゃの巻き毛で、花の代わりにパセリをラペルにつけた紺色のコートを着た私は、すぐに見つけてもらえました。まるで自分が迷い犬のような気がしましたが、その屈辱的な気持ちは七一年間、私のなかに居すわり続けました」[25]。ふたたび一九二〇年代には、スキヴィーでいることが終身刑のような感覚を抱かせ、社会でどんな身分にいるのかを、永久に定義づけるものとなった。奉公から抜け出そうとしていたジーン・レニーが、ウェイトレスかライオンズ・コーナーハウスの「ニッピー」〔同店のウェイトレスにつけられた名称〕の仕事を探していたとき、店にいた客が口にした「意見をもつ忌々しいスキヴィー」[26]という言葉が耳に入った。その数年後、パトリック・ハミルトンの小説に登場する女中のジェニーは、「〈奉公をしている〉ことで何かさもしくて卑屈になるようなことがあるなら、それは〈スキヴィー〉をしていることかしら?」といぶかしく思っている――「まあ、ある意味、それはあった。彼女にはそれがわかっていた。しかし彼女は『その階級の生まれ』であり、仕方のないことだった」。ジェニーの結論は、一世紀前の女中が出した、奉公か無職かという結論を、繰り返すことになるのである。『タイム&タイド』誌が掲載した論説では、金銭的な絶望感だけが、若い娘たちを家事奉公に連れ戻すことができると結論づけられていたが、「[彼女たちの]美徳の唯一の希望は自己犠牲にある」と説得を試みた新聞の論説者たちから、道徳的な憤りを買うような結論ではなかった[27]。

　女性雇用と職業訓練のための中央委員会は、一九二〇年代に、「家事」のみならず、助産術、事務、理髪、マッサージ、教職、音楽など、広い分野の訓練と免状取得講座を提供した。委員会は「障害をもつ男性に適した職業を侵害しない」[28]就職先を、女性たちに見つける役割を担っていた。約四〇〇〇人の女性がその講座を受講したものの、二年後には基金が底をつき、打ち切りとなった。その後は、新しく設置されたホームクラフト・センターや、会員制の特殊技能ハウスクラフト連盟などが活用されて、家事の訓練のみに重点が置かれるようになり、そのほかの職業を考慮する機会はますます遠のいていった。家事の仕事に就くための制服を買うことができない学生には、慈善基金から費用が支給された（三か月以内に仕事を辞めた場合は、制服を返さなければならなかった）。訓練を受ける学生には、元事務員、店員、会社員が含まれ、女性の仕事は無情にも、ふたたび家のなかへと逆戻りした。世界恐慌による打撃が大きくなると、最大限の予算は家事の講座へ割り当てられるようになり、事務やそのほかの技能の職業教育講座は、さらに予算が削られてしまった。一九二四年には、ホームクラフツが開設する講座に二万三〇〇〇人の娘たちが受講を認められたものの、職業教育講座を修了できたのは、わずか一四五名のみだった。一九三〇年代中期の失業危機には、会員数が頂点に達した。会員数が順調に増え続けた家事の講座に関しては、一九三八年の八万二九三七名をピークに、その後は、新たな戦争の勃発によって受講が難しくなっていた。女性の労働力において、一九三一年にはふたたび家事奉公が単独で最大の就職先となり、女性労働者の二四パーセント近くを吸い上げた。[29]

軍需産業の元労働者に有給の勤め口を見つけるという労働省の本来の抱負は、彼女たちを訓練して女中にする作戦へと、ひそかに変容した。産業的失業率の高い地域では、外に出て働く技能をもっている家族は、唯一、若い娘であることが多かった。一九二九年に始まった政府の未成年者転勤事業計画は、最窮乏地域出身の、わけても失業によって壊滅的な打撃を受けていたウェールズの鉱山地帯出身の若い娘たちを、イギリス南西部とロンドンなどに移住させて、各家庭の家事奉公に就かせていたが、多くの若い娘たちにとっては、ひどく戸惑う体験となった。ロイド・ジョージの自由主義者の弟子であり、ウェールズで公務員をしていたトーマス・ジョーンズは、日記にこう書いている。「遠く離れた鉱業の村でわれわれにわかったことは、十七歳から二〇歳のうち若い娘たちのなかに、それまでひとりきりで寝た経験もない娘や、ふつうの寝具がどんなものかもまったく知らない娘、ナイフとフォークに不慣れな娘がいることだった。そういったことがまったく信じられないように思える今日、彼女たちがロンドンの見知らぬ家に移住させられたときの当惑は、誰にでも想像できることである」[30]

一度も家を離れたことのなかった娘たちは、まず、家事奉公センターへ送られ、洗濯、幼児の世話、衛生、掃除、裁縫などを学んだ。その講座は、バラ色の将来の「結婚生活」で役立つための、実用的なスキルの習得が大半を占めていたが、おそらくそれは、みずから選んだ生き方の向上というもっともらしさを講座に加えていたにすぎなかった。一九二〇年代の終わりにロンドン大学経済学校の研究員をしていたフランシス・リヴィングストンは、ほとんどの家事奉公人は、自分の仕事が将来家計に役立つ訓練になっているとは思っておらず、若い女中たちが働いている家庭は、将来結婚したときにもちたいと思っている家庭ではない、という結論を出した。リヴィングストンは、奉公は「むしろ不利益」であると書いており、また、彼女が取材したある女性は、「電話かドア越しでの注文は、価格の比較ができません。それに大きな家では費用はさほど考慮されませんが、結婚生活では、たいてい費用が重要な問題になります」と話し、奉公が非現実的な期待を抱かせていると見ていた別の女性は、「私の体験では、奉公は家庭生活の野心をすべて失うことです。家事奉公人たちの目的は逃げ出すことで、結婚しても、彼女たちは規模の小さい家庭をうまく営むことなどできっこないでしょう。料理にしたって、大きな家の厨房で働いていれば、炊婦のそばにいつもいない限りは、ビジネスガールよりも知らないでしょうし、彼女たちが料理に関心があるとも思えません」[31]と話した。

新しい女らしさは、古い女らしさに驚くほど似通っていた。しかしその見方は、社会事業の計画のどういった立場にいるかで、違っていたようである。富裕層は戦争で恐怖を味わったあとでも、結局のところは、家庭生活が通常の状態に戻ったという安堵の気持ちをもっていた。一九二〇年代になって、使用人を十分に置いていた銀行家の妻のローズ・ラトレルは、「うちには、炊婦とキッチンメイド、女中とパーラーメイド、そしてナニーとナーサリーメイドがおりました。家の雑用も家事も、私は一切したことがございませんでした。朝、炊婦に会ってその日の食事を注文いたしましたが、厨房に近づいたこともありません。邪魔になるだけですから」[32]と話している。しかし多くの家庭では、かつてのプラーガ夫人のごとく、限られた収入のなかで体裁を保とうと、そのやりくりに苦労していた。ハッピー・スタージェンがサフォーク州のバンゲイで初めて就いた仕事は、「世帯全体のふりをする二人の女中」のうちのひとりになることだった。ハッピーは、自分の境遇を変えるだけの力はなかったものの、十四歳の新入り女中に仕事のやり方を見せている、髪を束ねて染みひとつない仕事着を着た「マダムが、細いヒールの靴でつまずいている」[33]光景を見て、意地の悪い喜びに浸っていた。

第十三章「それは搾取でしたが、うまくいっていました」

戦争が四年で終結したことが嘘かと思えるほど、一九二〇年代の女性たちの装いと一般的な外見は、戦前とは一変した。当世風のボーイッシュな体形をつくる、軽くてスポーティなランジェリーが、エドワード朝の体に補強用の壁をつくるような衣装に取って代わった。スカート丈が膝の上まで急上昇した一九二七年には、「女らしさをあえて出さずに、胸もヒップもふとももも強調しない」[1]シルエットが、大人気となった。装いの革命は、すべての階級の女性に影響を与えた。レーヨンや人絹などの工場で織られた新素材の既製服は、そばで見るまでは注文仕立の服に見紛うほど、じつによくできていた。休日の使用人は、もはや使用人らしく見える必要がなかった。大衆文化に最も刺激を与えた映画の発明によって、女中でさえ銀幕のスターのように装うことができた。階級にかかわらず、映画館に毎晩足を運ぶことは、決して珍しいことではなかった。映画が見せる夢は、社会的に平等だった。映画館の観客席には、階級による区別がなかったのである。

一九二四年、十四歳のウィニフレッド・フォリーは、初めての仕事に就くためにフォレスト・オブ・ディーンからロンドンへ到着した際、女中のブロドウェンに駅で出迎えられ、彼女と一緒に働くことになるストークニューイントンの家へ向かった。「彼女は、私の考えていた女中とはまったく違っていた。真っ赤な口紅とおしろい、そしてマスカラの厚塗りで、外見の美しさを目立たせていたというより、むしろ隠していた。私が初めて会った短髪の女性が彼女だったが、黒いサテン地に大きくて派手なボタンのついた、フラッパー丈のコートを着て、ヒールの高い黒のパンプスに、ピンク色の絹のストッキングをはいていた。そんな彼女の服装に、私はひどく感心した」と、フォリーはその印象を書いている。しかし、駅のポーターは、あまり感心しなかったようだ。「ポーターは『この子も、あんたと同じスキヴィーになりにきたのかい？』と彼女に訊いた。私同様、彼女が女優になりたがっている事実など知る由もなく、じろじろと品定めをするその男に、彼女はひどく傷つけられていた」[2]

ふたたび生気を与えられた精神は、レクトリーファーム・ハウスの関係にも吹き抜けたようだ。一九一九年、第一次世界大戦の休戦協定が締結された数か月後に、ボールドウィン氏が他界し、一九二五年には夫人も亡くなった。一九二〇年代の半ばは、戦後の失業率の悪化によって使用人の求職者が増加したため、炊婦とハウスパーラーメイドが新たに雇われ、さらに戦争を生き残った庭師のタルボットも戻っていた。屋敷には、二〇歳代に入っていたダフネだけが、ハウスキーパーのアリスと残った（二人の兄は結婚して家を離れていた）。一九二六年のアリスの日記には、彼女の給料が二倍の五〇ポンドになったと書かれており、それは一九〇六年に彼女が記して以来、初めての昇給を意味した。この時期の日記では、ダフネのことを「ダフ」か、もしくは「ダフちゃん」とたびたび呼ぶようになっている。自動車の運転を覚えたダフネは、モーリス・ベッドフォードを一台購入し、しばらくしてモーリス・カブリオーレに買い換えた。[3]自家用車の所有者数は戦後倍増し、一九一四年には十三万二〇〇〇人であったのが、一九二二年には三一万五〇〇〇人に、そして一九三〇年には一〇〇万人以上に増加していた。ただしこの傾向に、エリック・ホーンは不賛成を唱えている。彼は、十九世紀末の執事としての栄光の日々を振り返りながら、「派手な飾りをつけた馬」を懐かしく思い、一九二〇年代は、「せかせかする」こととペースの速さで、誰もが疲れ果てていると感じた。彼はまた、自由裁量の古い秩序が内部から崩壊し、結婚という形態がやがて行き詰まることも推測している。主人か女主人が密会をしているあいだ、何時間も待たされるショーファの姿を予見していた。[4]

しかし、レクトリーファーム・ハウスでは、新しい自動車がアリスとダフネに楽しみを与える源泉となった。アリスの日記は、ダフネの自動車の「脱炭素処理」問題と修理にかかる日数の長さについての、詳細な記述であふれている。ひときわ楽しげなようすが伝わってくるのが、ダフネとオッブスが二人で友人を訪ねたり、メイデンヘッドで買い物をしたり、駅まで訪問客を出迎えたり、ブライトンまでドライブしたり、国中を自動車で走り回ったりする記録である。ダフネはテニスに興じ、ハウスパーティーやロンドンに出かけて（付き添いなしで）、幼友だちのイモジェン・グレンフェルとともに、タップロー・コートでの慈善素人芝居の上演にも手を貸している。ダフネが送ったパーティーの招待状に、イモジェンから届いた返事は、「親愛なるタマネギちゃん」で始まっている。アリスはそれを、ダフネに届いたほかの手紙と同じようにたたみ、一九二五年の日記の裏表紙のあいだにはさんだ。当時のダフネが、まさに人生最良のときを送っていたことは、九〇年ほどたった現在、それとなく察することができる。ついにダフネは、人生に大輪の花を咲かせていた。そしてアリスの人生も、開花していたのである。

アリスの日記は、彼女とダフネのようすを公式記録のごとく克明に伝えている。二人は少なくとも週に二度、映画を観にメイデンヘッドのシネマトグラフ・アルハンブラへ通い、一九二八年にはダフネが髪にパーマをかけ、翌年ダフネが婚約し（当時は独身男性が女性よりも少なかったため、間違いなく彼女は運が良かった）、その半年後には婚約を解消している。ダフネの不運な恋人に対するアリスのひそかな印象に関しては、「しつこすぎる」とだけ書かれていた。午前中ベッドに横になっていることがままあるようなダフネの健康について、アリスの言及ははるかに少ない。ダフネの肝臓の調子と頭痛についても、アリスの日常的な心配事として、あいかわらずひんぱんに日記に取り上げられてはいるものの、ダフネの若さを消耗させている原因不明の病気については、あまり明らかにされていない。どうやら二〇年代はダフとオッブスの両方にとって、持病があるにもかかわらず、元気の湧く時代であったようだ。[5]

ダフネ・ボールドウィンに政治的な関心があったのかどうか、彼女の政治観については、アリスの日記からは何もわからない。しかし、一九二〇年代は、婦人参政権運動によって政治に目覚めた女たちが、失望と矛盾を味わうことになる十年だった。プリマスを地盤とする保守党議員、ナンシー・アスターは、一九一八年の人民代表法〔女性の参政権が認められた〕が公布された翌年の一九一九年に、下院の議席を獲得した最初の女性となったが、彼女は、家計のやりくりに窮する主婦の代表でもなければ、キャリアウーマンの代表でもなかった。アスターは、意のままになる使用人が大勢いる、おそろしく裕福な家庭の独裁者であり、機知に富み、ときに忌まわしいほど不作法な態度をとる、あなどりがたい精力家で、威張り散らした子爵夫人である。優雅でエキセントリックなアスター夫人は、『イヴニングスタンダード』紙の言葉を借りるなら、「笑い声を立てながら国会に乗りこんだ」[6]のである。アメリカ南部の封建貴族の娘としてヴァージニアに生まれ、科学者キリスト教会〔一八七九年にアメリカのボストン市で創設された〕の信者として禁酒主義を厳格に守り、「病気になるひまもなければ、女の弱さを見せるひまもない」ナンシー・アスターは、きわめてささいなことでも、使用人を頼る暮らしに完璧に慣れ親しんでいた。

いかにも生き生きしたナンシー・アスターのイメージは、一九二八年にレディーズメイドとしてクリーヴデンに入ったローズ・ハリソンが、一九七〇年代になってから回顧録のなかで描写した。ローズと雇用主のアスター夫人は、毒気のある口喧嘩をする間柄のまま、四〇年も一緒に生活をともにした。二〇年代にクリーヴデンでフットマンをしていたチャールズ・ディーンは、二人の「素晴らしく愉快な」口喧嘩を覚えていた。たとえば、アスター夫人が反抗をほのめかそうものなら、「ローズが逆毛を立てながら駆けてきて」、アスター夫人の「顔色が冴えなければ」[7]、禁酒主義の雇用主が好物にしていたライビーナ〔カシスの濃縮果汁飲料〕に、ローズがこっそりデュボネ〔甘いワイン〕を混ぜてアスター夫人に飲ませた。ナンシー・アスターは公私ともに、身だしなみに関しては細部に至るまで、ローズに一任していた。レディーズメイドのローズは、〈奥様〉が得意なマーゴット・アスキスの物真似をしてほしいと、万一、誰かに求められたときのために、〈奥様〉のハンドバッグにはいつも入れ歯をひと組入れておくことすら、覚えていなければならなかった。戦時中のクリーヴデンでもアスター家は、エドワード朝の水準で、すべての使用人に贅沢《ぜいたく》さと規律を要求した。アスター夫人のスエードの手袋は一度手を通すたびに手入れに出され、毎日ラペルにつけるクチナシの花は、クリーヴデンの庭師頭がその日の朝に摘んだものでなければならなかった（彼女がロンドンのセントジェームズの別宅に滞在しているときは、早朝の汽車で届けられた）。彼女は着替えを日に五組用意させたが、一度身に着けた服はそのつどカラーとカフスが外され、ひとつひとつ洗濯されてアイロンがかけられた。

ローズ・ハリソンは、第一次世界大戦中の「階段の下は、まさにウーマンリブの時代」であったと痛烈な筆致で書いているものの、ローズのような二〇年代初期の使用人たちは、進歩主義政治と男女同権主義のレーダーにかかることなく、時代を逆行していた。彼女たちのような、ともかく便利な存在が、女性が新しい自由を獲得することを多くの場所で可能にしていた。終戦後すぐに結婚したナオミ・ミッチソンは、「［使用人を］あたりまえのことと思っていた」と書いている。裕福というよりは、ほどほどに金銭的なゆとりのあったミッチソン家は、二人の女中と炊婦を置いていた。「私にとって使用人のいる暮らしは、洗い物の心配をせずにパーティーが開ける、ということだった」[8]

クラッパムの郵便仕分け人の娘、エセル・マニンは、社会主義と男女同権主義、そして平和主義を信奉し、教育、家族、性における急進派理論の有力な支持者でもあった。一九二〇年、広告コピーライターのジョン・ポーティアスと十九歳で結婚し、新しい人生を始めることになったエセルは、ロンドン郊外のストロベリーヒルにある二軒続きの住宅に、こぢんまりとした新居を構えた。モダニズムの黎明期にあたる数年間に、エセルは新生児を抱えながら精力的に執筆を続け、忙しい毎日を送っていた。活気に満ちた大都市での彼女の暮らしぶりは、「わが人生を送ること（*Living My Life*）」に描かれている。一千語につき一ギニー〔二一シリングで、現行の一ポンド五ペンス〕が支払われる中編恋愛小説の定期刊行が、エセルの収入源となっていた。エセルは週給三〇シリングの炊婦兼雑役婦を置き、彼女に払っている給金について、自分では気前がいいと思っていた（週給二五シリングが世間並みの賃金とされていた）。「キャップとエプロンはもちろんのこと。午前中はブルーの木綿のドレス。午後は黒い服とコーヒー色のキャップとエプロン——白い平凡なものよりはるかにおしゃれ」[9]な制服を着せて、自分を「マダム」、そして夫を「マスター」と呼ばせていた女中の存在は、社会主義者としての彼女の信念にとって、まったく問題にならなかったようである。家事手伝い人は、自分が自由になるための不可欠な要素であると、マニンは考えていた。ところがその五〇年後にマニンは、「それは上流気取りで、階級差別で、搾取でしたが、うまくいっていました」と書いている。「道徳観念のない十年、快楽と二〇年代、ほろ苦い二〇年代、陽気な二〇年代、明るい二〇年代、狂騒の二〇年代」の熱狂的な輝きの下で、教養があって明敏で想像力に富み、自由思想と探究心をもつエセルは、自分が想像する以上に因習にとらわれていたのである。のちに彼女は、自伝にこう書いた。「たぶん私は、クリスマスになったら［女中に］五シリング、そして飽きて着なくなったドレスもあげていたように思います。若かりしころの自分を思い出すのが嫌でたまりません。けれど、私はそういう人間だったのです。骨の髄まで、私の時代の人間でした」[10]

エセル・マニンは、「戦争が上流気取りに大きな一撃を与えました」とも書いたが、ひとつ屋根の下で暮らす女同士のあいだに、昔からしこりをもたらしていた、ぼんやりとした区別は、きわめてふつうというだけでなく、必然的なものとして思われ続けていた。二〇年代半ばに、ローズ・ハリソンが初めてレディーズメイドとして働きに出たとき、彼女が世話をすることになったパトリシア・タフトンは、同じ十八歳であったが、その関係をこう記している。「私とパトリシアお嬢様との関係は、なかなか言葉で表すことができない。彼女に今訊ねたら、お友だちだったわ、と言うかもしれないが、私たちは友だちではなかった。知人ですらなかった。お互い秘密を明かしたことは一度もなく、誰かのことについても決して意見を交わさず、お互いが親しくなるようなことはひとつも話さなかった。服装や買い物などに助言を求められることがあっても、お嬢様の音楽に関しての話や、私たちが会う人たちのこと、そして私たち両方の個人的な事柄を聞きもらしたことはなかったとしても、私の意見を訊かれたり、こちらから意見を言ったりすることは、ただの一度もなかった」[11]

一家との長年に渡る暮らしに起因する、柔軟で、ときには不敬な親密さをもつ、アリス・オズボーンのような昔からいる家臣たちは、たいがい御しやすく、あまり気難しくない、融通のきく関係づくりに寄与した。ウィニフレッド・ホルトビーとヴェラ・ブリテンが残した功績は、彼女たちの世話をするためにヨークシャーから呼ばれたウィニフレッドの元ナニー、「ナーシー」の貢献なくしては、ありえなかったかもしれない。社会主義と平和主義を信奉し、女性のための運動では闘士となったブリテンとホルトビーは、十五年間にわたたって、断続的に住まいを共有していた。一九三四年、ウィニフレッドは、「社会が、女たちから機会や関心、そして力を奪おうとするとき、いつの時代もかならず、結婚と母性という不可侵の名目のもとにそれが行われてきた」[12]と書いた。ホルトビー自身、結婚と母性を避けていた一方で、家事の責任という問題をほぼ抱えずに済む、素晴らしい幸運を手にしていた。彼女とヴェラは最初、ロンドンのひと間のアパートに住み、自分たちの育った地方の屋敷とはまったく対照的な、「天窓、銅貨を入れて使うガスコンロ」や、「コンロで調理する卵とチーズの夕食」という、そのみすぼらしさを大いに面白がったが、毎日の掃除は通いのチャーレディーに任せていた。「ナーシー」をハウスキーパーとして呼び寄せたとき、二人はメイダヴェールに住んでいた。ウィニフレッドは、自分たちが楽しんでいる女の自立という金粉を、元ナニーにも降りかけたと思った。ウィニフレッドはナーシーに関する良い知らせを、ヴェラにこう書いて伝えた。「ロンドンと暮らし、という考えに、ナーシーは大喜び。彼女は一度もちゃんと自立したことがないって言っているわ。もう彼女は私たちと暮らすつもりで……彼女が言うには、あなたが望むなら、毎日ベッドで朝食が食べられるそうよ」[13]

知的生活は、その繁栄を家事手伝い人にどっぷり依存しながら、影のような人物が厨房にいるという決まりが悪い現実からの距離を、しばしば関与者たちのなかに強調させていたように見える。ブルジョア的同調性において、その限界の打破を望んでいたボヘミアンたちは、使用人といることがひどく気詰りであったようだが、たぶんそれは、生身の人間である使用人が、たいていの小説家が使用人に求める滑稽なステレオタイプ（忠実で、品行方正で、労働者階級の良識から出た昔のことわざを知っているような人）に、およそ一致しなかったせいである。キャサリン・マンスフィールドは、ひとりの使用人の振る舞いによって急に気が遠くなるような思いをさせられたことを、一九一九年の日記で告白した。「炊婦は邪悪よ。昼食のあと、私は体が震え、それでソミエ〔マットレス〕に横になるはめになった――彼女のことを考えながら。つまり――彼女が私の顔を見にやってきたときに――辞めるべきだと告げる文句を。いたずらな猫をじゃれさせながら、私は彼女を待った。ついに彼女がやってきたとき、全部、いいえそれ以上のことを告げると、本当にすまなかったと彼女が言って、私に同意し、謝罪し、よく理解した」。その後、マンスフィールドは手紙にこう書いている。「なんて幸せなのでしょう！　使用人なしでいると思うとぞっとしますが、彼女たちがいると思うと――もっとぞっとします。階下の厨房にいる、不誠実で憎しみに満ちた年寄りを、忘れることができません。今度こそ彼女は出て行きますし、私は彼女の部屋にあったものを全部ゴミ集収に出して、部屋を燻煙消毒して、きれいさっぱり、やり直します」[14]

作家のロナルド・ブライスは、第一次世界大戦の終結後、「失業している退役軍人とその家族、そして、反古《ほご》にされた約束、栄養失調、希望の喪失のせいで、精気も活気もなく醜い姿になった、大勢のみすぼらしい青年と若い女」がいる光景を、何年ものあいだまのあたりにしていた人々が、恥と罪の意識に襲われていたことを、遠回しに指摘した。またそのせいで、「戦前にはまったく知られていなかった類の、労働者階級の人々に対する軽蔑」[15]が中流階級に生まれたと書いている。強情な炊婦が床の上で赤ん坊に食事を与えているところを見たという、グレース・フルフォードの話は、その炊婦のもつ肉体的な感応力、愕然《がくぜん》とする自分との違い、潔癖症からくる嫌悪感に関して、炊婦とのあいだに横たわる不信感と恐怖の深い溝を、くっきりと浮かび上がらせている。フルフォード夫人は、たとえ彼女の瞳に優美な花が映っていたとしても、斧を振りかざす女殺人鬼の前にいるように思われたかもしれない。彼女はこう話している。「そして朝になって、彼女がやってきて、そう、私のところへやってきて、手榴弾《しゅりゅうだん》を投げる近衛兵のごとく、目の前に立ちはだかったことを覚えています。私は本当に小柄ですが、彼女はものすごく大きな体をしています」[16]

一九〇七年、『家庭経済学（*Household Economics*）』を書いたアメリカ人のヘレン・キャンベルは、使用人と主人の関係の中心をなす逆説のひとつを、こう定義した。「奴隷状態におかれた家事奉公人は、一定限度の能力の進歩が可能になるだけで、私たちの複雑な家事活動を遂行するには十分ではない。そういうものなのだ。近代的な家庭の活動を続けることのできる者を見つけても、その者は私たちの使用人になるつもりなどない。そして、喜んで私たちの使用人になる者を見つけると、その者は、近代的な家庭の活動を続ける能力をもっていない」[17]。たしかにこういった矛盾は、小さな家庭では起こっていたが、そのわだかまりと責任との関係を、ほとんどの人が目を凝らしては見たがらなかった。ところが二〇年代初期に、ひとりの若い女性作家が潔く矛盾を直視しようと決意し、勇を鼓してその関係に正面から取り組んだ。その女性、ヴァイオレット・ファースは、のちにダイアン・フォーチュンというペンネームで、『山羊の足をした神（*The Goat-Foot God*）』と『宇宙の教義（*The Cosmic Doctrine*）』を著したが、忘れられて久しい。神智学者、オカルト信仰者、そして霊能者でもある彼女は、魔術結社、「内光友愛会」の創立者となった。ファースは、終戦直後の数年間はロンドンの大学で精神分析学を学びながら、素人の心理療法士として治療にあたっていた。

一九二五年、ファースは、論争を短くまとめた『使用人問題の心理（*The Psychology of the Servant Problem*）』を出版したが、どんな時代においても急進主義的な作品となりそうである。ファースは、戦時中に大きなカントリーハウスで庭師として働いた時期を引き合いに出しながら、家事奉公を遂行しなければならない人々にとって、扱いにくく不可解な問題となっていたものの背後に、いったい何があるのかを考察した。奉公の定義をこれほど困難にし、それゆえ法制化を難しくしているものが、家庭内の関係の不明瞭な本質であるという重要な点を、彼女は認識していた。「なぜなら私も使用人で、勝手口から入る生活をしていたので、あの三年間に出会った娘たちの心と感情がわかるようになった」とファースは書いている。また、女中になる娘たちへの差別は、賃金の問題に留まらず、もっと奥の深い問題であり、「使用人でいることは、自尊心に大きな苦痛を与え、独立精神をもつ者への侮辱は、賃金の額で埋め合わせることはできない」と指摘した。

使用人でいることは「アイデンティティー」であり、単なる職業ではなかった。ファースの著した『使用人問題の心理』は、心情論ではなく、どんな形態の仕事にも払われるべき敬意を伴って家事が尊重されるようになるための、すべての階級のすべての女性に向けた、教育刷新の呼びかけである。ファースは実際、「ホームヘルプが仕えている一家から、思いのままに夫を選ぶことができる」[18]時代の到来を期待していた。彼女の見た「使用人問題」は、需要が供給を上回るかどうかという単純な問題ではなく、供給される使用人の「質」の低下問題でもなく、それは、根強く残る意識の問題であり、破棄不可能な社会的確実性に姿を借りた、吟味されない習慣の問題であった。

女性たちは、家事の重荷をほかの女性に下ろしてもらわずに、いかにして教育の成果と解放を謳歌できるのか？　その後の二〇世紀の論題を特徴づけることになる、家事労働の厄介な矛盾を把握していたヴァイオレット・ファースは、時代をはるかに先取りしていた。一九二〇年代末期、ブルームズベリー・グループの結成メンバーで知識人のフランシス・マーシャルは、ラルフ・パートリッジとともにブルームズベリー地区のフラットに初めて住まいを構えた。彼女は新居に、戦争で被害を受けた市民のひとりで、「私たちの役に立つために」やってきた「びくびくしたところのある中年のオールドミス」の、みすぼらしくて正体のはっきりしないメイベルを、女中として雇った。そしてフランシスは、メイベルの繊細な感受性にショックを与えないために、自分たちが結婚していないという事実を気づかれないよう用心した。その暮らしについて、ラルフ・パートリッジの回想録にはこう書かれている。「このベーコンに、このバターに、この魚を買ったのは誰？　それは、決して私たちを裏切らない、あのメイベルに違いない。自分で買いにいったという記憶は、この私にはまったくない」[19]

第十四章「背が高く丈夫で健康、そして仕事に意欲的」

使用人と一家の未婚の令嬢とのあいだの高い場所で、上品に腰かけていた女性の曖昧な地位が、レディーヘルプである。その呼び名が示唆する通り、レディーヘルプは、生い立ちによって雑役の遂行にはお呼びがかからずに済んでいたが、総じて財力と幸運にはあまり恵まれなかったせいで、保護を願う一家と運命をともにするより生きる道のないような、貧乏な中流階級の女性が就く家事奉公人の形態を指していた。レディーヘルプは、誰の目にもすぐにそれとわかったものの、ときとして業務分野の定義が難しい。有給コンパニオンか、もしくは職務がまったく特定されない雑役係となったり、または家庭教師か保母のような業務にも従事したりと、過度に体を使うきつい労働以外の家事に加えて、読み上げをしたりする秘書的な役割や管理的な職務も含まれていた。フィクションの世界で描かれるレディーヘルプは、たいてい哀れな人物で、他人に依存し、孤独で、必然的に将来に不安をもち、階段の下の住人からも上の住人からも軽蔑されている。

レディーヘルプは、十九世紀の初期から、家事に対して傍観者的な立場をとっていた。レディーヘルプのなかには、見劣りのする女性もいれば、低賃金と保護の引き換えに軽い家事をする、洗練された女性もいた。一八四八年の『グレアムズマガジン』誌の記者は、通常の在職者のその役割を、「何とも特徴のない人物」として描写した。しかし、レディーヘルプはそもそも、自分が目立たないようにしながらほとんどの職務を果たし、特徴をもたないでいることを最も安全な選択肢としていた。ローズ・メアリー・クロウシェイ夫人は、一八七六年に発表した『貴婦人のための家事奉公（*Domestic Service for Gentlewomen*）』のなかで、人生の羽根板のあいだから転げ落ちた、育ちと行いの良い淑女たちのために、雇用機会の増加を訴えた。彼女はまた、そういった女性たちには「ハンドメイデン」の呼称をときには与えてもいいのではないかと思い、そうすれば彼女たちの仕事は、女神ウェスタに仕えた巫女のごとく、天職としての輝きをもつのではないかと考えた。教育の水準が上がっていることに気づいたクロウシェイ夫人は、ナーサリーガヴァネスになるような女性たちでさえ、もはや満足のゆくような能力をもっていないと考えた。彼女は、レディーペルプが「きつい仕事」をすることに反対し、「淑女が、床や火格子の黒鉛を掃除したり、〈鍋釜〉を洗ったり、他人の靴を磨いたり、バケツや水や石炭を運んだりする仕事に従事させることに、私は加担しません」と明言した。クロウシェイ夫人の考えによると、そういったことは「淑女が引き受けるべき」[1]職務ではなかった。その代わりに、給仕の手伝いやほかの使用人の管理を仕事とし、当然、食事は使用人専用広間ですべきではないと述べた。

そういった観点から考えると、レディーヘルプは、十七世紀の家庭で見られた、かなり昔の形態の居候のように見えてくる。当時の未亡人や未婚の女性は、親類にあたる家族の家に住まわせてもらう代わりに、一家のために一身を捧げようとしたが、その献身には多義性が伴わざるをえなかった。金で雇われた下役の単純明快な従属というより、情緒的かつ経済的に依存する立場での務めであり、実際、アリス・オズボーンがそうである。

しかしながら、二〇年代と三〇年代初期の多くの家庭にとっては、女中兼レディーヘルプという発想が、使用人の若い娘たちの反抗への、そして盛んに誘惑してくる工場労働に打ち勝つための解決策となっていた。一八九八年に出版された『女性に開かれた雇用の辞典（*The Dictionary of Employments Open to Women*）』には、「制約事項は、大勢の労働者が家事奉公よりも工場や工房を好む理由となっているが、厳格な秩序が保たれた家で生活している女性にとっては、さほど煩わしいものではないかもしれず、安楽と安心は、より不安定な職業の自由以上に重要視されるものかもしれない」とされていた。新しい世紀に変わるころには、専門職としてのステータスを家事奉公に与える動きに、レディーヘルプも取りこまれていた。一文無しの淑女たちのための家庭的技能の訓練に、「家庭婦人ギルド」や「家庭の任務支援ギルド」などのグループが、全力を挙げて取り組んだ。前述の辞典には、「貴婦人の職業としての家事奉公が、彼女たちの最後の拠りどころとなって、未訓練でも公認されるような専門職であってはならないと考えられた。なぜならば、実用的かつ科学的に徹した訓練を受けることが、求められているからである」と書かれていた。三つの機関で、炊婦、パーラーメイド、女中になるための、レディーヘルプ専門の養成講座が開設された。またそういった機関では、植民地でのより良い暮らしに――結局は打ち砕かれることになるとはいえ――希望を抱く淑女たちのために、移住の準備として家事の訓練を行っていた。

それでも、レディーヘルプという概念で最も目立っていたのは、彼女たちは女中ではなく、有給コンパニオンであるという、はっきりした識別である。しかし、真の友情にはめったになりえない、安楽と安心の代償としてのおそろしく退屈な付き添いには、ちょっとした自尊心の喪失を伴い、また、社会的立場の差異は曖昧になるどころか、むしろ強調されることが多かった。倹約と規則正しさを学ぶため、より上質な訓練への取り組みが続けられたものの、一文無しの淑女は訓練を受けるまでもなく、苦い経験によってすでにそれが身についていた。フレイザー夫人は、苦労している主婦に家計の管理方法を教えるために、中流階級の世帯が聖職者の貧乏な娘たちを雇ってもいいのではないかと考えた。淑女然とした女中という発想は、当然のことながら雇用主のあいだでは評判が良かったが、雇われる女性の社会的地位の曖昧さのために、その家の新参者となる淑女たちには、まったく受け入れられるものではなかった。レディーヘルプは、淑女らしさが保たれている場合に限ってレディーヘルプと呼ばれ続け、多くの世帯が必要とする類の家事は、重いものの運搬や長時間労働の経験がない女性には、できる仕事でもなければ就きたい仕事でもなかった。ゆえにレディーヘルプは、身分を表す瑣末な指標を頼りに、ほかの使用人からつねに自分を分けることで、みずからの尊厳を救い出していた。

ふたつの世界のあいだの中二階的な社会での暮らしには、とかく疎外感が伴い、孤独になる可能性があった。ラドヤード・キプリングが一九一五年に発表した痛ましい結末の短編小説、「メアリー・ポストゲート（*Mary Postgate*）」に登場する、生気のない中年の有給コンパニオンのミス・ポストゲートは、雇用主の甥に残酷な扱いを受けるのだが、彼女はその甥への母性的な献身に、抑圧された感情のはけ口を見出している。その甥が死ぬと、彼女は喪失の痛みを、敵であるドイツ人への憎悪に変え、おぞましい大団円では、墜落したドイツ人航空兵に遭遇し、ついに彼女は官能的快楽を見出すのだ。しかしその快楽は、彼に対するサディスト的な残虐行為でしか、手に入れることができないのである。

遺産もなく、年金もなく、成り行きに身を任せたレディーヘルプは、ガヴァネスと同様、窮状に陥る運命を予期していた。エドワード朝かヴィクトリア朝の時代に若くしてガヴァネスになった女性たちは、一九二〇年代には引退していた。一八四三年に設立された「ガヴァネス慈善協会」は、一九三四年になってもなお、五五歳以上の元ガヴァネスたちに経済援助を提供していた。同協会は一九三七年まで、ワイト島のシャンクリンの海辺ではゲストハウスを、そしてチズルハーストとベッケナムでは引退者用ホームを運営していた。元ガヴァネスがそういった場所を利用する資格を得るためには、審査員団の前でみずからの体験を披露し、恥をかく必要があった。一九三〇年には基金によって、二九九九人のガヴァネスが、給付金とホームでの保護、そしてシャンクリンでの有給休暇の恩恵を受けた。そのうちのきわめて貧しかった九七人には、特別な基金から衣類の入った小包が送られていた。[2]

レディーヘルプという概念は、一九二〇年代のあいだに、ちょっとした変容を遂げていた。哀れを誘った居候は、オールドミスの集まりから、積極的に徳を行う女中アマゾネス〔女傑〕集団に生まれ変わっていた。キャサリン・マンスフィールドが、一九二三年の短編小説「入り江にて」のなかで描いた、騒がしい家族旅行で役に立たなければならない、上品な鼻声のレディーヘルプの姿は、ほどなくして、過去の想像のつくり話となるのである。一方、戦争体験は、多くの女性から技能や気力を引き出し、思いがけないさまざまな状況で役に立っていた。求人広告には、有給コンパニオン、私設秘書、上級使用人、レディーズメイド、ハウスキーパーのあいだに割り当てられた、新しい種類の「求職」欄が見られるようになった。たいていその広告には、保育や子どもの世話などの、戦時中に積んだ経験が目立つように記されていた。そういった女性の多くが貧困を、そしてほとんどが親族との死別という過去をもっていた。「当方、レディーコンパニオン兼保母、まかないつき住み込みの快適で豪華な家庭を希望。戦地中の試練による精神病から最近回復」という広告が、一九二〇年の『タイムズ』紙に掲載されている。[3]海外にいる家族の元へ帰りたい女性や、単に植民地で新しい人生を切り拓きたい女性が、渡航費と引き換えに船上でのコンパニオンや保母の仕事を求めた。一九二〇年に南アフリカへの渡航を望んだ女性は、「背が高く丈夫で健康、そして仕事に意欲的」と自分を宣伝し、また終戦直後には、ヴァンクーヴァーの家に戻る船代を稼ごうという女性が、「子どもの世話、あるいはメイドコンパニオン役」を売りこんだ。

レディーヘルプを雇用する者の数はますます増え、可能な限り低い賃金で、優秀な女中を求めて広告を出した。二〇年代末期の恐慌では、ウェールズ地方の多くの娘が家を去ることを余儀なくされ、そのうちのひとり、ドリス・グレイソンは、一九二九年に南ウェールズを離れてロンドンの家庭で奉公に入った。彼女はこう話している。「自分がどうなるか、想像もできませんでした。最初の場所でひどいショックを受けるということだけは、わかっていました。広告は、〈淑女のお手伝いさん〉となっていました。母は結婚前にレディーズメイドをしていましたので、私もああいった仕事の訓練を受けて、一家と一緒に旅行するような仕事だと思っていました。ところが、その家にいた使用人は私だけで、完全に欺かれました。週に六シリングの賃金しかもらえず、まるで刑務所に入っているような気分でした」。また別のウェールズ出身の娘、グラディス・エヴァンスは、仕事を請けた際、「通いの女が洗い物をする」との約束があったものの、ウォッシャーウーマンは一度も姿を現すことはなかった。

調理コンロはひと口で、風呂場に下着を干すような、ひと間のアパートでの女性のひとり暮らしが流行ると、新聞はこぞって、嘆かわしい女性たちを非難する特集を組み、流れに逆らおうとした。一九三七年の記事などは、「サリーは、家族のいるナイツブリッジの快適な家より、ヴィクトリア近隣の、かなり居心地の悪いひと間のアパートを好み、自分だけで住んでいる」[4]で始まっていた。短髪で膝丈のスカートをはき、煙草も酒も、そして仕事も自分の思いのままにできるサリーは、断じてその暮らしを捨てるつもりはなく、ナイツブリッジの実家で、夫となる男をじっと待っているような人生を選びはしなかった。とはいえ、そういった男が現れる可能性は、皆無に等しかった。雇用主たちは徐々に、要求の課題や、オールドミスの野心にも応えていった。たとえば女性の公務員は、結婚すると退職しなければならないとしていた規則が、未婚女性にとっては有利に働き、出世の階段を上ることができた。

かつて、雇用主に気に入られようと賢明になっている、哀れなオールドメイドと思われていたレディーヘルプは、社会不安と使用人不足の状況のみならず、戦時中の実践訓練と自活への傾向を利点に変え、新しい種類の女性の典型となっていた。一九二〇年代の流れに身を任せた中流階級の女性が、自分で生計を立てることは、かならずしも冒険ではなかったものの、少なくとも、そうしているのは自分だけではないという認識は、救いとなっていた。明朗で実用的な適性は、絵を描くことや雄弁な語り口よりも有用性が高く、それを活用する健全な雇用市場があった。日記作家のジェームズ・リース＝ミルンは学校を卒業した一九二〇年代中期に、ロンドンにあった職業紹介所、「ユースフル・ウィメン」〔役に立つ女性たち〕でタイピングを習い始めたが、まさにその名前は、当時の時代精神をひと言で表していた。

また別の職業案内所、「ユニヴァーサル・アーンツ」〔万人のおばさんたち〕は、新しいアマゾネス像を体現していた。創設者のガートルード「ガーティ」・マクレインは、終戦時には三〇代になっていたが結婚もしておらず、家柄の良い上流階級の出身でありながら、個人所得はなかった。彼女は戦時中、同世代で自分と同じような立場の女性たちの、臨機の才やこぼれるほどの自信を目撃していた。六人の兄弟姉妹のいる彼女は、甥や姪をひたむきに世話するおばさんとしての自分を見て、他人の役に立つことのできる能力を十分に活かし、同じような女性たちのために、職業紹介所を開くことを思いついた。ガーティは、顧問弁護士のジョシュア・オーウェン・スティードに、こんな手紙を書いている。「私は冒険的な事業を計画しています。これが、私の模索していた時間と知識を活かす機会となることを願います。そしてまた同じ志をもつご婦人方が、この事業に関われることを願っています。戦争が応接間のドアを無理やり開けてしまったために、生い立ちの強みや常識や知性、そして家族生活の経験をもつ数えられないくらい大勢の女性たちが、元の生活に戻ることが困難になっているからです」[5]

一九二一年、「英国初の個人対応人材紹介所」のユニヴァーサル・アーンツは、スローン通りの賭け屋の裏にある、週決めの家賃が十シリングの小さな部屋に誕生した。ガーティ・マクレインは、その事業に「洗練と常識、機転と指揮」をもたらすことのできるアシスタントを募集した。それから彼女は、子どもの世話、付き添い、室内装飾のアドバイス、植民者の買い物と調査を引き受ける、「申し分のない経歴の」婦人を募集する広告を、『タイムズ』紙に出した。考えもおよばないほど特異すぎる仕事など、あるはずがないと彼女は思った（ただし、テムズ川でクルーズをするアメリカ人の団体の飲み物に、つねに氷を足す役については、克服が不可能であると認めたが）。それは、奉公の仕事では軽いほうの部類であり、ユニヴァーサル・アーンツが玄関前の石段を掃く掃除婦や女中の仕事を紹介するとは、誰ひとりとして――少なくともガーティ・マクレインは――思わなかった。

とはいうものの、そういった仕事は、新たな忙しさや、社会的かつ財政的な意図を反映しており、ガーティ自身や彼女の友人と同僚のような、女たちの人生を左右していた、脆弱な部分のある社会的な境界線が、少し緩められたことを示していた。ヴァイオレット・ファースは、家事手伝い人が、一家の社会的立場と完璧に対等だと思える日が、かならず訪れることを願っていたが、それが実現する道を、ユニヴァーサル・アーンツは少しだけ歩み出していた。

しかし、雇用者となるはずの階級は、税制と相続税、そして経済不況に苦しみ、家庭の財政管理をやり直す必要があったというのが、冷酷な事実である。中流階級の娘が家計を負担するために働くことは、もはや想像できない話ではなかった。重要なことは、使用人と主人の微妙な関係を脅かさないための、そして、むしろ相互利益となるような取り決めだった。ジョシュア・スティードはガーティ・マクレインに宛てて、こんな手紙を書いている。「ほとんどの階級で、家計は困窮しています。たとえば娘の小遣いについては、当然、自分で収入を得ることが奨励されます。上の階で家計の引き締めが実施されても、下の階では使用人と出入り業者が通常のやりとりを続けているので、主人側は引き締めが奏功しているとは感じていません。あなたが提案するサービスに、分別あるご婦人が短期のスチュワーデス〔女性執事〕を務める、家庭管理コースを含めてみてはいかがでしょう。専門職方式での選別なら、下の階の者が面子をつぶされずに済みますから」[6]（一方、雇用主が苦闘しているところを最初に見るのは使用人であった。ウィニフレッド・フォリーの高齢の女主人は、大邸宅に住みながらほとんど金がなく、夕食の「プレート・オー・ティター・ウィー・ノブ・オー・マージ」〔マーガリン添えのジャガイモ〕を分け合って食べることが、自分にとって幸福だというふりをした。肉が高すぎて手が届かない女主人の事情を、ウィニフレッドは理解していた）[7]。

ガーティは、それぞれの「アーント」〔おばさん〕の個人的な強みをつねに再確認するため、箱に入れた経歴書のインデックスに、経歴を縮小したメモをつけた。彼女たちはもはや、上品なたしなみを漠然ともった淑女たちではなく、楽しいことや新しい体験に対し、意欲的で、たくましく、好奇心旺盛な婦人たちであった。ペンワイパー〔ペン先のインクを拭き取る布で、ヴィクトリア朝には凝った手芸品がつくられた〕をかぎ針で編む忙しそうな、同時に、オートバイにも乗っていそうな女性の典型だった。ガーティがメモをつけたのは、たとえばこんな女たちである――既婚者のヴァイオレット・ランプトン、年齢四〇歳、「サーカス、パントマイム、『ヒキガエル館のヒキガエル』〔ケネス・グレアムの児童文学『たのしい川べ』をA・A・ミルンが戯曲化。一九二九年、ロンドンのリリック劇場で初演〕に関しては、知識豊富」。独身のシャーロット・ヘッジカム、五五歳、「大柄で毅然とした態度、現実主義を支持、エチケットと行儀に神経質。少年院理事会メンバーで動物学協会免状有す。年長男児の扱いに自信、何人でも」。エリザベス・プラット＝スティード、「厳格な人物。冷酷さのない断固とした態度。物理学、心霊術、海外伝道についての会話も歓迎」。フィリス・ベケット、独身、「フットボールとハツカネズミについて熟知。小言を言わないことでは保証つき。階段の手すりを滑り下りる特技あり」。ハイアシンス・プラマー、三〇代の独身、「〈ヘビと梯子〉と〈ハルマ〉〔ボードゲーム〕」の達人。彼女は胸元が深い服を着ていたため、「モデスティーヴェスト〔開いた胸元を隠す肌着〕」を着るよう指示される可能性あり。パンジー・トラブショー、三二歳の未婚、クリケットと外国の切手に明るいものの、「それ以外にはこれといって特徴なし」[8]

　大勢の男たちを失った一九二〇年代の英国で、婚期を少々逃していそうな、とうてい伴侶を探せそうもない女たちが、アーントになることが多かった。未亡人か、戦争で婚約者を亡くしたか、あるいは戦争前に夫となる男と出会うチャンスがなかった者もいた。しかしほとんどの女たちが、そして誰よりも切実に金を必要とする者が、稼ぐための冒険に登録していた。仮に、結婚相手を探す露骨な素振りを見せるアーントがいれば、ガーティによって「夫探し」というレッテルが貼られるか、または「でも、危険なし」と注釈を加えけられることもあった。アーントたちは、列車でやってくる子どもの出迎え、犬の散歩、買い物、室内装飾のアドバイスなど、さまざまな仕事をこなした。ガーティの友人のミルドレッド・「ベイ」・リーは、ダフとオッブスのように自家用車を所有し、女性飛行士が流行となった時代の空を飛ぶ興奮も楽しみ、刺激と流行を手に入れることに余念がなかったが、整備工の資格をもつ彼女は、「ユニヴァーサル・アーンツ自動車および飛行機部門」を設立し、自動車の販売やチャーター、飛行の教授とモーターボートのサービスを開始した（「あらゆる機種を取りそろえて」）。

　ユニヴァーサル・アーンツの創意あふれる構想は、決して平凡ではなかった。十九世紀に慈善家として活躍した実践派の淑女たちの、最良の精神をもちながら、それでいて当時のような、窒息するほどの道徳的気高さを求めているわけではなかった。一九四七年にへメルハムステッドで、高齢者に温かい食事を届けるサービスを始めたのも、ユニヴァーサル・アーンツである。その「ミールズ・オン・ホイールズ」

〔自動車で運ぶ食事〕の実用的な仕組みは、いかにもガーティらしく、よく狩猟へ出かけた祖父の弁当が鋳型で抜いた金属製の器に入っていたため、冷めにくかったことからヒントを得ていた（とはいえ、すでに一九〇二年には『レディー』誌の記者が、住み込みの炊婦がいなければ「毎日、電気運搬車が食事を配り、毎朝、注文を取りにまわる仕組みができるかもしれない」と示唆している）[9]。

ユニヴァーサル・アーンツはほかにも、雇用主であるにわか成金たちが、上級使用人から社会的な承認を得られるこつを指導してもらうという、一世紀にわたって目立たないように開かれてきた、有益なレッスンも提供した。何が世襲の資産家を成金と分ける決め手となるのか、キャリアサーヴァントは完璧に把握していた。経験豊富な執事は、立身出世をねらう野心家の兵器庫で、最も威力を発揮する兵器となりえたのである。たとえば、アメリカ人の大富豪、ローラ・コリガン夫人に仕えた執事のロルフは、彼女のロンドン社交界入りを果たすために、毎朝、グロスヴナースクエアにある屋敷の玄関先に立ち、社交界で馴染みの顔が通りすぎるたび、「お早うございます、奥様がお飲み物でも差し上げたいと、お寄りになるのを待っていらっしゃるはずです」[10]と声をかけた。

そんなふうに、利益の上がる鉱脈を見つけ出したある女性は、ガーティ・マクレインと手紙をやりとりして、「新しい資産家もいます。新興成金たちは、戦争で直面した危険よりも、さらに危険でいっぱいの社交界という地雷原を、無事通り抜けられるよう祈っていますが、その祈りに応えられるあなたに、ぜひ会いたいと思っているのではありませんか？」[11]と提案した。それは、素晴らしい思いつきだった。新興成金の実業家と戦争成金たちは、田舎の名家の屋敷や地所を買い占めていた。その結果一文無しになった上流階級が、彼らに振る舞いや流儀に関する助言をし、上流社会に入る手助けをすることで、いくらか稼いでもいいはずであった。ユニヴァーサル・アーンツは、元デビュタントの正式な紹介がなければ、宮廷でデビューすることができないデビュタントや、裕福なアメリカ人滞在者向けの、付き添いサービスを提供した。アーンツから、社交界に人脈のある付き添いを一〇〇〇ポンドで雇うことができ、またそれには、デビューには不可欠な、膝を深く曲げるおじぎの仕方などを熟練者に学ぶ作法のレッスンが含まれていた。E・V・ルーカスによる一九二三年の小説『助言者ベン（*Advisory Ben*）』では、「ベック&コール」という職業紹介所が舞台になっているが、アーンツを基にして書かれており、にわか成金の父親をもつしとやかな娘が、パーラーメイドの仕事を探すという着想さえ採用されている。彼女は、ショーファからあからさまに軽蔑され、元気をなくしている家族のために、その紹介所を訪れると、良家の女中になって、振る舞い方のこつを習得したいのだと告げる。「ママもパパも、絶対に使用人を扱えるようにはなれません、でも私は、ちょっと学んだら、使用人たちをきちんと指揮できる方法が、わかるようになると思うんです」[12]

ところが、ベック&コール紹介所では、パーラーメイド志望のその娘の就職先に問題を抱えることになる。なぜなら、女中を雇えるような貴族の家がもうほとんど残っていなかった――というのが、ルーカスが考えた筋書きである。現実の世界では、アーンツが力を貸すことのできる新貧困層の彼ら自身は、また別の実り多い分野となった。彼らは、自分の周りで朽ち果ててしまった家で、そして収入の範囲内で、どう暮らせばよいのかわからず、ほとんど途方に暮れていた。一方、大勢の家臣たちは、かろうじて賃金を払うだけの雇用主とともに齢を重ねていた。中流か上層中流階級に属した戦争未亡人たちは、道徳的な励みとなって、しかも上品に見えるように、骨の折れる倹約生活を送らなければならなかった。「彼女らの大半が貧しい生活を送っていたが、おそれ多いことに、表に見せない貧困だった。無理して体裁を保つために、たぶん女中は二人置いて、それで給料を払わないなどというのは、尋常ではない」と見た者もいた。[13]

すべての家事の役割を使用人に託すという、豪勢で贅沢《ぜいたく》なエドワード朝の発想で育った人々が、家計の実務的な主導権を握るには、絶望的に（十五年前、フレイザー夫人が嘲笑的に言及した通り）準備不足であった。ジャーナリストのチャールズ・グレーヴスは、ユニヴァーサル・アーンツに関する記事のなかで、新興富裕層は紹介所の仕事に「喜劇」を提供していたかもしれないが、「悲劇」は新貧困層によって提供され、「彼らは、家計簿のような日常的な家庭の面倒から守ってくれるハウスキーパー兼秘書が、もはや雇えないことをふいに悟る（そのほかの贅沢については言うまでもない）。自分たちで家を切り盛りする彼らの努力は、多くの場合、きわめて情けないものである。何もかも取り上げられてしまった彼らにとって、贅沢は、その権利を奪われてしまっているとはいえ、言語道断であり続けるのだ」[14]と書いた。

第十五章　機械じかけのメイド

一九二九年、エセル・マニンは、ストロベリーヒルを去り、そして夫とも別れて、ウィンブルドンにある小さな家、オーク・コテージを購入した。しかしその家の室内は、少しもコテージらしくなかった。青、黒、オレンジなど使用されたペンキの色は多彩で、エジプト製の細長い絨毯《じゅうたん》をかけた壁に、暖炉の上にはゴッホの「ひまわり」が飾られ、キャビネット型蓄音機も明るいジグザグ模様に塗られて、まさに二〇年代の新しい美意識が、オーク・コテージによって体現されていた。マニンは、「モダニティーは、四角い形でジャズの模様」[1]と書いている。

こぎれいで、チューブのようになめらかで、テクノロジカルで、モダンな形が、ヨーロッパ大陸から入ってきた。デザイナーも建築家も、機械によって人間が苦役から救われる可能性のある家庭について、初めて真剣に考え始めていた。一九一〇年、『イギリスの家庭（*The English Home*）』の著者は、「美術の伝統は守るべきではあるが、古めかしさは、古いからという理由で賛美されるべきではない」と主張したが、「高くついて、不具合のある古いもの」がもつ魅惑を放棄することは、依然、イギリス人には困難であると見ていた。

電気ソケットや洗濯できるカーテンばかりが、新しい住宅の新しさではなかった。それは、女主人と使用人の、厄介で神経を使う関係からの解放のことでもあった。そしてそれは家事よりも高尚な問題をじっくり考えるために使ったほうが望ましい時間を、解放することに関係していた。一九二四年に建築家のランダル・フィリップスは、「われわれは今、世界を一新させることで、みな忙しい」と書いている。新しい雑誌、『ホームズ&ガーデンズ』の編集長となったフィリップスは、小規模住宅を精力的に擁護した。彼の考えるフィリップス・ホームは、効率の良い、スマートな生活のための機械であり、最大の効率と最小の労働量で運営されるように設計されていた。新しいものの熱烈な支持者たちは、黒鉛を塗る必要があった厨房のレンジ〔大型の鋳鉄製で、コンロやオーブンなどと湯を沸かすボイラーがついている〕も、綿などの詰め物をしたり、フリンジやフリルをつけた調度品も、棚の上で埃をかぶっている装飾用小物も、めったに使用されなかった額用のレールも、よろい戸が閉まったかび臭いパーラー〔正式な行事に使用する広間〕も、そのすべてを永久に放棄した。家での作業を細かく分けて見せないようにしていた小部屋の迷宮がなくなると、全体の空間が広がりを見せ、それまでになかった気安さによって、関係が蘇ったモダンなコミュニティーの周囲で、空気が自在に循環しはじめたのである。

　フィリップスは『使用人のいらない家（*The Servantless House*）』のなかで、ドローイングルーム〔客を迎えてもてなす正式な応接室〕は、何かを陳列するためや訪問客を迎えるためにはめったに使用されず、「誰もが恰好をつける特別な機会のみに使用する、かなり不自然な場所」であると指摘し、これからは、訪問カードを置く習慣のあった世代の細長い椅子や意味のない「予備」のテーブルとは大違いの、家具が心地よさを促進する「リヴィング」ルーム、または「シッティング」ルームとなるべきであると提案した。またフィリップスは、寄木張りの床やカーペットよりも、むしろ地下の厨房の床に貼られていたリノリウムの使用を奨励し、汚れの拭きとりが簡単なエナメルを張った、実用本位のアメリカ式多目的キッチンキャビネットの利用も提案した。[2]

影響力のあった室内装飾家、シリー・モーム〔一九一七年に小説家のサマセット・モームと再婚した〕は、余分なものを一切置かない白だけのインテリアを思いついた。それはフィリップスのメンテナンスのほとんどいらない理想に共鳴するものであり、彼女の顧客のほとんどは、使用人不足を心配する必要がなかった。トーマス・バーナード博士の娘であるシリーは、一九二二年に最初の店を開いた。二〇年代の末期に、彼女が「目の前にあるすべての家具を漂白し、酸で洗い、表面を削り落とし」、羊の毛皮と白の濃淡のみでしつらえた裕福な顧客の家は、写真家のセシル・ビートンによって、豪華なメランジュ〔雑多な取り合わせ〕として描写された。[3] モームが使用した鉛白処理のオーク材は、磨く必要がなかったため、ことのほか中流階級の世帯で好まれたが、ほかにもモームが用いた「ぼかし」手法の塗装も、手入れをしなくても見映えが維持できるため、手軽でうまいやり方として玄関ドアなどによく活用された。ランダル・フィリップスは、イギリスの家庭で最も神聖な境界へも攻撃をしかけ、真鍮《しんちゅう》製のドアノッカーと郵便受けを毎日磨く手間を省くために、光沢のない「漆黒」に塗ることを勧めた。その上、夜明けとともに起きる女中の苦役のひとつであった玄関前の石段磨きさえも、天気に任せておけば磨くことは不要で、そのほうがかえって味が出ていいと示唆している。

アーネスティン・ミルズもまた、女性の解放は使用人からの解放であり、なおかつ使用人の解放であるという呼びかけに、真剣に取り組んだひとりであった。彼女は、細部まで凝った装飾や扱いにくい家具、そして棚も戸棚もたわむほどあふれた「小物」が詰めこまれた古い家の解体は、すべての階級における男と女の関係の、新しい均衡への呼びかけであると考えた。「職人の家庭の女性たちは、新たに獲得した市民権やさまざまな社会問題に関心をもつようになって、より良い教育を受ければ受けるほど関心の幅が広がり、もっと余暇が欲しいと要求する。そして、夫たちの一日の労働時間が八時間から五、六時間に削減されれば、妻を休ませるために、いくらか家事の分担を頼まれるようになるであろう」[4]と、一九二五年に発表した『家庭の問題、過去、現在、未来』のなかに書いたミルズは、彼女自身のような女性は、新しい生活様式の主唱者となるべきであると述べ、「家事を自分でしなければならない教養のある女性たちは、埃がたまるだけの無用な装飾品を廃棄し、モダンな調理済み食品や大衆レストランを利用して、家庭内の物事を簡素化する傾向がある」[5]と指摘した。

一九二〇年代には、戦後の建築ブームと、それに対応してにわかに登場した数々の女性誌による、家事の省力化に関するアドバイス記事のフィーバーが起こった。建築ブームはロンドンだけを見ても、「首都のあちこちで非常に短期間に住宅の建設が行われており、ロンドン大火以降最大規模の再建をまのあたりにした」[6]と、ある時事解説者が書いている。自由保有権の小さな新築住宅は、二五〇から四五〇ポンドほどで売り出された。四、五寝室の二軒続きになった大きなヴィラは、最も高価なものでは二五〇〇ポンドの値がついていた。それは、郊外が支配的な勢力を握った時代であり、郊外の美意識は、国民精神のなかにもしっかり定着していた。アン女王朝様式を少々とチューダー朝風の梁《はり》、ドアの上にはステンドグラスの小窓、屋根つき門や、目新しい小塔かねじりキャンディー形の煙突など、あらゆる時代から借用した建築的要素を採り入れた家のデザインは、さながらラッキーディップ〔宝探しの袋〕のようで、郊外の住宅はあいかわらず、イギリス人のもつ最古の理想――小さな土地の一画に、抱かれるように建っているコテージのイメージ――を象徴していた。一九〇八年から「理想の家庭展（*Ideal Home Exhibition*）」を開催してきた『デイリーメール』紙は、一九二〇年、使用人がひとりだけいて石炭を使わない住宅を、二五〇〇ポンドの予算で建てる設計コンペティションを企画し、最優秀賞には三〇〇ポンドの賞金を与えることにした。結局選ばれたのは、かなり立派な五寝室の住宅ではあったが、女中部屋のみならず階段の踊り場にも、掃除機と研磨機用の電気コンセントを備えていた。その家には、研磨面や埃がたまりがちな鋭い角が一切なく、暖房には、備えつけのこぎれいなラジエーター〔放熱器〕と煤の出ない電気暖炉を採用していた。そしてまた、流し台の上に置いた木製の棚に汚れた皿や器を並べて、ゴムホースのついたシャワーで適当に水をかけて洗い流す仕組みの、ごく初期の食器洗い機が備えられていた。

　第一次世界大戦後に開かれた展示会の視点は、新しい世の中と調和するために、家庭生活も無駄なものをそぎ落とし、合理化しなければならないという新しいセンスを奨励していた。住み込みの女中を置かないという発想は、大規模世帯にとっては一歩進みすぎていたものの、小規模世帯では空間を活かして、出る埃を最小限にとどめるための独創的な方法が、あれこれ考え出されていた。たとえば、家庭で使用するものを、いくつか結合させてしまう方式が試された。一九二三年の「理想の家庭展」では、底の部分に蓄音機が隠れるように工夫された、ふたつの機能をもつテーブルランプが取り上げられている。人間工学的な効率のために、日常生活の細部にわたる詳細な研究が行われ、一九一九年の展示会では、三五〇人から五〇人分のアフタヌーンティーの準備をするにあたって、優れた設計の厨房であればいかにその段階を単純化することが可能か、詳しく描いた図表によって説明された。

　セントラルヒーティングは、大きな家ではもはや珍しいものではなくなり（ただし、大邸宅の家主はあいかわらず、長く寒い廊下と、手で薪をくべる暖炉を好む傾向があった）、一九〇〇年以降に建てられた中流階級の住宅には、たいてい屋内に浴室が造られていた。売り出される新築住宅の多くで、食料品室、食器洗い場、女中用居間——その大半には電気呼び鈴システムが含まれていた——があいかわらず宣伝されていたが、新しい生活様式に適応させようと、建築の流れは新しい間取りの家に向かっていた。食事のできる厨房は試験的な活用法であったものの、それに続いて、配膳用ハッチやトローリー〔ワゴン〕、ホットプレート（それらが魅力的ではないと見なした上流階級は、使用人なしで客を招待する偽りのもてなしを暗示させるからだと理屈をつけた）が順を追って採り入れられた。ダイニングルームは（もしくは朝食ルームでも）、たいてい厨房の隣に設けられるようになり、もはや厨房は、地下に隠しておく場所ではなかった。

資金繰りが苦しい人々の地区では、小さな住宅が流行したが、その狭苦しさは、ビジュウ〔小さくて優美〕というしゃれた言葉で置き換えられた。既存の建物を住宅用に改造する手法が見出されると、ロンドンではとくに、馬やショーファの姿が消えた馬屋が、洗練されたピエダテール〔小さな住居で、しばしばセカンドハウスとして使用される〕に改造された。H・G・ウェルズはそれを、「貴族ぶって結構な家賃を取る、邪道に陥ったコーチマンの家」と言い表している。またその十年間に、サービスフラットもいっそう人気を増し、独身の男性や専門職に就く女性、あまり多くない年金で暮らす夫婦などのあいだで評判が良かった。

アイヴィー・プロヴァインの両親は、メイフェアにあるサービスフラットの一棟で、住み込みの使用人として働いていた。「母はいつもあっさりした伝統料理をつくり、住人用の日替わりメニューを考えました。父は食器（各フラットからはリフト〔エレベーター〕で降ろされた）を全部洗って、靴とスーツの手入れをしました。母と父は、二人のキッチンメイドと女中の手を借りていました」。アイヴィーは、ハノーヴァースクエアにあったセントジョージ小学校へ入学した。そこは「メイフェアの労働者階級」のための学校で、家事奉公人の子どもたちが通っていた[7]。

そういった住居の間借りや、下宿よりも整った住環境のなかでは、ある程度の親睦を深めることができた。執事のアルバート・トーマスは、第一次世界大戦前、ロンドンに新しく建てられたサービスフラットで、スチュワードとして働いていた。住み心地の良いそのフラットは、ホテルと使用人のいる私邸の中間のようなものであったが、責任はそのどちらよりも軽く、費用も少なくてすんだ。トーマスはこんなふうに記憶している。

　趣味の良い家具を備え、家賃にはサービスが含まれていた。女中は掃除によく注意を払っていたし、毎朝食事の注文を取り、私のところへも運んできたが、朝食は八時以後で、晩は全部の女中が寝に帰ってしまうので、八時半までしか食べられなかった。そこの入居者の日ごろの行動を見ていると、彼らがこういった類のフラット暮らしを選んだ理由が、私にはよくわかった。彼らにはきちんと家庭を営む能力がなく、さりとて使用人を置く余裕もない懐事情の結果であった。これは男たちにも女たちにも言えた。なぜなら、男はすべて独身で、女は未亡人——あるいは夫と別れたか、そうでなければ、オールドミスばかりだった。[8]

　こういった種類の集合住宅の棟に、道徳的に乱れた雰囲気がかすかに漂っていたのは、住人たちが、通常の家庭の範囲からいくらかはみ出していたからである。イーヴリン・ウォーの『一握の塵（*A Handful of Dust*）』では、ブレンダ・ラスト夫人が、買い物や文化に触れるためと称して、ロンドンのサービスフラットに住居を構える決心をするが、じつはジョン・ビーヴァーとの浮気の隠れみのに使うつもりであった。アイヴィー・プロヴァインは、棟の住人との親交が、父親をアルコール中毒にしたと考えた。「不運にも、父は教養がありましたので、フラットに住む貴族議員の方々やご婦人とお付き合いし、大酒飲みになってしまいました」[9]

　そのほかの住居の仕組みに、ホステルがあった。ブロンウェン・モリスは若かったころ、ロンドンのスローンスクエアから少し外れた場所にあるホステルで、「若いビジネスウーマン」たちに三度の食事の世話をするキッチンメイドとして働いていた。厨房の掃除や野菜の下ごしらえで忙殺されていたブロンウェンは、やがて炊婦に昇格すると、居住者たちが仕事場から戻って食べる昼食も含めて、七二食分の温かい料理をたっぷりと、日に三度準備するようになった。「朝食には、ベーコンと、ニシンの丸干しか開きの燻製、茹で卵。昼食には、ウサギのシチューかウサギのパイ。夕食は、野菜を添えた豚肉か牛肉――それにはかならず蒸しプディングかライスプディング、またはスエットプッド〔脂肪を使った蒸しプディング〕[10]。一九二〇年代には、そういった働く女性のための住居が増加した。速記者、タイピスト、事務員をする彼女たちは、E・M・フォースターの小説〔『眺めのいい部屋』〕に登場する心配屋のハニーチャーチ夫人の言葉を借りるなら、総じて、「玄関の鍵〔自由〕をもち、タイプライターに関わっている」若い娘たちであった。

製造業者は「使用人問題」で儲ける機会を、素早くつかんでいた。一九一八年、英国商業ガス協会は、こんな広告を出した。「使用人なしの理想の家庭なら、全ガス化住宅です。それが、近代建築事業計画の看板機能になってきています。無駄な労力いらずの全ガス化住宅なら、快適で、便利で、汚れ知らずで、経済的で効率的――そんな進歩の象徴を、女性なら無視することはできません。汚れも、骨の折れる仕事も、あの煙を出す燃料とともにすべて消え去るのです」

一九一四年にはすでにマグネット〔一八八八年創業の英国のジェネラル・エレクトリック・カンパニーのブランド名〕が、電気暖炉、ラジエーターとホットプレート、電気ケトル、電気アイロンにトースター、牛乳滅菌器などを宣伝していたものの、それでもまだ電気は、未来の燃料でしかなかった。ところが、科学技術の家庭への導入ペースが、ふたつの大戦のあいだに、突然速くなるのである。一九一〇年には、電線を架設していた家はわずか二パーセントであったのが、それから三〇年足らずの一九三九年に、ほぼ七五パーセントの家庭が本線から電気を引くようになり、また同年には、三〇パーセントが電気掃除機を、そして八〇パーセントが電気アイロンを所有するようになっていた。[11] 電気を利用すれば「個性が伸ばせる」という大胆な予言をしたのは、キャロライン・ハスレットだった（一九二四年、ハスレット夫人は、女性電気協会の会長に就任した）。彼女の見解はこうである。「家事とそれをどう実行すべきか、という問題に対する一般大衆の姿勢ほど、がらりと変化したものはほかにない。かつて、『私は朝から晩まで家で働いている』と言った主婦は、家事における徳の高さを示していると思っていたが、今日それを言う女性は、想像力不足と発想の退化で自責感を抱いて、立ちすくんでいる」[12]

食器乾燥棚（「モダンなオフィスにあるスティール製のキャビネットに似た外観の」）と卵茹で器、足温器、電気ゴングに寄木張り床用の研磨機など、一九二〇年代から三〇年代にかけてお目見えした電気器具の、独創的な品々に対する想像力は、むろん、尽きることがなかった。「ネクタイ用電気アイロン」まで現れたものの、従来のロンドリーメイドが次から次へと絹のリボンを伸ばすためにあてていた、あの古めかしいひだつけアイロンと、その発想はさほど違わなかった。ハスレット夫人の本、『家庭用の電気（*Household Electricity*）』には、人手を借りずにきれいにしわを伸ばした自分のズボンを、電気プレス機から意気揚々と取り出している男性の姿が、説明図で表されている。一九三五年の『デイリーエクスプレス』紙が出版した『今日の家庭（*The Home of Today*）』は、自信たっぷりに、読者にこう語っていた。「毎年、いやほとんど毎月のように、科学による新しい発見が家のなかへ届けられている。エーテルの波動が食品の貯蔵に使用され、無線波で家庭の湯を沸かすこともできる。そしてまた目に見えない光線が、侵入者から家庭を守るのである。そんな驚きに満ちた数々の発明が、日常の家事サービスに、急速に採り入れられてきている」[13]

労力を節約する機械によって、清潔感への期待はむしろ高まることが多く、新しい家と新しい付属品は、

郵便はがき

料金受取人払郵便

新宿局承認

7662

差出有効期限
平成27年9月
30日まで

切手をはらずにお出し下さい

160-8791

344

東京都新宿区
新宿一―二五―一三
（受取人）

原書房
読者係 行

1608791344 7

図書注文書（当社刊行物のご注文にご利用下さい）

書名	本体価格	申込数

お名前　　注文日　年　月

ご連絡先電話番号（必ずご記入ください）
□自　宅　（　　）
□勤務先　（　　）

ご指定書店（地区　）（お買つけの書店名をご記入下さい）
書店名　書店（　店）
帳合

5086
使用人が見た英国の二〇世紀

愛読者カード　ルーシー・レスブリッジ 著

より良い出版の参考のために、以下のアンケートにご協力をお願いします。＊但し、今後あなたの個人情報（住所・氏名・電話・メールなど）を使って、原書房のご案内などを送って欲しくないという方は、右の□に×印を付けてください。 □

フリガナ
お名前　　　　男・女（　　歳）

ご住所　〒　-

市　町
郡　村
TEL　（　）
e-mail　@

ご職業　1 会社員　2 自営業　3 公務員　4 教育関係
5 学生　6 主婦　7 その他（　）

お買い求めのポイント
1 テーマに興味があった　2 内容がおもしろそうだった
3 タイトル　4 表紙デザイン　5 著者　6 帯の文句
7 広告を見て（新聞名・雑誌名　）
8 書評を読んで（新聞名・雑誌名　）
9 その他（　）

お好きな本のジャンル
1 ミステリー・エンターテインメント
2 その他の小説・エッセイ　3 ノンフィクション
4 人文・歴史　その他（5 天声人語　6 軍事　7　）

ご購読新聞雑誌

本書への感想、また読んでみたい作家、テーマなどございましたらお聞かせください。

家計が限界近くに達していることの、目に見える兆しとなった。使用人と女主人は、汚れと金のかかり具合が気になって仕方なく、たいてい苦悩しながら生活していた。ハッピー・スタージェンがかつて働いていたフォレストヒルでの暮らしぶりを、「表階段に足を踏み出すのは、おそろしいことでした。なぜなら、旦那様は階段のカーペットに、大金を費やしたからです」[14]と、彼女は記憶していた。フレイザー夫人は『使用人がいない生活への応急処置』のなかで、ぞんざいな使用人に偉そうに命令をし、生活の収支を合わせようと疲れ果てている、そんな心労の絶えない家庭の独裁者のようなイメージを、主婦は永遠に捨てる必要がある、と説いた。彼女は、モダンなヴィラの理想像を、「電動式リフトとそのほかのモダンな電化製品」をもつ、新しい夫婦のモデル「スミス氏とスミス夫人」を通して提唱した。「労力、破損、時間、空間、ヒステリーを節約」しながら、「ドレッドノート〔戦艦〕」さながらの大型で強力な皿洗い機を使って皿を洗う、モダンな主婦であるスミス夫人が営んでいるのは、セムコ社のブーツ磨き機や洗濯可能なマットレスカバーに、「外科医がはめる」ゴムの手袋までも使っていそうな家庭である。理想のヴィラでは、電気調理器をもつきれいな妻が、時間の効率を考えてつくった食事――「オート麦のスープ、白身魚、ミートプディング、焼きトマト、ポテトスノー〔粉吹きイモ〕、そしてフルーツサラダ」――を用意して、仕事から戻る夫を待っていた。家事をすれば毎日激しい運動をすることになるため、体形を保つことができる上に、使用人を置かないスミス夫人は、夫の気をひこうとするほっそりした女中について心配する必要もない、とフレイザー夫人は説いた。[15]

しかし、フレイザー夫人とメディアの奮励にもかかわらず、任務をせっせと上品にこなす、せかせかした可愛い主婦のイメージは、一九二〇年代のほとんどの女性にとっては、あまりにも現実とかけ離れていた。厨房にいる物静かな影のような存在という、かつて家臣であった使用人は、国民的な家庭生活のイメージを変えることの難しさを証明した。中流階級の女性のほとんどが、まったく使用人なしで暮らすことなど、想像もできなかったのである。省力電化製品には、所有者とそれを操作する労働に距離のニュアンスをもたせようとする意図によって、使用人によくある名前がつけられていた（掃除機の「ベティーアン」や「デイジー」など）。ところが実際は、新しい電化製品を購入できた層の大半が、さまざまな場面でそれを操作する使用人をも雇用できていた。ロビンスターチ社〔洗濯糊メーカー〕の、「素晴らしい、ミセス・ローリンズ」という小見出しのある一九二五年の広告では、エレガントでモダンな女主人が、ずんぐりした体形でエプロンをかけた炊婦兼ジェネラルのミセス・ローリンズと一緒に、シーツをたたむ絵が描かれていた。彼女はこう言っている。「あら、奥さん、気に入っていただけてよかったわ、私と同じくらいロビンスターチがいいものだって、いつも言っているんです。それにとっても楽でしょ。洗濯物の上をアイロンがすいすい滑りますからね」[16]。衣類の洗濯、すすぎ、絞り、乾燥、アイロンがけ、そして掃除機を兼ねる多目的機械のアトモスは、「機械じかけのメイド」として宣伝された。また、自家用車の普及台数の大幅な増加も、運転手の魅力を損なうことにはならなかったようである。一九二四年のガソリンの広告では、「ＢＰ〔ブリティッシュペトロリアム社〕ガソリンなら、あなたのショーファはより上手な運転をするでしょう」とうたわれていた。

　しかしながら、アイロンや掃除機、洗濯機などの製造業者の努力のかいなく、両大戦期間中は、英国のほとんどの家が、一世紀前と同じ労働集約型のままであった。英国人はどうも、ヨーロッパ大陸の国々やアメリカとは違って、労力節約装置に対する抵抗感が人一倍強かったようである。ときには、新しい機械の操作が単にややこしく、従来の方式を使ったほうがはるかに手っ取り早い、という場合もあった。イーストエンドに住んでいたドリー・スキャネルの気の毒な父親は、洗濯をして働く母親のために洗濯機を購入した。そのときのことを、ドリーはよく覚えていた。

ほうきのような柄の先が、真鍮《しんちゅう》のラッパのような形になっていた。それとハンドルが結合する部分は円い穴になっていて、その穴から、なかのガラス玉をのぞくことができた。その機械は、熱い石鹼水に浸かった衣類を上下に激しく振るようにできていたため、作業をするには、たくましい人夫か背の高いアマゾネスの手が必要だった。父がこの驚くべき発明品を操作して見せたあと、母はうんざりしたようすで、その機械に触れた。終始笑い転げ、それでも興味津々の家族に見つめられながら、洗い場からふらふらと出てきた父は、びしょ濡れで、真っ赤にほてり、疲れきった荒い息のなかから……「いいか、おまえたちの母親に俺がしてやることは、これが最後だ」と怒鳴った。それから父はこうわめいた。「あの機械は、強情を張ってる女みたいなもんだ、進歩なんかしたくないってね。俺たちは、時代とともに前進しなきゃならんというのにだ」[17]

暖炉に火をつける使用人の供給がある限り、ほとんどの家庭が、セントラルヒーティングを設置したり電気を引いたりする必要を、まったく感じていなかった。十四歳のデイジー・イングランドは、一九二〇年代に中流階級世帯で初めて仕事に就き、当時のことを、「私たちはキャンドルの灯りでベッドに入り、階下の作業は、ガス灯の灯りのなかで行われた」[18]と書いている。ミセス・バンスが働いていたロンドンの邸宅には、十二寝室あったものの、浴室はふたつしかなかった。それで彼女が風呂に入りたいときは、何回も下の水場からバケツで湯を運び、腰湯で済ませるしかなかった。厨房のすみにある小さなガスコンロだけが、その家で唯一、手間をかけずに作業ができる装置だった。[19]

英国の家庭における科学技術の導入は、省力型小道具のもつ有益性ではなく、使用人不足による結果として、にわかに促進された。労働者階級の若い娘たちは、最新式の配管を目の前にして、途方に暮れることになった。一九二四年にフォレスト・オブ・ディーンからロンドンへ出てきたウィニフレッド・フォリーは、ジェネラルとして雇われた邸宅で、水洗便所を初めて見てひどく驚いた。ある女中は、執事のパントリーにある洗面台からあふれ出す水にどうしてよいのかわからず、泣いているしかなかった。彼女はそれまで水道の蛇口を見たことがなかったため、閉め方を知らなかったのである。[20] しかし、家庭用の科学技術に対する偏見は、どんな階層にもあった。その多くは、機械の作業は本物の「労働」ではなく、重労働に従事しない娘たちは、怠け者になるか「飽きっぽく」なるという考えが、その根拠になっていた。イーディス・ホールは、「女に対する最大の不名誉は、怠惰と思われることだった。女たちが怠け者になってはいけないと、労力を節約できるどんな装置にも、大勢の男が反対した」[21] と振り返っている。一九二五年、『グッドハウスキーピング』誌は、女中に省力型機械を与えれば与えるほどますます働かなくなるという矛盾への、広く一般に浸透していた疑念を代弁した。ある匿名の執筆者はこう書いている。「一九一六年までは、私は家庭運営の困難さをほとんど経験したことがありませんでした。よく働く女中がつねにひとりいて、二人目の女中が劣っていたとしても、そのひとりに頼ることができました。その後はずっと、洗濯機やアイロンや掃除機、ステンレス製の包丁やセントラルヒーティングなど、省力型の電化製品や備品の使用を支持してきましたが、女中たちのことを配慮すればするほど、彼女たちは仕事をしなくなるような気がします」[22]

フランス人の著述家、オデット・クインは、イギリスの平均的な住環境の薄汚さを、耐えがたく感じた。「私はロンドンにやってきて、イギリス人の誰も彼もが住んでいるような、美しく堂々とし、そして広々とした、超近代的な住居を必死で探した。ところがそこにあったのは、古めかしくて陰気で、薄汚く密集し、どれも同じで面白味のない家が一画を埋め尽くす、ひときわみすぼらしい、まるで仮宿舎のような住宅だった」とクインは書き、そこでの暮らしをこう描写した。「セントラルヒーティングは皆無。火のすぐそばの一インチ四方のみを暖める石炭暖炉。火がつくまで石炭から出る煙。煙による窒息感。外の天気がどうであれ、石炭の煙かガスが出す煙霧による仮死一歩手前の状態を、寒気で目を覚ましておくために、開けたままにしておかなくてはならない窓……開けていようと閉めていようと、いずれにせよイギリスの窓は、隙間風が入るというのは事実だ。窓はすべてガタガタと音を立て、そこにはめこまれたガラスは、どれも不透明な灰色をしている」[23]

家庭用の科学技術の採用に、イギリス人がこれほどまで慎重になっていた理由のひとつは、彼らのロマンチックな想像にとって、単にそれが憎悪すべき対象であったからである。中流階級は、仕切りを取り払った居住空間と電気掃除機をもっていたかもしれないが、機械じかけのメイドは、社会における伝統的な相互作用の厚みをくまなく象徴する、人間の女中の、お粗末な代用品であった。社会変化が加速し、イギリスの郊外が田園地帯へと無秩序に広がるにつれ、深い懐旧の念は、その後の十年で強固なものになっていった。

レティス・クーパーの一九三六年の小説、『新しい家（*The New House*）』には、娘と一緒に引っ越しの準備に追われるパウエル夫人が登場する。彼女たちが住んでいる亡き夫の生家、ストーン・ホールは、一八四〇年代に建てられたヴィクトリア朝様式の邸宅で、かつて栄えた北部の工業都市の外れにある。そこから母と娘が引っ越そうとしているのは、バスルームや電気など、近代的な設備が十分に整ったモダンな箱型の家で、パウエル夫人は、五人いる住み込みの使用人が、水婦兼ジェネラル兼メイド・オブ・オールワークのアイヴィーたったひとりに減る暮らしを想像する。家具を新居に運ぶための引っ越しトラックの到着とともに、パウエル夫人の顕示の時代が、終わりを告げるのである。間もなく病後療養所に姿を変えるストーン・ホールを、パウエル夫人はうろたえながら振り返る——「彼女が慣れ親しんだ古い世界は、醜いものと実利主義の上げ潮にさらわれる寸前の、一列に並んだ砂の城のようだった」[24]

第四部　虚飾と精神生活

「座っている女中の姿で思い浮かぶのは、アリスです、女中部屋の肘かけ式のウィンザーチェアに堂々と腰かけ、私たちの誰かが置いた足台に足をのせた、ライズ・ハウスの女中頭です」
——元パーラーメイド、アイリーン・ボルダーソン『カントリーハウスの裏階段の暮らし（*Backstairs Life in a Country Life*）』

「独身男性の世帯は、憎らしいほど快適だというのは有名な話で、階段のカーペットに穴が開いていることもありません」
——ブライアン・ブレイスウェイト（編集）「ラグタイムの時代から戦争の時代へ（*Ragtime to Wartime*）」『グッドハウスキーピング』誌、一九二九年

「どうしてかしら——ミニヴァー夫人は沈痛な面持ちでラングドシャをかじると、最上段の引き出しからたまたま出てきた人たちにとって、暮らしがどれほど難しくなりつつあるのか、気になった。最も奥深いところまで考えをめぐらすような余裕は、誰にもなかった」

——「紳士であることの危険（*The Danger of Being a Gentleman*）」『ニューステイツマン』誌、一九一九年十二月十六日刊（同テーマを三百語にまとめる懸賞文で二等受賞のK・ワトキンス作。ミニヴァー夫人の生みの親、ジャン・ストラダーが偽名で応募していたことが発覚し、同誌の次号で白状記事を掲載）

第十六章 「停止方法を忘れた巨大な機械」

一九二八年、建築家のクラウ・ウィリアム＝エリスは、「規模の大きい私的な楽園はすでに時代遅れ」という意見をもっていた。[1] それでも、まだ民間の手にあったカントリーハウスをよく観察すると、その意見があまりあてはまらなかったことがわかる。名家の屋敷が隆盛を誇ったのは、一九三〇年代が最後であったかもしれないが、とりわけ三〇年代末期の数年は、古式ゆかしい華やかさが見られた。サセックス州のグッドウッドに田舎の屋敷があるリッチモンド&ゴードン公爵は、こう話している。「第一次世界大戦は、暮らしにはさほど影響しませんでしたな。ただし、人々が姿を消しはじめたことを除いてですが。たとえば、チャールズ・ティルベリー。ハットフィールド・コテージズに住んでいた私のショーファですがね、彼は姿を消しました」[2]

一九三〇年代に屋敷内で働く使用人が三〇人いたチャッツワースでは、戦後、屋敷の運営で実際に変わったことといえば、グルーム・オブ・チェンバーが解雇されたことのみで、ドローイングルームと書き物机の管理というその時代がかった役割は、フットマンに引き継がれた。大きな邸宅では、表に立つ使用人が男性から女性へ、そして執事からパーラーメイドへと、女性への交替が顕著ではあったが、ハーバート伯爵家の娘で、一九二八年に嫁ぐまでウィルトン・ハウスで育ったハンブルデン子爵夫人は、変化とほとんど無縁の、昔と変わらない暮らしをしていた。「うちには、かなり大勢の使用人を置いておりましたわ。執事がひとりおりましたし――ほとんどの方に執事がいらしたはずです。パーラーメイドを使っていた方は、おひとりしか思いつきません、それにはみなさん、むしろ注目なさってました」[3]

バッキンガムシャーのワデズドンにあるロスチャイルド家の地所では、それまで通り、庭師が栽培した野菜を、ロスチャイルド家の色である青と黄に塗られた特別仕立の荷車に積み、同じ色のお仕着せとバラ飾りのついた帽子姿のコーチマンが、それをポニーに引かせて毎日厨房へ届けていた。ウォバーン・アビーでは、十一代ベッドフォード公爵が他界する一九四〇年まで、屋敷には少なくとも六〇人の公爵夫婦専任の使用人を置き、ロンドンのベルグレーヴスクエアの別宅でも、四台の自家用車のためのショーファ八人を含む、十分すぎる数の使用人を雇っていた。ウォバーン・アビーで働く「ウォバーン・パーラーメイド」は、ベッドフォード家が背の高さに条件を設けていたため、身長一メートル八〇センチほどの大女がそろっていた。

両大戦間に起こった社会の変化など、まったく関係ないかのように、習わしと儀式的な伝統をこなすための広大な迷宮をもつ地所は、その役割を果たし続けた。一九三〇年代と四〇年代に、ジェームズ・リース＝ミルンがナショナルトラスト〔自然景勝地と歴史的名所を保護する民間団体〕の書記として英国中を旅してまわった際、多くの屋敷が浪費時代の亡霊のように見えたものの、昔ながらの振る舞い方を感動するほど忠実に守る場面に、彼は遭遇した。一九三六年、リース＝ミルンはバース侯爵を訪問したあと、玄関前の石段の両端にぎっしりと並んだ、お仕着せ姿のフットマンから見送りを受けた。そのうちのひとりが、彼の自転車を石段の前に厳かに運ぶあいだ、主人は石段の最上段にたたずんで見守っていた。それから、彼の乗る自転車が屋敷の道から遠ざかり、その姿が見えなくなるのを、全員で見届けていたのである。

ベッドフォード公爵の孫の十三代目は、盛大で堅苦しいもてなしのルールを、冷淡に固守した祖父母について、一九五九年になってこう振り返っている。訪問客は、「決して自分ではスーツケースをもたなかった。それはすべからざることと考えられていた。旅行用の荷物は別の車で運ばなければならず、客が従えたショーファとフットマンは、スーツケースを積んだ車のショーファとフットマンとともに、四人の使用人によって出迎えを受けた。ウォバーンに滞在するためにロンドンからやってきた、たったひとりの客の荷物の移動に、合計八人が関与したのである」[4]。第二次世界大戦が勃発すると、公爵夫妻はめったに客を呼ばなくなり、半世紀にわたって続けられていた習慣を守り通しながら、ウォバーン体制は公爵夫妻のみを中心に展開された。公爵はかならず、専用のカップで飲むビーフコンソメと三段の回転盆にのせた生野菜を、一日の最初の食事とした。公爵夫人の秘書兼コンパニオンは専用の居住場所をもち、そこには専任の炊婦と女中がいた。そして公爵の愛人もまた、専任の使用人を置き、専用の部屋をもっていた。三〇年代のウォバーンで女中をしていたイーニッド・フィールドは、そこにいた二年間で公爵夫人を見たのは、夫人の寝室で暖炉の火床を掃いていたときの一度しかなく、夫人はこの上なく感じがよかったとはいえ、「私は怯えきっていました」[5]と思い出している。

とりわけ豪奢なカントリーハウスでは、昔の習慣通りに、小夜鳴鳥《ナイチンゲール》の歌を聴きにいく会、大掛かりなピクニック、仮装会、パーティー用のゲーム、週末のスポーツ競技会などが催され、贅沢《ぜいたく》なもてなしの基準は、高いままで保たれていた。使用人を不足なくそろえていた屋敷では、あいかわらず毎朝、新聞と靴のひもにアイロンが当てられていた（平らなアイロンは、「使う前に、暖炉の火のところで温めるだけでも十五分近くかかった。あれほど馬鹿げた手順は、一生のうちでほかには見たことがない」と、マーガレット・パウエルは憤慨している）[6]。ハウスパーティーの招待客には、バターつき薄切りトーストと紅茶が朝の目覚めに出され、各客室の書き物机には、ペンとインク、ヘッダー入りの便箋《びんせん》と吸い取り紙が備えられ、そして缶入りのビスケットと何冊かの本が置かれていた。わけてもフーカーのリチャード・キャヴェンディッシュ夫人は、エドワード朝のもてなしの基準で、細部にいたるまで気を配る女主人であったため、食事、余興、移動の手配など、軍隊並みの綿密さが求められた。ある滞在客がこんなことを覚えている。「客はみな、フーカーを離れる際、〈パピエマシェ〔粘土状の紙を成形したもの〕〉でできた小さなアタッシュケースを手渡された。それには美味しいものが詰まっていて、モアカム湾で獲れた小エビをはさんだ羽根のように軽いスコーンは、それぞれの客のために、食べる時間を見計らって焼かれたものだった。別個に包装された食べ物には、どれもラベルがついていた。アタッシュケースには切手を貼ったラベルも入っていて、食べ終わって空になったケースは、最寄りの郵便局から送り返せばいいだけだった」[7]

しかし、大きな地所ですらも、社会的な道徳観が徐々に変化しはじめていた。社会生活を司っていたルールが緩んでしまうと、あらゆる階級で、男女がより自由に交流するようになった。家庭の使用人の数は多少減らすような譲歩が見られ、ある程度の自立を楽しみ始めていた世代は、親たちのように実用的なスキルがまったくないということもなかった。大邸宅での朝食は、たとえば、サイドボードの上に並んだ料理から自分で取るような、セルフサービス方式に置き換えられていった。一九二〇年代末期に炊婦として働いていたマーガレット・フロックハートは、サーディン、ビーツ、キュウリ、マッシュルームなどでつくった冷たいオードブルが、さほど大人数ではない世帯ではとりわけ好まれたことを思い出している。ディナーはまだなお神聖なものであったとはいえ、ホワイトタイの夜会用正装よりも、格式ばらないブラックタイの準礼服で済ます男性が多くなっていた。それでもビーヴァー城などは、女性か聖職者が同席するディナーには、ホワイトタイに白いチョッキと燕尾服を着用すべきというラトランド公爵がつくったルールに、第二次世界大戦が始まるまで従っていた。家のなかでは、作業と娯楽の要素をもつ区分の分離が徐々に見られなくなり、また、男女とも応接間で喫煙するようになったため、喫煙室はすっかり廃れた。かつては厳重に守られていたルールのちょっとした侵害が、こっそり行われるようになっていた。使用人の化粧はきわめて軽薄なものと見られていたが、上流階級の流行に敏感な層からは、化粧は許容の範囲どころではなく、むしろ肯定されるようになった。一九二〇年代、サマセットのカントリーハウスで週末を過ごしたカーゾン侯爵夫人は、トーントン駅に向かっていた列車のなかで化粧道具箱を失くしてしまったため、ディナーの席に着くことを断固拒絶した。

ハウスパーティーに招待された若い世代、わけても資金繰りに苦労する若者たちにとっては、週末の社交は頭痛の種だった。チップの習慣があったために、ささやかな小遣いで人生を楽しもうという若者には、まさに地雷原に等しかったのである。なぜなら、上流階級のなかでも、就職を考えなければならないような、あまり裕福とはいえない層の子弟は、家では金銭に関して口にされることが一切なかったので、使用人にチップを渡すために、ほかの使用人から小銭を借りることも珍しくなかった。レスリー・ローレンスは、チップを合計すると相当な額になる日曜の晩には、戦々恐々としていた。「一週間かそれ以上の長期の滞在を除いて、男性が渡すチップの総額は一ポンドにもなる。女性なら、女性の使用人たちに渡す額はいつも十シリング程度。独身の若い娘なら五シリングで済むかもしれない。けれど私たちのような、親からもらうお小遣いがいつも不足し、働いてもいなかった娘には、物品ではなくそれだけの額を現金でつねに蓄えておくのは、必要だったにもかかわらず、決して簡単ではなかった。ポーター代やタクシー代が思いがけなく高くつくことがあったし、三ペンスを見こんだ賭けゲームで負ければ、それこそ破滅を意味した。招待された家のご主人ではなく、ショーファに駅まで送ってもらうときは、帰りの列車で取る食事代が消える覚悟をしなくてはならなかった」[8]。一方、ミセス・J・E・ブラットンは、一九二〇年代にショーファをしていた彼女の叔父が、ブレナム宮殿に向かうウィンストン・チャーチルにタクシー代の半クラウン〔二五ペンス〕を貸したまま、「まだ返してもらってない！」と話していたことを覚えていた[9]。

レスリー・ローレンスの世代（一九三〇年には一九歳）の女性たちにとって、使用人たちの声なき大群は、無粋にも楽しみの邪魔をする、いわば「周囲にぼんやりといる無数の証人」であった。招待されたときは、たとえば、チップが派生する洗濯に出さずに済むだけの、あらゆる行事に向く十分な衣類を持参する必要があった。滞在先の女中（レディーズメイドを同伴しない女性客にはその代役を務める）が勝手に荷物から選んで、ベッドの上に広げて置いたドレスではなく、もしほかのドレスを着たとしたら、女中は気を害すだろうか？　使用人が包みを解いて出した下着が、ひどくみすぼらしかったということもあるのだろうか？　もし女中が、靴を磨くためにどこかへもって行き、ディナーまでに戻されていない場合は、どうするべきなのだろう？　ベルを鳴らして、返してほしいと女中に言っても間違いではないのだろうか？——などなど、彼女たちには、付随する心配事が尽きなかった[10]。

　食事は、途方もなく大量に用意される傾向があった。山のような自家製チーズにバターとクリーム、そして家庭菜園で採れた豊富な野菜と果物に、地所で飼われている家畜の肉が出された。朝食のシリアルやカスタードソースの素、それに調合されたケーキの粉など、そういった目新しい加工食品に、家計に余裕のない階級が屈しはじめた一方で、大きなカントリーハウスは依然として、地所がもたらすとてつもない恩恵に、依存し続けることができた。貧しい家庭でマーガリンを食べて育った女中のドリス・ヘイゼルは、使用人専用広間でバターを目にした瞬間、「それが本物の紳士階級なのだ」[11]と実感した。ヘレン・マイルドメイ・ホワイトは、フリート・ハウスの実家の朝食には一日も欠かさず「ベーコンと卵が出て、お客様の滞在中はかならず、四種類の卵とベーコン、ソーセージ、キドニーとケジェリー〔魚、米、茹で卵でつくる料理〕、そしてハムと牛タン、バターとデヴォンシャー・クリームを添えたスコーン」[12]が並んだことを思い出している。三〇年代、あるカントリーハウスで炊婦として働いていたミス・エラリーは、衣をつけて揚げた赤ちゃんウサギの脚肉、色つきの米を敷いた小ぶりのウズラ、豆を添えた小さな赤ピーマン、コンソメスープに浮かせた鶏肉と魚の楕円形クリームなど、手間のかかるミニチュア主義的美食が流行したことを覚えている。美術史家のケネス・クラークは、ロニー・グレヴィル夫人宅で食事をしていたときに、酔っぱらっていることの多いエキセントリックな執事のベーコンが、仔羊のタン料理を目にし、「打ち勝つことのできない欲望」に制圧されているようすに気づいた。ついに辛抱ができなくなったベーコンが、それを口のなかに放りこむのを目撃したクラークは、「シャツの胸あたりにソースを垂らしながら、彼のあごがせわしなく上下運動をしている」[13]ところを、唖然としながら見ていた。

　調理には、ふるいにかけたり裏ごしをしたりする、手間のかかる手法があいかわらず用いられていた。たとえば、スープとストックは、ヘアクロス〔馬巣織。馬かラクダの毛織った布〕を張ったこし器で、ビロードのように滑らかになるまで濾された。「毛を使ったこし器を洗うのがまたひと苦労！　網目にはさまった鶏肉や魚が固まってしまうので、熱湯は使えなかったんです」[14]といった証言があるほど、使用人にとってはとりわけ骨の折れる作業だった。盛大なディナーでは、完全な形で生肉をさばき、調理後に元の形に整えて盛り付ける方法が好まれた。ミス・エラリーは、クリスマスの七面鳥料理が、先に骨が除かれて、調理後に七面鳥の肝でつくったパテやフォアグラを使って原型通りに象られてから、テーブルに運ばれる習慣があることを知った。一九三二年に、サリー州の小さな地所の、六人いる厨房の使用人のひとりとして働いていたミセス・エミットは、ロンドンから毎週届く食料について詳細に記憶していた。「カラント〔小粒の干しブドウ〕三キロ、豆類、米、タピオカ、大麦なども、あの家では工場並みの量で貯蔵食品を注文したものです。私たちがマスタードの樽と呼んでいたのは……三キロほどもある、マスタード粉のことでした」[15]

家事奉公を軽蔑する貧困家庭ですらも、名家の地所で雇用された場合の生活の展望に、まだ魅力を感じていたことは驚くにあたらない。一九二三年に嫌々ながら奉公に入っていたジーン・ロニーは、スコットランドのロッホファイン地方にある、城のようなバリモア・ハウスでキッチンメイドをしていたころを、こう振り返っている。「バター、自家製のジャム、ケーキにスコーン、肉、野菜、そしてプディングと、良質な食品をみんなたらふく食べていました」[16]しかし、使用人の食べ物はあいかわらず、栄養があっても代わり映えのしないものになるきらいがあった。元キッチンメイドのK・M・ヘイルズは、三〇年代中期に、ワイト島のオズボーン・ハウスで働いていたときの食事に、「茹でたベーコンとエンドウ豆のプディング、跳ね返されそうなバナナゼリー、それからバターつきパンのプディング」が出たことを思い出している。[17]そういった食料事情は、農村地域と都市の両方の労働者階級の深刻な貧困とは、著しく異なっていた。ロンドン東部の避難者調査に伴う報告書によると、第二次世界大戦勃発後の数年は栄養不良状態がひんぱんに見られ、彼らの「ふだんの食事は、パンとラード、くずビスケットにジャガイモのフライ」[18]となっている。ルーシー・ホームズがキッチンメイドとして奉公に入ったとき、農場労働者の父親は失業していた。「当時の食事を思い起こすと、悲惨でした。ママが、よく切れるナイフで茹で卵を半分に切って、どんな欠片も無駄にしないようにして、卵立てに半分ずつ入れる姿が、今でも目に浮かびます……私たち子どもは、茹で卵を半分ずつ食べました。パパは丸ごとひとつ食べて、ママは茹で卵が好きじゃないからと、食べずに我慢していました」[19]

奉公人になるより選択肢がない者が、立場を安定させることのできた最良の場所は、依然として、大きなカントリーハウスであった。ドリス・ウィンチェスターが働いていた屋敷では大勢の使用人が雇われていたが、高齢の雇用主二人が一日に食べる食事の倍以上の量を、使用人たちが一度に消費していた。「ダイニングルームでキジのローストを召し上がるとすれば、旦那様と奥様で一羽でしたが、使用人専用広間には、キジを五羽用意しなければなりませんでした」[20]。農村地帯の地所の奉公人は、たいてい相場より低い賃金しかもらえなかったものの、食べ物や居住施設、そのほかの特典によって、経済面の埋め合わせができていた。カントリーハウスの使用人たちは、自分の衣類を洗濯に出すことができ、食事もできた。一九三〇年代、ライム・パークのスチーム洗濯場で働いていたイーヴァ・ウォルトンは、一緒に働いていたロンドリーメイド全員に、毎日半リットルずつの牛乳が届けられ、「それにもちろん、菜園から野菜を採っていいことになっていましたし、もちろん石炭も常備されていて、何もかも与えられていましたから、贅沢でした！」[21]と話している。

そういった理由から、財政難の中流階級での家事奉公とは事情が異なり、カントリーハウスでの奉公は、あいかわらず生涯の仕事として考慮されていた。カントリーハウスで使用人をしていたアイリーン・ボルダーソンによると、最も評判のいい紹介所を利用し、望める以上の高賃金を要求しながら、「若い娘たちは進歩を求めて、屋敷から屋敷へと移らなければならなかった」ようだ。彼女たちが仕事先を変わり続けた理由は、さまざまである。ある娘は、仕事に就いた翌日、厨房のゴキブリに辟易して辞め、アイリーンもまた、「使用人の顔ぶれが始終変わる」[22]という理由で辞めていた。ローズ・ハリソンが最初の仕事を辞めた際、雇用主のクランボーン夫人は彼女に辞めてほしくなかったため、推薦状を書くことを拒否した。いずれにせよローズは、新たな求人に応募して採用され、「自由、とにかく私のもっていた選択の自由に、勢いをつけた。翌日、私は退職願を出していた」[23]と、当時のことを書いている。

一九三〇年代の貴族は、文化的な創造への影響力は維持していたものの、政治的な影響力と彼らの地所のもつ影響力に関しては、衰退の一途をたどっていた。一九一三年、作家のフィリップ・ギブソン卿は、エドワード朝の貴族特有の、知的探求の程度の低さと俗物根性をこう嘆いた。「彼らは真実を嫌悪し、通りの向かいにあるミュージックホールへ足を運ぶ。そこでは、ラグタイムのレビューが考える必要を免除してくれて、真実を笑い飛ばせるからだ」。ギブソンは、くだらない本や恋愛小説にふける支配階級の、時間の無駄使いと怠けぶりを糾弾した。使用人でさえも、支配階級の彼らよりよっぽど時事に関心を示しているときに、流行ばかりを追う世帯では、「執事のために『タイムズ』を取り、自分たちのためには『デイリーメール』〔大衆紙〕を取っている」[24]とギブソンは書いた。しかし、第一次世界大戦の終結後、低俗な文化に対する特権階級の享楽ぶりは、適切ではない行動と見なされるようになった。生活が火の車の貴族たちは、国の宝を保管する者としての価値と、使用人と主人との、つまり無産階級と支配階級との伝統的な絆を維持させる役割に、社会の関心を引くことによって、自分たちの言い分を申し立てるよりないと感じていた。

一般の人々には、地所はしだいに、哀切な様相を呈してきたように見えた。そして地所の一家に仕える使用人たちは、幸福な過去の歴史のなかでイギリスの家庭を温かく照らしていた、郷愁を誘う輝きに浸った。一九二〇年代と三〇年代の『タイムズ』紙のコラムは、涙を誘う死亡通知と昔流の使用人への賛辞の言葉であふれている。二〇年代の、たとえばハナ・オーディッシュの死亡通知は、「四五年間、バックル家の忠実な使用人であり友人」となっており、また一九二五年の死亡欄では、「親愛なる私たちのパイク」が、一九二五年にオームズビー・ホールで亡くなり、彼は、「ペニマン家の、四〇年間にわたる忠実な使用人かつ友人」[25]であったと報告されていた。モウブレー&ストアトン男爵の老未亡人に尽くした「保母で忠実な友人」のジェーン・ファースの死去も、その年に記録されていた。[26]絶え間なく変化する不安定な時代においては、そういった使用人たちが、献身と忠信を象徴していたのである。昔気質の雇用主が、使用人の忠誠を雇用確保で報いることは、もはや保証のできる時代ではなかったが、失業が日常茶飯事の時勢に、使用人を手放さないためのあらゆる努力をすることは、彼らにとっての道徳的義務であり――そして政府が報いるべき――社会奉仕であると考えられていた。一九三三年、『タイムズ』紙の記者がこう書いている。「増税による結果、私個人の場合は、使用人の数を半分に減らさなければならないようである。現在私には扶養する使用人が八人おり、善良で忠実な彼らに恩を返すために、自分の財産にはかなり手をつけてきた。哀しいかな！ 私は安全域を超えてしまい、そして私の稼ぎがさらに課税されるとあっては、家にいる使用人の数を減らす以外、道はない……家事奉公人、庭師、馬丁とショーファなど、大多数の忠実な使用人たちが、総失業者数を増やすために、家を出て行かなくてはならないのだ」[27]

カントリーハウスの使用人は、自分の職歴がどれほど格調高くても、ほかの世界ではただの残り火でしかないことに気づいていた。ジョージ・ワシントンは、羊毛で儲けたオーストラリア人の豪商に仕えたあと、ロンドンのホランド・パークでベルボーイの仕事に就いた。現在、公園となっている元私有地のホランド・パークには、十七世紀の大邸宅が、ケンジントン地区がまだ田舎であったころの亡霊のごとく立っていた。幌つきの車椅子に幽閉されたような、高齢で病弱なイルチェスター伯爵夫人が、ただひとりの住人であった。

そのホランド・ハウスはじつに広大なため、中庭の迷路に隠れた使用人専用の入口に通じる道は、見つけるまでに「何日も」かかることで知られ、初めて訪れるジョージには、表玄関を訪ねるように指示が出されていた。イルチェスター伯爵夫人には、執事、フットマン、オッドマン、二番手のフットマン、ハウスキーパー、四人の女中、スティルルームメイド、炊婦、二人のキッチンメイド、二人のスカラリーメイド、ショーファ、九人の庭師、レディーズメイド、昼間と夜間の保母がひとりずつおり、とにかく大勢の使用人が仕えていた。オッドマンはかなり年配で、重労働はできなかった。ワシントンはこう話している。「ホランド・ハウスにいた三年半を振り返ると、ひととき哀しい、ほとんど現実とは思えない側面が目に浮かびます。当時のわれわれは、別の時代のものを支えようとしていたのです。過ぎてしまったことがまだ存在し、あるいはまだ過ぎ去ってはいないかのようなふりをし、古い秩序が維持できるように懸命に働けば、それがまた、戻ってくるようなふりをして」[28]

十九世紀以来、貧困に陥った紳士階級の一家の面倒をみる（または面倒をみられている）、家臣のような古いタイプの使用人のいる世帯は、ゴシック小説のテーマとなって登場していたが、新世代の小説家たちによって、次々と話が練り直されるようになった。腹黒い依存関係でしっかりとつながれた主人と使用人の勢力争いは、不気味で異常というより、むしろ面白おかしく描かれた。というのも、戦前のイギリスの厄介な社会機構は、不条理に見え始めていたのである。イーヴリン・ウォーの『スクープ（*Scoop*）』は、ブートマグナのブート・ホールに住むブート一家が、ナニー、フットマン、ガヴァネスを抱える大所帯を支えられなくなっている一方で、高齢化のせいで混乱が絶えない使用人たちが、自分たち以上に貧しくなってしまった一家とお互い面倒をみながら、助け合って暮らすという話である。

豪華さは多くの場合、実際には虫食いだらけであった。多くの屋敷が苦しい時代を反映し、公的な浪費と私的な倹約を組み合わせて運営されていた。ジーン・レニーは、独身の准男爵のひとり住まいの世帯で働いていたが、十人の家内使用人を支配し、家事にうるさく干渉する主人のジェームズ卿の管理ぶりが、狂気の沙汰に近いと思った。ところが、一九二〇年代末期の屋敷と地所の豪華さの誇示を、戦前のレベルで維持するための費用を計算するときには、彼は正気に返った。ジェームズ卿は、イワシを缶のままで食事に出し、いくつ食べたかを数えた。フットマンがクリスマスプディングのなかに六ペンス銀貨を見つけたときは、翌年またその銀貨を使うため、返すように求めた。カントリーハウスの贅沢さの基準は、制限が設けられないまま保たれていたが、しかしその舞台裏では、ものを長もちさせるために、使用人が身を粉にして働いていたのである。ジーン・レニーは当時をこう振り返っている。「夜の仕事の合間に、私たちはみな、リネン類の繕いをした……洗濯物が戻ってくると、シーツ、テーブルクロス、枕カバーなどを全部広げて、どこを繕う必要があるか調べなくてはならなかった。繕いのいらないものなど、何ひとつなかったのだ。シーツは、両端を真ん中で折り合わせた。中央が薄くなってしまったシーツは、はさみを入れてふたつにし、擦り切れていない部分を選んで中央で合わせ、まち針で留めて、シーツの端を縫い合わせた。すべてが手仕事だった。枕カバーとタオル、そしてディナー用ナプキンの穴は亜麻糸で繕い、亜麻布には細い亜麻糸、タオルのほころびは粗い亜麻糸でかがった。擦り切れて繕えなくなったものには、継ぎまであてていた」[29]

カントリーハウスのすべてが、テクノロジーの変化に抵抗したわけではなく、新しく建てられた数軒は、むしろ積極的に新しいテクノロジーを採り入れていた。一九三〇年代の終わりに、エドウィン・ラッチェンスがジャージー伯爵のために設計したオックスフォードシャーのミドルトン・パークには、十四の浴室に巨大な発電機を屋外に置く必要のない電気照明、そして冷却設備もあり、さらには厨房の隣に配置されたダイニングルームがあった。エドワード朝に子ども時代を送ったヴァイオレット・ブランドン夫人は、屋敷が広すぎたために、「厨房からダイニングルームまで、お料理を積んだ手押し車のようなものを、ランプマンが引いて運んでいました。とても遠かったので」と振り返っている。料理をカートにのせて、寒くて長い廊下を運ばずに済む設計は、画期的な進歩だったといえる。[30]

アイリーン・ボルダーソンは、スカラリーメイドとして初めて奉公に入ったヨークシャーのライズ・パークで、「部屋、部屋、また部屋！」と呆れたことを思い出した。[31]例のごとくその屋敷には、細かく区切った時代遅れの小部屋群があった。花を生けるための部屋や、各種備品の一覧表と洗濯物のバスケットを置いておくリネン室など、それぞれの専門領域のために、すべての小部屋が捧げられていた。新世紀の住宅設計では、ひとつの広い作業場に合理化されるようになっても、古い大きな屋敷では、ブラッシング室、スティルルーム、ランプ室、パントリーなど、あいかわらず過去の遺物が存在していた。

カントリーハウスの所有者は、総じて新しいテクノロジーを好む傾向があり、いったんそれに屈してしまうと、今度は精巧な方法でその正体を隠そうとするきらいがあった。電気設備に関しては、キャンドルやランプを使用し続けるよりも火災の危険度が高いという意見に、まだ多くの者がこだわっていた。省力化を勧めることに対しては、道徳と実用の両方の理由で、依然として根強い抵抗があったため、大きな家にもテクノロジーがゆっくり入りこむ余地はできていたものの、それはほんのわずかずつでしかなかった。クリーヴデンでは、一九二八年にセントラルヒーティングが設置されたが、電気掃除機は一九四〇年まで使われなかった。労力節約への譲歩には、いささか突飛な理由をつけられるケースが、以前にも増して見られた。ミス・エラリーは、電気掃除機を使用しないロンドンの家で働いていたが、そこでは女中がモーターで動く石炭用滑車を使い、二階の部屋を忙しく動き回っていた。名家の屋敷ともなれば、地主の伝統を守る最後の遺産が、新しい装置によって汚されることになりかねず、もし汚されなければならないのなら、可能な限り目立たないようにするか、少なくともより喜ばしい工業化以前の形を模倣して、組み立てられている必要があった。そこで、ラジエーターは手のこんだ格子のカバーで隠されることが多く、電球はキャンドルの形に、そして電球を支える部分は、あたかも蠟が垂れたように象られていた。新しいテクノロジーを隠す趣味は、中流階級の新築住宅にもじわじわと伝わり、たとえばラジオは、たいてい特製のキャビネットのなかに隠されていた。

ときには使用人自身が、現実にはテクノロジーが省いた労働力の幻を保ちながら、見せかけの一部となった。デヴォン州のフリート・ハウスでは、朝になるとフットマンたちが電気のテーブルランプを片づけてしまい、暗くなるやいなや、ふたたび元の位置に戻した。「書斎の大きなテーブルの下で、手と膝を床につけながら、ランプのプラグを手さぐりでコンセントに差しこんでいた彼らの姿が、今も目に浮かぶようだ。油の補充と芯をそろえるためにオイルランプを片づけた、あのころの名残だったに違いない」[32]と、記憶していた者がいる。一九二〇年代後期、ついにウォバーンに電気が引かれたとき、ベッドフォード公爵は、客がそういった新型の照明には不慣れであると信じ、「電灯」と文字を入れた黒と白の小さな刻板を特別にあつらえて、それぞれのスイッチの上に取り付けた。

貴族階級は清潔さに対し、愉快なほど曖昧な態度を貫いた。誰かと、わけても見知らぬ者と風呂場を共用するという発想を、彼らは忌み嫌った。ふだんから、ヴァレットやレディーズメイドに服を脱がしてもらったり体を流してもらったりし、最も私的な秘密を昔から他人と共有してきた人々の、いかにも矛盾する姿勢であった。あいかわらず彼らは、熱湯と水を入れた水差し、石鹼、スポンジの入った器、タオルとマットなど、離れた使用人専用の居住区からはるばる運ばれてくる沐浴用の装備一式とともに、暖炉の火の前に丸い風呂桶を置いて、時代遅れの沐浴をした。給湯設備のない屋敷の滞在客は、朝の早い時間に、女中か従僕が運んでくる清潔なタオルと湯気を立てた水差しで、「湯かけ」の儀式の贅沢さに浸ることができた。手洗い所については、イングランドの新築住宅にはかならず水洗トイレが備えられるようになり、寝室用の便器が提供されるのは、かなり高齢か幼い子どもの客のみになった。それでも、「紳士階級は自分たちの習慣に関しては、すべて神経質というわけではなかった……手洗い所を素通りし、寝室であのあいうものを使って用を足す人たちを、私は見てきた」[33]と、ジーン・レニーは書いている。カントリーハウスでの需要を想定してつくられた水洗便器には、崇高な自然力を暗示させるような、デリュージ〔ノアの大洪水〕やナイアガラなど、大仰な名前がつけられていた。

イギリスの農村地域は、なかなか古い社会秩序を破棄できなかったと見え、都市の社会を席巻していた変化からは、完全な圏外にあった。ミス・エラリーが炊婦として働いていたレスターシャーでは、ロンドンに行くためにハーブラマーケット駅に着いたフットマンが、もって行くはずの銀器を忘れたことに気づき、屋敷に戻って取ってくるまでのあいだ、彼が乗ることになっていた旅客列車は、駅に停車したまま待っていた。地所にいる主人と使用人を最良の状態で特徴づけた、奇妙な、そして決して言葉にはされない親密さは、地所の世界のなかで暮らす者にとってはますますかけがえのないものになっていた。なぜなら外の世界の勢力が脅威となっている時世において、地所は世俗から隔たった場所と見られていたからである。使用人はしばしば、新世代の雇用主がとうに忘れてしまった、神秘の炎の番人のように振る舞った。第一次世界大戦終結から二〇年後、次の大戦が始まる危機に瀕していたとき、当時三二歳で結婚したばかりのヘレン・マイルドメイ・ホワイトは、自宅の庭へ彷徨《さまよ》い出て、桃をひとつもぎ取った。すると次の週、庭師頭がやってきて、こんな話をしたという。「『お嬢さん……お話があります』と彼が言った。『温室へ行って、桃をひとつもぎ取られましたね』。それで私は、『ええ。お友だちに差し上げるために取ったの』と答えた。すると彼がこう言った。『そういうことは、こういった屋敷では起こらないことなのです。医者の家か、よその家でなら起きるかもしれませんが、ここのような種類の家では、起きないものなのです』」[34]

カントリーハウスでは、新しいものの採用にはおそろしく時間がかかったかもしれないが、化学薬品でできた新しい液体洗剤や家庭用電化製品の製造業者たちは、その神秘的な雰囲気を利用していた。ジーン・レニーが「高級品の絨毯、ビロードのかけ布、そして工業製品の合成光沢剤ではなく、蜜蠟とテレピン油で磨かれたときの床と家具――それが混じり合って調和したときの匂いを、私は忘れたことがない」[35]と書いたように、イギリスの古い家の香りは、たとえば、ラベンダーを着香した家具磨き用のクリームに模倣されて、「マンションハウス」と名づけられ、あるいは、古き良き時代をしのばせる昔ながらの掃除に使われたレモンか酢か松根油の香りが、工場で生産される洗剤のなかに再現されていた。

土地を所有する者とそこで働く者のあいだの、暗黙の了解が少なくともまだ消え去っていなかったこともあって、旧い生活様式で三〇年代になっても生き残っていた数少ないカントリーエステートでは、生活のあらゆる面で、昔ながらの家父長制がまだ力をもっているように見えた。一九三〇年に、ヨーク近隣のヘスリントン地所で農夫として働き始めたビル・デンビーは、到着して早々、こんなことがわかった。「行儀よくしなくちゃなりませんでした――みんな知ってることでした。日曜日には教会へ行くことになっていましたし、屋敷にからんだツタは、切ってはなりませんでした。なぜなら、旦那様がツタを見るのがお好きで……それで、ツタのつるを切り落としてはいけなかったんですが、垣根の下のほうは、ゲームに使うために、十分に広く大きい範囲で、ツタの葉を残しておかなくてはなりませんでした」[36]

新興成金は富を手にしていたものの、金では買えないその秘密の了解の欠落を、いたるところで思い知らされていた。自身の意志に反して使用人になったマーガレット・パウエルは、明敏で知性があり、情熱的な社会主義支持者であったが、雇用主のダウンオール卿夫妻に思慮深い思いやりがあるのは、彼らが昔気質の貴族出身で、奥ゆかしい振る舞いの奥義のなかで育ったせいだと見なしていたのは、そういった関係の典型である。「私が初めて働き出したときから、私たち使用人へのお二人の接触は、感じが良く、尊大ぶったものではなかったと思う。かけ離れた種類の人間であることも、架橋不可能な隔たりがあることも、私は忘れていることができた。お二人は、ご自分の社会に属した方々へ話すときとまったく同じに、私たちに話しかけた。たとえば、私たちはみな洗礼名で呼ばれていた。〈それら〉で呼ばれる使用人の上にいる人たちから、洗礼名で呼ばれたのは、その家が初めてだった」[37]

しかし、三〇年代の名家の地所は、最後の繁栄を謳歌していたものの、豪奢な暮らしぶりは、その十年で終止符を打つ宿命にあった。新世代の若い貴族は、もはや親のように任務指令への深い関与を望むとは限らず、巨大なカントリーハウスが昔からの特権のように見えないどころか、むしろ負担になるだけの無用の長物のように見えた。十四歳のバーバラ・ウーマンが、初めてキッチンメイドとして働くことになった一九三〇年ですら、雇用主になる未婚の老婦人の邸宅に自転車で出向くと、家のなかはどこも埃の層で覆われていた。それは、古い暮らし方が徐々に終わりを告げる証であった。アイルランドのゴールウェイの出身で、「記述できるような職業をもたない」[38]十八歳のグレタ・ガイは、月給一ポンドの女中として奉公に入ったが、「すべてが変化しつつあるのがわかるほど、私には十分に状況が見えていました」[39]と話している。

新しい世代は、過去は破滅的で、不条理劇を上演する劇場のようなものだった、という見方をした。新しく設立された社会調査グループの「マス・オブザヴェーション」に雇用されていたセリア・フレムリンは、一九三九年、ほとんど寝たきりの老婦人の住むロンドンの大邸宅に、（調査目的で）スカラリーメイドとして入ることになった。フレムリンが初めて赴いた晩、彼女は、超現実的なこんな体験をした。

その夜、高齢の奥様は、ベンガー〔麦芽入りのミルク飲料〕と全粒粉のビスケットを召し上がることにした。そこで、巨大な機械が動き出すかのごとく、一日がかりのディナーパーティーの支度でもするかのように、八人の使用人がすべて動員された。まず、ハウスキーパー（1）が厨房へ下りて、それが夕飯のメニューだと炊婦に告げた。そこで、私、つまりスカラリーメイド（2）が、ベンガーの新しい缶と特別なホーロー鍋を取りに、貯蔵室へ行かされた。私がそれをキッチンメイド（3）に届けると、彼女は缶のふたを取り、ほかに必要な道具と一緒に缶を炊婦に手渡した。それで炊婦（4）は、ベンガーづくりに取りかかった。すると、フットマン（5）が行動を開始した。彼は、奥様の銀の盆をしまってある食器棚の鍵を取りに、執事（6）のところへ行った。執事は彼に鍵を渡し、銀の盆を取り出すまでじっと待っていた。それからフットマンは、銀の盆をトローリーにのせ、準備万端のベンガーとビスケットが待つ厨房に向かってそれを押した。そして彼は、ベンガーとビスケットを銀の盆にのせると、ホールのそばまでトローリーを移動させた。その銀の盆は、今度は女中頭（7）の手に渡った。彼女はそれを抱えて奥様の寝室がある階まで上がり、寝室のドアをノックした。ドアを開けたのはレディーズメイド（8）で、彼女は銀の盆を受け取り、静かに部屋のなかへと消えていった。

新しい時代にふさわしい、中流階級出身の職業婦人であるフレムリンは、この一連の段取りが、どこか奥地に住む種族の儀式のように思え、彼らの仕事ぶりを、畏怖の念をもって見つめていた。「それはまるで、安全ピン一個を百トン用のクレーンで拾い上げるのを見ているような、ミント飴一個をつくっている製菓工場を見ているような、停止方法を忘れしまった巨大な機械を見ているような、そんな光景だった」[40]

第十七章　「独身男性の世帯は、憎らしいほど快適」

ヴァレットの孤独

第一次世界大戦の終結後間もなく、『パンチ』誌は、葉巻をくゆらす実業家と若い息子の風刺画を掲載した。「いいか、ソニー、おまえには金で買える最高の教育を受けさせてやる。ともかく、おまえは何もせんでいい、紳士でいる以外は」。いったい何が紳士という神秘的な実体を構成しているのか、それを解明する試みは、イギリスの国民生活の歴史で繰り返しテーマとなってきていたが、一九二〇年代にはたいていの人が、紳士とは意のままに余暇がもてて用事をする必要がない人、と見当をつけていたようである。温順、謙虚、奉仕の騎士道の徳を特徴とする紳士の古い定義は、ヴィクトリア朝とエドワード朝にかけて、人々が形式や衣装、スポーツマン精神に執着していたせいで、よく見えないものになっていた。厳格で排他的な服装規定によって定義された外観が、しだいに、紳士のための省略表現になっていた。それは、キリスト教的な高潔な理想よりも、世間が扱いやすい階級と文化の言語であり、また、紳士らしい思慮深さが、「気まずい話題についての議論の回避と、ほとんど変わらないことを意味する」[1]ようになった。

　一八九〇年代の愚か者の紳士と、二〇世紀初頭の、育ちが良すぎて実践能力が欠如し、遊んでばかりいる中身のない紳士は、一九一五年に、P・G・ウッドハウスによってフィクションの世界で命を与えられ、共感を呼ぶ滑稽な人物、バーティー・ウースターとなって初めて姿を現した。ところが、奉仕の精神と世慣れた利口さをもつ男として、紳士らしさの理想を満足に体現していたのは、スピノザ〔十七世紀のオランダの哲学者〕を愛読する従僕、レジナルド・ジーヴスのほうである。バーティーの従僕、ジーヴスは、完璧な「紳士に仕える紳士」であり、形式に専念する新しさと、義務という古い慣習の、融合として登場した。彼は、アイロンかけから料理、ドアを開ける役、ネクタイ選びのアドバイスまで、嫌な顔ひとつせずに完璧にこなすだけでなく、駆け引きに長けた知性によって、何かにつけて失敗しそうになるバーティーを、世間で恥をかかずに済むようにあらゆる場面で救うのである。

紳士のイメージを真似されにくいものにする手段として、ヴァレットの業務は保持された。一九二九年、ピール夫人は、「上流階級と上層中流階級の平凡な家で、最も重要な男性像とされていた男性使用人の時代の終わりを、世間はわかりかけている」と思った。彼女はそれを、「従僕の傲慢さ」と「彼らが女の仕事と見なす卑しい職務（もっとも、ヨーロッパ大陸の従僕は威厳を失うことなくそれをこなしたが）への拒否、および、浴びるほど飲まずにいられないビール好き」[2]に起因するとした。家族のいる世帯では、従僕はもはや人気がなかったとしても、遊び人の独身男性の世帯における彼らの存在は、共通した特色になっていた。規律、細部への注意力、正しい身だしなみの維持など、その仕事にとって理想的なものばかりを身につけた退役軍人や将校つきの元当番兵が、第一次世界大戦後には大勢いたのである。実際、独身男性の世帯は、主婦が羨むほどの軍隊並みの正確さで運営されていることが多かった。一九二九年、アルフレッド・シジウィック夫人は、働く女性を援護するための熱意あふれる記事のなかで、女性は男性とは違い、自分で稼ぐ機会もほとんどなければ、軍隊式の原則を家庭に適用する機会が与えられているわけでもなく、なおかつ下手な予算管理に非難を浴びていることが、いかに不公平かを指摘した。「独身男性の世帯は、憎らしいほど快適だというのは有名な話で、階段のカーペットに穴が開いていることもありません……ところが、彼らの浪費については誰も語ろうとしないのです。なぜなら、使っているのは、自分で稼いだお金だからです」[3]

一九三〇年、ロンドン大学経済学校による「ロンドンの生活と労働における新調査」に加わった研究者たちは、男性使用人の勤め先として、「遊び人」身分の男性の家が、とくに望ましいと考えられていることに気づいた。一九一一年に、ギリシャ人のジョージ・クリティコスは、ピカデリーの独身男性の家で使用人として働くためにロンドンにやってきたが、当時ですら、紳士に仕える紳士としての仕事の大部分が、「共謀者」[4]となることであると、彼はすぐに悟った。すべての従僕がジョージのように、「昼も夜も興奮するほどの騒がしさ」で、愉快な経験をしたわけではなかったが、多くの従僕にとって、独身男性の暮らしには、寄宿学校や将校クラブ的な同胞愛が介在していた。一九三〇年代初期、ペンギンブックスの創立者で出版者のアレン・レーンは、寄木細工の床、ガラス製の棚のあるバー、ガス冷蔵庫、最新仕様の浴室など、当世風の巡航定期船の優雅さに合わせて改装したロンドンの住宅で、ディックとジョンの二人の弟たちと暮らしはじめた。兄弟は、ナイトという愛称の元水兵を雇ったが、通いのナイトは、毎朝早くやってきて紅茶と朝食を用意し、兄弟たちが外出しない晩には、ステーキやキドニーパイなどの得意料理をつくった。レーン三兄弟は、風呂の湯を使い回したものの、きわめて重要な習慣であった毎日の入浴時に、バスタブの湯をはったのはナイトだった。[5]

ヴァレットの仕事はたいてい、あらゆる細部に関わっていた。男の身だしなみの奥義のなかでも、とに髭剃りは、緻密な正確さで注意が払われていた。「洗面台の上に置いたグラスに冷たい水を半分入れ、そのグラスの上に歯ブラシを寝かせる」置き方は、レヴァートン夫人の『使用人と彼らの職務（*Servants and their Duties*）』に書かれた指示である。アイリーン・ボルダーソンの雇用主、ベサル大尉は、水道水よりも軟らかい雨水を日々の髭剃りに使用するため、着替え室の窓の外にバケツを置いて雨水を貯めるよう、ヴァレットに命じていた。『使用人と彼らの職務』では、ヴァレットについてこんな指示がある。

> ご主人の服にブラシをかける。トップブーツ〔上の部分に薄い色を使用したロングブーツ〕、狩猟用ブーツ、ウォーキングブーツ、ドレスブーツ〔日中の正装用のショートブーツ〕にブラシをかける。それからご主人の入浴に使う湯を運び、着替えの服を置く。ご主人の髭を剃り、必要であれば着替えを手伝う。旅行用の衣類を詰め、帰宅後は片づける。ディナー用の服一式を準備する。湯を着替え室まで運ぶ。狩猟に出かけるときはご主人の荷物を積む。ディナーの最中はご主人の席の背後に立って控える。ご主人と奥様をディナーにお連れした場合はとくによく仕える。家では当然、ご主人の朝食、ご一家の午餐と晩餐を給仕する。ご主人の持ち衣装の世話をし、すべてが修繕済みで、整理されていることに留意する。[6]

このように、紳士であることを定義するための、着こなしにおける難解なルールの知識が、紳士の運命を左右した。外部の者に対し、社会階級のどこに位置しているかを真っ先に示すものが、服装であった。着こなし術におけるエドワード朝のご意見番、「ザ・メジャー」が編纂したルールのリストは、それを会得するのがいかに難しいかを実証しており、まるで、新会員へ秘密の儀式を手ほどきするかの様相を呈している。「街にいるときは、昼食後に、ラウンジスーツ〔背広〕とボウラーハット姿で現れるべからず。午前中に仕事の約束がある場合は、当然、シルクハットにフロックコートかモーニングコート着用のこと」。「どんな種類であろうと黒のコートを着ているときに、黄褐色の靴やブーツをはくべからず。黒のモーニングコートを着ているときは、ボウラーハットをかぶるべからず。紺色の上着を着用の際は、シルクハットをかぶるべからず。いわずもがな、あらかじめ結び目のあるネクタイを着けるなど、紳士にあるまじき行為である」[7]

大英帝国の最も暑い地域に位置する領土ですら、服装に誤りがないことが重要視された。三〇年代初期に、アフリカに転任することになったアンソニー・カーク＝グリーンは、現地の服装について、「制服姿の人はいるのか？　靴下は短いほう、長いほう？　丈の長い半ズボンをはくべきか？　開襟シャツを着ていても大丈夫か？　ネクタイはするのか？」といった不安をもった。[8] 服装のルールに対する「なぜ？」という疑問には、単に、ルールの不服従は「適切ではない」という反応のみが、その答えとされた。

着こなし上手の紳士は、王室を手本としていた。エドワード七世は、男性の服装の正しさを見分ける鋭さをもっていたものの、風変わりなものを好むところがあった。しかしそれが、融通のきかない紳士スタイルの基準となったのである。たとえば、チョッキの一番下のボタンはかけないままでおき、ズボンは膝から下のみに折り目がつくようプレスされていなければならないという、エドワード朝の紳士たちが従ったルールはすべて、国王の恰幅《かっぷく》が良かったことで決まった。その息子のジョージ五世は、そういったドレスコードに、今度はほとんどトーテム信仰のような、きわめて特殊な重要性を与えた。彼は、エチケットや優先する順序、そしてあいさつの形式などと同じように、軍服と私服の両方の正確な慣例において、度を越したこだわりをもっていた。伝記作家のハロルド・ニコルソンは、ジョージ五世は概して「最新流行の服装よりも前のスタイルを好み、過ぎ去った十年の模範からの逸脱を、優柔不断と潜在的デカダンの暗示と見なす傾向があった」[9] と、伝記に書いている。国王のズボンは、彼の父親と同様に膝の下から折り目をつけてアイロンがかけられ、また国王は、結び目をつくるよりもリングに通してピンで留めたネクタイを好み、スパッツのボタンはかならず八個と決めていた。正装にはフロックコートを着用し、略式の場合は、ダークスーツにボウラーハットをかぶった。スコットランドに滞在するときは、キルトとダチョウの羽根のついた黒い縁なし帽を、舟遊びに興じるときには白のフラノを、そして狩猟には、かならずツイード地の服を着用した。あるとき彼は、王室の長老、デレク・ケッペル卿が、ボウラーハットをかぶって宮殿に入るところを見つけて、まるで「ネズミ捕り屋」ではないかと言い掛かりをつけた。着こなしに対する国王の関心の鋭さは、身だしなみのすみずみにまで払う細かい注意にも首尾一貫し、髭《ひげ》にラベンダー水をかけ、爪にはいつも見事なマニキュアを施していた。

ゆえにヴァレットは、紳士の暮らしをしたいと熱望する、個人所得のある独身男性にとっては、是が非でも必要な存在であった。ヴァレットはまた、家から離れた場所で開かれるスポーツに興じるハウスパーティーでも、その複雑な営みにおいて不可欠なガイドを務めた。どんな男でも「カントリーハウスをちょくちょく訪れるなら、ヴァレットなしにそう簡単に過ごすことはできない。スポーツマンも、狩猟や射撃が好きな男たちも、ヴァレットが貴重な存在であることを知っている」と、ザ・メジャーは考えていた。元ヴァレットのスタンリー・エイジャーは、第二次世界大戦までは「いかなる重要な立場にある、いかなる紳士も」従僕を置いていた、と書いている。理想は、ヴァレットに手助けされながら無限の痛みによって到達する、完璧な身だしなみの獲得であったが、それはまた、外観にはどうでもいいようなことにも、影響をおよぼすことになった。清潔にしておくことが一日を送る上での重要な要素であったため、毎日の入浴は儀式となった。おしゃれな紳士が完璧さに到達するための補助的な付属品は、生花をラペルに挿すための銀製のホルダー、機会ごとにスタイルが異なるさまざまな飾りボタン、クラヴァット〔アスコットタイ〕用のピンなどが、無数につくられていった。紳士の着替え室は、身だしなみのための神殿に等しかった。そこには、手荒れ用の鉱物油、ポマードのスティック、髪の寝癖を直すための軟膏のようなもの（十九世紀初期には熊の油が使用された）、かならず二本ひと組になったイニシャル入りの銀か象牙のヘアブラシ、靴べら、つまようじ、手袋のしわ伸ばし器、バトンフック〔穴からボタンを引っかけて留める道具〕、そして服用ブラシなどが、厳かに置かれていた。また、旅行用に、携帯用の折り畳み式バトンフックや格納式つまようじ、豪華なマニキュアケースなど、工夫に富んだ備品が考案された。

一九二〇年代に入ると紳士のファッションは、新しい社会的道徳観を、しぶしぶながら承諾しはじめた。その年代にロンドンに住んでいたドイツ人の作家、ヴィルヘルム・ディベリウスは、イギリスの道徳観が個人主義のデカダンに傾く兆候として、それを見ていた。第一次世界大戦後に、彼はこう書いている。「今や、自己表現は叫び声になった。古い道徳律は上品ぶった態度として軽蔑されているのだ。作法の劣化がほうぼうで私の目に入る。男たちの装いはいい加減になり、かつてはあらゆる夜の行事の決まりごとであった正装が、ヨーロッパ大陸同様に、もはやしきたりではなく珍しい行為となっている」[10]。ジョージ五世の息子で国民的な人気を博した皇太子、ウェールズ大公の、よりカジュアルでスポーティな服装をした写真があちらこちらに貼られ、彼の好んだフェアアイル編みのセーターやハンティング帽、プラスフォーズ〔ゴルフ用半ズボン〕、アーガイル柄の靴下などが、一般市民のあいだで流行した。しかし国王は、エドワードのマナー違反に、くどくどとこんな小言を言った。「昨夜、おまえが舞踏会で手袋をはめていなかったと聞いておる。そんな真似は二度とすべきではないと、わかっておくれ」[11]。ウェールズ大公の服装は、「形式」に対するくつろいだ姿勢を、単に反映していただけではなかった。英国の大半の人々にとって、上流と中流階級の男性の服装の基準は、家庭に洗濯場がなければもはや維持できないという現実をも、反映していたのである。

ヴァレットは、彼が仕える紳士の古い服を着ることさえあったため、しばしば、その紳士の影のように見えることがあった。『職務（*The Duties*）』の著者は、ヴァレットの仕事は、お仕着せを着るフットマンとは違って、自前の服を着る必要があり、主人が用済みにした服をもらえるはずであると、はっきり書いている。したがってヴァレットは、主人のお古のダークスーツか、または、濃い灰色に斑点の織り柄のある「胡麻塩」スタイルのスーツを着ると、ほとんど事務員のように見えた。スタンリー・エイジャーは、「男の使用人は全員、そんな一着を戸棚に置いていた」[12]と振り返っている。そして、歯ブラシがどこにあるかと主人が迷うことのないよう、あるいは髭剃り用の湯の温度を心配しなくて済むように、つねに正しく準備するのが職務であった。ウィンストン・チャーチルのヴァレットを務めていたジョン・ギブソンは、第二次世界大戦後、他人の手を借りずに服を着替えることのできない、元首相の姿を見た。「あの方は社交的な紳士階級で……人形のようにそこに座って、着替えさせてもらっていました」[13]

第二次世界大戦前から、中流層では既製服が徐々に一般化していたものの、かたや紳士たちは、吊しの服をいとわない淑女たちにも後れをとっていたため、紳士の持ち衣装は油断のない手入れを必要とした。ヴァレットには、「ご主人の持ち衣装がすべて修繕済みで整理されているように」との指令が下され、そしてそれは休みなしの仕事だった。しかし、文民の紳士の持ち衣装の維持がどれほど複雑であっても、軍隊の会食室にいる使用人に求められた将校の式服の知識には、およびもつかなかった。元フットマンのジョージ・フォックスは、一九一〇年から一四年までのあいだ、英国軍艦のアラガント級防護巡洋艦とキング・エドワード七世級戦艦で二等スチュワードをしていた。彼は、視察や軍法会議に出席する際のフロックコートや、「大礼服には剣」を着装するしきたりなど、あらゆる行事に関する決まりごとを、正確に覚えていなければならなかった。フォックスは、銀メッキが施されている式服の金色のレースから、金色がはげ落ちないようにするために、サーモンピンクの薄紙でていねいに包んだ。ラッカー塗りのボタンもまた――真鍮《しんちゅう》製ではないため、磨く必要はなかったが――ひとつひとつ、薄紙で包む必要があった。[14] ブーツは靴墨を使って、厨房の旧式レンジのように黒光りがするまで磨いた。最良の靴型は鹿の前脚でつくられた昔からのもので、ブーツを磨くときにも、彼はそれを使用した。

従僕にとって脅威となっていたのは（ヴァレットが忙しいところでは、たいていフットマンの仕事になっていた）、何時間もかかる狩猟用具の手入れである。おそろしく高価なハンティングピンク〔キツネ狩りに着用する深紅色の上着〕は、泥の水分がピンクの染料に反応して、黒い斑点になりやすいため、専門的な手入れを必要とした。チャールズ・ディーンはこんなことを覚えている。「ピンクの担当になったとき、私の心配が始まりました。一点の見落としが、上着全部を台無しにしてしまうからです。紳士が着る服のなかでいちばん値の張る服ですから、その上着を駄目にすれば、使用人の評判も落ちます」[15]。ほとんどのキャリアヴァレットは、すぐに汚れを落とすための専用の道具箱を、つねに携帯していた。「全体的に見て、〔その手入れは〕まったくもって専門家の仕事だった」というのが、両大戦間期にヨークシャーのラングトン・ホールで働いていたスタンリー・スーウェルの意見だが、彼の証言からは匠《たくみ》の声を聞くことができる。

> 石灰質がきつくない土地では、赤い上着についた水は白い染みになるので、雨水を使います。私がラングトンにやってきたころは、小川から水をくみ上げていました。水道が引かれる以前は、雨水を使わなければなりませんでしたが、石灰質のせいです。上着がもってこられるたびに、桶に直接入れて洗うんです、素晴らしい生地ですよ。大佐は、毎日違う上着を着て、狩りができました。けど、上着はすぐに乾きやしません、外気に当てて、乾燥用戸棚で仕上げ、まだ濡れているうちに叩いて型を整え、ボタンをかけるんです。ブリーチ〔乗馬ズボン〕はウール地なので、扱いには十分注意しなくちゃ

なりません。鹿革はもちろん、それだけで大仕事です。その手入れが得意だと言えるまでに、一年近くもかかりましたから、難しい仕事です。いいですか、湯は熱くしすぎてはいけないんです。そのなかに石鹼を溶かしますが、鹿革のサドルに関しては、濡れていると滑るので、石鹼を使いすぎてもいけません。だいたい乾いたら、平らなテーブルの上で滑石をつけて、手で磨き続け、しっかり乾かします。セーム革を乾かすときもそうですがね。レンガみたいに硬くなります。えらい代物ですよ、鹿革は。[16]

ヴァレットは、出しゃばらず、紳士的な寡黙さのきわみという節度を身につけ、控えめでいるように訓練された。軍隊にいたヴァレットは、身だしなみのお抱えアシスタントになっていき、一方、文民のヴァレットはその途中で、どこか中性的でなよなよしたイメージ（軍隊の男らしいヴァレットとは逆に）をもたれることが多かった。小説家のチャールズ・ディケンズは従僕について、「だらりと背の高い男、ぶよぶよの外見」[17]とさげすんで表現した。エリック・ホーンが一緒に働いていたヴァレットは、「〈ヒール〔横にぴったりつく〕態勢の犬〉の趣をもっており、女たちのいる厨房で油を売っているような男っぽいやつ、という感じではなかった」ため、「窓敷居に腰かけて奥様のストッキングを繕うマドモアゼルと、その反対側に座ってフランス語のレッスンを受けているヴァレットのジョン、そんな光景を想像させる」[18]とまで言っている。マーガレット・パウエルもまた、ヴァレットに対しては冷笑的な見方をした。彼女は、サウスケンジントンのカトラー家のヴァレットを、主人との親密さをよそに結婚不適格者として猛烈な哀れみをもって見ており、彼についてこう描写している。「ところでヴァレットは、家の重要人物のような存在だと思われる傾向がある。どこの家でもそうか否かはわからないものの、うちのヴァレットは女っぽすぎた。それが仕事の性質上によるものなのか（ヴァレットの仕事は男らしくないとも言えないが）、それとも、彼らが家事奉公に就いていて、女たちと暮らす時間が長いからなのか、私にはわからないけれど、私たち女中は彼のことを、仲間のひとりだと思っていた。私たちはみな、あたかも彼が女であるかのように話しかけ、冗談を言った。彼の手はすこぶる柔らかく、喋り方も穏やかで、男のようには見えなかった。むしろ私には、どことなくゼリーのように見えた」[19]

　ヴァレットは男らしくないという、使用人専用広間での評判にもかかわらず、条件の良いその仕事は、旅行をしたり外国語を学んだり、世界を見て回る機会をヴァレットにもたらした。一九二〇年代、チャールズ・ディーンはオボレンスキー皇太子のヴァレットとして、大西洋を二八回横断した。両大戦期間に、ヴァレットの仕事にはいくらか男らしい主体性と魅力が加味され、ふたつの仕事を兼務するショーファヴァレットが、ますます一般的になっていた。一九二一年のイングランドには五二〇〇人のお抱えショーファがおり、戦時中に技術や整備のスキルを取得した退役軍人の需要は、きわめて高かった。ゴーグル、ゲートル、ハンティング帽、真鍮のボタンつきお仕着せを身に着け、フラッシュ・ハリー〔しゃれた身なりの闇屋〕的な生意気な魅力をもつ、戦前の時代を再現したようなショーファは、その数を増やしていた。ショーファによる厨房への訪問は、「私たちには、ともかくショーファが素敵に見えて、レギンスをはいた正真正銘の男たちと言葉を交わせるなら、それこそ、言葉にならないほど素晴らしいことだった」とマーガレット・パウエルが書いたように、つねに興奮のるつぼと化したようだ。[20] 一九三九年、『タイムズ』紙の求人欄に掲載された以下の広告は、その代表例である。「ショーファヴァレット、三七歳、ロシア生まれ、英語が堪能でフランス語とヒンドゥスタン語も少々。旅行経験豊富。英陸軍では伍長。パーソナル・アテンダントとしての職歴は大将に十五年、病身の紳士に三年――ソールズベリー、クローズ邸の、キャノン・クワークが強く推薦」[21]

戦時中、将校と当番兵は親密な間柄にあったものの、平時に元当番兵か戦闘員にヴァレットの仕事を与えることは、別の次元であった。戦時中に共有した体験は、文民の関係では太刀打ちできなかった。一方、恋愛小説家のバーバラ・カートランドは自伝のなかで、一九二〇年代に若い男たちとタクシーに乗ったときの、当時よくあった体験を紹介している。彼女たちがタクシーに乗りこみ、客席と運転席とを隔てる仕切りがゆっくり閉まったところで、運転手が戦友であったことに、同乗者が気づくのである。運転している男と後部のシートにいる男が、彼女の存在をすっかり忘れて再会を喜び合い、嫉妬するほどの連帯感があったことを、カートランドは印象深く覚えていた。

文民のヴァレットの大半は、レディーズメイド同様に、使用人専用広間の仲間意識と応接間の友愛のはざまで立ち往生する、上級使用人特有の孤独に苛まれた。一九二〇年代にセントレヴァン卿のヴァレットを務めたスタンリー・エイジャーは、その仕事のせいで「上でもなく下でもなく……ひどく寂しかった」[22]と、当時を振り返っている。また、仕事上避けることのできない日常の親密性は、弱点を隠すことを困難にした。ジョージ・ワシントンは、「ヴァレットには誰も英雄になれないという言い習わしがあります。もちろんそれは本当のことですが、しょっちゅう英雄に仕えているなんてのは、おそろしく退屈なことですよ」と、ディッチリー・パークでロナルド・ツリーのヴァレットをしていたときの経験を語っている。「両者のあいだには意思の疎通と信頼があります、そして分別のある者なら、そういうことにしておくのです」[23]

しかし、不要になった紳士の服を着て三等を利用する旅行者の、寂しい中途半端さには、痛ましさも漂っていた。「一家と一緒に外国へ旅行するときですら、私は孤独を感じた」とエイジャーは書いている。「船上の誰もが、私が使用人だと知っていた。風変わりな乗客が、私に話しかけることがあったかもしれないが――だがそれは、雇い主のところへ、私に案内してほしいからなのだ。私は、よそよそしくしていなければならなかった――ほんの少しでも出しゃばっていようものなら、旦那様はけげんな顔で、私を見たに違いない」[24]

第十八章　精神生活の疑問
主婦の理想と現実

一九三〇年代末期に現れたキャロライン・ミニヴァーは、当時非難を浴びていたイギリス的な女らしさを、具現する存在となった。彼女が最初に登場したのは一九三七年の十月六日付『タイムズ』紙の、「掃いて飾って」と題したコラムのなかだった。そのコラムで彼女は、家庭の秩序と精神生活の完璧な一致をイメージした、ロマンチックな話を読者に提供していた。たとえば、ミニヴァー夫人はある秋の午後、チェルシーの自宅まで歩く途中で、霜に覆われてきらきらと輝く公園の小枝に心を動かされ、衝動的に菊の花をひと束買い、それを自宅の応接間に飾って、調和感を加味しようと考えるのである。近づきがたいほど洗練されているわけでもなく、盲目的に流行を追っているわけでもないミニヴァー家は、何世代にもわたって手入れをされてきた、簡素でも愛着のあるものの美しさと古めかしさによって、温かい雰囲気が醸し出されていた。ミニヴァー夫人の家庭は、ミニヴァー夫人の心と同様に、消えつつある文化の貴重で古風な断片を、豊富に蓄えていたのである。

彼女は、鋼鉄製の溝つき火かき棒を見て、それを操る喜びを味わいたくなり、火の加減をちょっと整え、それから暖炉のそばに座った。ティーはすでに用意されていた。蜂蜜のサンドイッチ、ブランデースナップ〔ショウガ味の薄焼きビスケット〕、小さなラタフィアビスケット〔ラタフィア酒風味のマカロン〕が置かれ、そしてそこにはクランペット〔イースト菌を使用した塩味の小型パンケーキ〕もあることを、彼女は知っている。フェンダースツール〔暖炉の前に置く細長い布張りの低スツール〕の上には、図書館で借りたばかりの、目新しい本が三冊。その本には、表紙の傷を隠すための明るい色の薄紙が、寄付した者によってかけられていた。マントルピースの上に置いた時計が、きわめて優しい音色で、きっかり五回鳴って時を告げた。川のほうでは、曳舟の汽笛が聞こえた。開け放たれた窓から、突然のそよ風が焚き火の匂いを運んだ。ジグソーパズルはほとんど完成していたものの、ひとつだけ、見つからないピースがあった。そのとき、水曜日になるとやってくる手回しオルガン弾きの聞き慣れた音が、広場の反対側の端から聞こえてきた。何百という偽りの連音とアルペジオで奏でられるその曲は、「美しく青きドナウ」。ミニヴァー夫人は、満ち足りた気持ちで小さく溜息をつき、紅茶を頼むベルを鳴らした。[1]

ミニヴァー夫人の生みの親、ジャン・ストラッザーは、『タイムズ』紙の編集者で作家のピーター・フレミングから、同紙の寄稿ページに女らしさを加味するための執筆を請われた。フレミングはストラッザーに、「いわゆる平凡な暮らしをしている、あなた自身のような平凡な女性について」[2]書けばいい、と提案した。努力家の熟練ジャーナリストであるジャン・ストラッザーは、戦時中、ウィーンから亡命してきた十三歳下の若い男のために夫の元を去っており、実際はミニヴァー夫人には似ても似つかなかったものの、ミニヴァー夫人という着想と、戦争と変化に立ち向かうミニヴァー夫人の上品にして不屈の精神が、ある種の理想的なイギリスらしさの定義になってしまったのである。一九三九年、ミニヴァー夫人の記事は本となって出版され、その三年後には、グリアー・ガーソンの主演で映画化されてアカデミー賞を受賞し、戦争に対するアメリカ人の考え方にも刺激を与えた。[3]
『タイムズ』紙の社説は、社会的文脈におけるキャロライン・ミニヴァーの立ち位置を、読者のために正確に示してみせた。「彼女が四〇代であることをわれわれは知っている。昔のままの容姿を維持する夫のクレメント・ミニヴァーは、売れっ子建築家（住宅専門）で、彼女は、有頂天というよりむしろ同情的な姿勢で彼女との結婚を続け、夫婦の家は、キングスロードからほど近いロンドン南西部の、やや小さなスクエアの一画にある。十七年におよぶ結婚生活で三人の子どもに恵まれた彼女は、子どもたちとは適度な距離を保っている」。加えて社説は、ミニヴァー夫人の「優美な女らしさ」についても触れ、彼女は上手に営まれた世帯で家事の詳細に喜びを見出すだけでなく、自然や景色、芸術にも敏感に想像力を働かせ、生活の本質と偶然がもたらす魅惑的な事柄を楽しんでいる、と紹介した。ミニヴァー夫人は歯科医に歯を削られるあいだ、ダン〔英国形而上派の詩人で聖職者〕の詩を思い起こし、その痛みを和らげようとする。自分の短所を注意深く自覚し、威圧的なところがない形で上位にいるミニヴァー夫人は、要するに、「繊細で打ち解けやすく、どちらかといえば気位の高い」女性なのである。

　つまり彼女は、完全に望ましい主婦像の、一九三〇年代版であった。朝食を取りながら『タイムズ』紙を読み、最盛期に入った使用人の離職と闘うミニヴァー夫人の精神生活は、家庭内の無秩序によって恒常的に包囲されていた。ストラッザーの発表した第一話は思わせぶりに終わり、ミニヴァー夫人が紅茶を飲むために鳴らしたベルに、果たして誰が応えるのかは、読者には知らされなかった。しかし、完璧なイメージは未完成でも、最も飲みたいタイミングでテーブルに置かれる紅茶は、昔からそうであったように、忠実に準備する目には見えない手の持ち主によって、期待した通りの時刻に、たっぷりと、そして祝福されながら、運ばれてくることになっていた。

一九三四年、P・L・トラヴァースが著したメアリー・ポピンズは、ナニーが去って混乱状態に陥っていたチェリーツリーアヴェニューのバンクス一家に、魔法と秩序をもたらすべく、傘をさして舞い降りた。運営状態が良好な家庭における物音のしない効率の良さは、一九三〇年代の人々の夢であったが、実生活では家庭は脅威にさらされていた。使用人の確保は困難をきわめ、しかもちょっとした不満で辞めてしまい、残された一家が破滅的な状態に陥ることが、どこでも予想されていたからである。もはや雇用主は、かつてのように条件を決める側ではなかった。アイルランドのゴールウェイの出身で、農夫を父親にもつグレタ・ガイは、一九三八年、イギリスのハーリー通りの家で初めて面接を受け、「日曜日には礼拝に行かなくてはなりません」と私が言ったとき、彼女の表情が豹変しました」という経験をした。グレタを雇うはずの女性は、床をステッキで激しく叩きながら、「カトリック教徒を雇用することは私の主義に反します。あなたがここで働きたいのなら、礼拝に行くことは許しません」と彼女に告げた。しかし、ステッキを振り回したその女性は、もはや勝者ではなかった。グレタはさっさとその家をあとにし、ほかの場所で、容易に勤め口を見つけることができた。[4]

一九三七年の英国の失業者は、一六〇万人にのぼったが、それでもイングランドの中流階級の家庭では、使用人の離職が、両大戦期間の決定的な心配事となっていた。女中たちの怒りを鎮めなければならないことや、彼女たちの優位な交渉力に直面した際の身震いが、世界が変化しつつあるときの特徴を露呈していた。中流階級の女たちは、自分たちを使用人の気紛れによる犠牲者だと考え、無力を実感しながら、まずい料理や不機嫌さにびくびくしていた。一方、主婦の鑑であるミニヴァー夫人は、ロンドンの家に、炊婦のミセス・エーディと、ハウスパーラーメイドと、チャーレディーのミセス・バーチェット、そしてナニーを雇っていた。また、ロムニーマーシュにあるミニヴァー家の田舎の別荘、スターリングスにも、夫とともに管理を担うハウスキーパーのミセス・ダウンスがいた。ところがキャロライン・ミニヴァーですら、欠くことのできない日常的なルーティーンにおいて、読者はどれも身覚えのあるような癪《しゃく》の種に、次から次へと襲われるという憂き目を見るのである。「煙突はくすぶり、配管は破裂、電気掃除機のヒューズがとんで切れ、お皿もグラスも割れて粉々になり、レースのカーテンは洗濯したらばらばら――何もかもがいっぺんに、うまくいかなくなってしまった」。最悪なことに、もっとうまくこなせるはずの人間たちまでもが、機械と同じように力学的故障に陥っていた。「ナニーは足首をくじき、炊婦は扁桃炎、ハウスパーラーメイドは結婚するので辞めてしまい、肉挽き機の蝶形ナットは、どこを捜しても見つからなかった」[5]

日々の家事のあきあきするような負担を、もしほかの女性が肩代わりできないとすれば、女性はどうやって心のなかにある重要なものを琢磨し、どうやって学習と沈思の花に水をやることができるのだろうか？その百年ほど前に、賢く聡明なジェーン・カーライルは、チェーンウォークの自宅で、日常の家庭生活に圧倒されないように努めていた。そしてそれを、文通の話題にしていた。「まあ、何てことなの。使用人について書くのに、なぜ謝ったりするのかしら。〈使用人たち〉が、あたかもいちばんの重要事項ではないみたいに。私たち女性の存在のうちで、いちばんおそろしい項目だというのに！」と、彼女の狭苦しい家のなかを行進する、酔っぱらいの女中、不機嫌な女中、何も言わずに出て行ったかなりの数にのぼる女中たちの、終わりが見えない行列を目撃しながら、彼女は使用人の話を書き続けた。[6] 管理状態の良好な世帯で、女中たちが遠くで聞こえる雑音でしかなかったのであれば、使用人に関する話は、されることもなかった。ところが女中との関係は、知的生活を求める女性にとって、尽きることのない悩みの種となっていたのである。利発な女性たちは、関心を集中させて、崇高な目的のためのテーマをひとつにしぼりたいという欲求が、家を営む際に引き戻される途切れ途切れの現実によって、つねに妨害されていることに気づいた。一八八八年にはすでに、アメリカ人の小説家のメアリー・ハロック・フートが、「私は毎日、小さな欠片になって蹴落とされ、たらいまわしにされ、飲みこまれ、翌日にはまたひとつに戻っていることが求められ、私がひとりになれる時間は、一日のうちでただの一分もない」という経験をしていた。[7]

　彼女たちの悩みには、そういった日常を書くことで収入を得るという、ひとつの答えがあった。上層中流階級の生活の継ぎ目としての使用人問題は（家庭への関与が、朝食の卵に不満をもらすうめき声に留まるという、夫の問題も並行してあったが）、喜劇と悲劇の両方で言及された。それは、自由な女性とまったく自由ではない女性についての話であり、女主人も女中も、さまざまなスタイルで描写された。ジャーナリストで作家、そして女性参政権運動の古豪（加えて、宗教の元修練士）でもあったエリザベス・ダッシュウッドは、一九二九年、「E・M・デラフィールド」というペンネームを使って、「プロヴィンシャル・レディーの日記（*Diary of a Provincial Lady*）」という読み物を『タイム&タイド』誌に執筆しはじめ、「新貧困層」である上層中流階級の家庭で起こる戦闘の模様を、毎週読者に届けた。両大戦期間の地方都市特有の生活が、機知に富んだ鋭い観察によって、生き生きと描かれたこの読み物では、デヴォンシャーに住むプロヴィンシャル・レディー〔地方に住む淑女〕が、地元の大物で自慢話好きな俗物のボクス夫人と、仲良くペアになって社交をしているものの、家庭財政の逼迫のせいで（そして州の現状へのあまりに不適切な判断のせいで）、破滅の境界をうろついている。しかし、ボクス夫人よりも才気あふれる知性をもつそのレディーは、何人もの似たようなレディーが彼女に先だってそうしてきたように、日常を書きとめることで、自分の苦境を役立たせているのである。

　ダッシュウッドは、家事におけるみずからの絶望を喜劇風に仕立てているが、レディーの設定と同様に、彼女自身も地所管理人と結婚し（もっとも彼女の夫は、レディーの夫のロバートのようにむっつりした男ではなかった）、同様に子どもをもち、同様に婦人会と地元の問題に積極的に関わり、そして何より、同様にプロの作家で、文学関連行事のちょっとした機会と日常生活の出会いに留意しながら、家事と仕事のはざまでは、どうしようもない混乱状態にしばしば陥っていた。「当然のことながら妨害はあっても、妨害にもよらず……私が努力してきたことは、自分の限られた範囲のなかにある事柄をありのまま観察し、正確に記録しようとした点に尽きる」と、エリザベス・ダッシュウッドは自伝に書いている。

　プロヴィンシャル・レディーは、軽妙な自嘲とともに、彼女の経済的な苦労を綴っている。とはいうものの彼女は、潔く使用人なしで暮らそうなどという考えを、一瞬たりとて抱くことはないのである。昼食にはベイクドビーンズ〔インゲン豆をトマトソースで煮た缶詰で庶民の食べ物〕しか食べられず、高級なストッキングは買わずに我慢しなければならないと読者に明かしはしても、レディーの一家は、住み込みの炊婦とハウスパーラーメイド、そして優雅さのスタンダードそのままに、フランス人ガヴァネス（「マドモアゼル」）まで雇っており、それぞれの使用人との関係は卵の殻ほどデリケートで、関与する者たちは、不愉快な思いをさせないか、もしくは不愉快な思いをさせられないかと、つねにぴりぴりしている。「三月四日――エセルが、予想通り離職を予告。この家は落ち着かないと言う炊婦は、自分も辞めたほうがいいと思っている。失望感が私を襲う。登録所に送る求人の手紙は五通」[8]。レディーと似たような女性たちと同様、レディーもまた、使用人を引き留める戦いで絶えず不利な立場にあるのは、自分のほうだと信じている。また別の日には、こう記している。「ハウスパーラーメイドが見つかったという連絡なし。一方エセルには、少なくとも百件の引き合いが来て、彼女の未来の雇い主を乗せた高級車が、ひっきりなしに玄関前で止まる。炊婦はますます、落ち着かない素振りを見せ始めた……」[9]

プロヴィンシャル・レディーの声は、社会情勢に対する持ち前の明敏さにもかかわらず、そして、あらゆる種類の社会変化を受け入れる意志と、現代的で自由な精神をもっているという自負にもかかわらず、いざ家事奉公人のこととなると、慣習的でふがいない、イギリスの女たちを代弁するのである。飛び出していったパーラーメイドの後任が見つからないレディーは、「ハウスパーラーマン」を勧められて「仰天」し、デヴォン州での彼の短い職歴に疑いを抱きながら、関心を示している。「何かを命じられたとき、許容できるお決まりの返事が〈オッケー〉ではないと、はっきり、言っておかなくては」

良い使用人に最初に求められるものは、あいかわらず、品行方正で従順な態度であった。専門職で成功し、進歩的な見解をもつ女性ですらも、使用人と主人のあいだの一線が、ぼやけすぎることを望まなかった。誰もが自分の立ち位置を自覚しない限り、物事はスムーズに進むことがなかった。フェイズル・ラスルは一九三〇年代初期に、イギリス初のモスクの導師のところで何の不満もなく働いていたが、一緒に働いていた中年の女中のミス・ボウデンについて、印象深い記述をしている。「この地区に住む中流階級の夫人たちの下で長年働いてきた彼女は、夫人たちと同じような習慣や趣向、そして道徳観を身につけていた。彼女は喋り方が上品だったが、難しい言葉――ゆえに、究極的に、慰安、独占欲、エピソードなど――を知っていて、ビッチ〔性悪女を意味する俗語。元は雌犬の意〕をレディーズドッグ、汗ばむを発汗と言い表し、〈リスペクタブル〉という言葉などはいく通りもの使い方をしてみせた。彼女の話し方は、かならず語尾にクエスチョンマークがついたように終わるので、慣れるまでに少々時間がかかった……ミス・ボウデンは、〈愛〉が話の話題になることを好まなかった」[10]。こんな女中がミニヴァー夫人かプロヴィンシャル・レディーのところで働いていたなら、どれほど楽しく、またどれほどミス・ボウデンを雇いたいと願ったことであろう。しかしミス・ボウデンは、いわば骨董品で、ほかの使用人たちが彼女に接する態度を観察していたラスルには、それがわかっていた。
ミス・ボウデンの「上の人たち」に対する深い尊敬の念は、三〇年代に奉公に入るしかなかった若い娘の目には、じつに奇妙に映っていた。そういった新しいタイプの女中は、おそらく、レティス・クーパーの『新しい家』のなかで、年配のパウエル夫人のもとに残る若い女中、アイヴィーあたりになりそうである。「マークス&スペンサーで買った新しいセーターを見せるために、アイヴィーが十時になってようやくやってきたとき、パウエル夫人は、彼女が分をわきまえていないと言った。アイヴィーは十九歳。わきまえる分など、ほとんど存在しない世代に属していた」[11]
ミニヴァー夫人とプロヴィンシャル・レディーは、思いやりの情をもって使用人を眺めてはいるものの、使用人たちには、雇用主の暮らしのより深くより複雑な心理劇の端役に合った、多彩な特性をもたせることで、一定の距離を置いている。たとえば、炊婦のミセス・エーディには、極端に痩せた体、「冷淡な微笑」、いじらしい忠義に、比喩を織り交ぜて話すおかしな傾向などが、登場人物の特徴として盛りこまれた。ミセス・エーディはあるとき、陰険な態度でこう言う。「まあまあ、どうなることやら。ウェディングケーキにお針箱、将来を案じてもなるようにしかならないし、ことがことを導くのよ」。一方、レディーの隣人、田舎者のボクス家に対する彼女の優位性は、ボクス家のディナーパーティーの席で、彼女が「紋章のようなパイナップルの模様の美しさ」の観察を中断し、「二番手のフットマンの私生活（学問が好きそうな謎めいた顔から、たぶん、彼が哲学を勉強していると想像する）について思いをめぐらす」場面に、暗示させていた。[12]
ミニヴァー夫人は、「ミニヴァー夫人とキリム織の絨毯（*Mrs Miniver and the Khelim Rug*）」の話のなかで、「人生の力学に、暮らしの邪魔をさせてはいけない」と気づいた。しかし、哀しいかな、彼女の暮らしにはたびたび邪魔が入った。孤独と調和の日々の闘争において、自嘲をよろいとしていた一方で、ほかの者たちは、品位に欠ける新しい家庭内関係の、むらのある波間に身を任せていた。『ロンドン・イヴニングスタンダード』紙にときおり寄稿していたメアリー・ワイルドは、一九三七年、著書の『ケンジントンのある主婦（*A Housewife in Kensington*）』で、女中たちに脅されて、取り消すことのできない下向きの社会的流動性に同意する、彼女自身の不安と読者の不安を、赤裸々に表現している。ワイルドの友人の多くは、使用人不足と家計のダウンサイジングに屈服し、フラットに移り住んでいた。「家庭の危機時における私のいつもの反応は、小さなサービスフラットへの切望──。仲間うちで家にしがみついているのは、私たちが最後に違いない。友人たちは、広い家に住むための奮闘はとっくの昔にやめてしまった。家具を捨てて狭いフラットに体を押しこみ、女中たちとも、それに伴う心配とも、無縁になっている」[13]。ところがワイルド夫妻は、そういった風潮に果敢に立ち向かい、ケンジントンの快適な住宅地の一画にある、近代化以前に建てられた大きな家に、生活をアップサイズするのである（二人の子どもは寄宿学校に入っていた）。その本は、家に必要な外観の維持と、改装と補修管理をテーマに書かれている。ワイルド夫人は、夢のマイホームとそれを営む現実との闘争を、日々続けていた。「後期ジョージ朝様式で、クリーム色の化粧漆喰仕上げ。光沢をもつ真鍮《しんちゅう》製ノッカーのついた青いドア、花の咲き乱れるオランダ式の庭、窓辺のプランターで咲くピンクのテンジクアオイの鮮やかさ」に彩られたその家は、ワイルド夫人の心の鍛錬にとっての完璧な舞台背景であり、彼女はそれを運命だと信じている。とはいえ、ワイルド夫人には、配管のもれや借地権に関する厄介な問題ばかりか、生活様式に関する記事の執筆中に、「ソーセージ」について見境なく電話をかけてくる炊婦の質問など、ことあるごとに妨害が入るのである。

炊婦が怒って出て行ってしまうと、ワイルド夫人は、自分で夕食をつくる──もしくは女中がつくるところを監督する——ことを余儀なくされる。「私が大きな包丁でジャガイモの皮をむいたのは、専用の皮むき器が見つからなかったせいなのに、翌日、それが引き出しの奥から出てきた。一方、ふつうの包丁には時間をかけて格闘した。ジャガイモ四個の皮むきにこれほど時間がかかるとは、思いもよらなかった」と、彼女は憤然としたようすで書いている。使用人の無能さと無学ぶりに悩まされているワイルド夫人は、戦前の黄金時代における力量、恭順、そして優れた家庭管理を覚えている。もしくは、覚えていると思っている。「以前なら、私が指示を与えにいくとき、炊婦は毎日清潔なエプロンを着けていたものだ。今朝私は、目にしたくないような最も不潔なエプロンをした炊婦のあいさつを受けた……なのに彼女には、戦前の二倍の賃金を払っている。彼女は週に二、三回映画を観に行き、稼ぎを全部それに使っている」[14]

他方、生みの親のジャン・ストラッザーから繊細さを受け継いだキャロライン・ミニヴァーは、メアリー・ワイルドよりはるかに感情のきめが細かいと見え、「使用人問題」が実務的な事柄の問題ではなく、腹立たしくも人間についての問題であったことに気づいた彼女は、しょんぼりとしながら、こう言って読者を代弁する。「水道の本管の破裂は、傷ついた気持ちに比べれば、ずっと扱いやすいものなのです」[15]

余暇をもつことができる女たちはあいかわらず、より価値の高い余暇に、やりがいを見出していた。慈善事業活動はつねに評判が良かった。サウスケンジントンのカトラー家で炊婦をしていたマーガレット・パウエルは、「そういった人たちはみな、慈善団体に興味をもった。こちらの団体、あちらの団体で、彼女たちの誰もが役員をしていた」と書いている。シティーで働くカトラー氏は、十時に家を出て四時に帰宅し、カトラー夫人は、売春婦のための救済金集めのバザーで、ケーキを売っていた。「カトラー夫人は売春婦の支援に非常に熱心だった。ただし、遠くからである。多くの人たちと同じで、彼女も直接かかわり合いがないときにだけ、寛大になれるのだ」[16]

それでも精神生活は、上層中流階級によって用心深く確保される、ひとつの余白であった。戦後の社会変化は、社会における彼らの正確な立ち位置を少しずつ不明瞭にし、その結果、階級を分類していた定義に関する気まずさと、その定義を強化したいという露骨な欲求の両方が、彼らのなかで生まれていた。今や、省力型装置つきの郊外の新築住宅に住む下層中流階級の女たちまでが、精神生活を望んでいるかもしれないという印象は、あたかも、精神生活を適切に鍛錬する教育を受けていない人々の、ただの放縦や安逸であるかのように見え、ひんしゅくを買った。

王立フリー病院の上席研修医、スティーヴン・テイラーは、一九三八年の『ランセット』誌に、「郊外型ノイローゼ」と呼ばれる、広範性の鬱病状態の診断を発表した。テイラーは、事務員の「旦那さん」から、分割購入事業計画によって購入した新興住宅地の新築の家を贈られる運のいい女性で、新しいテクノロジーに囲まれて暮らす孤独な主婦を想定し、「平凡夫人」と命名した。平凡夫人には、気力低下、不安、体重減少、慢性頭痛、不眠症の症状が出ており、テイラーはそれを、「一連の偽りの価値」とみずから名づけたものに原因があるとしている。彼が考える郊外の女性は、安逸によって助長された浅はかな物質主義を、厚かましく熱望しているのである。本や演劇、知性を重んじる人々が成功裡に送ったような人生を目指しながら、「郊外の女性は、家庭を盲目的に崇拝している」と彼は書いた。「知性をもっている女性たちにとって家庭は、人生に欠かせないものの一部でしかない。郊外の女性にとっては、残りの部分が目に入らないために、まるで家庭が隔離されているように見え、なぜ家庭が自分に幸福をもたらしてくれないのか、不思議に思うのだ」[17]

テイラーは、ひとつの問題を正確に位置づけてはいたが、ひょっとして郊外に住む女性にも、ミニヴァー夫人の家事に拘束されない人生への憧れを共有する可能性があるとしたとき、彼はその理由が不愉快だったのである。たしかに、急激に増加した婦人雑誌は、郊外生活の現実とたびたび食い違う家庭の理想、そして家政を、女性たちに繰り返し教えた。一九二〇年に創刊された『アイディールホーム』や『ホームズ&ガーデンズ』、『グッドハウスキーピング』、『ウーマン&ホーム』のような月刊誌は、趣味の向上、美容の秘訣、人間関係などをこぞって強調しながら、郊外の平凡な妻が奇跡を起こす人となって、夫を喜ばせるための美味しい食事や装い方を助言し、完璧な家事の理想像を補強した。一九三七年に登場した週刊誌『ウーマン』は、その二年後には発行部数が二五万部に伸びていた。

当時の寂しい主婦たちが、夢と現実を一致させるのに苦労していたとしても、不思議はない。たいていの新興住宅地は、友人や実家、そして商店街からも遠く離れており、若い妻は、退屈で仕方がなかったのである。元帽子デザイナーのイーディス・ブロードウェイはこう話している。

明けても暮れても私には何もすることがなく、しなくてはならないことも家事もすべて終えてしまって、何もなく、誰もいないときは、どう振る舞えばいいというのでしょう？　お皿を洗いながら流しに落とした涙が、水道の蛇口の高さよりあふれていたのを、私は思い出します。シーツに枕カバーにシャツに、どれから手をつけたらいいのか、わかりませんでした。だって私は、創造力をもっている女なのに、家事はあんまり創造的ではありません。家庭の雑用は、疑う余地もなく退屈そのものでした。家をきれいにしていたかったけれど、自分では家事をしたくなかったんです。[主人が] 住み込みのお手伝いさんを雇ってくれましたので、助かりました……外に出ればさまざまなことが起こっているのに、この狭苦しい家のある細い通りにとらわれているような気がし、物足りなくて、もっとほかの何かが欲しいと思ったものでした。私は活動的でいたかったのに、死んでいるみたいで、毎日が、退屈でした。[18]

しかし、一九三九年は、すべてが、大きく変わる寸前の状態にあった。九月三日に英国はドイツに宣戦布告し、そしてジャン・ストラッザーのミニヴァー夫人は、新聞の連載が「箱入りで鮮やかな装丁」の本になって、人生の絶頂期に入った。その本については、ロザモンド・リーマンが『ニューステイツマン』誌の書評に、ミニヴァー夫人を厄介な主人公であると書いた。「援助に値する貧しい人々が、地元の恩寵豊かな夫人のご機嫌をとらなくてはいけないというような気持ちで、彼女の次の登場を待ち構えなくてはならない……私たちはたぶん、彼女の自己満足よりも、むしろ、とてつもないひとりよがりの本性を哀れみ深い謙遜な言葉で隠す彼女のやり方に、苛々させられているのだろうか？　『私がどんなにお馬鹿さんか、おわかりでしょう！』」[19]

それでもリーマンは、ミニヴァー夫人と、現実の社会で彼女と同じ立場にいる女たちが、劇的でかつ勝利的な転換の瞬間に近づいていたことも、ちゃんと見抜いていた。戦争が続くあいだ、精神生活の執拗な要求は、外側の世界のより差し迫った現実的な要求によって、包含されてしまうのである。イギリスの家庭の景観が、まさに完全に様変わりしようとしていた。リーマンはこう続けている。「目下、ミニヴァー夫人は戦争と向きあっており、私たちも同じように戦争に向きあっている。けれど、どこの誰が打ち負かされようとも、彼女は切り抜けるに違いない。勇気と常識をふんだんにもつ彼女は、避難民に、増税に、必要とあれば爆弾にさえ、首尾よく対処する……昔からの習わしは受け継がず、いやむしろ彼女は、使い古して劣化したがらくたを受け継ぎながら、順応性をもって、うろたえながらも、無傷で立ち上がるのだ。新しく現れる社会が、たとえどんなものであっても」[20]

第十九章 「彼女たちが茶碗の受け皿から紅茶を飲むって、本当?」

チャーウーマンの沈黙

一九三〇年代が終わりに近づくころ、作家のチャールズ・ディケンズのひ孫で社交界にデビューしたこともあるモニカ・ディケンズは、小遣いを稼ぐ目的と、面白半分の気持ちもあって家事奉公に入ることにした。女優を志望していた彼女は、本物の女中か炊婦兼ジェネラルになりきることが、演技力を磨くチャンスになると思った。

一八九〇年代にモニカに先駆けてそれを試みたエリザベス・バンクス同様、彼女は炊婦と炊婦兼ジェネラルの求人欄をくまなく調べると、一九三九年に出版された本のなかからさまざまなタイプを手本にし、楽しく読めそうな応募の手紙を書いて送った。モニカの体験は、厨房で働くより選択肢のないときに、そこでの労働がどんなものになるかという側面をとらえてはいないが、戦争勃発前の数年間に、イギリスの中流階級に広まっていた社会と家事に対しての絶望感からくる重圧を、情け容赦ない正確さで観察している。その本、『ひと組の手(*One Pair of Hands*)』は、探すことにもつなぎとめることにも苦労していた奉公人への、救いがたい依存についての考察である。またそれは、オデット・クインが「〈地下〉と呼ばれる、およそ信じられないもの」と言い表した厨房での暮らしを紹介するための、臨場感あふれる描写でもある。一九三〇年代、ほとんどの使用人が経験していた劣悪な生活環境に、愕然《がくぜん》としたクインはこう記している。「イギリスの厨房は、じめじめして薄ら寒い、地下墓所のようなところにあり、イギリス人の使用人婦はそこで暮らし、多くの場合、イギリス人の使用人のもそこで寝ている。そんな宿泊設備が、ロンドンに炊やってくるまで私の知らなかったある人種を生み出したわけだが、コメントは控えるとして、私はそれを、〈ロンドン穴居人〉と呼ばせてもらうかもしれない」[1]

モニカは、自分の体験がそこまで穴居人的だとは思わなかったようだが、イギリスの地下の厨房は、湿気っぽく、薄暗く、人を寄せつけない場所のままであることに気づいた。実際に給湯器の役目を果たす近代的なボイラーは、ちょっとした激しい動きですぐに故障し、その代替物――まだ一般によく見られた鋳鉄製のレンジ――はなかなか火がつかず、ディナーパーティーの最中に、突然火が消えることがあった。食品に関しては、エドワード朝と比べればずっと質が良く、値段も安かった。一九三四年の英国の平均収入は週に三〇シリングで、そのうちの九シリングが食費に使われていた。安価な加工食品がますます普及していたとはいえ（かつて外国の新案商品であったクリスプ〔ポテトチップ〕は、一九二八年には英国全体で百万袋も販売された）、上層中流階級はいまだ眉をひそめ、彼らの家では「野菜の果てしない下ごしらえと調理、そして三度の食事の繰り返しを思い出させる洗い物」[2]とキッチンメイドが呼んだ作業に、使用人たちが汗を流していた。

モニカ・ディケンズは雇われた先々で、雇い主たちのさまざまな期待と振る舞いに遭遇した。思いやりと、ときには親近感さえもって扱われた場合もあれば、女中との関係には相応との判定から、冷たく横柄な態度で扱われた場合もあった。もっとも、彼女が何者なのか推測した雇用主がいたかどうかについては、彼女は明らかにしていない（ディナーパーティーでは数度、知人に給仕するはめになったようだ）。いつも昼までベッドにいる、派手で奔放な社交界の花形の家で働いていたときは、その女主人の野卑な恋人が、酔っぱらうたびに厨房にいる彼女に突進してきた（丁重に離職願を渡したあとで、そういった出来事では、彼はめったに悪者にされないことをモニカは学んでいる）。モニカの雇用主のなかには、家庭の運営をどうすればいいのか少しもわかっていない無力な若い妻、夫の雇用主に良い印象を与えようとディナーパーティーを開きたがる頼りない妻、そして、病弱な妻と三人の子どもの世話をしようとする、優しい退役将校がいた。サービスと基準に対するほとんどの雇用主の考えは、つねに予算を上回っており、卵とサラダ油の壜をわざわざ数えるために厨房へ下りてくる服飾デザイナーは、当世風に突然の夕食会を思いついたものの、その準備でモニカが臨時に立て替えた品物の代金を、彼女に返せるだけの小銭すらもっていなかった。

一度だけモニカは、デヴォンシャーの地所にあるカントリーハウスで、炊婦としての仕事に就いたが、屋敷はハウスキーパーによって管理されており、雇用主の老夫婦に従来の作法で仕える訓練を受けなければならなかった。しかし、そういった世界は、若いデビュタントにさえも、すでに時代錯誤に見えていたようである。奉公におけるモニカの体験は、大半が主婦のもとでの家事であり、その主婦たちは、使用人を見つけてつなぎとめるために、かなりのエネルギーがいることに気づいていいながら、少なくともそれと同じだけのエネルギーを使って、自分で家事をするつもりはなかった。朝食はいつも、ニシンの燻製、ベーコン、卵、トースト、コーヒー、キドニー、マッシュルームかトマトで、モニカはそのなかから組み合わせて、好みに合うよう準備した。厨房はたいていどこも、ごく基本的な調理器具しかなかった。ところが、彼女が初めて出向いた家で、厨房の冷蔵庫を初めて目にしたときは、庫内を冷やすためにドアを閉めることすらわからなかった。モニカは『ホーム』誌にざっと目を通し、家事を手っ取り早くごまかしていた。

料理は、ランチは少なくとも二コース、ディナーなら少なくとも三コースと決まっていた。ティーもまた、当然昼間の仕事に組み込まなければならず、それにはケーキづくりが含まれた（店で買ったものではいけなかった）。倹約を心がけるふだんの日のプディングは、こってりして重いスポッティドディック〔干しブドウ入りスエットプディング〕やセイゴー〔サゴヤシのプディング〕、ライスプディング、プルーンモールド〔ピュレ状プルーンのゼリー〕などを出した。夜明けとともに起きたモニカは、前夜のカクテルパーティーで煙草の吸殻の落ちたカーペットを、黙々と掃除しなければならなかった。彼女は炊婦兼ジェネラルとして働いているうちに、泡立て器でオランデーズソースをつくりながら、応接間の暖炉の火がまだついていることを確認できるようになり、二階に呼ばれたときは、厨房用のエプロンから、かならずフリルのついた既製品に取り替えることも覚えた（アルバート・トーマスによると、女中たちに嫌悪されたモブキャップは、三〇年代にはその大半が「非常に小さな扇形のハンカチと頭の横で小粋に結んだリボン」に取って代わったという）[3]。

　それでも、小規模世帯の女主人と使用人の関係は、あいかわらず社会的な気まずさに支配されていた。モニカ・ディケンズとほぼ時を同じくして、女中に扮装したセリア・フレムリンが家事奉公の世界に一歩足を踏み入れたのは、「日常生活の科学」を直接自分で調査するためだった。フレムリンの手強さを勘案しながらも、ロンドンの若い主婦を取材したときの、おぞましいようすを想像させる記述がある。

　絨毯の上に、二匹の子猫と親猫がいた。X夫人は、前かがみになって猫を撫でていた。「この子たちは私の赤ちゃんなの、可愛いと思わない?」と彼女は言って、それからそわそわしながら手を止めた。明らかにそれは、わりとひんぱんに起こるしぐさだった。それで私は、彼女の最初の誘導に従って、前かがみになって猫を撫でるべきか、それとも次の誘導に従って、「本当ですね、マダム」と言うべきか、ためらいながらたたずみ、わずかに微笑を浮かべた。私は後者を選んだが、たぶんそれは、失敗だった。それから、私たちが居間に戻ったとき、私はもらっている賃金が十分ではないと判断した。それで私はもう一度ふたつのドアをくぐって、階級意識につきまとわれるような危うい移動をし、「こんにちは（使用人）」と「さようなら（友人）」のあいだの、ひどい優柔不断に陥ったあと、私たちは決別した。私が背を向けて永遠に立ち去るとき、彼女の安堵の溜息が、私の耳元で聞こえたような気がした。[4]

ほとんどの女性にとって、家事手伝いの頼みの綱は、チャーウーマンという人物の形で現れた。「きつい仕事」をするためにやってきたチャーは、女中の等級の梯子では最も低い段に立っていた。このチャーという人に、ごしごし洗ったりこすったり、もしくはモップで拭くことが、自分を「高める」ための方法なのだという主張が通じなかった理由は、彼女が出世の梯子を上ることのできない立場にあり、単調な重労働から抜け出せなかったばかりか、チャーに押しつけられていた滑稽なステレオタイプのイメージからも、永遠に抜け出せなかったからである。フランク・スウィナートンは、一九三八年の『グッドハウスキーピング』誌に、「チャータイプ」という記事を寄稿し、「舞台の上の彼女たちは、映画に夢中か貧血症で、背景幕から憂鬱そうに現れ、鼻をすすって、それを手の甲でふき、つまずくためにバケツとモップをぞんざいに置いて、ことわざの引用を間違った発音で口にしながら、ふたたび背景幕にゆっくりと姿を消し、観客を笑わせる」[5]と書いた。一九三八年に、オーストリア国籍のユダヤ人亡命者としてイギリスに到着したイーディス・ミルトンは、身を寄せていた一家には、雑用をすべて片づける、毎日通いでやってくるチャーがいたことを思い出している。ミルトンの自伝に登場するチャーは、その女性を識別できるすべての特徴が、消し去られていた。「〈チャー〉としてあまねく知られるチャーウーマンは、名前をもたず、形がなく、記憶される価値もなく、モップかタワシについてくるひと包みの服だった。二人の女中が真鍮《しんちゅう》製品を磨いたあとか、またはスカラリーで炊婦がこぼしたスープの跡がついた床を、彼女は午前中ずっと、そのモップやタワシを使って掃除した[6]」

　チャーを探す必要に迫られたミニヴァー夫人は、勇敢にも、チェルシー地区にあるスラム街の「赤レンガがそびえ立つジャングル」へ危険な旅を試みた。そこで彼女は、ありえないほど朗らかな、ミセス・バーチェットに出会うのである。彼女は、ジャン・ストラッザーの読者の多くが恋焦がれて卒倒したかもしれないような、理想のチャーであり、「明らかに、女のなかの女、有能な逸品」であった。チャーウーマンは、古き良き時代を知る元使用人で、戦争で夫を亡くし、通いの「きつい」仕事に出る以外に食べる術のない女性たちが、その典型として見られていた。ところがミニヴァー夫人は、非常に幸運なことに、彼女の読者が夢見そうな、ミュージックホールの舞台からそのまま飛び出してきたような、金目的ではチャー仕事をしなさそうな、しかも真っ正直でいつも信頼の置けそうな、コクニー〔労働者階級のロンドン子〕のチャーウーマンを見つけたのである。ミセス・バーチェットはチャー仕事が〈楽しい〉からするのであって、そうである以上、女主人は彼女に対し、やましさや後ろめたさ、居心地の悪い感情を、まったくもたずに済むことになっていた。ミセス・バーチェットは、ミニヴァー夫人にこう説明する。「誰かやってきて、こんなことが起こらないかって、願ってたんです。掃除に出なきゃならない境遇だからじゃありません、バーチェットと息子たちは、みんなちゃんと働いてます。じつのとこ、せがれのレンが、もっと仕事をしてほしい人たちがいるってのに、母ちゃんは家の外で働いてないじゃないかって、言ってるもんで——けど、もし働かなかったら、いったい何をすればいいかあたしにはわからないし。たまに、あたしだってちょっとやってみなきゃって、そんな気になるもんなんですよ」[7]

奉公のきつい面としてのチャーレディー研究のために、身近で観察をすべくチャー仕事を引き受けたセリア・フレムリンは、「チャー界の広大で比類なき沈黙」を、人類学的な方法で調査した。彼女はプロジェクトに乗り出す前に、全階級を通して群を抜いて遍在するこのチャーという家事奉公形態の段階と、チャーに関して彼女の同輩や知人が思いつくことを、仮説のリストとしてまとめた。ある者は、「彼女たちが茶碗の受け皿から紅茶を飲むって、本当?」と訊き、またある者は、「猫には悪意があるという迷信みたいなものを、彼女たちはもってる?」と訊いたが、多くの仮説で矛盾が目立った。「常時わめいたり口喧嘩したりするのは、ぞっとするでしょうね」には、「あら、私たちよりもずっと、お互い親切にする人たちだわ」という反論があり、また、「彼女たちはみんな動物好きよ」には、「動物に優しくするように、彼女たちはまったく教えられてないの、問題よね」という意見が出た。フレムリンは、自分がよく知っている中流階級の雇用主にありがちな、自己欺瞞《ぎまん》的な態度には手厳しいが、労働者階級の最貧困層の、奥の深い見知らぬ世界では、ワイルド夫人やプロヴィンシャル・レディーがそうだったように、彼女もまた完全に途方に暮れていた。フレムリンには、チャーのティーブレイクで耳にした話が、皆目理解できなかった。〈ピンターレスク〉〔ハロルド・ピンターの不条理演劇のような〕なその会話はこうである。

ほら、そこ、ミセス・ビッグスの椅子の下に、何か変なもんがあんのよ。
何なのさ?
わかんないけど、変じゃない?
はあん?

ちょっと、チョコリットみたいだけど。
そりゃ変だ。
沈黙。
拾って見てみて。
そうね、拾って見てみましょうかね。
ミセス・ブリッグス、あたしに見せなよ。
何だったのさ、ミセス・ブリッグス？
やっぱチョコリットの欠片だわさ。[8]

ベーズ地のドアの背後で行われた教育的な冒険は、使用人たちの暮らしが浮かれ調子で破壊的だったなどとは暴露していないが、それでも、調査によってあらわになった彼女たちの生気あふれる楽しさは、ミニヴァー夫人の精神の黙想を、いかにも気まぐれで上品すぎるものに見せている。大都市で上流の生活をしたかったグレタ・ガイは、「どうしてもロンドンへ行きたかった」[9]ことを振り返った。服飾デザイナーが開いたパーティーのあと、女中仲間とともに、カクテルの残りを素早く片づけながら、騒々しい夜を楽しんだモニカ・ディケンズは、電気掃除機のセールスマン、配達の若い男、ガスの修理工などが、地下の厨房にうきうきしながら出入りしていたようすを綴った。ある校長の家庭でジェネラルとして働いていたドリスは、劇場に熱中し、土曜日の晩はたいていショーに足を運んでいた。ところが、エドガー・ウォレスの怪奇劇を観たあと、彼女は暗い階段が怖くてたまらず、雇用主がベッドまで付き添わなければならなかった。[10]

それまでの二〇年間に起こった政治運動から、完全には素通りされなかった使用人も大勢いた。ウィニフレッド・フォリーが師範学校のキッチンメイドとして働いていたとき、学生と話していたことを雇用主に叱責され、彼女は離職通知を提出した。フォリーは、「鍋や釜が散乱するなか、私は赤旗の歌〔英国労働党の準党歌〕をあえて大声で歌いながら、パパのこと、虐げられている世界中の労働者のことを想い、そして私は泣きそうになった」[11]と、そのときの気持ちを回想した。サウスケンジントンのカトラー家で、キッチンメイドとして暮らしていたマーガレット・パウエルによる記述は、カトラー夫妻が、マーガレット自身や仲間の使用人に比べていかにも活気がなく、単調で、無精者の人生を送っていたという印象を与えている。パウエルは、当時の暮らしをこう描写した。「キッチンメイドの仕事なら、だいたい誰でも就くことができた。当節はあたりまえのことで、その仕事に列ができていなかったときですらも、赤絨毯を敷いて待っていた。キッチンメイドではない人にとってキッチンメイドが厄介だったのは、彼女たちが、ご用聞きの男たちと、わけても使い走りの少年と、しょっちゅう戯れていたからである。その男の子たちが、最新の流行歌を口笛で吹きながら、天まで届きそうな荷物を積んだ自転車に乗り、通りをすいすい走り抜ける光景は、ロンドン名物のひとつにもなっていた。あの子たちはそろいもそろって、みんな生意気盛りの悪がきだった」[12]

第二〇章「異国の生まれ」

外国から来た使用人

口述歴史家のロナルド・フレイザーは、一九七〇年代になって、半世紀前の自分の子ども時代について精神分析的に探究しようと、家で働いていた使用人を探し出し、当時の話を聞くことにした。フレイザーの育ったマナーハウスは、サセックス州のアムナーズフィールドにあった。父親は冷ややかで残忍なところのある、キツネ狩りの好きな大地主で、その父親よりもかなり若い母親は、やはりどこか冷たく、気の小さな恥ずかしがり屋だった。フレイザーは、まだ健在な元使用人たちを探し当て、昔の話を聞き出しているうちに、忘却の彼方から蘇った数々の出来事が、自分の記憶と食い違っていることに驚かされた。

たとえば、両親に雇われていた使用人の多くが、二〇年代末期から三〇年代にかけた雇用市場の悪化のせいで、仕事を選べずにやむをえず奉公に来ていたと語り、彼は、自分の家族がどれほど嫌われ、快く思われていなかったかを知って愕然《がくぜん》とした。当時の雰囲気は、ロナルド少年が理解できていたよりもはるかにとげとげしく、実際、政治色も濃かったのである。「あの方の目には、俺らは泥の塊としか映ってなかったんでね」と苦々しい経験を振り返った庭師は、労働党に投票したことがフレイザーの高圧的な父親に発覚すれば、即刻解雇されていたに違いないと話した。アムナーズフィールドで七年働いたあと、一九三九年に入隊のために辞めていた元馬丁は、彼が屋敷を去るとき、フレイザー夫人から優しい言葉もねぎらいの言葉もなかったことの虚しさを、フレイザーに吐露した。

使用人のうち二人が、フレイザーの思い出の大きな部分を占めていた。とはいえ、そのどちらの人物も、曖昧さのベールに包まれていた。ひとりは、一九三〇年代に彼が生まれたときにはすでにフレイザー家にいたドイツ人のナニー、イルゼで、もうひとりが、戦争の勃発直前にウィーンからやってきて、アムナーズフィールドで働くようになっていた、炊婦のネリーである。二人とも難民で、両大戦期間に二度押し寄せた難民家事労働者の一員として、英国にたどり着いていた。二〇年代末期の最初の波にいたイルゼは、母親が破産し、奉公に出ることを余儀なくされ、ハンブルクをあとにしていた。家事仕事の勤勉さがヨーロッパ中で定評のあったドイツとオーストリアの若い大勢の娘たちのうちの、外国で仕事に就かざるをえなかったひとりである。次に起こった波は、はるかに大きく、はるかに勢いがあった。それは、ナチスが占領したヨーロッパ大陸の各地から、家事労働者のビザを取得して英国に逃れようとする、ユダヤ人難民の波であった。

別れてから半世紀がたとうとするころ、ロナルド・フレイザーがようやくイルゼの居場所を突きとめると、意外にも彼女はイギリスに住んでいることがわかった。アムナーズフィールドで働いていたときのことを、彼女はこう語った。「とにかく使用人に徹しなければ、と思っていました。劣等感からです、理由はわかりませんけど。たぶん、奉公に出なくちゃならなかったという、過去の事情のせいでしょう。私生活は隠して、忠実に、勤勉に働き、個性ももたずに、自分の考えなんか言うべきではないと、そんな気がしていました」。イルゼは教養があり、ほかの使用人たちもそれを感じていた。彼女は、使用人専用広間への出入りを避け、休日には美術館や博物館を回るために、ロンドンへ出かけた。ホームカウンティー

〔ロンドン周辺の諸州〕にあるアムナーズフィールドは、どこかうら寂しい、「孤立した世界」のようだったと彼女は記憶していたが、イギリス人の使用人の扱いは、母国のドイツよりもましだと思っていた。一家と一緒に食事をすることの多かったイルゼは（彼女もまた、同僚の使用人を苛立たせるような曖昧な地位にいた）、食事中、美人でドイツ語が達者なフレイザーの母親のジェイニーと、父親のアレキサンダーとのあいだで交わされる会話は、馬と狩りの話題しかなかったことも覚えていた。アムナーズフィールドでの暮らしは、いわば時代の後戻りで、きわめてイギリス的な時代錯誤だというのが、イルゼの見解であった。「ずいぶん封建的でね。でも、プロイセン〔現在のドイツ北東部、バルト海沿岸の地域。一七〇一～一九一八年はプロイセン王国。第一次大戦後、ドイツ共和国の一部になった〕はもっとひどかったに決まっています、使用人たちは、主人と女主人に忠義と献身を捧げました。だって、それが義務で、そうしなきゃならなかったんです。若い娘たちは、文化にも触れず恋愛さえできない奉公に就いていても、わりと楽しそうに見えましたが」[1]

ドイツでは、使用人の待遇も賃金も良くないことを知ったイルゼは、若い女中たちのあいだで人気のあった英国を、目的地として選んだ（とはいえ、最も人気のあった行き先は英国ではなかった。一九三〇年のオランダでは、二万四〇〇〇人のドイツ人と三三〇〇人のオーストリア人の女中が雇用されていた）。ドイツ人の女中は「チュヒティヒカイト」（精勤さと徹底性）をもっているといわれ、その性格は必然であったせいだとしても、新しい環境にはとりわけ順応性があるという評判から、ヨーロッパの各国で称賛されていた。一九三〇年代の初めには、英国の女中就職斡旋所の支部がウィーンに開設されたため、それがオーストリア人女中の流入につながったようである。高い失業率と経済不況のさなか、英国の娘たちに奉公入りの後押しをした労働省によって、その門戸が閉ざされる一九三一年まででは、ドイツやオーストリアの女中の取引に制限はなかった。

まさに、門切り型のチュートン人〔ゲルマン人〕扱いされてしまうことの多い、難民の使用人たちは、使用人専用広間では、英国人の同僚からなかなか受け入れられずに苦労していた。アムナーズフィールドで働いていたイギリス人の使用人は、イルゼに対し、「本物の連隊つきナースでしたよ、彼女、足を踏み鳴らして歩いてたもの」といった印象をもち、和気あいあいとしたイギリス人ナニーと比べると、「彼女は堅苦しかったわ、彼女の着てた制服と同じだけね。たいていのナニーはお母さんみたいだし、すぐ抱っこしてくれそうなタイプで、のんきな雰囲気が漂ってるものだったけど」と、フレイザーに語った。また別の女中もイルゼについては、「何しろ、ちょっと軍隊みたいだったの」と話し、あるときイルゼから子ども部屋に続く階段の踊り場を掃くように頼まれた際に、わざと埃をナニー部屋のなかに掃き入れたのは、「いくら生活のために働いてたって、誰も私を抑えつけることなんかできないって、彼女にわからせたかったからよ」[2]と、フレイザーに打ち明けた。一九三九年にイルゼが英国を離れたときは、アムナーズフィールドの使用人全員が彼女をスパイと見なしていたばかりか、電話での不可解な会話を耳にしたと言う者や、フューラー〔ヒトラー総統〕を賛美する暗号を送っていると思う者までいた。

入国に制限のなかったドイツ人とオーストリア人の女中たちに、政府が課していた制限は、一九三三年に、ドイツの政治情勢を鑑みて急きょ見直しが行われた。英国籍ユダヤ人指導者たちは、ドイツ国籍ユダヤ人の難民が、英国にとって負担とならないことを保証する代わりに、暫定的な亡命を認めるよう政府に働きかけた。そうして、外国人の女中を雇う意志のある世帯には、二件までの労働許可証の発行が認められたのである。それでも、国内の労働者の賃金より安い労働力となりかねないため、雇用主は、年俸三六ポンド以上を彼らに支払うことを、約束する義務があった。

一九三〇年代に、ヨーロッパ大陸から英国に上陸した五万五〇〇〇人の難民は、その半数以上が女性で、三分の一以上が家事奉公人となるために渡ってきていた。英国に入国した外国人女中の数は、一九三六年には八八四九人であったが、翌年の一九三七年には一万四〇〇〇人に増加していた。仕事を確保しなければ英国に入国できなかった、少なくとも七〇〇〇人のユダヤ人女性にとっては、労働省の始めたこの事業計画が、まさに命綱となった。一九三八年、ドイツ各地でクリスタルナハト〔水晶の夜〕事件が起こると、ナチスによる反ユダヤ主義の法律の残虐さを認めた英国政府は、警戒態勢を取って、どんな家事奉公にも就く覚悟のある女性のビザ申請者には、勤め先を確保するまでもなく団体ビザを発行した（ハンブルク出身の元難民女中、マリオン・スミスは、本書のための取材をした際に、クリスタルナハト事件に喚起されたサセックス州の雇用主が、彼女の母親をドイツから出国させる手助けをしてくれ、無事に英国にたどり着くことができたと話した）。[3] 一九三八年、家事奉公を選択した難民の三分の一が、英国が参戦する直前までの数か月間に入国し、そして国境が閉鎖された。その難民のなかにいたのが、「ネリー」（または「クッキー」と呼ばれることもあった）という愛称をもつコルネリアであり、幼い娘のリゼルを抱えて、ウィーンを出る最終列車になんとか乗って、英国に渡ってきていた。そうやってアムナーズフィールドへ働きにやってきたネリーは、当時のことをこう記憶している。「お屋敷は、イギリスで見たもののなかで、最も豪華でした。父がウィーンで骨董品のディーラーをしていましたので、私には、何が上等で何がそうでないか、ちゃんと見分けがつきましたから」[4]

　斡旋所や英国の新聞を通して就職先を探す情報網は、すでに英国にいる友人や家族によって、英国中に張りめぐらされていた。また、英国にいる資産家のユダヤ人たちが、難民の保証人となった（英国の参戦前の九か月間に、ナチス占領下のヨーロッパ各地からユダヤ人の子どもたちを脱出させる任務、「キンダートランスポート」〔「子どもの移送」の意味〕によって救出された子どもたちには、各児童につき五〇ポンドの生活費が保証されていた)。しかし、入国するための基準は、伝手のない者やビザの申請に要する膨大な事務処理に不慣れな者を、事実上、排除してしまう結果を招いた。一九三九年、労働党国会議員のノーマン・エインジェル卿は、第二次世界大戦勃発の直前に、難民の入国に課せられたすべての制約の撤廃を呼びかけ、「英国の政策は、労働者階級の子どもの難民を、排除する結果をもたらしている」と指摘した。[5]『マンチェスター・ガーディアン』紙の「難民広告」欄を見ると、助けを求める訴えが、一九三八年にはどれほど差し迫ってきていたかが見て取れる。ハムステッド・ガーデンサバーブのある伝手を介してビザを申請していた夫婦は、「プラハ在住の悲運な夫婦、即出国要、就職先求む。夫、ショーファ、庭師、雑役夫可。妻、料理得意で家事全般可」と訴え、ほかにも、「ハンガリー在住弁護士の娘、二九歳。音楽学校卒、文化的教養有。フランス語とドイツ語堪能。オペア〔家事手伝いや子どもの世話をしながら語学を学ぶ若い娘〕待遇希望」や、「ユダヤ人女性二人。プラハを緊急出国につき女中の勤め口求む」、「ドイツ国籍ユダヤ人少女(十三歳)の両親渡英までの保護をどなたか?」[6]など、どれを取っても緊迫感が漂っていた。

ハンナ・フィシュルは、ドイツ語圏チェコの西ボヘミア地方にある小さな町、コモタウ出身の二五歳で、ドイツ語と英語を流暢に話すことができ、英国の入国申請時は中学校の教師をしていた。彼女は、個人、機関、女中斡旋所、新聞、ロンドンにある難民のためのチェコスロバキア委員会と婦人会宛てに、何十通もの手紙や申請書を発送したものの、結局は英国に人脈をもつ友人や同僚の援助によって、ナニーの仕事がイングランドで見つかり、一九三九年の一月十五日にようやく申請が受理された。「あんまり嬉しくて、叫んで、歌って、跳び上がりたい気持ち」[7]と、ハンナは日記に書いている。彼女は、英国を最初の経由地とし、最終的にはカナダに渡る計画をもっていた。

ウィーンに住んでいたユダヤ人会計士の娘、ローレ・グロスマンは、一九三八年にドイツがオーストリアを併合したときはまだ十歳で、その二か月後に、グロスマン家の異教徒の女中のポルディが、一家を去るという切ない経験をした。ドイツでは一九三五年に、アーリア人〔非ユダヤ系白人〕の四五歳未満の女性がユダヤ人家庭で働くことを禁じるニュルンベルク法が制定されていたため、それが併合後のウィーンに適用されたのである。間もなくしてナチスの親衛隊が、グロスマン家のフラットと家財道具を徴発した。グロスマン一家は、こちらの親戚あちらの親戚と、身を寄せる先を転々としながら、ビザ申請の返事を待った。同時に彼らは、自分たちに必要になるとは思いもしなかった、実用的な技術の訓練に打ちこむことになった。ウィーンに住むユダヤ人たちは瞬く間に結集し、いくつかのグループをつくると、移住先の国で役立つような、実用的な技芸を学ぶ工房をほうぼうで設立した。ローレの母親は、簡単なディナーパーティーのスキルを大勢の食事をまかなうスキルに変え、父親のほうは、機械編や皮革加工の技術を習得し、マッサージ師になる訓練さえも受けた。一九三八年の終わりにナチスが工房を閉鎖してしまったものの、そういった訓練がいかに貴重であったかは、それを受けた者たちによって、やがて証明される日が訪れるのである。

　一九三八年、ついにグロスマン一家は、キンダートランスポートによって英国に渡る一万人の子どもたちのなかに、ローレを加えることに成功した。ナチスの手から無事に逃れ、リヴァプールに住むユダヤ人家庭に引き取られたローレは、今度は両親が入国する手立てを自分で探った。彼女は、ロンドンの家事労働事務局に、家事手伝いの労働許可を両親に認めるよう粘り強く説得し続けて、ビザの発行を実現させた。ようやく英国に上陸したグロスマン夫妻は、炊婦と執事として、農村地帯の広がるケント州の、ウィロビー家へと向かった。二人は、屋敷の厨房の上にある小さな屋根裏部屋と、でこぼこのマットレスをあてがわれ、二人合わせて週に一ポンドの賃金で働き始めた。[8]

中流階級の出身者が大半を占めていた難民家事労働者は、教養があり、それまでは専門職に就き、家で使用人を雇っていた者も少なくなかった。家事の仕事は女性のほうがより簡単に見つけることができたが、多くの夫婦は、妻が炊婦兼ハウスキーパー、夫が執事兼運転手兼庭師という仕事内容を挙げて、一緒に採用されるように広告を出した。一九三八年十二月二二日付の『タイムズ』紙の求職欄を見ると、広告を出した二七組の夫婦のうち、じつに二五組がオーストリアの出身であった。著述家のガブリエレ・テルギットは、戦後、『オーストリアン難民ジャーナル』誌に「高度な専門能力をもつ男が、突然、自分が価値のない者のように思えてしまうと、そのとき心の奥深くに根づいてしまった失望感や苦痛は、あとで何が起ころうと消去できないというのが、心理面の実態である」[9]と書いている。ローレ・グロスマンの年配の父親は、肉体労働にはまったく向かず、重い盆を運ぶのにも苦労していた。一方、就職先を探すことなく英国に上陸していたシドニーとエルザのショット夫妻は、選択の余地もなく、生活の場の確保と小銭を稼ぐべく、大邸宅で家事労働に就くことにした。初めてその家に到着した日、シドニーは白い上着を渡され、一家のクリスマスパーティーで給仕するように指示された。その見事な給仕ぶりに、あとでどこで覚えたのかと訊ねられた彼は、「家族とよく滞在した一流ホテルで」[10]と答えた。粋なお仕着せを着た有名なドイツ人の俳優が、完璧な家の一部を演じるフットマン役にすんなり馴染んだとしても、ローレ同様にキンダートランスポートによって救われ、両親に家事手伝いの労働許可を認めさせることに成功したヴァルター・フューロップは、「僕の義父が執事になるのは、想像の範囲を超えている」[11]と思った。

難民は、彼らが移り住んだ国に関し、その多くを奇妙に感じていた。たとえば、ガブリエレ・テルギットの場合は、「ドイツなら生物の最低等級〔バクテリアなど〕」とされるジャーナリストが、イギリスでは「ビジネス」として「高く尊重」されることを知って驚いた。難民たちは、イギリス人が「高度な知力や学識はうさんくさい。紳士による好事家の伝統が理想的」[12]とし、露骨なほど、あらゆる教育への疑念を表すことにも気づいた。マンチェスターではインゲ・アーダーが、イギリス人の庭でひんぱんに目にする、ノーム〔陶器製の小人の人形〕の人気に閉口していた。ひるがえって、イギリスの多くの世帯では、新人使用人の存在が不安に拍車をかけた。アムナーズフィールドで、当時最も若かった女中のベティは、オーストリア人炊婦のネリーが、「物思いに沈んだようすで、よく歩き回っていました……彼女の顔はやつれた感じで、どれほど苦しい体験をしたか、察することができました」と話している。ネリーに対するイギリス人の同僚の態度は、ドイツ人のイルゼに対するものよりはわずかに同情を帯びてはいたが、「ひもがついた風変わりなキャップをいつもかぶっていて、彼女の料理で好きになれないものもありました。エンドウ豆だって大豆だって、溶かしバターに放りこんで、赤キャベツは酢漬けじゃなく赤ワインで煮て――一度なんか、さやから外すまえのエンドウ豆を料理したこともあったんですよ」と、あまり好ましく思っていなかった。[13]

　喪失と恐怖の過去をもつ、哀しい目をした新参者たちを、理解しようと努力はしても、とにかくそれは容易ではなく、無意識の反ユダヤ主義がいたるところで見られた。ケンブリッジで難民委員会の書記をしていたマーガリータ・バーキルは、「大学講師の妻たちが、あらゆる意味で自分たちと同等の人を、ぞんざいに扱うこともありうる」[14]と知り、呆れ果てていた。新しい炊婦を探していたジョイス・グレンフェルは、「厨房に非アーリア人の難民がいるのは、何かちょっと、居心地悪い感じ」[15]と、日記に書きとめていた。奉公先で、あたかも自分が「存在しない」ように扱われ、腹を立てていたロッテ・フンベリンは、その後、「民主主義のイギリス」で階級の違いが実際何を意味していたのかやっと理解したと述べている。ウィロビー一家は、明らかに給仕に向かないグロスマン氏の弱々しい姿に当惑し、新入りの家事労働者夫婦を無視することにしていた。グロスマン夫人は、夫がウィロビー氏同様に会計士をしていたことを、口ごもりながら訴えてはみたものの、いうまでもなく返ってきたのは、冷たい反応であった。一方、ウィロビー夫人自身は、気前の良さを自負していた。彼女が受け入れた難民、グロスマン夫妻が到着した日は、夕食に卵をひとつ分け与えた。しかし、その卵を自分で料理するように告げ、また、玄人はだしの音楽家でもあったグロスマン夫人に、家のピアノを弾くことを許しはしたが、家に誰もいないときに限定していた。

　したがって、グロスマン夫妻にとり、謝意を示さなければならないという負担は、ときとして耐えがたく、ウィロビー夫人の取るに足りない親切は、与えられたとほぼ同時に、その寛大さが損なわれていた。リヴァプールから両親に会いにやってきたローレは、宿泊は認められてはいたが、一家が使用するシーツではなく、リネンの戸棚の奥から引っぱり出された、古いさび汚れのあるシーツを使わなければならなかった。近所の家で働くイギリス人炊婦と親交をもとうと、リンゴのシュトゥルーデル〔オーストリア名物のパイ〕を焼いてもてなしたグロスマン夫人の努力は、ヴィクトリア・スポンジ〔イギリスで代表的なクリームとジャムをはさんだケーキ〕以外は食べないと言う、拒絶の言葉であっさり水泡に帰した。ある難民夫婦は、雇用主一家のレディーコンパニオンが、「私たちをどの社会階級にあてはめてよいか、考えあぐねて、少し苛々している」[16]ことに気づいた。シェフィールドのハンナ・フィシュルは、「無視と不安に閉じこめられているような気分」をずっと払拭できなかった。ハンナは、暴君のようにわがままな子どもの世話をしていたが、その母親であるアンダーソン夫人は、「地位を維持することに特別うるさい」ところがあり、しかも、彼女には理解しにくい面をもっていた。彼女は日記にこう書いている。「下位の者たちと話をしているとき、彼女は七歳と九歳の自分の娘のことを、〈ミス・ジーン〉と〈ミス・マーガレット〉と呼ぶ。それは、女中がその娘たちに話したり呼びかけたりするときと同じだ……ナニーとしてなら、私は娘をジーンと呼べるはずでも、アンダーソン家の女中のネリーと話すときには、この手に負えない駄々っ子のことを、〈ミス・ジーン〉と呼んでいる。もちろん、その呼び名が私の口から無意識にもれることは、いまだかつてない！」[17]

明らかになった実態のなかでも、何より痛ましかったのは、イギリス人の多くの家族が、ナチス占領下のヨーロッパ大陸の各地で、ユダヤ人住民に何が起こっていたのか、まったく知りたがらなかったことだった。なかには、ドイツとオーストリアが異なる国であることすら、知らない者もいた。たとえばアムナーズフィールドでは、ラジオから「ウィーンの森の物語」が流れ、クッキーが哀しい夢想にふけっているときに、女中のベティが、「花盛りのドイツなんて、馬鹿みたい！」と叫んだ。また、マリオン・スミスの雇用主は、ドイツの民族衣装のダーンドルスカートとエプロンを身に着けるよう、彼女に要求した。ウィロビー夫人は、グロスマン夫妻がなぜオーストリアで列車に乗って「直接」やってこなかったのか、不思議に思っていた。オーストリア在住のユダヤ人にとってそれがどれほど困難な旅であったか、説明を試みようとした夫妻に対し、ウィロビー夫人は「目をきょろきょろさせました。彼女はそれを知りたくなかったのです」という反応を示した。ユダヤ人の家庭で働いていた難民は、英国籍の多くのユダヤ人家庭さえも、結局のところは、ヨーロッパで起こっていることを把握していない現状に気づいた。ナタリエ・ハス＝シュミクラーは、ケンジントンに住むユダヤ人の屋敷へ働きにきたものの、たったひとりで一三室の掃除をしなければならないと知って途方に暮れ、「私の手は震えていました」と、当時を振り返っている。そのとき、雇用主の口から出た言葉は、「たいへんすぎると言うなら、ヒトラーのところへ送り帰しますよ」[18]であった。

新人使用人たちは、ドイツやオーストリアの都市にある、近代的で心地の良い、ごくふつうのフラットと比べて、あまのじゃくなほど時代遅れに見えるイギリスの家に、なんとか順応しなければならないと思った。彼らの目にはイギリスの家庭が、居心地の悪さと不便さを、大いに楽しんでいるように見えた。骨を折ることが要求される掃除道具、旧式の照明器具、暖房と調理の段取りなど、新米女中にとっては、そのどれもが試練となった。ドイツの家ならどこでも備えているセントラルヒーティングが、英国では珍しかった。ショット夫妻は「スポンジが洗面器のなかで凍っていた」ことを覚えている。エディット・アーギーは、ウィーンへの帰国を考えたほど、辛い体験をしていた。「厨房での食事は、経験がありませんでした。うちは貧しかったけれど、時間に余裕のない朝食を除いては、食事はいつも、居間でみんなそろって食べていましたから。それで、たったひとりで食事することにも、慣れていませんでした。料理は――まずくて、飲みこむのもひと苦労、モルト酢〔色の濃い麦芽酢〕なんて、それまで見たこともなかったんです。自分のお布団を恋しく思いました。全然暖かくなりそうもない、薄い毛布だけでしたから」[19]と話している。

ドイツのヴッパタール出身のイルゼ・レーヴェンは、バーミンガムで女中になった。「最初の日に、女主人からトーストをつくるように言われ、電気トースターを捜したんですが、どこにもなくて、フォークを渡されました」[20]と、振り返っている。音楽家のゲルトルード（トルディ）・アシャーは、当時三七歳で、サセックス州で炊婦として雇われ、「厨房と、そして屋根裏のひと部屋だけにいて、何の慰めもなく、家のなかにあるものといったら、たいてい壊れてるか、汚いものばかりでした。それに私には、掃除用の道具もありませんでしたし、調理するのは灯油のコンロで、フライパンはいつも真っ黒でした。お湯はほとんど使えなくて、石鹸もタオルもなく、本当に何もなくて、それできちんと仕事をしろというのは、所詮、無理な話でした」[21]と話している。

中央ヨーロッパの一級品の料理を味わっていた者にとっては、食事もまた、食欲を失うものでしかなかった。キッパー、タマネギ添えの牛の臓物、カスタードの素と水で戻した薄いスープなど、辟易するような食べ物ばかりが並んでいた。肉のペースト、牛脂（「胸が悪くなる！」）、大皿に盛られた羊肉の塊、煮キャベツ、煮タマネギ（オニオンソースと呼ばれていた）、そしていわずもがな、「バン」〔丸いパン〕と呼ばれる「相当堅いもの」が出たハンナ・フィシュルの食生活は、その典型であったかもしれない。新人使用人たちは、イギリス式のティーはかならずティーポットにティーコジー〔ポットのカバー〕をかぶせて、牛乳を添えることを、覚えておく必要があった。ところがハンナは、彼女に手本を見せようとしたアンダーソン夫人のコーヒーの淹れ方に（「洗練された社会的技量《サヴォアフェール》を見せているつもりだ」と彼女は察したが）、おそろしさと好奇心で、目が釘付けになった。「まずアンダーソン夫人は、水と牛乳を混ぜたものをポットいっぱいに入れ、それから挽いたコーヒー豆を山盛り一杯加えて、ポットが沸騰するまでガスコンロにかけ、全部かき混ぜると、濾《こ》し器に通して注いだ」[22]とハンナは日記に書いている。その一方で、農村地帯の豪奢な屋敷で雇われた幸運な者たちは総じて、食事情が格段に良かった。クッキーは、戦時下のアムナーズフィールドで、作物が豊富に採れることに驚いた。しかし、凍る寒さのスコットランドの、人里離れた地所で夫と働いていたブロンカ・シュナイダーは、なぜ「ライチョウみたいなちっちゃいものを、食べようという気になるのか」[23]と不思議に思った。

　難民たちは、近所で同胞を見つけると、グループや同好会を結成した。ローレは、ケント州の屋敷で庭師と炊婦として働いていた元弁護士夫妻が、よく両親を訪ねていたことを、こんなふうに綴っている。「集まると、テーブルを囲んでみんなでお喋りをした。働いている先の、裕福な〈貴婦人たち〉にまつわる話でもちきりだった。それと、赤十字からほんのたまに届く、二五語の手紙〔一九三六年に国際赤十字社が設立したメッセージサービスで、国外へ逃れた者とドイツに残った親族とのあいだで、二五語以内で書かれた手紙のやりとりができた〕のほかは、何の情報も得られない行方不明の両親や親戚について話し、みんな座って、さめざめと泣いた」[24]。バーミンガムの独身男性用フラットで、チャーウーマンとして働いていたシャルロッテ・ジンガーは、あまった時間に繕い物を引き受けていた。彼女は、外科医の夫が英国に渡ってくるのを待ちわびつつ、滞在許可なしにこっそり入国したことが、いつか発覚するのではないかと、怯えながら暮らしていた。それでも彼女は、バイオリンに慰めを見出すことができていた。「私たちの哀しみを忘れさせてくれるものが、音楽でした。難民仲間でつくったオーケストラに参加しました。練習に行くバス代が出るなら、お昼ご飯も抜きでかまわなかったんです」[25]と話している。

難民の家事手伝い人たちを、低賃金労働者と変わらない扱いをした英国人家族による、不親切で、冷淡な待遇の実例が目につくが、それと同じだけ、真の優しさと献身が表れた話にも、もちろん注目すべきである。アムナーズフィールドのクッキーの場合は、フレイザー家からは思いやりだけを受けていた、と記憶していた。ところが、彼女の娘のリゼルの記憶は、もっとさまざまなことが入り混じっていた。村の学校では、子どもたちが声をそろえて、彼女を「ナチ」と呼んでいた。ロナルド・フレイザーは、自分をきわめて感受性の強い子どもだったとして幼少時代を回想していたが、リゼルから「ロニーお坊ちゃま」は「お早うとあいさつもしないお高くとまった男の子で、私が話しかけても返事もしなかった」と聞かされ、自分が「押しのけていってしまう」[26]少年だと思われていたことに、ひどく衝撃を受けた。

一方、英国の家庭が受け入れた難民の子どもや大人が、生涯の友となることもあり、ときには友人以上の、家族の一員となったケースもあった。ハンナ・フィシュルの人生は、マンチェスターのカニングトン一家と住むようになってから一変した。「大人の人間になった気分。素晴らしい」と、彼女は日記に書いている。[27]彼女は毎晩階下に下りて、一家の団欒《だんらん》に加わった。一九三九年に間一髪でプラハから脱出し、十六歳のときに入国したリリー・クルーもまた、励まされるような体験をしていた。彼女の母親は、英国で女中になるには必要だと聞いていた黒と白の制服とキャップをもたせて、娘を送り出していた。「でも、そういう家じゃなかったんです……とにかく、私がそれを取り出したとき、ご想像通りに大笑いされました。一家とは台所で一緒に食事をしましたし、私も家族のひとりでした」[28]と話している。そしてまた、トルディ・

アシャーと友人のエディット・ヴィルドルフには、友情の物語があった。彼女たちは別々に英国に入国し、「テーブルの上には花が飾られていて、親切で、快く迎え入れてもらえる」ウィンダミア地方の家庭で初めて出会い、炊婦とパーラーメイドとして何年も一緒に働いた。夜になるとよく一家のために、トルディがピアノを弾き、それに併せてエディットがバイオリンを演奏した。[29]

しかしながら、多くの地域では海外からの女中の流入に対して敵意を抱いていた。一九三八年、全国家事労働組合は、「外国人が、女中雇用の良くない状況をさらに悪化させている」[30]と抗議した。戦争で高まる緊張とともに、多くの人々の目には、まさに難民が内なる敵を体現しているように映り、しかも英国人の家庭のなかに、潜入しているように見え始めたのである。エリバンク子爵は貴族院に、男のスパイよりも実際に活動していることで知られる女スパイの話をし、「目下この国には、異国の生まれの家事奉公人がはびこっておる……そしてその多くが、信頼に足る者たちではない」[31]と主張した。当時、英国に住む七万五〇〇〇人のドイツ人のうちの六万人は、ドイツ国籍のユダヤ人が占めていた。『デイリーメール』紙が、敵である外国人の抑留を呼びかけると、世間はパニック状態に陥った。一九三九年四月には同紙が、「将来可能性のある背信行為のために、われわれは入念に蜂の巣状の独房を準備している」と書き立て、「ドイツとつながりをもつ、最も下劣な厨房の女中は……国家の安全に対する脅威である」[32]と警告した。

英国政府の抑留政策は、ひどく混乱していた。最初、脅威度が低いC級の外国人に分類された女中たちは、いちばん先に抑留される外国人のグループには含まれなかった。ところが一九四〇年、大衆紙がパニックをエスカレートさせると、C級の男たちはB級へと脅威度を押し上げられてしまい、政府がマン島に設立した大規模な抑留施設へ移送するために、次々と収容所へ連行されていった。ショット夫妻は、寒さに震えながら無報酬で家事労働をしていた家から、今度は居心地の良い家に移っていたものの、元の雇用主が、夫妻が違法に滞在をしていると警察に通報した。シドニーはただちに抑留されたが、エルザのほうは、まずウィンソングリーン刑務所で監禁され、次にハロウェイ刑務所に移されて、ほとんど独房で過ごしたあと、最終的には二人そろって、マン島の既婚者用抑留施設に入所した。B級に分類された女たちのなかで、とくに海岸沿いの地域で女中をしていた者は、地図と自転車を含むすべて乗り物の所有が禁じられた。スコットランドの人里離れたハイランド地方で孤立していたブロンカ・シュナイダーと夫のヨーゼフは、慰めになっていた長い散歩を、もはや楽しめないことを知った。二人の分類はC級であったにもかかわらず、雇用主が家のすべてのドアに鍵をつけたため、使用人専用広間からほとんど出られない状態になったとき、シュナイダー夫妻は強烈な惨めさを味わうことになった。

それでも、厨房にいる異邦人によるパニックが短命に終わったのは、英国人の主婦が、たとえナチスのスパイだとしても家事の手伝いとなるのであれば、家に匿《かくま》っておくというリスクを、多少なりとも負ったからである。一九四〇年十一月に、ロンドンの家事労働事務局に登録していた失業中の難民女性三〇〇〇人のうち、ほぼ五〇〇人が、一九四一年の初頭には再雇用されていた。ところが、家事奉公に戻る者が少なかったため、主婦は挫折感を味わうはめになった。教養があって、語学と事務のスキルをもつ人々は、軍事関連の仕事でより有効に雇用されるようになり、ひっぱりだこの人材となった。たとえばスミス夫人は、外務省管轄のドイツ語新聞の仕事にたずさわるようになっていた。したがって、アムナーズフィールドのような小さな共同体では、フレイザー家は幸運にもクッキーを雇い続けることができ、彼女と一家は、親交をさらに深めることができた。

しかし、戦争はすべてを変えた。使用人と主人のあいだの、そして屋敷と村とのあいだの垣根が、戦争によって永遠に崩れ落ちるのである。ロナルド・フレイザーの記憶では、それはあたかも、「突然、荘園が世の中に向かって、門を開いたかのよう」[33]だった。

第五部　新しいエルサレム

「私は一番高い毛糸を買いに行かされ、それから、アスター夫人が編み始められるよう、編み目をつくった。彼女には編み物の才能がまったくないので、私は眺めていて吹き出しそうになった」

——ナンシー・アスターのレディーズメイド、ローズ・ハリソン『私の奉公人生（*My Life in Service*）』

「私は労働者を夫にもつ、ただの妻ですけど、学校や福祉関係などの、七から八ぐらいの団体で委員活動をしています。子どもは二人いて——たしかにうちの子どもたちは歳が十二も離れてますが——お手伝いさんが欲しいと思ったことは、一度もありません」

——ラジオ番組討論参加者、労働者階級の主婦、ＢＢＣ放送「聴衆者」、一九四六年、四月二十三日収録

「そこは極端に殺風景で、とてもわびしい場所のように見えた。厨房のテーブルの上に、リンゴ数個と新聞紙の包みがあった。濡れてふやけた新聞紙でくるまれていたのは、筋だらけのステーキの、細く小さな切れ端だった」

——料理家、エリザベス・ジョーダン『料理人たちの言い分（*As Cooks Go*）』、一九五〇年

第一一章 「新しく有益な生き方」

戦争と家事労働

一九四二年、クリストファー・ファルコナーは、田園地帯の地元で名家として知られる地所へ、十四歳で働きに出た。彼はそこで、七人いる庭師のひとりとして十五年も働くことになるのだが、「いったい何人いるのかは、神のみぞ知る」というほど大勢の使用人がいた。その二五年後、サフォーク州の村を舞台にした『エイケンフィールド（*Akenfield*）』を執筆するロナルド・ブライスが、取材のためにクリストファーに会いにやってきた。彼に昔の話を聞かせていたクリストファーの脳裏には、戦時の世の中の改変や干渉を拒絶し続けた、当時の地所の暮らしが蘇っていた。クリストファーと同僚の庭師たちは、人々が英国の変化のために結集しているあいだにも、十八世紀の庭師と同じように緑色のベーズ地のエプロンをかけ、豪奢なカントリーハウスの思わせぶりな無言劇で、自分たちの役柄を演じていた。庭師たちは、テラスで座っている客か主人の家族に姿を見られないように、雑草を積んだ荷車を押して一キロ半も迂回し、また女中たちは、屋敷のなかで雇用主に出会ったときには顔を壁に向ける習慣を、みな忠実に守っていた。「奥様」と呼ばれていた雇用主は、使用人が栽培し、摘み、用意する花材で、毎日巨大な生け花をつくり、それを誰かに賛美されたときには、いつも丁重に感謝の言葉を述べた。紳士階級は、花がしおれるところも枯れてしまうところも、まったく見ずに済んでいた。「彼らにとっては花の命が、まるで永遠であるかのようだった。それは彼らの暮らしの、魔法の一部だった」[1]と、ロナルド・ブライスは本に書いた。

地所の「旦那様と奥様」にとって、イギリスのほんの一画にある自分たちの土地の封建的な秩序を、ドイツにいる「忌まわしい男」によって変えられることはない、との認識をもつことは、愛国的な義務であった。ダイニングルームのテーブルがコースを外れた爆弾の振動で動いた際、執事がテーブルを元の位置に戻しただけで、その出来事がふたたび話題に上ることもなかった。古い流儀をかたくなに守って孤立する地所は、英国のあちこちで戦争に耐え抜こうとしていた。一九三九年にハウスパーラーメイドになったオードリー・キングは、サセックス州の雇用主の家から、頭上で展開される英国空軍とドイツ空軍の空中戦を目撃し、そのときのようすをこう記憶している。「あの方たちは、戦争があろうとなかろうと、何も変わるはずがないと思っていたようです――それを知って、家では母がどれほど苦労しているかを思い、ひどく腹が立ちました」[2]

第二次世界大戦中、ほとんどの地所が決定的かつ恒久的に変化したものの、何事もなかったかのように維持された地所もいくつかあった。ある大きなカントリーハウスでは空襲に備えて、避難させるものに厳格な優先順位をつけ、網の目状になった地下貯蔵室の使い方を、こんなふうに定めていた。「第一地下貯蔵室――高齢の女主人と滞在客、ウィルトン織り絨毯、布張りの肘かけ椅子、予備テーブル、質の高い配給品のビターチョコレート、壜入り高級ブランデー、プティブールビスケット、保温ポット、トランプ、十八世紀の骨董品コモード〔移動式洗面台〕を隠すための中国製漆塗り屏風。第二地下貯蔵室――女性使用人、籐製の肘かけ椅子、オーク材のテーブル、古い蓄音機（ろう管完備）、壜入り安物のブランデー半分、ふつうのビスケット、紅茶道具、寝室用便器を隠すための和紙でできた屏風。第三地下貯蔵室――ショーファァ、ブートボーイ〔靴磨きや雑用をする下働きの少年〕、庭師、迷いこんだ隣人、木製ベンチ、木製テーブル、主人が力仕事を必要とする際に呼び出すための第一地下貯蔵室とつながった電気ベル、ウォータービスケット〔水で溶いた小麦粉の無糖ビスケット〕。ここにはブランデーと屏風は置かないこと」[3]

戦時下には階級間がより接近せざるをえなかったため、ほとんどの人々が体験していた混雑のなかで、イギリスの階級の区別をどう存続させるのか、また存続できるのかを、大衆メディアはこぞってテーマにした。『パンチ』誌は一九三九年、金属製の帽子をかぶった執事がアンダーソン・シェルター〔貧困層に支給された組み立て式小型避難小屋〕のドアの前に立ち、ニッカーボッカーをはいた夫婦に、「ここでお待ちいただければ、旦那様がシェルターにご在宅かどうか見て参ります」と、話しかけている風刺画を掲載した。

王室は、食糧難と不便さにも断固として耐えるべく、その義務をみずからに課して、王室特有の風変わりな流儀で先頭に立った。サイレンスーツ〔防空壕へ避難する際に着用するカバーオール〕を着たメアリー王太后は、王室内部の暗号を頭に入れた宮廷の従者を五〇人に絞り、年配の使用人も引き連れて、ボーフォート公夫妻の本宅、バドミントン・ハウスに移った。戦争のあいだ、メアリー王太后を迎え入れていたボーフォート家の人々は、自宅でありながら、客の身分に格下げされるはめとなった。王太后は滞在先でも、国が勝利するための困苦には屋敷全体で辛抱するよう要求し、ナプキンの洗濯は週に一度だけと決め（王太后はそのために銀のナプキンリングをあつらえた）、食糧省の有名なレシピによる、屑野菜でつくるウルトンパイも喜んで食べた。王太后はまた、バドミントンの森の農耕に強い関心を抱き、地元に兵舎を建てるために木が伐採されたその森を、毎日午後になると訪れたが、ガソリンを節約するべく農用車の荷台に高くのせた幌付き椅子に乗り、二人のショーファに引かせて通った。[4]

戦争勃発時には、住み込みの使用人を雇用する世帯は、英国全体の世帯数の四・八パーセントを占めていた。しかし、そのほとんどが大規模なカントリーハウスであり、小規模所帯は、せいぜい炊婦兼ジェネラルか、通いのチャーウーマンの手を借りるのみに留まっていた。健康で丈夫な男と女を家事の現場で働かせていることに、もはや弁明の余地がないと世帯主が気づくまでには、かなりの時間を要した。戦争が始まってから数週間のうちは、たとえば、ロンドン南西部で十二人の使用人を雇用する「紳士（貴族出身）」が使用人を一人募集、といったものや、あるいは、ホームカウンティーで九人の使用人がいる年配の夫人二人が三人目の女中を求む、といったような、新たな使用人を求める強気の広告が、それまでと変わりなく『タイムズ』紙に掲載されていた。[5] 戦争が激化するにつれ、使用人たちは召集されるか自発的に入隊し、陸軍省や諸機関から徴発されなかった屋敷でも、そのほとんどが、最小規模での使用人の配置を強いられることになった。傷病兵として兵役免除となったジェームズ・リース＝ミルンは、ナショナルトラストを代表してイングランドの名家を見て回った際に、大広間が埃の層に覆われた屋敷や、かつては完璧な姿を留めていたはずの、雑草が生い茂った庭園など、さまざまな段階で進む屋敷の老朽化をまのあたりにした。

一九四一年、女性への徴兵制度導入〔二〇歳から三〇歳の未婚者か子どものいない未亡人〕を受け、家事奉公人の雇用を持続させたい雇用主は、その正当な理由を、労働省に書面で伝えることが義務づけられた。たいていの中流層の家庭には、使用人をひとり雇用する許可が下りたが、大邸宅は、いざとなれば二、三人を要求することも辞さなかった。結果的に生じた分配は、びっくりするほど不平等なものであったように思われる。たとえば、ケント州のノルでは、二五〇室の屋敷にたったひとりの女中が残ったが、一九四三年にジーン・アーノルドが十四歳で奉公に入ったケント州の別の屋敷には、「最後に生き残った三兄弟」が、「執事、炊婦、キッチンメイド、女中、そして私」[6]を雇っていた。多くの雇用主は、使用人のいない生活を強いられる状況は、ガソリンの配給やバターの不足よりはるかにひどい窮乏であると信じ、あくまで使用人に固執した。マス・オブザヴェーションの日誌係のケイ・オルソップは、知り合いのパーラーメイド、モリーのケースについて報告した。モリーの話によれば、彼女が戦時の労働者として登録するために職業紹介所へ足を運ぶと、彼女の雇用主が事前に電話を入れていたことがわかった。その雇用主は、彼女が失明の脅威にさらされているとの情報を流し、「モリーのため」に徴用を「免除」とするよう伝えていた。しかし、モリーも一歩も引かずに、そのあとで雇用主に、「そちらで銀器を磨いていたせいで駄目になったのは目のほうで仕事ではありませんと、紹介所で説明しました」[7]と手紙を書いた。とはいえ、農村地帯のなかには、昔からの偏見がなかなか消えないところもあり、ジーン・アーノルドの両親は、娘がほかの仕事に就くことに抵抗感をもっていた。「私が店で働きたいと言ったとき、奉公なら紳士に仕えることができるのに、店ではどっかの老いぼれ浮浪者のために働くことになるんだと、そう言われました」[8]と語っている。

一九三七年、十四歳のジョイス・ヘルプスは、スクラインという名の未婚女性が住む、バース近郊のウォーリー・マナーへ奉公に出ることになった。ジョイスは、その屋敷が挑戦的なほど時代遅れであったことを覚えている。そこには、電気もなく、給湯器もないため、浴室では湯も出ず、湿気防止に絶えず暖炉の火を燃やしていなければならない寝室が十六もあった。完全な男性支配のその地所では、順繰りに鳴る屋根の上の鐘を執事がロープを引いて鳴らし、地所にいる労働者たちに昼食の時間を知らせていた。ジョイスの手紙によると、「パーティーが開かれたのは一九三九年が最後」で、当時の屋敷は、疎開してきた家族であふれていたという。彼女はこう書いている。「滞在客はほとんどいませんでしたし、パーラーメイドは執事と結婚するので仕事を辞め、執事は庭でも家のなかでも働いていました。キッチンメイドはすでに辞めていて、屋敷にいたのは、毎日通いでやってくる炊婦だけ。奥様と大きなマナーハウスの面倒を見ながら、私は、ひとりぼっちという気がしていました」[9]。それから間もなくして、彼女自身も海軍本部での仕事に移った。

使用人の系統的なヒエラルキーが支えるイギリスの地所の、その卓越性の終焉を早い段階で予見した者がいた。『ウィメンズ・インスティテュート』誌の寄稿者は、すでに一九三九年には、避難民と国を渡り歩く労働者、そしてドイツとオーストリアからの難民女中たちが入り交じる、戦時中の共同体を想定し、そしてそこから浮かび上がる、活力を取り戻した新しい英国を心に描いていた。またその寄稿者は、銀行、保険会社、官庁などに役立てられるカントリーハウスの新しい活用によって、着目点が都市から地方へ移ることになると考えていた。そうなれば物事の形が変化し、イギリスの土地における主要な覇権の体系が、永遠に打ち砕かれることにもなるのである。「この方法なら、個人所有者が住むことのないイギリスの屋敷が、新しく有益な生き方を見出せるかもしれない」[10]と、同誌で述べた。

多くの屋敷が、さまざまな省庁、兵舎、または情報収集活動のために徴発され、所有者は立ち退きを余儀なくされるか、屋敷の翼棟の一か所に追いやられた。かつては秩序によって管理されていた建物は、新しい居住者や彼らが招いた無法状態によって、たびたび手荒い扱いを受けていた。過去に対する尊敬の念は、もはや未来の確保ほどにはしつこく求められることもなく、セントラルヒーティングのない屋敷の新しい居住者が、骨董品の家具や階段、羽目板などを解体し、暖炉の薪代わりにしてしまったことも珍しくなかった。以前なら、町の喧騒のごとく活気のあった大邸宅の使用人専用広間は、さながらゴーストタウンのごとく静まり返り、きわめて若いかきわめて高齢か、あるいは慢性的に体調の優れない者のみが集められていた。一九三九年に、イーヴリン・ウォーがサマセット州のピクストン・パークにある妻の実家を訪れたとき、そこはこんな住人であふれていた。「五四人の大所帯、二四人の疎開児童、六人のオールドミスの〈手伝い人〉、そして何より、予想だにしなかったのが近所に住む医者の夫婦で、病を患っているその医者は死の間際にあり、ここで逝くために運びこまれてきていた」[11]

ミス・エラリーは戦時中、兵士や避難民を受け入れていた家で、炊婦兼ハウスキーパーをしていた。若い避難者たちが最上階の使用人部屋に入ったため、使用人たちは客室に移った。ローラ・タルボットの小説『貴婦人たち（*The Gentlewoman*）』（戦後すぐに書かれた）のなかでも、過剰に上品ぶったガヴァネスのミス・ボウルビーが、環境に馴染めない者ばかりの一団が運営するカントリーハウスで採用され、雇用者の秘書から寝室として大広間を割り当てられて、慄然とするようすが描かれている。

子ども、母親、じきに母親となる女性を大規模に疎開させるため、政府が初めて指揮を執った「ハーメルンの笛吹作戦」は、一九三九年九月一日、英国が宣戦布告する二日前に始まった。労働者階級の子どもたちは労働者階級の家庭に預けるほうが好ましいとする反対意見がほとんどの場所で出ていたものの、収容しなければならない人数の圧力で、数軒の大邸宅を巨大な疎開者用の寄宿舎にすることで決着した。ライム・パークでは屋敷の大部分が、疎開児童を収容する巨大な戦時ナーサリーに変身していた。「細長い回廊に置いてあるビリヤード台を包んでいた布から、子どもたち用の小さな寝具が作られた。一枚一枚、名札をつけられて」[12]と、屋敷に残っていた使用人のひとりが記録している。

しかし、疎開していた人々の不品行についての話は、それこそ枚挙にいとまがなかった。ターンブリッジウェルズ近郊の避難民地域本部で働いていたジェームズ・マニーは、「とびきり邪悪な」イーストエンドっ子の少年六人が、屋敷の所有者を使用人専用広間に閉じこめ、「それから部屋の模様替えを開始して、屋敷の中心部の壁いっぱいに、煤でみだらな絵を描いた」ことを覚えている。[13]疎開児童には、夜尿症と害虫の問題があったことも報告されていた。報道機関は、わけのわからない対立に閉じこめられた階級を描写し、大衆の憶測をかき立てた。たとえば『ライフ』誌は、「奥様と執事が客のシラミを駆除」という見出しで読者を刺激した。[14] 実際、疎開した人々のほとんどが貧困層と中間層の家庭で受け入れられていたにもかかわらず、そういった記事によって、大半が田舎の大邸宅に移住させられたという誤解を生んでいた。

ときに疎開児童は、無報酬の女中として働かされることがあった。六歳の娘が疎開先で家事をさせられているとこっそり聞かされたドリー・デイヴィーは、ロンドンからプリマスへ行き、予告なしに娘を訪ねると、噂どおりの現場を目撃した。「あの子は女中のように扱われていました。モブキャップとエプロンを身に着けて、ブラシとちりとりを手にして」[15]。中流階級のさほど大きくない世帯にとって、疎開の受け入れは単なる負担以上のものであり、働いている使用人にとっても同様であった。そこで、新たな疎開児童を受け入れたくないときによく使われた口実が、「女中が辞めますので――」である。報道機関によって広められた根拠のないエピソードは、避難民の受け入れが戦時中の英雄的行為の例でもほとんど前代未聞だとする、一般的な見方に勢いをつけた。それでも、国会議員のT・M・セクストンはこう書いている。「平和な時代においては、即位五〇周年記念祭や戴冠式で華々しく脚光を浴びる人々が、愛国心を示すための真の義務を果たすべきときに、彼らは冷酷な態度を取り、貧困地区からの避難民に対してドアにかんぬきをかけている」[16]

別の時代の規範を捨て切れない年配の女性たちにとって、戦時への順応はとりわけ難しかった。フィリップ・モリソンは高齢の母親について、「以前のままで家を営みたかった母は、万が一にも、ジョージ王朝時代の銀のスプーンが、いつものクラウンダービー製の紅茶茶碗と一緒に盆にのってなかったならば、焦燥感を募らせることになった」[17]と書いている。またそれは、ベルの合図によって繰り返されるルーティーンに、そしてまた「身の程を知る」というルールへの絶対的な忠誠に、自分の職業人生を託した多くの保守的な使用人にとっても、きわめて難しいことだった。戦時中のイギリスの暮らしについて『ニューヨーカー』誌に毎週寄稿していたモリー・パンター＝ダウンズは、一九四三年に発表した短編小説の「木を切り倒せ（*Cut Down the Trees*）」に、人を困惑させるような人物像をじつに巧みに描いた。その小説に登場する貴族出身のウォルシンガム夫人は、カナダ兵に家を接収され、意気ごむどころかむしろ心から楽しんで、その変化に順応する。逆に嫌悪感をもつのは、家に唯一残っている老女中、ドーシーのほうである。長年仕える一家の生活に尊厳を与えることで、彼女自身の人生にも尊厳を与えていたすべてを、カナダ兵によって唐突に奪われたドーシーは、ウォルシンガム夫人がディナーに正装をしなくなり、しかもそのディナーを厨房で取るようになったことを憎悪する。さらにウォルシンガム夫人は、ざっくばらんなカナダ軍の将校たちが食事にやってくる際に、かつてフットマンの一団が押していたようなトローリーで料理を運ぶように、ドーシーに指示するのである。

ドーシーは、自分より「上の人たち」から吸収してきたと自分では思っている振る舞いや形式の価値を、「上の人たち」自身がもはや尊重していないことを認識し、混乱状態に陥る。パンター＝ダウンズは、戦時の社会変化で多くのものを喪失した大勢の人たちが、いろいろな意味で〈ドーシー〉であったことを、非常によく理解していた。仮にドーシーが使用人でなかったのなら、なぜドーシーなのだろうか？　彼女の人生における従順な労働の価値を、新しさという名においていとも簡単に捨てられるのであれば、それはいったいどんな価値をもつことになるのだろう？　ドーシーは、ウォルシンガム夫人の息子が休暇で帰省すると、晩になっても彼のために待機する。彼女の一日の仕事は、彼がベッドに入るまで、終了することがない。小説はこう綴られている。「ドーシーが心配げに自分を見つめていることを、彼は承知していた。その老女の目が、もう少し演じ続けていてと彼に訴え、そして最期を迎えなければならない世界をまだ救うことができるかのように、昔のままだというふりをしていてと、哀願しているように見えた」[18]

それでも、使用人が日常の機構の一部であるという前提は、戦争に入ってからもまだ、家庭生活に対する一般的な見方に影響をおよぼしていた。アイリーン・ホワイティングは、一九四二年になろうとするとき、新しい日記を購入して一ページ目を開いた。すると、おろしたジャガイモの砂糖抜きクリスマスプディングなどのレシピとともに、意外なものが目に入った。彼女はこんなふうに驚いている。「『家庭規範——家事奉公人』と題のついた欄には、使用人の雇用、解雇、そして一般的な待遇についての有益な情報が、戦争のさなかですらも、それをはっきりさせるだけのために印刷されている。このご時勢に、変わらなかったものがあったのだ！」[19]。それまではまったく家事に手を下す必要のなかった女たちは、たいてい驚きながら、みずからの能力不足に初めて直面することになった。

ウィニフレッド・ペックは、一九四二年に発表した小説『家に引きこもる（*House-Bound*）』の書き出しを、こんなふうに始めている。「ミセス・ローマンの家事奉公人登録所でたたずみながら、ローズ・フェアロウは、自分が役立たずで、どうしようもない女だと突然気づいた。その瞬間まで彼女は、自分自身を、活動的で社会で役に立つ一員だと、何となく自負していた」。ペックは、極端に上品で浮世離れしたこの女主人公に、エディンバラの古い屋敷をひとりで管理する大冒険をさせている。家事の負担によってローズの体力が衰え始めたちょうどそのとき、非常にプロフェッショナルなキャリアサーヴァントとしてペックが描いた、元上級使用人のミセス・チャイルドが斡旋所から送りこまれ、「十人並みの下級使用人」になるために必要なことのすべてを、ローズに訓練する。完璧さ、秩序、規則正しさを絶え間なく要求する上層中流階級の家庭が、骨の折れる仕事によってどう維持されていたのか、初めてローズは理解するのである。「テーブルの埃は払っても、カーテンボックスやドアや家具の上や階段の手すりの埃は、誰かが払わなければならないことに、あなたは気づいていたかしら？　それで銀器はほとんどしまいこんでいますが、一日ごとに私の手を煩らわせるものがあります。真鍮《しんちゅう》です！　装飾品だけではありません、ドアの取っ手全部と、玄関のドアもです」[20]

作家で詩人のネスカ・ロブは、一九四〇年、女性雇用連盟のための仕事をしていた。彼女は、知性があって高い教育を受けた中年の女たちが、就職にはきわめて難しい立場にいることを知った。ローズ・フェアロウはちょうどそんな女たちのひとりで、仕事に就いた経験もなければ訓練を受けたこともなく、自分の家庭を運営してはいても、掃除や整理整頓は使用人に頼っていた。彼女たちの多くが若くして結婚しており、将来の栄枯盛衰については、一考さえしたことがなかった。ところが戦争が勃発し、家事を引き受けてくれる者を雇う費用に困り、自分たちが雇用市場へ放り出されたのである。適任とは言えないものの、彼女たちに紹介のできる唯一の職業といえば、私邸でのハウスキーパーあたりであったものの、求人はめったになかった。「結婚をしても、生活のために女が働きに出なくて済むという保証にはならない。人間の運命の不安定さが、私たち女の生涯ではかつてないほど際立っており、その不安定さの目盛は、能力のない者のほうへ傾くようになっている」[21]とロブは書いた。

戦時下では、辛い家事労働に慣れている者たちが、実務経験を強みに頭角を現していた。小説に出てくるミセス・チャイルドの例にあるとおり、キャリアサーヴァントのスキルが、非常に貴重であることが証明されていた。一九四二年には、キッチンメイドやパーラーメイドとして働いていた元女中のジーン・レニーは、大人数分の食事を料理するだけでなく、予算組み、洗浄、貯蔵食品の注文と、すべてを取りまとめていた経験から、赤十字がグリーノックに開設したアメリカ軍兵士用のカンティーン〔食堂〕で、運営の仕事を託されていた。一方、毛嫌いされていた下働きの服装は、むしろ敬意を払われるような制服に、多くの場所で取って代わられていた。戦時労働者の制服を着た若い娘たちは、愛国的なヒロインとして、一般大衆から歓迎されたのである。

ウィニフレッド・ペックの姪で、小説家仲間でもあったペネロピー・フィッツジェラルドは、ローズ・フェアロウが家庭生活における家事のルーティーンに辟易し、精神生活を衰弱させていることに気づいた。「彼女の新生活における、明けても暮れても果てしなく続く同じこと」[22]は、かつては、管理が行き届いた家庭の心地良い背景であった。さらに、この終わりのない家事奉公の「明けても暮れても続く同じこと」とともに育った人々にとって、ルーティーンは後天的な性癖となっていた。ほとんどの女たちが、使用人たちの秀でた実践力や経験に対し、無力な存在に見え始めていた。一九四一年、フランシス・パートリッジは、雇っていた炊婦が軍需工場で働くために辞めてしまったとき、「私に料理さえできれば！」と狼狽したが、それでもなんとか独学で、料理ができるまでになった。クリーヴデンではアスター夫人が、戦線にいる息子に送るために、靴下の編み方を学んだ。ただし、ローズ・ハリソンはこう振り返っている。「私は一番高い毛糸を買いに行かされ、それから、アスター夫人が編み始められるよう、編み目をつくった。彼女には編み物の才能がまったくないので、私は眺めていて吹き出しそうになった」[23]

ドイツのカールスルーエ出身の若いユダヤ人難民、エディット・ミルトンは、スワンジーに住む里親、ハーヴィ夫妻の家で暮らしていたときに、イギリスの家庭におけるルーティーンの突然の崩壊を目撃した。「物事が小さく、狭く、危険になっていくという、希薄な感覚があった」と彼女は記憶している。ハーヴィ夫人は、多くの中流階級の女性同様、料理に馴染みがなく、厨房の棚では、結婚して以来一度も目を通したことのない『ビートン夫人の家政読本』の大判の一冊が、埃をかぶっていた。ところが、使用人を置いた典型的な生活の習慣は、彼らがいなくなっても維持され、家庭生活のあるべき形と規律をもたない暮らしなど、まったく想像することができなかったため、エディットは、人手不足の影響が出始めるにつれて、かえって規律が強化されることに気づいた。戦時労働に就くために、使用人たちがハーヴィ家を去ったあとのようすを、彼女はこう書き記している。「使用人がいなくても家のルーティーンは変わることなく、まるでそれが石版に彫られた文字であるかのように、私たちの暮らしを決定した。習慣となっていたからというだけでなく、あたかもそれ自体が『十戒』であるかのごとく、有意義だと思われていたせいでもあった。あそこで――まさにあの家で、あの文化で、あのころに――育った私たちは、気がつくと、毎週掃除機をかけていて、ほぼ時間どおりに三度の食事をし、シーツは規則正しく――もっとも、電気洗濯機がない者は都合よく間をあけて――交換している」[24]

しかしながら、新世代の多くの女性にとって、奉公時代の突然の幕切れは、安堵と、そして居心地が悪くなっていた関係の停止として訪れた。多くの女性たちは、不可解な社会ルールと、もはや自分たちが完全に理解することも意に介すこともない区分の、象徴ともいえる使用人の存在に、義務を感じていながらも、同時に重荷も感じていたのである。万一使用人の耳に入ると困るために、口にできなかった事柄や、階段を上がる使用人が抱える盆の、カチャカチャと茶碗が触れ合う音に、突然沈黙せざるをえなかった重要な話など、抑制を余儀なくされていた小さな家での家族関係は、重く垂れ下がっていた帳《とばり》から、ようやく解放されようとしていた。女たちの多くが、必要になるとは思いもしなかった実践的な家政の手腕が、自分にも備わっていたことを発見した。

「夫はインドへ行ってしまい、私は五人の子どもと、避難者と生後四週間の赤ちゃんを抱えて残されました。夫がしていたことの全部を、この私がしなくてはならないとわかったんです。請求書の支払いに、買い物の世話や何やかや全部、夫がそれまでしてくれていたことと、お金の管理までも、私が引き継がなければなりませんでした」[25]と、マーガレット・ウィーラーは振り返っている。中流階級の若い既婚女性には、自分で家事をしなければならないことが、不自然でも不面目でもないように思えた。事実、それはある意味、刺激的で、胸が躍り、解放感を得られることでもあった。「戦時中にフィオナとエリザベスが生まれ、たったひとりで二人の面倒を見て、洗濯をし、掃除をし、料理をし、庭の手入れをするのは、当然のことだった」と書いたエリザベス・ジョーダンは、終戦後、プロの料理家（そして著述家）になり、実践的な能力や、思いがけない接ぎ木の才能までも、戦争によって自分のなかから引き出されたことに気づいた。[26]

実用本位の服装、配給、ガソリン不足、なおかつ労働に共通する体験が、階級間に社会的な高低をつくっていた草むらを、ゆっくりと均《なら》しはじめていた。サイレンスーツは、結局のところ誰にも似合わなかった。注文仕立ての服かつるしの服か、ますます見分けがつかなくなっていた。空襲を受けたロンドンで働いていたローズ・マコーレイは一九四一年、自著『聴く人（*The Listener*）』のなかで、ズボン、ウールのタイツ、頑丈なブーツを気軽に身に着け、そして何よりディナーに正装する必要がない、そんな生活の喜ぶべき自由について、「面倒も、お金も、時間も節約できて、勝手気ままな、のんびりした気分を与えてくれる」と書いた。[27]一九四〇年の年頭に導入された食料配給の切符帳は、その表紙の色によって、特別支援の必要な者がわかるようになっていた。食品はたいがい平等な配給で、バターとベーコン各一一三グラム、調理済みハム九〇グラム、砂糖三四〇グラムが、成人ひとりあたり一週間分の配給量とされた。タング〔粉末飲料〕、プレム、スパム、モール〔以上三点とも缶詰のランチョンミート〕などの缶詰や、何かを混ぜてつくった加工食品に、ほとんどの人が耐えなければならなかった。

戦時の不自由さは人々をひとつにし、家という小さな領域では、配給にしても逆境にしても、雇用主と使用人は等しい位置に立たされていた。リーミントンスパの主婦、ミルバーン夫人は、乳飲み子を抱える姉に会いに行った女中が、姉の特別配給分の四リットルのオレンジジュースと牛乳を手土産に戻ってきたため、ミルバーン家の割当量の半リットルを補うことができた。ミルバーン夫人はそのときのことを、「なんて思いやりのある、愛すべきケイトなのかしら」[28]と日記に書いた。

長年、炊婦に指示を出してきた多くの女たちは、みずからの器用さを試す機会を楽しむことになった。チェルシーに住む美術家たちのモデルを務め、のちに著名な料理研究家になったテオドーラ・フィッツギボンは、ウサギ料理にかけては名人級の腕前を発揮した。「ウサギ肉をプルーン入りの黒ビールで蒸し焼きにすると、ほのかにキジの味がする。ウサギ肉の蒸し焼きは、サイダー〔リンゴ酒〕とトマトでもよし、カレーの香辛料とパプリカでもよし、あるいは鶏肉のつもりで詰め物をして焼いても美味しい。まだ柔らかい子ウサギは、ピーターはよく骨ごとぶつ切りにして、衣をつけてカラッと揚げていたものだった」[29]と自伝で紹介している。

スコットランドにあるミッチソン家の邸宅、カラデールでは、幸運にも自分たちで食料を供給することができた。小さな発電機以外に電源はなかった屋敷は、戦時中は人数が増減した家内使用人を含む、十人のスタッフを維持していた。上の階と下の階、というよりナオミ・ミッチソン流に言うなら「ダイニングルーム」と「厨房」は、かならずしも実務的な細部で一致していたわけではなく、どうも厨房よりもダイニングルームのほうが、菜食主義的な食事の選択には柔軟性をもっていたようである。一九四〇年八月三日、ナオミ・ミッチソンはこう書いていた。「私たちは、食用油脂を切り詰めなくてはならない。けれど、うちで採れる果物を固めたゼリーか、果肉の氷菓か、ほんのたまにカード〔牛乳にレモン果汁などを加えて固めたデザート〕か、生の果実を盛ったもの以外、今はおよそプディングにも縁がない。肉や魚（自分たちで釣ったかもらったか）は、朝食にソーセージを食べなかったときだけ日に二度食べることがあっても、いつもは三度の食事のうち一度しか食べない。ときには、〈ダイニングルーム〉の食事がチーズソースを添えた野菜だけということもあるのに、〈厨房〉ではそういった食事は好まれない」[30]

一九四〇年、新たに子どもが生まれようとしていたミッチソン家は、オーストラリア人の若い女性を雇い、家の運営を任せることができたため、ナオミには、マス・オブザヴェーションのために執筆していた戦時中の日誌――百万語から成る――に専念する時間ができた。ところがミッチソンは、使用人たちとの複雑な関係によって、窮地に立たされることになるのである。彼女は、人間関係の悩みや野心を、使用人たちと共有したいと望んでいたものの、左翼的な思想家として自由を享受することを容易にさせてくれ、そして文筆業に従事できる時間を与えてくれる、使用人の労働力を必要とした。彼女は使用人たちが戦争関連の仕事に就くことを奨励しながらも、内心、いつ辞めるかとびくびくしていた。

アムナーズフィールドでは、戦前は、ひどく臆病で家の切り盛りには一切関わりをもたなかったジェイニー・フレイザーが、着古したオーバーオールに身を包み、鶏と乳牛の飼育に乗り出していた（そして大きな成果も上げていた）。仲間意識という新しい空気が、アムナーズフィールドにも吹きこまれていた。フレイザー家の馬丁、バートは、当時のジェイニーをこんなふうに覚えている。「すごく変わりましたね、どう言ったらいいのかわかりませんが、奥様はすごく良くなりました。相棒、仲良し、そんな感じで、まるでどっかのおかみさんか、自分の兄弟に話しかけてるみたいでした。奥様自身、以前よりずっと幸せだったんですよ……みんな一緒に、平等に働いている感じでしたから」[31]。あちらこちらの社会階級で、差異をつけていた従装具は、ぼろぼろとはがれ落ち始めていた。

一九三四年に奉公へ入ったジェシー・コックスは、戦時中は飛行機工場で働いていたが、その変化について、「すごい変わりようでした！　一九三九年が、ひとつの時代の終わりだと誰かが言っていましたがね、実際そうなりました。使用人はほとんど残っていなくて、嫌な仕事の働き手どころか、貴重な存在になっていましたよ」[32]と話している。メアリーアン・マタイアスは一九三九年に、夫が医師をしているミア夫妻の家庭で女中に就いた。彼女は、自分で妥当と判断した通りに、その医師を「サー」、夫人を「マダム」と呼び、ミア夫妻は彼女を、メアリーアンと呼んだ。ところが戦時中のある時点から、彼女は雇用主をドクターとミセス・ミアと呼び始め、ミア夫妻のほうも、彼女をミセス・マットと呼ぶようになっていた。彼女たちはまた、一緒に皿を洗うようにもなり、「台所に三人そろって――楽しい時間を過ごしました」[33]と振り返っている。終戦後にミセス・ミアが他界すると、ミセス・マットはそのまま残り、ドクターが亡くなるまで何年も世話をした。それまでには彼女はドクターをディックと呼び、彼のほうもメアリーと呼ぶようになっていた。

一九四二年、ウィニフレッド・ペックは、完璧な朝食が用意されなければ人生が始まらないような、堅苦しくて無力なイギリス人の男を、主人公ローズ・フェアロウの夫、スチュアートに反映させた。つまづき、忘却の彼方に消えてしまう不運なイギリス人の代表が、スチュアートである。対比をなすように登場するアメリカ軍の少佐は、冷蔵庫に、皿洗い機に、サーモスタットに、ガスコンロに、そして見事な配管までもイギリス人に見せつけながら、自由をもたらす新世界の喜びを高らかに歌い、ローズにこう告げる。「まずは本腰を入れて、基礎的な事柄に取りかかることです。あなた方の旧世界が、皮をはがれた馬同様死んでいることに気づけないのなら、ほかでもないこの戦争に、勝算があるとは思えません」

起源も目的も、とうの昔に忘れ去られた伝統を、かたくなに維持するイギリスの大邸宅の命は、戦争によって最後の一撃を加えられていた。なんとか命をつなぎとめていた邸宅は、それ自体が島国根性的なパロディーとなり、使用人に仕えられた過去の安楽は、ほとんどの人の目には幽霊のようにぼんやりとし、舞台セットのごとく非現実的に映った。戦争も終わりに近づいていたころ、ジーン・レニーは、イートンスクエアの住宅街に設置された省庁の、職員の給食を監督していた。彼女の事務所は、一九二〇年代に奉公人として働いていた家からほんの数軒しか離れておらず、何もかもがそっくりな、同じ造りの住宅が並んでいた。ジーンは、そのときの気持ちをこう描写している。

表玄関を通って、かつては誰かの応接間として使われていた自分の事務所へ上がるとき、気味の悪い、身震いのような感じを覚えた。その気持ちを、私は言い表すことができない。白い暖炉、一枚か二枚の白いドア、高くて広い飾り天井なども、まだそのまま残されていた。保管するファイルが何列も並ぶ地下室へ向かうと、私は胸に、物理的な痛み――郷愁の念による痛みをあわてて加える必要はなく――を感じた。ここは使用人専用広間のあった場所、ここは執事のパントリー、この暗くて小さな部屋は、執事か炊婦が使っていたはず。そして、細長い食器棚と醜いコンロと、今では虫食いのある壊れそうな木製テーブルが置かれた、地下牢のようなこの部屋は、私が、私のような多くの女たちが、そして「ここにいる身分」として受け入れられていた存在が、文字通り汗水垂らして、働き詰めた厨房だった。[34]

第二二章　過激派主婦

一九四六年、小説家のシルヴィア・タウンゼント・ウォーナーは、「戦争が終わったら物事は一瞬で元に戻るという錯覚から、戦時中は誰もなかなか抜け出せない」[1]と書いた。第二次世界大戦の終結が英国の生活状況を直ちに変えると考えた者は、一九四五年には皆無に等しく、多くの者が切望し、そして記憶に留めていた戦前の常態に戻るまでには、途方もない時間がかかるように見えた。一九四〇年代の末期は活気がなく、窮地に立たされた主婦たちにとっては失望と落胆の時代だった。勝利のために何かを切り詰めてきたにもかかわらず、勝利者となってもなお、また別の何かで切り詰め続ける必要があった。戦時中は、臨機の才をもつ主婦の理想像が士気を高めるひとつの要因となり、労働省のパンフレットには、「戦時下の国民とは、やりくり上手な主婦である」と書かれていた。ところが戦争行為が終わっても、代用食品のわずかな供給でしのぐ生活は、愛国の念より、むしろ物悲しさを伴って見えたのである。『ハウスワイヴス・トゥデー』〔英国主婦同盟発行のニュースレター〕が掲載した投書は、「着色したコーンスターチを混ぜ合わせたものを、〈カスタード〉と見なす国から、何かが消えてしまいました」と、気落ちした言葉で締めくくられていた。

一九四五年以後、配給は戦時中にも増して厳しくなっていた。冬の気紛れな悪天候と洪水と嵐とが相まって、凶作が広い範囲で続き、食糧事情は悪化した。一九四七年には、平均的な成人ひとりあたりの一週間の配給は、ベーコンが八五グラム、チーズが四〇グラム、バターとマーガリンが一七〇グラム、食用油脂が三〇グラム、砂糖が二三〇グラム、牛乳が一リットル、卵一個にまで減らされていた。ライオンズのコーナーハウス〔ロンドンのレストランチェーン〕では、人々が嫌っていたクジラ肉のステーキがあいかわらずメニューに上り、一九四〇年代末期には、おそろしげな棘をもつ熱帯魚のスノークの缶詰が、サーディンの代りとして使われたが、代用品にうんざりした人々から、かえって不信感を買うことになった。バナナ、パイナップル、オレンジなどの果物は、まだめったに目にすることのない舶来品だった。基本的な食品を手に入れるためにも、毎日何時間も列に並び、配給や割り当て、支給金の調達には、延々と書類に記入しなければならなかった。「政府の途方もなくうるさい口出し……パン券、食糧券、衣料券、ガソリン券……あちこちに詮索好きな人たちがいたせいで、何もかもに券か受領証が必要だったと、母がよく話していました」と、その四〇年後にメアリー・ブレイキーは振り返っている。[2]

一九四五年、戦争の終結が食糧不足の早期終結にはならないと悟った英国の主婦たちは、突発的に結集し、手強い抗議運動の勢力を形成した。それを率いたのが、ロンドン郊外に住む英国国教会の聖職者の妻、アイリーン・ラヴストック夫人である。彼女は、その年の厳しい冬の寒さのなかで、またもや女や子どもが食糧配給の列に並ばされている光景を見て、抗議行動に駆り立てられていた。ラヴロック夫人の英国主婦同盟には、すぐに何千人もの主婦が加盟した。彼女たちは、パンの配給量をさらに削減し、戦時中のおぞましい主要食品であった乾燥卵さえ、永久に配給から外そうとする政府の試みに対し、抗議運動を展開した。婦人参政権運動の前例に倣って、同じような運動方式を取る「待ち行列反対団体」などの分派も生まれていた。たとえばメアリー・ワー夫人は、『デイリースケッチ』紙の紙面で、「食料抗議役員」の必要性を訴え、一九四六年には、同盟の一員であるヒル夫人が、「私たちは、精神的な消耗、焦燥、欲求不満に悩まされている。笑みを浮かべていた以前の母親が、現在は怒りっぽい母親になっている。良き理解者だった伴侶が、今では口やかましい妻になり……私たちは十分に食べられず、十分に洗濯もできず、過度に抑制されている」[3]と世の中に広がっていた雰囲気を総括した。しかし、こと食糧不足に関しては、同盟による運動の成果は限られていた。パン、紅茶、ジャムの配給制は、一九五二年になるまで廃止されず、子どもたちの楽しみであった菓子類についても、廃止はその一年後である。砂糖と卵の配給制も同年まで続き、一九五四年になってようやく、油脂、チーズ、肉が配給リストから外された。

　その裏側で、つねに存在する家事奉公の問題があった。主婦たちは、家庭生活の最前線で、永遠に孤軍奮闘することになっていたのだろうか？　家事奉公はふたたび、仕事の選択肢どころか専門的職業にさえなりえたのだろうか？　一九四〇年、セリア・フレムリンは、「女店員や女工員は、終身家事労働者を下に見るのではなく、変人として扱いがちだ。ふつうの商売人が、ヌーディスト村かホーリーローラー〔狂乱状態の礼拝を行うペンテコステ派の信者〕集団に対して思うような、そんな印象をもつ傾向がある」[4]という事実に注目した。戦後は、そういったムードがいっそう際立っていた。政府は戦時中、銃後を活気づけるような愛国的な家庭第一主義の美辞麗句を用いて、若い娘を含めた女たちに、家庭内の戦時労働に従事するよう促していた。国家への貢献では、家事労働者たちは代理母となるよう招集された。女性のすべての使命のうちで最上位にあたる母性が、戦傷者病院や養護施設、病気の子どもや高齢者、障害児のための保育所や病後療養宿泊所で、精神的な支えとなった。戦いが終われば、規則正しい家事奉公は健全な職業の選択肢となり、その職業を代表する者は毅然としていられるという、そんな考えを啓発する方策が、戦時中でさえ立てられていた。

　一九四四年、労働党国会議員のイレイン・バートンは、「家事が立派な出来栄えであれば、事務所か店舗か工場かでの仕事と同じように重要だという意見も、同意されるのではないだろうか？」と書いている。

彼女は、若い娘たちを家事奉公に戻すために、最低賃金の設定と新しい資格取得課程の開設を訴え、「永遠の苦役などという古臭いイメージは捨てよう。家の運営には、料理や皿洗い以上のことがあるのだ」と楽観的に見ていた。[5]

戦後の家事奉公問題に関しては、一九四三年に労働大臣のアーネスト・ベヴィンが、第一次世界大戦後に除外された個人の家で働く家事労働者を、失業保険の受給資格者に含むべく、さっそく処理しはじめた。ベヴィンは、一九二〇年代の労働大臣と同じように、まず報告書を作らせたが、その結論は、一九二三年の報告書に書かれた結論に驚くほど類似し、奉公の正則化、適正賃金、そして使用人の保護と環境が水準に届かない雇用主たちへの法的な規律があるべきであるとしていた。一九四五年のこの報告書は、女主人、働く女性、そして隷属など厄介な問題に取り組む二人の老練な運動家、ヴァイオレット・マーカムとフローレンス・ハンコックによってまとめられていた。

二人は、素性の異なる女たちのあいだの仲間意識という、新しい精神を体現していた。当時、四〇代後半という年齢にあったフローレンス・ハンコックは、ウィルシャーの布織工の娘として生まれた。職業人生ではつねに労働党と労働組合の有力な運動家であり、戦時中は、運輸および一般労働者組合の最高女性責任者を務めていた。十三人の兄弟姉妹がいるハンコックは、十二歳のときに家を出て、カフェの洗い場で働き始めた。しかし、フローレンス・ハンコックを政治運動に目覚めさせたのは、組合をもたない工場に雇用されていたときのことであり、彼女はそこで、ただひとりの女性ストライキ委員になった。他方、ハンコックより二〇歳上のヴァイオレット・マーカムは、裕福な実業家の娘で貴族の出自で（ジョセフ・パクストン卿の孫娘にあたる）、十二分に使用人を配したタプトン・ハウスでは、心地良さと贅沢《ぜいたく》さを味わいながら育ち、特権階級の義務と責任に、揺るぎない信念をもっていた。彼女たちには子どもがいなかったものの（フローレンス・ハンコックは一九六四年に、七一歳で初めて組合員仲間の港湾労働者と結婚した）、マーカムは、「女の人生の主たる喜びは出産であるという確信に、迷いはなかった」[6]と書いている。マーカムとハンコックが作成した報告書では、すべての階級の女たちに供給する保育が、結論の中心となっていた。

一九四五年の「家事奉公における報告書」は、気持ちの上では、一七六五年にウィリアム・ブラックストン卿が唱えた「最初の関係」にいくらか郷愁的に敬意を表し、その関係を「主人と従僕、そして女主人と女中のあいだの奉公という、はるか昔に歴史をさかのぼる、長年の関係である」としていた。しかし、この二人の著者は、戦争で疲れた主婦の要求のみならず、専門職に就く女たちの要求にも、家事支援によって応じることができるのであれば、その関係がまだ途絶えていないうちに、緊急に更新するべきだと考えた。彼女たちの報告書は、戦時中に得た女性の地位を活かし、「家事奉公部隊」を創設するよう提案していた。その部隊は、訓練された制服姿の若い娘たちによって構成され、彼女たちと雇用主に適用される一連の規則にのっとって、各家庭で家事をするというものだった。

また、ハンコックとマーカムは、「女主人に分別と思いやりがなければ、女中は不注意で信用の置けない者になる」と考え、「頭からずり落ちそうなキャップと煤のついた鼻」という、隷属のステレオタイプとしての屈辱的なイメージを払拭すべく、一九二三年の報告書の著者同様に、双方の教育に取り組もうとした。彼女たちは報告書で、労働時間の規制と奉公の条件、労働省による職業案内所の設立、最も必要とされる場所へホームヘルプを派遣するための地方自治体による登録制ホームヘルプの事業計画、個人の家の使用人にも適用範囲を広げた労働組合による保護など、さまざまな案を提言し、最後に、国立ハウスワーカー研究所の創立を提案した。二人が構想する研究所では、適切な指導、試験と資格の取得、そして見込みのある雇用主の精査が行われ、そして研究所の設立によって、家事奉公が、「あらゆる女性と共同体に不可欠な、奉仕をする職業のための高潔で誇りある制度」[7]として周知されることになると、二人は考えていた。

さらに、ハンコックとマーカムの最も過激な洞察は、労働者階級の女性も、家事奉公を受ける必要が生じるかもしれないと見ていたことである。労働者階級の女性に保育が提供されれば、外に出て働くことが可能になり、そうなれば専門職に就く女性の家庭にも、いくらか援助を与えることさえ可能になると考えていた。戦争によってもたらされた自由と経験の利点を活かそうとしている女たちが、家事の負担に耐えずに済むかもしれないのである。マーカムは自伝のなかでこう書いている。「女たちの大部分は、自立する存在としての自分たちの未来が、家事手伝い問題の解決策を見つけるか否かにかかっていることに、まだ気づいていない。女たちがみなそんな感じなら、個人の度量や才能がどうであろうと、自分の穀物を他人の手を借りることなく挽き、油をつくることを余儀なくされて――決して男の肩にはかからない役目である――美術でも文学でも、そして専門職でも、他人より秀でるまでになる時間を見つけることは、望めなくなくなるのだ」[8]

マーカムとハンコックの報告書は、家事の私的な地位を、市民の義務としての公共奉仕に引き上げることも提案していた。ハウスワーカー研究所での養成課程には、管理栄養士と栄養学者によって教えこまれる専門的な料理の講座に、「客員講師による文学、経済史、市民権などの学習、市民としてのいくらかの一般教養講座」も、設けられることになっていた。この報告書を読んで、ある者は、菜食主義料理の専門知識に精通する女中の将来性に魅力を感じた可能性もあり、またある者は、例の関係の第一歩を失敗させることになると、思った可能性もある。一方、一九四四年のイレイン・バートンによる「家事労働者宣言書」の提案は、使用人に有利な不公平なバランスでしかないと訴える、逆上した主婦たちの反対にあった。

バートン夫人（のちに男爵夫人となった）は、こんなふうに攻撃されていた。「使用人たちがひどい目に遭っているとお話しになるのは、まことに結構なことでございますが、この戦争が始まる以前は、女中たちは勝手し放題でした。彼女たちの部屋には、いい家具とラジオを与え、私たち家族と同じ食事も与えました。それで、女中たちが何をしたと思います？　ラジオを壊して、ベッドカバーの上にはインクをこぼし、大事にしていた瀬戸物まで割ってしまったんですよ。ちょっと文句を言うと、すぐに出て行ってしまいました。冗談じゃありません！　戦前は女中が高く評価されていたので、彼女たちもそれを承知していたんです。どんな事業計画であれ、女主人は守られていなければなりません」[9]

しかしながら、労働者階級の野心が、戦時中にどの程度まで変わり、彼らの多くが暮らす住環境が、戦後の労働党政権下でどこまで変わるのか、そういった変化に対して完璧な心構えをしている者は皆無に等しかった。一九四七年、政府はある調査で、代表的サンプルとなった約六〇〇〇戸の世帯に、住み込みではない手伝い（つまりチャーウーマン）がいるかどうかを訊ねた。その結果、意外にも九四パーセントの世帯が、まったく手伝いを雇っていなかったのである。[10]

マーガニータ・ラスキの一九五二年の小説、『その村（*The Village*）』のなかでは、ホームカウンティーには何百とあるような典型的なイギリスの村を、社会的な確実性が風化していく出来事の背景にしている。それは、戦争によって絶望的に貧しくなった「紳士階級」の話で、稼ぎがほとんどなくても良い暮らしをしていた世代の最後の代表者である彼らは、大きくて使い勝手の悪い家を、使用人を置くことのできないわずかな資金で、なんとか機能させようとする。ところが、かつて屋敷やその周辺で雇用されていた下層階級の村人たちは、夢にも思わなかった以上に金を稼ぎ、便利で近代的な公営住宅に入居するために、原始的で始終じめじめしたコテージを、離れようとするのである。最初にブームとなった新築住宅は、平面梱包になった新建材の部品をひと晩で組み立てる、プレファブ工法の住宅だった。耐久年数はたったの十年とされていたものの、元女中のジョイス・ストーリーは、入居希望者名簿に名前を記入し、グリムジーに建設される日を待ちわびていた。

　プレファブは、私の人生における願望と愛情そのものだった……台所の壁には、コンロと冷蔵庫が並び、そして、戸棚用のスペースと朝食用のテーブルを置くためのアルコーブ〔くぼんだ空間〕など、省力型の装置や工夫が、ふんだんに備わっていた。居間には、正面からぐるりと側面に広がった窓があり、さんさんと降り注ぐ陽の光が、部屋を明るくしていた。レイバーン〔一九四六年創業のメーカー名でオーブンや湯沸かし器付きレンジのこと〕には夜通し火がつき、ほかの二部屋にも、壁の通気孔から暖かい空気が送られるようになっていた。玄関ホールにある大きな衣類乾燥棚は、主暖炉の火で暖められ、戸を開けておけば玄関ホールも暖かく、居心地が良かった。前庭も家の背後の庭も十分に広く、それもまた、私が気に入った特色のひとつだった。小さくて可愛らしいポーチの向こうで咲き乱れるのは、バラやスイカズラの花――そんなプレファブが、この世のどんなものより、私は一軒欲しかった。[11]

　もうひとりの元女中、ウィニフレッド・フォリーは、結婚して二人の子どもに恵まれ、湿気の多い賃貸長屋に家族と住みながら、戦時中はチャー仕事に出ていた。一九四〇年代の後期に、フォリー夫妻が建ったばかりの公営フラットの鍵を渡されたとき、彼女は自分の雇用主たちの家より贅沢な装備を目にしたばかりか、政策による買取選択権付きの賃貸借契約によって、さらなる恩恵が約束されていることを知った。

フォリー一家のフラットには、寝室が三つ、共同洗濯場、給湯管の設備、食堂兼居間、冷蔵庫、電気コンロ、そして屋内手洗い所と浴室があった。一九四〇年代の末期、社会学者のフェルディナンド・ツヴァイクが、毎朝四時半に起きて時給半クラウン〔現行通貨の五〇ペンス〕を稼ぐ、六六歳のチャーウーマンを取材した際、彼女は、二軒続き住宅のマイホームには七八ポンドした電気洗濯機と浸水湯沸かし器があると誇らしげに語り、しかも、当時はまだ高嶺の花であったテレビを買うために、こつこつ貯金をしていると話した。[12]

一九三九年の開戦以来、大勢の女たちは、洗濯したナプキンと豊富な紅茶、そしてミニヴァー夫人の食事のような、銀のベルを鳴らせば朗らかな炊婦が文句ひとつ言わずにつくる、日に三度の美味しい食事を夢見ながら、六年間を過ごしていた。そんなのどかさが、戦時中の苦難の褒美となる日が、かならずや訪れるというのだろうか？　一九四七年、マギー・ジョイ・ブラウントは、求人が殺到しているせいで、新聞広告の掲載には八週間待たされることがあると知り、「ミセス・モップはまだやって来ない」と溜息をついた。一九四九年、保守党国会議員のアンガス・モードは、ロイ・ルイスとの共同執筆で、中流層に関する調査結果を発表した。二人は、政府が一番に懸念すべきは、つましい生活を強いられ、四苦八苦している中流階級の主婦たちであると考えた。そういった主婦は「通常、摂食の水準を――少なくとも、都市部の労働者階級の妻より――かなり高く要求するものである。食費にはあまり金をかけられないため、食品の購入には注意を払い、鍋でストックを取ってスープやシチューをひんぱんに料理したり、ジャムや果物などの貯蔵食品をつくったりと、食事の準備と料理にかける時間が、より長くなる傾向がある。中流階級の主婦が管理しなければならない一戸建て住宅かフラットは、通常大きめで所持品の数も多く、そのほとんどは夫の書斎や仕事場、診察室などの特別な部屋があり、そして一般的には子ども部屋をもっているが、彼女たちはそれを、自分で片付けたり掃除したりしなければならない」[13]と書いた。

文明化された価値の守護者である支配階級に、それを高める時間がなかったのなら、その価値は脅威にさらされることになる、と危惧した人々がいた。そのなかに、モードとルイスも入っていた（ヴァイオレット・マーカム然り）。使用人を雇用している階層は、社会奉仕に貢献しているとの理由で、その階層の主婦が必要としている家事の手伝いを国の支援で得ることを、完全に正当化した。とはいえモードとルイスは、この件での政府による公明正大な介入は、実行不可能と判断した。「専門職に就く男とその妻は家事奉公人を得るに値し、手伝いをひとり供給されるとした一方で、商売人はそれに値せず、ひとりも供給されることがないという制度は、とても容認できるものではない」

ときとして、美しいものの手入れがたったひとりの肩にかかっているとき、美しいものが与える喜びよりも、手入れする労力のほうが、勝っているように見えることがあった。完璧に管理の行き届いた家庭の追求が、未来を約束してくれるものに対して、敵のように見え始めたのである。スラム街の住まいから抜け出したウィニフレッド・フォリーですらも、掃除や補修がほとんどいらない新しいフラットに少々圧迫感を覚え、賃貸長屋から住み替えをした多くの居住者が、なぜ新しい集合住宅に入ったことを後悔するのか、その気持ちを理解した。彼女はこんなふうに書いている。「フラットは、私の頭をぼうっとさせ、私の心をいくらか曇らせた。賃貸長屋に長年暮らしたあとでは、フラットにいてもまったくくつろげず、通いの掃除婦にでもなったような気になった。私が辛抱できないと思ったのは、塵や汚れや埃でもなければ、散らかった部屋でもなかった。古い家具と、中古の絨毯やマットが、わが家のぴかぴかの豪華さには、単につりあわないだけだった。私は、全部新しく買い替えることを、固く心に決めていた」[14]

ヴァイオレット・マーカムは、一九五三年に発表した自伝『帰航（*Return Passage*）』で、幼年のころからの家庭生活と期待における隔世の感を、こう綴った。「よく訓練され、従順な使用人が大勢いたタプトンでの、私が知っている少女時代の暮らしは、永遠に消えてしまった。内部で燃焼させて動く内熱エンジンのようなものが、変化のない社会の基盤を壊してしまう以前の、平和で安全な時代には、新しさや刺激という冒険に誘惑されなかった世代が、先に私が述べた規模での時間や労力を、世帯管理の瑣末な点にも注いでいた。しかし、たとえそうであったとしても、あれは人力のひどい無駄使いであったような気がする。世帯を管理する者としては、とても母の立場を考察する資格などないにせよ、良質な食べ物と飲み物、清潔さ、そして秩序について、私も自分なりの基準をもっている」[15]

一九四六年四月、ＢＢＣ放送は、「主婦の手助け（*Help for Housewives*）」というラジオ番組のために多方面から発言者を集めて、将来の家事奉公人の可能性についての円卓討論会を開いた。司会を務めたマーカムが、「これは、私たちが直面している非常に深刻な問題です」と始めた討論会には、雇用主側のアダム夫人、ブランドフォード夫人、サーペル夫人、モントゴメリー・スミス夫人、全国家事労働者組合を代表するミス・ナンシー・アダム、ともに労働者階級の主婦のプロクター夫人とシルヴァー夫人、そして家事労働に従事するミス・ダンクリー、ミス・ミッチェル、ミス・エアリスの、立場の異なる女性たちが参加した。丁重な言葉使いが終始保たれてはいたものの、討論の多くの局面で、うまく立ち回るだけの余裕は誰ひとりとしてなかった。雇用主側は当然のことながら、従来の分離への放棄には慎重な姿勢を保った。以前から異論の多い制服の問題がもち上がると、ブランドフォード夫人は、使用人に「暗い色で飾りのない」服を着るよう求めるべきとする意見は、間違いではないと述べた。家事労働者のミス・ダンクリーは、「ほかの女性に暗い色の服を着させて、故意に舞台裏に留めておこうとするのは、正しいことではありません」と反論し、「家事は創造力のある仕事です。指の下で何かが育っているのがわかるんですよ。よく磨かれた床、美しく光る真鍮《しんちゅう》、大事に扱われた瀬戸物に、そういった多くの細かいことが、単なる家や家事博物館なんかじゃなく、家庭を築くことになるんです」と、奉公における尊厳の根拠を述べた。ところが、工場で働く娘たちと同賃金になるように法律で定めるべきだという彼女の提案は、食べ物やそのほかの「現物支給」で埋め合せができているという雇用主側の指摘のせいで、説得力を低下させることになった。

例によって中流階級の主婦たちは、家庭らしさへの不可能な要求に、自分たちが溺れかかっていると思っていた。モントゴメリー・スミス夫人は、不満をこうぶつけた。「私なんて、通いのお手伝いさんすら見つかっていませんわ。三か月待って、ようやくナニーにきてもらったところです」。そしてサーペル夫人は（家事の手伝いが保証されないのであれば、女性は子どもをもつことをしなくなるであろうという、マーカムの警告を裏づけながら）、こう発言した。「よちよち歩きの子どもを二人抱えながら、多少なりとも道理をわきまえた市民に育てようと、懸命にやっているときに、家事を全部自分だけで処理するなんて、ほとんど不可能です」。彼女は全員に向かって、使用人不足が続くようであれば、ひとりの女性が産んで育てられる子どもの数はせいぜい二人までだと発言し、「女たちはようやく本領を発揮し、頭脳をもっていることに気づいています。でも家事が、その頭脳を働かないようにするのです」と話した。これに対し、労働者階級の主婦、プロクター夫人は、「私は労働者を夫にもつ、ただの妻ですけど、学校や福祉関係などの、七から八ぐらいの団体で委員活動をしています。子どもは二人いて――たしかにうちの子どもたちは歳が十二も離れてますが――お手伝いさんが欲しいと思ったことは、一度もありません」と切り返した。それでもプロクター夫人は、家事で頭脳の働きが停滞する可能性については、サーペル夫人の意見に全面的に同調し、その防止策として、労働者階級の主婦たちも家事に人手を借りてもいいのではないかという、第二次世界大戦前には思いもよらなかった命題をつけ加えた。

ヴァイオレット・マーカムは、「もはや、見下した態度や地位に基づいたものではなく、公正で、相互に尊重する自立した関係」に基づく、近代社会に適した家事奉公にするための、健全な更改案を全員にいくつか提起し、「そうすれば、奉公は下位の象徴だという見方をしなくなるでしょう」と話した。マーカムは、そういった新しい世の中なら、地方自治体のホームヘルプとして、パートタイムで働きたいという女性たちが現れると確信し、彼女たちの公共に対する気概を、何の疑いもなく信じていた。さらにマーカムは、聞いた話として、十代の若者たちが隣人の子どもの世話を手伝うために採用され、放課後になると「ベビーシッター」となるために、宿題をもって誰かの家へ行くという、アメリカでの例も紹介した。

しかしそこで、ホームヘルプの問題点を明確に指摘したのが、プロクター夫人だった。労働者階級の野心の実態に関しては、ヴァイオレット・マーカムよりも具体的にわかっていたのである。「それは良さそうですね」と、彼女はやや嘲笑的な口調で言った。「でも、そういうホームヘルプになる女たちは、どこからやって来るんです？　十分な人材を、いったいどこから集めるおつもりですか？」[16]

第二三章　変化の訪れ

一九四五年、Ｐ・Ｇ・ウードハウスは、何がバーティー・ウースターのイギリスであったのかを注意深く観察し、友人に手紙を書いた。「私に小説を書くためのアイデアが、わずかでもあればよかったのだが。仮に私が、今はもう存在しないカントリーハウスと執事の専門家だとするなら、これからいったい何について書けばいいのだ？」[1]

イギリス人の生活の中心部を編んでいた大きなクモの巣は、戦争のせいで姿を消した。変化は突如訪れ、多くの者が、自分たちの育った世界が、二〇年間のうちに消滅していくところを目撃した。地所で雇われた労働者や家事奉公人の、最後の世代にあたる馬丁のアルフレッド・ティンズリーは、こう話している。「第二次世界大戦のあとの紳士階級は、自分で自分の面倒を見なければならなくなったと言っていいでしょう。私の旦那のＢ大佐にしたって、使用人に育てられたんで、自分で何かするなんてことは許されてなかったんですよ。しなきゃならないことがあれば、昔は何から何まで使用人がやったもんです。今は朝だけ誰かに手伝ってもらってるかもしれませんがね。紳士階級には痛手だったはずですよ、この変化は、さぞお辛いことだったでしょう」[2]

カントリーハウスとその所有者たちは、戦後の税制と相続税に屈服していた。カントリーハウスの多くが、戦時中の占拠によって荒廃し、イギリス屈指のカントリーエステートを含めた数多くの不動産は、ナショナルトラストによって保護されるようになり、一九三九年から一九四五年にかけて、その動きが加速した。軍や学校、諸機関が、六年間にわたって占拠した家屋の、修理費用を出せる所有者はそう多くはなかった。スターヘッドのホア家（世継ぎのひとり息子は、第一次世界大戦で戦死した）のように、単に継承者が途絶えてしまったところもあった。リー一族が代々住んだライム・パークも、まさに設立七〇〇年の節目にあたる一九四六年に、ニュートン卿によってナショナルトラストに寄贈された。長年仕えた地所労働者や家事奉公人の、最後の世代となる多くの者にとって、その苦痛は決して小さくなかった。ライムを去ることを拒否したジム・シディボサムは、ナショナルトラストで雇用されたが、辛い気持ちをこう吐露している。「ここを離れるなんて、絶対できゃしません。一生をここで過ごしたようなあとで、わしを掘り起こして根っこを引き抜くんですかい？　ハンプシャーへ行きなさった旦那様と同じように、ここを離れるのは、わしにとっても嫌なことだったんです。ニュートン卿がわしらの親方でした。どう言いましょうか、あの方が、わしらの飯の種だったんですよ」[3]

しかし、彼らが支え、大地所によって支えられていた、非常に狭い専門分野の多種多様な技能は、事実上その役割をすでに終えていた。それでもなお、サマレイトン・ホールでは、戦後の不確実性の時代に入っても、地所の庭師の息子で奉公人になるべく育てられたジミー・ラムジー少年が、ごく自然に奉公に入っていた。ジミーは、執事の監督の下、銀器の磨き方やヴァレットの仕事、そして給仕の仕方を覚えたが、執事に適した年齢に達したころには、地所の所有者であるクロスリー一家は、もはや執事を必要としていなかった。戦前のサマレイトンでは、暮らしの一部であった豪勢なもてなしもすでに過去の話となり、ジミーは、靴磨きからヴァレットの役目、そして皿洗いの手伝いまで、ありとあらゆる仕事に従事することになった。

一九八〇年代にジミーが引退するまで、彼は一家にとって不可欠な存在であったとはいえ、使用人専用広間の時代遅れの基準が、彼の公的な地位を不明瞭にし、加えて彼の仕事の便利屋的な性質のせいで、結局ジミーはないがしろにされていた。キャリア従僕の衰退は、仕事の肩書きに新たな曖昧さをもたらし、彼は、ある者からは執事として見られ、また別の者からは、以前であれば使用人のなかで最低の等級にあたる、「雑役夫」として見られた。雑用化した家事奉公自体が、流動性と柔軟性をもつようになり、村や地所における古い依存関係から切り離されていくにつれ、かつて大邸宅にはなくてはならなかったヒエラルキーという区別が、徐々に重要性をもたなくなっていた。[4]

それでも、ときには古い基準で適切に物事を行いたいという、いわば哀愁を帯びた願望が、大地所の最後の数年を語る記述には今も漂っている。一九四七年、ジェームズ・リー＝ミルンが、サリー州のトーラマシュ家の邸宅、ハム・ハウスを訪れた際、ドアを開けた中年の男に出迎えられた。そのときのことを、彼はこう記している。「その男の赤毛と赤ら顔は、ニンジンとポートワインそっくりの色をしていた。彼は、チョッキからひらひらとはみ出す糊のきいたシャツに、燕尾服を着ていた。『昔から仕えるアル中の執事だな』、と私はひとりごちた。ところが、そのみすぼらしい執事は、なんとライオネル・トーラマッシュ卿の令息だったのだ。完璧に正装した父親が応接間で客を迎えているあいだ、彼はたったひとりで料理をして掃除もし、従僕の役をこなしながら、屋敷を切り盛りしていた」[5]

残存する英国の植民地に限っていうなら、帝国最後の数年は、時代遅れの奉公の理想に近似する何かが、ますます奇想天外な形で顕在化していた。一九四四年にレスリー・ローレンスが結婚したとき、夫はスーダン駐在を言い渡された。スーダンで暮らしはじめた二人に、「イギリスではほとんど忘れ去られていたような、キッチナー元帥〔十九世紀末にスーダン遠征で手柄を立て、スーダンの発展に貢献した英国軍人〕の時代から伝わる家についての知恵を吸収した、アラブ人の男の使用人」が仕えた。そして「自宅でも、ナイル川に浮かぶ汽船でも、奥地にいても、ディナーに正装しなかったことはおよそなく、気候にかかわらず、ステーキやキドニーパイ、プラムダフ〔レーズン入りの蒸しプディング〕のような、美味しいものばかり食べていた」[6]と彼女は書いている。

新しくなった世界では、一九五二年の十一月、ノーズリー・ホールのダービー伯爵夫妻に仕えていた若いフットマン、ハロルド・ウィンスタンリーが、猟銃を手にして暴れ狂い、執事と副執事を射殺するという事件が起こっていた。しかし、ダービー家にまだ存在していたエドワード朝スタイルの使用人部隊の露呈は、哀しくも超現実的な様相を、惨たるニュースに加えることになった。ウィンスタンリーの犠牲者となっていたはずのダービー伯爵夫人（首を撃たれた）は、彼が乱入してきたとき、テレビを観ながらひとりで夕食を取っていた。そのテレビ鑑賞用の夕食を運んだのが執事二人とフットマンで、さらに、レディーズメイド、ヴァレット、二人の女中、そして料理長が巻きこまれ、料理長の白い帽子の高くなった部分は、銃撃を受けて穴だらけになっていた。[7]

王室は戦時中、これみよがしに質素さを堅持していたものの、王家の年配者たちもまた、非常に独特な方法で大勢の使用人を維持した。メアリー王太后は、食糧省の規定にはとことん従ったが、王室の食料配給は、サンドリンガム邸とウィンザー城からの補給品だけでなく、英連邦の国々で王室を心配する有志からも缶入り珍味の小包が届いていたため、いずれにしても食料には余裕はあったようである。メアリー王太后は、戦後に移ったマールバラ・ハウスで、ジョージ五世の命により引退していた老料理長、ガブリエル・チュミを呼び寄せた。チュミの職務には、メアリー王太后のみならず、家令部屋で上級使用人に出される六〇人分の、毎日の食事のまかないが含まれていた。もっとも、マールバラ・ハウスの下級使用人六〇人の食事に関しては、彼らの持ち場にある別の厨房で作られていた。

王室の新しい世代は、少なくとも親の基準と比較すれば、もっと気楽で、ずっと控えめであった。チュミは、一九四七年のエリザベス王女とフィリップ・マウントバッテン大尉の婚礼で出された、ブレックファスト〔朝食ではなく披露宴で出される食事〕の地味さに失望していた。料理には「食品業界が要求した制約」があったため、エドワード七世*の好んだ過剰な美食と比べればきわめて慎ましく、「魚のコース（フィレ・ドゥ・ソル・マウントバッテン）〔シタビラメの切り身〕、生野菜、豆、小粒の新ジャガと肉のコース（ペルドロウ・オン・キャセロール）〔蒸し焼きウズラ肉〕、それからパティスリー添えのアイスクリームとフルーツ」[8]のみだった。新婚のエリザベス王女夫妻の執事に就任したアーネスト・キングも、王女夫妻の食べ物の嗜好が、平凡で無産階級的ですらあることをあまり好ましく思わなかった。彼は、「シタビラメ、サーモン、スモークサーモンがメニューにのったことは一度もありませんでした。たいていカレイの切り身でした」と不満をもらした。また、ウィンストン・チャーチルの元ヴァレットのジョン・ギブソンは、ケンジントン宮殿で王女夫妻のフットマンを務めた経験をもっていたが、フィリップ殿下の好物がフィッシュ＆チップス〔衣をつけて揚げた白身魚とポテトフライ〕とバンガー＆マッシュ〔ソーセージとマッシュポテト〕であったことを、「想像できますか！」[9]と呆れ顔で語った。

ケント公夫妻の執事をしていたラッセルは、一九五〇年代を振り返り、メアリー王太后が手洗い所に立つたびに従事しなければならない人々の、理解しがたい行列についてこう語った。「女王、もしくは王太后とお呼びしましょうか、ともかくルー〔手洗い所〕に行かれたいときには、公爵夫人にそれを告げ、私に話すというのが習わしでした。それから私が女中頭に告げて、女中をひとり、体裁のためにタオルをもってドアの脇で待っているよう手配し、すべて準備が整った時点で、ハウスキーパーが私に知らせます。するとまた私が公爵夫人に告げ、公爵夫人が直接、王太后陛下に話されるという手順を、いつも取ることになっていました」[10]。またラッセルは、皮と筋を除いたベーコン三枚、フライパンで焼いたパンにのせた目玉焼き一個を、毎朝食べていたケント公が、詳細にまでこだわったルーティーンを要求したことにも触れている。たとえば、卵とパンはそっくり同じ円形をしていなければならず、料理人がパイカッターを使って慎重に形をそろえ、昼食のジャガイモにしても、すべてきっちり同じ大きさであることが要求され、キッチンメイドが何時間もかけて削りそろえていた。チーズとビスケットも公爵の好物であったが、ビスケットを出すときには、かならず適正温度でなければならなかったという。英国の王室は、ほかのどの社会集団の特色にもありえない、消えゆく時代の流儀としきたりの、最後の宝庫であったようだ。

王室生活に漂う水族館のような薄気味の悪さはさておき、たとえ使用人を雇うことができる身分であったとしても、昔気質の使用人を見つけることは、かなり難しくなっていた。大半の人々は不在者として彼らを思い出したが、ときにはそれに痛みを伴うことがあった。モリー・パンター＝ダウンの小説、『ある晴れた日（*One Fine Day*）』では、スティーヴン・マーシャルが戦地勤務から戻ると、彼が慣れ親しんでいた世界の目には映らない屋台骨が、消え去っていたことを知るのである。「ベルを鳴らせばドアが開き、カーテンが開くときにカタカタと音を立てる、あのカーテンリングの優しい音で目を覚まし、暖炉には火が赤々と燃え、淹れ立ての熱いコーヒーが毎朝出てくる日を、彼は待ちわびていた――あたかも、彼の眠る間に、家の精たちが働いてくれているかのような暮らしに戻る日を。しかし、家の精を演じていた人形たちの糸は、すべて放り出されていた。打ち捨て去られた操り人形たちは、自分ではどうすることもできずに横たわったままで、ぴくりとさえ動かす者もいなかった」[11]

執事、女中、炊婦のなり手を、海の向こうで探す必要があった。戦後の英国では、マルタ島やスペイン、ポルトガルなど、失業率の高い国からやってきた移民女中が急増していた。『エイケンフィールド』の舞台となっている屋敷では、英国人の執事がマルタ島出身の執事と入れ替わり、イプスウィッチから毎日通ってくるその新しい執事は、五時きっかりに仕事を切り上げて帰宅した。一九四六年、労働省は、民間の家庭で家事奉公をする外国人七六二二人に労働許可証を発行し、一九五五年には、それが一万八六一四人に増加していた。大西洋に浮かぶセントヘレナ島には、戦後いっそう厳しさが増した失業状況の解決策となるように、家事使用人の斡旋所が開設されていた。島に雇用をもたらすべく、一九〇三年に英国政府が設立した亜麻工場の閉鎖が、仕事を求める島民の海外移住につながっていた。一九五〇年代、セントヘレナ島から使用人として働くために英国にやってきたパット・ダンカンは、「島には何もありませんでした、食べる物も仕事も」と当時の深刻さを覚えている。家事使用人の斡旋所を思いつき、実際に開設したのは、メススチュワード〔給食係下士官〕、炊事係、ポーターを最初にアセンション島の英軍基地に供給した、起業心に富む地元住民のジャック・ソープだった。雇用主を志望するイギリス人たちは、直接ジャック・ソープに斡旋を頼み、離島もやぶさかでないヘレナ島民は、仕事に就くために遠方の英国へと旅立った。彼らには、仕事がすでに確保されている場合のみ労働許可が下りたが、切羽詰っていたイギリスの邸宅の所有者たちは、島民の願いを断ることなどできるわけがなかった。

　従弟とともにイギリスにやってきたパット・ダンカンは、屋敷を寄宿制の女子学校に貸している家庭で、住み込みの仕事に就いた。彼は、「イギリスの上流階級のほとんどの人が、ヘレナ島出身の使用人を見るなりどこで探したのかと目の色を変えて、自分たちも欲しがりました」と振り返っている。パットや友人たちは週に一ポンド半稼ぎ、制服は自前のものを着た。彼は初めて見る雪に、「命を脅かされましたよ。理解できなかったのでね。何でもかんでも凍りついてしまうんですから――『何が起きてんだ?』[12]って思いました」と、驚きをもってイギリスの気候を体験した。移民女中のなかには、予想していたほど英国が時代遅れではないことに気づいた者もいた。パール・スコットは、トリニダード島でナニー兼ハウスキーパーとして雇われていた英国人一家に連れられて、一九五九年に英国に渡ってきたが、そのとき、生まれて初めて電気アイロンを目にした（トリニダード島の都市、ポートスペインでは、石炭の上で温めるアイロンがまだ使用されていた）。「私が島を離れたとき、島には電気掃除機さえもっている人はいませんでした」[13]と話している。

しかし、たとえヘレナ島出身の執事を確保できたとしても、使用人の雇用は、英国人の大半にとっては依然として想像しがたく、贅沢《ぜいたく》なことであった。エリザベス・ジョーダンは、パートタイムのチャーウーマンを雇う費用をなんとか捻出し、自分の境遇を幸運だと思ったものの、チャーウーマンが辞めることをおそれるあまり、相次ぐ要求に応じていた。一九四五年、戦争から帰還したエリザベスの夫、テランスは、別人となって妻と幼い娘たちの前に現れた。戦争体験によって深刻な精神的外傷を負ったテランスは、民間の雇用には適応できそうもなく、そしてまた、結婚にも適応できそうもなかった。多くの女たちがそうであったように、戦時中に乏しい食材を使ってゼロから食事をつくることを覚えたエリザベスは、一家のなかでは自分以外に稼ぎ手がいないことに気づいた。二人の娘、娘のガヴァネス、チャーウーマンのミセス・プライス、そして自分自身のために、とにかく毎日食事を作らなければならなかった彼女は、夜の時間帯にその才能を活かして、小銭ぐらいは稼げるのではないかと思った。ついに夫婦が別居すると、娘たちを食べさせて、ミセス・プライスの週給三ポンドを払う義務が、彼女の肩にのしかかった。そこでエリザベスは、プロの料理人になることに運命を賭け、ロンドンの「何でも屋紹介所」と契約を結んだ。すると、ミセス・プライスの賃金よりも稼げる仕事はめったに入らなかったとはいえ、雇用の申し出が殺到したのである。エリザベスは、配給制が最も厳しくなった時期に、創意工夫の手腕を徹底的に試されることになった。彼女は、まずい乾燥卵を目立たなくする巧妙な料理法を覚え、イワシが手に入らないときは、スメルト〔キュウリウオ科の小魚〕に気前よく衣をつけて間に合わせることも覚えた。

一九四〇年代の不景気な時代のロンドンで、エリザベス・ジョーダンが働いたあちこちの厨房での体験は、不愉快なほど、どこかほかで耳にした話に似通っていた。薄汚い地下の部屋では、調理を始める何時間も前に火をつける必要があるような、あてにならない旧式のボイラーやコンロが居すわっていた。野菜は彼女の手に入った段階ですでにしなびており、肉の鮮度はさらに疑わしかった。スローンスクエアのそばに住む、物惜しみの激しい兄弟の家で、ディナーパーティーの料理をつくるために呼ばれたとき、厨房でエリザベスを待っていた食材について、彼女はこう書いている。「ジャガイモ少々、タマネギ二個、かなり古そうなカリフラワー、しなびたニンジン五本、そして哀れなキャベツ。私は、ただ食べられるというだけでなく、どうすれば味のするものにできるのかと悩みながら、それ全部を流しに置いた。その流しには、茶碗や皿、大量の紅茶の葉、そしてぼろ布が放りこまれており、そのぼろ布は、どうも布巾として使うらしいことを私は察した。流しは、勝手口と厨房のあいだの通路に設置されていたが、そこは極端に殺風景で、とてもわびしい場所のように見えた。厨房のテーブルの上に、リンゴ数個と新聞紙の包みがあった。濡れてふやけた新聞紙でくるまれていたのは、筋だらけのステーキの、細く小さな切れ端だった」[14]

エリザベス・ジョーダンは、戦争が始まって以来イギリス料理に託されていた、焦げていたり茹ですぎていたりする、料理の味気なさを向上させるために、当時はまだ珍しかったニンニクやハーブなどを使って、独自の工夫をした。それは、著名な料理研究家のエリザベス・デイヴィッドが、イギリスのひもじい読者に地中海料理の魔法を披露したときよりも、五年近く前の話である。イギリスの店には、徐々に外国産の食材が姿を現すようになっていた。エリザベスはロンドンで「ジャグート」〔ヨーグルト〕を売る店を見つけて小躍りし、スキー旅行で滞在したアルプス地方では、うっとりする朝食で〈ムースレ〉と呼ばれるもの（さまざまな果実と、ネスレ製の牛乳、ポリッジ用のカラス麦と砂糖を混ぜた、芳香のある食べ物）を初めて口にし、すっかり魅せられて帰国した。[15]

エリザベス・ジョーダンは、女中不足に乗じてみずから雇用市場に参入した、中流階級出身の冒険精神にあふれる女たちのひとりだったにすぎない。ユニヴァーサル・アーンツの健闘により「レディーヘルプ」は、もはや風刺画に描かれるような哀れで貧しいコンパニオンではなく、旅行をして世間を知る機会を探ろうとする、活発で教養のある女性が務めていた。アン・スタラードは、「家を自分で営むように育てられていない、あのころの教養の高い女性たちはものすごく必死でした」と回想している。彼女は、学校を卒業したときに職を求めてカントリー・カズンズに登録したが、その紹介所は、「子どもを空港へ迎えに行ったり、学校へ連れて行ったりするために雇われる、生まれの良い貧乏な淑女たち」を専門に仕事を紹介していた。アンの最初の雇用主は、エセックス州在住の品のない富裕層の女性で、無力であるにもかかわらず、家事に関しては「すごいしみったれ」[16]ぶりを見せた。女主人は自分では何ひとつせず、冷凍庫（当時はまれに見る贅沢品）には消費期限をはるかに越えた食料品が大量に詰めこまれていた。アンの面接に彼女が準備したティーでは、受け皿なしの茶碗がテーブルに並んでいた。「何もわかってなかったんです！」と、アンはそのときの驚きについて話している。

レディーヘルプは刷新されたとはいえ、その地位は、あいかわらず、曖昧さを伴っていた。アン・スタラードは、初めて仕事をする日にみずからテーブルの席を決めて座り、自分がどの位置にいることになるのかを雇用主に示した。一方、夫がガーナに駐在しているあいだに、「レディークック」〔淑女の炊婦〕として仕事を始めた元デビュタントのマリゴールド・ヘイの場合は、むしろどこか遠隔の地で外交官の任務に就いているかのように、大邸宅の階下でのからかいや騒ぎを大いに楽しんでいだ。彼女は、最初の日のことをこんなふうに綴っている。「チェストナット・ホールでの、あの夕方のティーの会話は、少々取り繕ったものだった――ただし、ベインズウォース卿が現れるまでは。彼は、飼い犬たちに囲まれながら、庭仕事をする恰好のままひょいと姿を現した。そこで私はベインズウォース卿に紹介されたわけだけれど、彼が発した最初の言葉はこうだった。『これはこれは、初めまして、ミセス・ヘイ。レディークックを雇うというので、すっかり怯えている私どもと同様に、レディークックになるあなたも、怯えていらっしゃるのと違いますかな?』。その巧みな言葉に、私の自信は完全に打ち砕かれはしたものの、私は勇気を出してにっこり微笑み、こう切り返した。『いいえ、そんなこと、めっそうもありませんわ、ジョージ卿』。」[17]

誰もが気をもむ社会的区別は、それまで通り、慎重な扱いを要する領域だった。エリザベス・ジョーダンは雇用主の家の応接間の入口に立ち、「お夕食ができております、マダム」と告げてから、部屋にいる客のなかに大勢知り合いがいそうな気がし、恥ずかしく思った。ときには、厨房にいる彼女にカクテルをもってくるようなホストもいたとはいえ、炊婦の身分では、めったに起こることではなかった。エリザベスが友人を連れて、見込みのありそうな雇用主の家のティーに訪れたとき、その家のパーラーメイドは、彼女を「マダム」と呼び、仕事を始めるために厨房に出向いたときには、「ミセス・ジョーダン」と呼んだ。フルタイムか住み込みの炊婦としてあてにできそうな女性が、ますます少なくなっていることがはっきりすると、上流階級の若い娘のあいだでは料理教室が流行った。エリザベス・ジョーダンは、洗練された料理学校でフランス料理の講座を受けようと思い立ち、平凡な炊婦として働きながら高額な受講料をようやく貯めたとき、その学校では昼食時にデビュタントの受講生向きにランチョン講座を設けていたため、二時間の昼休みを取る必要があることを知った。

徐々に（とはいえ、抵抗がなかったわけではなく）家庭の快適さは、大西洋の向こう側の国の発想に、影響を受けるようになっていた。戦後のロンドンには大勢のアメリカ人が住んでいたが、配給制とは無縁の眩しいばかりの過剰さと、そして家庭における不精さを、自分たちとよく似た英国人に示すことになった（アーネスト・キングがヴァレットをしていたアメリカ人のヒル氏は、絹製の下着に一〇〇〇ポンドを費やした）。イギリスの家庭は、アメリカ譲りのテクノロジーを急速に吸収してはいたものの、アメリカ式生活の省力型装置は、怠け癖とだらしなさにつながるのではないかと、まだ多くの者が懐疑的に見ていた。エリザベス・ジョーダンは、アメリカ人の雇用主のピーターセン一家を、ひどく怠惰でいい加減だと思った。彼らは、質に対する低い期待に結びついた金を、あり余るほどもっているように見えた。一文をも惜しむ歳月を送っていたイギリス人にしてみれば、彼らの散財は極悪非道に見え、ロイ・ルイスとアンガス・モードが考えたような、英国の中流階級の主婦の高い水準とは正反対の、手抜きをする家事を、当然のことと思っている、とジョーダンは書いた。ピーターセン一家は、部屋に新鮮な空気を取り入れることもせず、一度も窓を開けなかったが、冷たい飲み物には中毒症状を見せ、クラレット〔赤ワイン〕にも氷を入れた。彼らがディナーパーティーを開いたとき、エリザベス・ジョーダンは、くつろいだ会にするので料理は二コースでいいと指示され、〈ハンバーガー〉をつくるように言われて耳を疑った。「ハンバーガーなるものが、いったいどんなものなのか、今日にいたっても私にははっきりわからない。果たして正しく作れていたかどうかは今でも怪しいものの、とにかく私は、最善を尽くしてハンバーガーをつくった」[18]と振り返っている。

イギリス人のナニーたちは、アメリカ人の幼児は過食気味で、甘い菓子を制限なく与えられているという、共通の見解をもっていた。そしてエリザベス・ジョーダンにとって尋常ではないように思えたのは、ピーターセン家の二歳の末娘が、まだおむつをしていることだった。ジョーダンの娘たちは九か月でおむつ外しの訓練を始めていたため、とがめるようなニュアンスで、彼女はその驚きについても書いている。また、一九二〇年代半ばにナースメイドとして働き始めたナニー・マッカラムは、こう書いた。「おまるの訓練！なんという遂行。これが私たちの一日のハイライト、あるいは最も重要な出来事だった。というより一連の出来事――なぜならそれは、絶え間なく起こる出来事だったから。朝、昼、晩を通して、時計じかけのごとく規則的におまるが出てきた。赤ん坊たちは、生後一か月になる前におまるに乗せられた。十か月でおむつを外し、そこからが赤ん坊の訓練の、まさに基礎の始まりだった」[19]

そういった子どものしつけをはじめ、二〇世紀前半までは生活を支配していた数多くの伝統的なルーティーンが、一九五〇年代に入ると衰退しはじめた。プロのナニーにとって、おまるの訓練もかつては不可欠なスキルであったが、それどころかナニーの姿自体、もうあまり見られなくなっていた。ルールや規則性で調整されていた子どもたちの一日の営み全体が、するりとどこかへ滑り落ちてしまい、二度と元に戻ることはなかった。

＊エドワード朝時代、チュミはアレクサンドラ女王の女官の婚礼のためにつくったウェディングケーキに、「卵四〇個、バター一五〇〇グラム、皮をむいたアーモンド四五〇グラム、オレンジピールとレモンピール一三五〇グラム、砂糖一八〇〇グラム、小麦粉二三〇〇グラム、ブランデーひと壜、そしてほかにも大量の材料」が必要だったと、みずからの絶頂期を哀しげに思い起こしている。（チュミ『王室の料理長（Royal Chef）』六五ページ）

第二四章　来たるべきものの姿

一九五一年に開催された展覧会「英国フェスティバル（*Festival of Britain*）」では、ホーム&ガーデンズ館が最も多くの入場者を集めた。戦時中の質素さと単調さに辟易した国民の士気を高めるべく、産業デザイン協議会の後援によって企画されたその展示館は、広々とした空間に、光、色彩、木材、プラスチック、そしてもちろんテクノロジーがあふれ、戦後のデザインと伝統的なイギリスらしさの祝典、といったところであった。「未来のホーム」との説明があるエリアには、年配の女性向け、四人家族向け、農場主向けなど、さまざまな住人を想定して設計されたカプセル型の部屋が並んでいた。浴室、台所、居間のほかに、「趣味」のスペースが設けられ、そこには余暇を楽しむためのミシンや（女性向け）作業机（男性向け）、そして男女で遊べるチェス盤などが置かれていた。また、「娯楽室」と名づけられた居心地の良さそうなスペースには、ひとときの団欒《だんらん》が演出され、テレビの周囲には椅子も数脚配されていた。すべてラミネートで加工された表面はなめらかで、簡単に汚れを拭き取れるようになっていた。

台所に備えられた配膳台の表面の素材は、重曹と熱湯で毎日ごしごしと汚れを落とす必要のあった凹凸の多い木材から、アメリカでは開発以来すでにありふれた素材となっていた、色鮮やかな熱硬化性樹脂で覆った、耐熱性の「メラミン化粧板」に置き換えられていた。「可能な限り、どこもかしこもメラミン化粧版を使いました。すごくおしゃれですし、手入れがいらなかったんです。キャビネットもカバーしたかったら、そのサイズにカットして、貼りつけるだけでした」と、当時新婚生活を送っていたある主婦が、その新素材について思い出している。[1]

展示館内に設置された「農場主のホーム」の台所には、料理の受け渡し用ハッチと「食卓を置くためのくぼみ」があったが、そういった田舎屋的なつくりは、実用性よりもむしろ見た目の魅力が考慮されていた。そこには、装飾的に薪を置いた暖炉、モダンな陶器の水差しを並べた棚、そして当世風の台所になくてはならないアーガ〔オーブン付きコンロ。スウェーデンの製造業者の略称が製品名になり、一九四〇年代以後は英国で製造されている〕があった。ファストフード店にヒントを得た朝食用のバーカウンターや、お決まりのトローリーなど、影響力の大きいアメリカから入ってきたものもあった。乱雑さや古臭さを排除し、空間を十分に活かせるようデザインされた家具には、収納性の高いものや、積み重ねができる椅子、入れ子式になっているか完全に折りたためるテーブルなどがあり、照明器具は灯りの角度を変えられるようになっていた。

ホーム&ガーデンズ館へ、待ちかねたように朝早く訪れた入場者でも、黒と白の制服を着た少女の一団を、見かけることはなかった。彼女たちはゲートが開く前に入館し、館内に設置された各部屋を、拭いて、掃いて、完璧な姿に仕上げるために、ロンドン近郊のハローからやってくる、ハウスワーカー研究所の生徒たちだった。ヴァイオレット・マーカムとフローレンス・ハンコックの構想がついに結実し、一九四八年に創立されたその学校は、ハローにあるデイン・コートを本拠地としていた。そこで学ぶ十五歳のジョイ・エヴァンスも、「未来のホーム」で「すべきことをした」少女たちのひとりである。しかしジョイは、同年齢の少女がたいていそうであったように、とくに家事奉公をしたかったわけではなかった。家事奉公は、一九四〇年代末までの労働省の努力と、そしていくつかの資格が取得できるようになった特典にもかかわらず、彼女たちには著しい後退のように見えていた。「あんまり選べなかったんです――奉公に行くのは二流の現代人だけですから。雇用担当職員が学校に来て、卒業生に仕事を見つけてくれていたので、奉公に入るようにと、祖母が言い張りました」と、ジョイは振り返っている。彼女は養女に出されていたが、実の母親はチェンバーメイドをしていた。「それで義理の祖母が、私は生まれに従うべきだと考えたんです」。デイン・コートに通うようになったジョイは、四〇人の少女たちとともに、いかにして家事奉公人――もしくはより好ましい呼称の「ハウスワーカー」（奨励にもよらず定着しなかったが）――になれるかを学んでいた。[2]

九か月間の養成課程を修了すると、少女たちには免状が授与され、またその期間中には、週に十六シリングの小遣いも支給された。[3]ジョイは研究所に通うあいだ、授業や活動の内容をノートに記録した。彼女は、新旧合わせた方法による掃除テクニックと（たとえば、食器洗いの授業では、新製品の洗剤ではなく重曹を使用する、旧式な方法が採られた）、最新技術による専門知識の、その両方を学んだ（フーヴァー社の工場から派遣された社員が、電気掃除機の最新モデルを使い、掃除の実演をすることもあった）。デイン・コートの女子生徒たちは、従来通り朝食前には玄関の石段を増白剤で磨くよう指導されていたが、近代的な住宅の映画も観賞した。情報局が制作したその映画では、近代科学の高性能仕様を誇る公営フラットが、戦前の英国のスラム街や賃貸長屋に取って代わった、夢のような新世界が映し出されていた。ジョイは観た映画について、「科学者たちはどうやってそれを、防音とかにしようとしていたのだろう」と感想を書き留めている。研究所の女子生徒たちには、「スラム街をまともなコミュニティーに変えた男」を紹介する、政府が作成したパンフレットも配られた。

しかし、なかには見当違いで、愉快な授業も含まれていたようである。見捨てられたフクロウのヒナの養育体験を語る、ジェントリー夫人の講演というものもあった。パッチワークや繕い方を習い、ある授業では、連合乳業会社の牛乳の低温殺菌についての映画を観賞した。ジョイはその際、「映画のなかのお客さんが、どれだけ不衛生かがわかるまで、汚れた牛乳壜をずっと外に出していた。私はそれを見てはっとした」と、ノートに記した。ジョイと級友のハウスワーカーたちが、英国フェスティバル内の「安全とホーム展（*Safety in the Home Exhibition*）」を訪れると、保健衛生の女性専門家が、全国から寄せられたさまざまな質問に答えていた。たとえば「弾が出るおもちゃのピストルは、店で売ることを禁止するべきですか?」といったものや、「むごたらしい写真を使用したポスターは、事故防止に役立ちますか?」、「ハイヒールは怪我をする原因になりますか?」、「自動ロックのガス栓を備えるのは、望ましいことですか?」といった質問があった。デイン・コートの女子生徒たちの卒業試験で見せる実演のひとつに、英国人の好物のスポンジケーキを、完璧につくるスキルが含まれていたが、ジョイは「混ぜたものが固まってしまった」と、その出来栄えについては、ごく簡単にノートに書いている。

そんなジョイ・エヴァンスも、研究所が綿密に調査しそして面接もした、ハローに住む親切な家族のもとで、順当に奉公の仕事に就くことになった。しかし、もとより彼女には奉公に留まる意志がなかったため、二、三年でその家を離れている。ハウスワーカー研究所と、そのほかの家事奉公促進の事業計画が、若い娘たちに向けて熱心に奉公を奨励したにもかかわらず、一九五〇年代は、それまで得られなかった多くの機会が、彼女たちにもたらされていたため、他人の家を掃除する仕事には魅力を感じなかったのである。労働者階級の主婦の一日を詳細に観察すると、それも当然のことのように見える。一九五〇年のマス・オブザヴェーションの調査で、ある女性が提出したほぼ十五分刻みの時間割は、次のようになっていた。

七時一五分　起床と入浴
七時三〇分　火床の掃除
七時四五分　朝食の準備
八時　朝食
八時三〇分　あと片づけと学校へ行く子どもた
ちの支度
八時四五分　小物のアイロンかけ
九時　ベッドを整えて部屋の片づけ
一〇時三〇分　買い物
一一時一五分　帰宅後、昼食の準備
一二時　洗濯
一二時三〇分　昼食
一時一五分　座って新聞に目を通す
一時四五分　洗い物
二時一五分　洗濯を終えて干す―そのあいだラ
ジオを聴く
二時四五分　床掃除―右に同じ
三時一〇分　手紙を二、三通書く
三時四五分　座って新聞のクロスワードを解く
四時　ミシンで娘の服を縫う
四時四五分　ティーの準備
五時　ティー（そのあいだテレビを観
る）
五時三〇分　ティーのあと片づけ（右に同じ）
六時　ドレスづくり
七時四五分　子どもたちの夕食の準備
八時　息子を入浴させる
八時一五分　子どもたちの夕食
八時四五分　息子を寝かす
九時　娘を寝かし、夫の夕食
九時一五分　縫っているドレスの試着
九時三〇分　部屋の片づけと洗い物
一〇時　ドレスを仕上げる
一〇時三〇分　夫に牛乳をもっていく
一〇時四五分　編み物を少々
一一時三〇分　牛乳をコップ一杯飲む
一一時四五分　就寝[4]

この匿名の女性の一日は、新聞を読む半時間とクロスワードをする十五分以外は、体を動かす単調な仕事で、みっちり埋まっている。使用人を雇用する層にことのほか気に入られていた、健全な労働と家事の技巧、そして「古くて不具合のあるもの」への愛着が、文化的なイギリスの価値を高めるとした信念は、イギリス人の家庭という発想の、あいもかわらずど真ん中に留まっていた。アンガス・モードとロイ・ルイスは、いわばミニヴァー夫人的な、洗練された精神生活と慈善心に富む家庭、そして社会秩序がそろった暮らしを「優雅な生活」と呼び、また彼らは、万一それがイギリスの日常生活の中心に復帰できないのなら、殺風景な実利主義の犠牲になりかねないことを憂慮した。「〈優雅な生活〉という言葉で理解されていた生活」について、ルイスとモードは次のように説明している。

> それは、すべての人によって望まれているものではなく、欲しいと願うすべての人が――近い将来――得られるものでもない。しかしある者は、それを目標に定める価値があると今も考えており、平等主義者たちは、野心の強さも、それが冷めたときに起こりうる逆効果も、どちらも過小評価すべきではない。それを保持する者たちは、ときおりこんなふうに感じることがあるようだ。たとえば、サービスフラットに住むために家族の規模を限定しなくてはならなかったり、あるいは家の外での娯楽活動に、それがどれほど有益であろうと参加することができなくなったり、音楽や芝居が、ラジオを通してのみしか観賞できなかったり、もしくは、良い家具も良い銀器も良い絵画も（そのすべてが入念なメンテナンスを必要とする）、永遠に博物館で展示されるだけのものとなったり、よしんばもてなしが、閣僚以外の人々には恒久的に制限されるようになるのなら、エール〔アイルランド〕か南アフリカへの移住しか、希望はないかもしれないと。[5]

一九五〇年代の「新しい主婦」の出現は、それが家事労働の現実ではなかったとしても、認識を再定義することになった。もし中流階級の女たちが、自分で家事をするはめになるのだとすれば、仕事から戻った夫のために電気オーブンからパイレックス製のキャセロールを取り出す、染みひとつないエプロンをかけた上品な主婦という、あの一般的なイメージを改める必要があった。『グッドハウスキーピング』誌の元編集長、ケイ・スモールショウは、『手を借りずに家を営む方法（*Home without Help*）』（一九四九年刊）の中で、伝統的な家庭の原動力は変えることができ、また変えなければならないとし、男といえども手を貸して家事を助けてはどうかと、勇気ある提案をした。水準を過酷なまでに高く維持したスモールショウは、効率の良さと情熱で家事をこなそうとした。彼女は読者に、「一日の時間をどんなふうに使っているか見てみましょう。日々の整理整頓に一時間半。買い物、料理、洗い物に三時間から四時間。家の掃除と洗濯、そのほかのきつい仕事に二、三時間かかります」と優しく語りかけ、それから、「まずあなたは、通勤のラッシュアワーどころではなく、夫の仕事には緊張やストレスを伴うことを忘れてはいけません。夫が帰宅したら、飲み物かお茶を出してくつろがせ、休ませてあげましょう。彼が着替えをして気分がさっぱりしたら、待たせることなく、ディナーができているようにします。そのために、時間割通りにいかず、たとえ何かが犠牲になったとしてもです。帰宅したときの夫の気持ちをあなたが理解したことで、彼はずっと快く、あと片づけを手伝ってくれるでしょう」と、言葉巧みに助言した。

そしてスモールショウによれば、子どもたちでさえも、家事にうまく引っぱりこむことができた。彼女はこう説いている。「五歳になれば、お手伝いをしたがります。子どもたちの試みが実際手助けにはならなくても、積極的に家事を分担させましょう。男の子と女の子を区別してはいけません。どちらも十代になる前に、簡単な食事のつくり方とあと片づけを覚えるべきです。子どものころはぐずぐず文句を言うのはあたりまえのこと。でも、家の雑用を分担したことで、不良になった若者はひとりもいません。最も幸福な家庭では、もちろん家事の大部分を母親が引き受けてはいても、家族という組織を気持ちよく動かすために、家族の誰もが〈力を貸す〉という事実に、私たちは注目すべきです」[6]

パーラーメイドはもはや希少な存在となり、女中にしても炊婦兼ジェネラルにしても、同じことが言えた。たいていは、大所帯での奉公経験をもつ中年の女性がチャーウーマンとなって、その穴を埋めた。新しい主婦は、手ぼうきで骨董品の埃ぐらいは払っても、「優雅な生活」に必要な、読書をしたり物思いにふけったり、自分自身の手入れをする時間の確保に関心がいき、台所の床掃除は、通いの掃除婦に任せるのが賢明だと考えていた。それで、美しいものの管理技術に高度な訓練を受けた多くの女性たちが、いつの間にか、「きつい仕事」の苦役を任されるようになっていた。ミセス・A・Dは、「あのころのことでひとつ言えるのは、戦時中みたいに、自分で窓を磨いたり洗濯したりは、主婦がしなかったことです」[7]と話している。

一九四六年、著名なフラワーデザイナーのコンスタンス・スプライが、バークシャー州のウィンクフィールド・プレイスに創立した家政専門学校は、新しい主婦らしさに対する世の中のムードを捉えていた。しかしそれは、旧態依然とした花嫁学校の、単なる延長でしかなかった。ウィンクフィールドでは、刺繍、フラワーアレンジメント、製本術、ガーデニング、そして料理の講座が設けられ、娘たちは、パラシュートに使用された絹とスパンコールで夜会用のバッグをつくる方法や、ゼラニウムの葉を配したヴィクトリア・スポンジケーキの焼き方を学んだ。そこではすべてが可愛らしく、女らしさにあふれていた。料理の授業を見学したジャーナリストのビヴァリー・ニコルズは、ウィンクフィールドが「退屈な元デビュタン

ト た ち」を、家庭的なロマンチックな夢に胸を躍らせる、活発で有能な若い女に変えているが、いずれ現実を見た彼女たちは、幻滅を味わうことになるだろうと思った。長い戦争のあとのウィンクフィールドにおける主婦らしさは、絢爛をきわめたベルサイユの離宮、「プティトリアノン」のようなものであった。一九五三年、卒業パーティーでの「質素なテーブル」には、凝ったギンガムチェックのテーブルクロスがかけられ、美味しそうな手づくりのパンやチーズなどが山と積まれていた。また、彼女たちが学ぶ調理技術の実演には、ディナーパーティー用の金箔を浮かせたコンソメや、砂糖菓子を詰めたセロファン製の白鳥などのつくり方が含まれていた。[8]

五〇年代には、家事のテクノロジーに対する英国でお馴染みの抵抗が、徐々に衰え始めていた。一九六一年の世論調査によると、全国の世帯の二二パーセントはまだ給湯設備をもっていなかったが、一九四八年には少なくとも八六パーセントが、すでに電気を引いていた。新しい種類の家庭が、形成されつつあった。価格が下がった冷蔵庫や電気掃除機、そしてテレビは、全階級を通して手に入れやすくなっていた。しかし一部には、家事消費時代の始まりを、懸念をもって見る者もいた。一九五三年、貴族院の議員たちは、北西部電気局のウォーリントンにあるショールームで、洗濯機、電気コンロ、冷蔵庫の贈り物を携える東方の三博士を置いた展示が、神を冒瀆する可能性があるのではないかと考えた。[9]

その場しのぎの家事に対する根強い嫌悪感より、家事をやり終えなければならない緊急性のほうが、もはや重要になっていた。一九四九年、セルフサービスの洗濯店の登場は(予約をしておく必要があった)、ほとんどの女性の一週間の労働時間を、永久に変えることになった。ところが一九五〇年代初期に急増したドライクリーニング店は、歓迎されはしたが、(もっともなことに)衣類や絨毯を傷めることになると、多くの者が考えた。マス・オブザヴェーションの日誌係、ハーバート・ブラッシュは、次のように報告している。「以前なら、コーデュロイのズボンは一生ものだと思ったが、もう考えが変わった。つい今しがたルバーブ畑を歩いていたときに、ズボンの左脚が標杭に引っ掛かってしまい、見るとふくらはぎからくるぶしのところまで、裂けて穴が開いていた。ズボンの生地が弱くなったのは、間違いなくクリーニング店に出してからである」[10]

しかしながら、戦前の衣服の虫食いとの絶え間ない闘いを覚えている者には、最新の害虫駆除、ＤＤＴ〔殺虫剤〕の導入は、喜ばしいことだった。「大切なものにちょっとカバーをかけて、冬中そのままにしまっておくってわけにはいきませんの、なぜって、蛾はそのカバーも食べてしまいますから。あたくしが初めてネップで過ごした冬、テニスボール全部に虫食いができてしまいました。お洋服はすべて叩いて、蛾の入らない袋にしまわないと、半年後にはおそらく、虫食いだらけになってしまいます」[11]と、バレル准男爵夫人は振り返っている。また、一九二〇年代なら高踏的な人々の笑い種になったような、ホステス用のトローリーさえ普及し、ホットプレート、電気パーコレーター、「ティーズメイド」〔電気紅茶沸かし器〕も、ますます人気を博していた。一方、国の支援で適正賃金が払われる女中を養成する制度をつくり、女中たちを重労働の奴隷状態から自由にすることを考えていたヴァイオレット・マーカムは、相互自助に似た社会に進出した彼女たちの姿と、知的な試み、慈善事業、政治的な関与、公共奉仕という、より大きな探究を背景としたハウスキーピングとそれに付随する雑用が、然るべき地位を得た世界を、心に描いていた。

一九五一年にマーカムは、省力型の装置のおかげで、そのビジョンの実現が近づいたと書いている。「あらゆる種類の、機械でできた省力型装置が、私の若いころのバケツやほうきに取って代わるのだ。台所には、石炭と人間の苦役を同じだけむさぼり食う、あのモレク〔古代の中東で崇拝された神で子どもが生贄になった〕のようなレンジを置く必要はない。ごちゃごちゃとした穴蔵のような地下の小部屋と廊下は、コンパクトなユニットに置き換えることができ、電気を使用すれば、明るくて暖かい場所になるのである」[12]

一九四七年、マギー・ジョイ・ブラウントは、ロンドンで開催された展覧会「英国は実現できる（*Britain Can Make It*）」を見学し、パノラマで示された未来の家庭のとりことなり、「来たるべきものの姿、素晴らしき世界がここにある。なめらかな湾曲、パステル色の壁、曲線とねじりキャンディー形の柱、布で覆った天井、魅力的な間接照明と直接照明、エアコンディショナー、セントラルヒーティング、華やかなプラスチックと軽い金属――私が期待しそしておそれもする、これが未来の地下世界のすべて」[13]だと思った。ところが、現実の世界での英国は、各個人、家族、拡大家族、使用人などが住む、大雑把な居住設備といった過去の家庭の基本型から、四、五人の核家族を中心としたニーズに適合させるまでに、かなりの時間を要した。ヴィクトリア朝の小さな家の改造を勧めるケイ・スモールショウは、かつて家の低いところに隠されていた台所は、進歩の第一歩として、家族用住宅の中心となるように、地下から舗道の高さまで引き上げるべきだという提言をした。「旧式の台所の装備は時代遅れで、余計な仕事を生み出します」と書いたスモールショウは、みずからテラスハウス〔連棟住宅〕になった自宅を改装し、「そういった古いものは新しい部屋には入れず、その代わりに、奥行きが均一の工場製ユニット」を設置した。スモールショウ家の台所があった場所は、「デン」、もしくは工具を並べておく男性的な空間に改造され、実際そこでは今風の男が、流行中の「日曜大工」を試せるようになっていた。また、スモールショウの家には洗濯機が置かれ、洗い場のあった場所には、「食事コーナー」と「家事室」が設けられた。かつて、模範となることが求められた客のもてなしは、形式張らない臨機応変的な趣に人気が集まり、家庭は、住む人のモダンでファッショナブルな気さくさを反映するものとなった。しかし例によって、使用人のいない一家にとっては、どれほど人間工学的に精巧な造りの家であっても、家の運営は労働を意味した。スモールショウは、略式の接待でさえ、かなりの骨折りが要求されるものだと読者に釘を刺している。

私たちのなかでは、出家遁世を送っている人はほとんどいませんし、それを望む人もめったにいません。家庭をもつ楽しさの半分は、ほかの人たちを招き入れることです。ところが、お客様のおもてなしは、どんなに簡素に済ませるにしても、ケーキを用意し、トローリーにかけるクロスを取り換え、グラスの洗い物が増えることを意味します。またもや余分な仕事になるわけです。家庭生活の喜びを増大させるための、最後の仕上げの小さな工夫も同様です。花を飾れば部屋は見違えるようになりますが、一日の予定以外に、数分から一時間も余分な時間を費やすことになりかねません。部屋の模様替えをしたり、壁の絵を取り換えてみたり、本やレコードの並べ替えをして――まあ仕事とは呼べませんが――心地良く、けれど無為に過ごすうちに、繕い物の入ったかごが放りっぱなしになり、夜の時間を丸々つぶすことになるのです。[14]

古い形の家事奉公は、規制や資格、プロ意識、失業手当制度への組み入れ（家事奉公人には一九四八年に導入された）などの多くのことが約束されたにもかかわらず、そして小さなオアシスがいくつか残ったとしても、一九五〇年代にはその大半が永久に消えることになった。一九五一年の英国で女中として雇用されていた二五万人が、一九六一年には十万人にまで減少し、家事奉公人の数は、その十年で半分以下になっていた。

一九五九年、家事のイメージチェンジに成功した五〇年代に最後の花を添えるように、恒例の「理想の家庭展」が開催された。そのオープニングに登場したのはほかでもない、ベッドフォード公爵であった。

公爵の住むウォバーンに初めて電気を引いた公爵の祖父が、工事の作業員たちに彼を直接見ることを禁じたのは、そのわずか三〇年前のことである。展覧会では、シャツを腕まくりした公爵が、ケンウッド製の食器洗い機に皿を入れるところでポーズを取り、カメラに向かってにこやかに微笑んでいた。[15]

第六部 「彼女たちの時代はもうごめんです」

「以前住んでいた私の家では、表玄関を使用するなど考えられませんでした。ソファーがドアをふさいでいたほどです。郵便配達人も、誰も彼も、勝手口に訪ねてきました。それが今では大違いです。私たちは表の部屋に移りました」

——工場労働者の話、一九六一年、フェルディナンド・ツヴァイク『ある豊かな社会の労働者（*The Worker in an Affluent Society*）』、一九六二年

「いいえ違います、ああいうひらひらと垂れ下がるものは、ついていませんでした——あんなのは、テレビのなかだけです」

——オックスフォードシャーの女中、ミセス・A・D、『奉公で（*In Service*）』オックスフォードシャー記録室

「このポルノ雑誌、全部、私が見つけたんです。で、あなたならどうします？あの人たちには、私がちゃんとベッドの下を掃除したことをわからせたいんです。けど、私がこの雑誌を見つけたことは、知られたくないんですよ」

——掃除婦、ラジオ番組のための取材から、BBC放送『大掃除（*Clearing Up*）』、一九八六年

第二五章　「表の部屋に移りました」

　職業人生のすべてを家事奉公に費やしたキャサリン・メアリー・カークは、一九六五年には五〇代後半になっていたが、パートタイムの調理の仕事は引く手あまただった。ミセス・カークが信頼していた家政婦斡旋所の「マッセイ」は、一八四五年にロンドンで設立され、彼女の要望に見合った仕事を常時斡旋できるほど、経営が順調にいっていた（今日にいたっても）。ミセス・カークの雇用主となるのは、過去二〇年間に起こった社会の変化から落ちこぼれた、日々の炊事や雑用に慣れることのなさそうな、高齢か中年の女たちに偏る傾向があった。たとえば、一九六五年に「興味が湧くかもしれない」とマッセイが彼女に送った求人の詳細は、「二人家族で電気調理器具つき」のハルス夫人が週に二晩か三晩炊婦を必要としている、というものであった。同年、ミセス・カークは別の女性からも、姑が新たに雇った炊婦が一日で辞めてしまったと、狼狽したようすの手紙を受け取っている。

　ミセス・カークと多くの雇用主のあいだでやりとりされた書簡は、たとえば、ミセス・カークの子どもについて、健康や練習しているリコーダーの上達具合などを親切に訊ねており、ある程度の親愛の情に基づく友好的な関係であったことを暗示している。一九七二年、六六歳になったミセス・カークのもとには、たびたび雇用されていたチェンバーレイン夫人から、いつも通りの苛々した調子で、炊事の助けを求める手紙が届いた。チェンバーレイン夫人はこう書いている。

> ドーラが出迎えます。彼女と妹たちは、私たちがいないあいだのフラットを見るために、「ロンドンの季節」を送る予定です。申しわけないけれど、来週から女中がいませんので……午前中だけの「通いのお手伝いさん」を、週二回お願いする状況です。うちにいた癪《しゃく》にさわるハウスパーラーメイドには、かなり失望させられましたし、突然、ハンガリーに帰国すると言い出したのです。賃金を弾むから少し待ってくれるように頼みましたが……あいにく、彼女のあとを埋める人が見つかりませんでした。こちらも努力はしたのですけれど、彼女がいないほうがいいような気がしました。よく働いてくれはしましたが、私たちの都合の悪いときに失望させられたのは、もう二度目でしたから。

その手紙は、「またあなたに会えたら、私たち、とても嬉しく思いますわ！」という情熱的な口調で終わっている。

家の運営に関し、チェンバーレイン夫人は、世代のはざまで立ち往生していた。彼女がキャサリン・カークへ送った何通かの手紙は、夫人が雇うことのできた外国人家事労働者と、ひと時代前の基準や期待とのあいだの、戦後の上層中流階級の家庭で起こったちょっとした闘いを、浮き彫りにしている。昔との違いの一例を挙げるとすれば、もはや無条件では当てにできないということであった。それまでとは異なる外国人の娘たちが使う言葉の下品さと、表玄関から出入りする彼女たちの厚かましさをまのあたりにし、チェンバーレイン夫人はショックを受けた。[1]

一方、ミセス・カークは、新しい世の中で自由を楽しんでいた。もはや使用人の制服を着る必要はなく、

「従属の烙印」が永久に消え去っていたのである。マイホームをもち、みずからの人生の支配者となった彼女は、自分の時間を自分で管理することができ、もし望むなら、雇用期間を自分で決めることさえできた。戦前に何軒かの大邸宅で料理を習得した腕のいい彼女は、ディナーパーティーや特別な催しに引っぱりだこだった。彼女の世代特有の、使用人らしい作法が身についていて、経験も豊かなミセス・カークは、近代的な英国では珍重される人材になっていた。マーガレット・パウエルの手記によると、戦後はキャリアサーヴァントがじつに貴重な存在であったため、紹介状がなくともすぐに採用されるか、「雇い主が亡くなったふり」をすることもでき、募集している側はたいてい喉から手が出るほど人手を欲しているので、雇用するときにいちいち身元を調べようとはしなかったようだ。やむにやまれず家事奉公人になる若い英国人は、男女とも減って、ほとんど皆無に近かった。家事が達者なキャリアサーヴァントの急激な減少は、家事奉公人登録所の劇的な消滅に反映されていた。レスターシャーの小さな町、マーケットハーブラでは、かつては少なくなかった登録所が、一八九五年には十八か所、一九一二年は十六か所、一九二一年は十一か所、一九四七年は六か所、一九五七年は三か所といった具合に、一九六六年までにひとつ残らず消えていた。[2]

一九五〇年代以降の英国では、中流階級の大半の家庭で、少なくとも家事の手伝いを雇う余裕のあった家庭は、外国人労働者を当てにしていた。一九六一年、セントヘレナ島へ定期便を運航していたユニオンキャッスル船会社が島民の乗船を取り止め、英国にやってくるはずの人々が島に足止めされてしまったせいで、うやうやしい物腰の人材の供給は、縮小することになった。『イヴニングスタンダード』紙は、大邸宅の女中、お抱え運転手、庭師、炊婦として働くために、英国へ「群をなして」やってきていたセントヘレナ島民が、「この先、ナポレオンのように島に幽閉されるであろう」[3]と報じた。一方、元軍人たちは、清掃業務で需要があったものの、時間給で雇われることが多く、パートタイムの掃除夫として斡旋所と契約を結ぶ者が増えていた。退役軍人を掃除夫として雇うために、一九二五年に設立された「ドアステップス」の息の長い成功を手本に、多くの斡旋所が新設された。

　ヴァイオレット・マーカムとフローレンス・ハンコックは、場あたり的な労働ではなく安定した職業としての、家事奉公の地位の向上に尽力したものの、おしなべてその試みは不成功に終わっていた。「熟練ハウスワーカー同盟」の初代会長になったドロシー・エリオットにしても、「家事労働者を専門技能職である熟練者にすること。家事労働者を差別する固定観念を打ち破りながら、みずからもコミュニティーの一員であるという自信を与えること」と呼びかけて力を尽くしたが、英国の新しい時代精神に受け入れられることはなかった。[4] 訓練はスパルタ式で、女性のみの環境に身を置くことが、ほかにも多くの仕事があるという展望に勇気づけられていた一九五〇年代の娘たちに、二の足を踏ませていた。時代遅れの女中にはもはや文脈がなく、まだ文脈が存在するところでは、その一部になりたいという労働者階級の女性など、いないも同然であった。

　家庭が夫婦の収入を必要とし、女が家の外で仕事をもつようになると、お手伝いさんの需要が供給を上回るようになった。一九五〇年、『オブザーヴァー』紙のコラムニスト、アリソン・セトルは、新しい国民医療保険制度の一環として政府が立ち上げ、地方自治体が運営して、いくらかうまく行っていた「ホームヘルプサービス」に、励みとなる兆しを見出していた。セトルはコラムで、その事業計画には非常勤で一万五〇〇〇人、常勤で四〇〇〇人の登録者がいることを読者に伝え、さらに、訓練して立派な専門職にするための家事労働の開発は、英国では次の世代でも実現が困難とされていたが、実際、スウェーデンでは成功しており、「そのスウェーデン方式は、特別に訓練された女性のみを採用し、二〇歳以下は皆無である」ことにも言及した。事実、スウェーデンの事業計画のまとめ役は英国を訪れた際に、英国方式は官僚的でまどろっこしく、投資の少なさとお役所仕事の煩雑さで苦労している、という印象を受けたようだ。

　じつのところ英国人は、報酬を伴う家事を目を見張る素早さで値踏みし、卑屈なほど服従的な過去の茶番劇に結びつけていたため、ほかの女性の衣類の洗濯などしたくないばかりか、自分の洗濯物は自分の洗濯機で洗うのが当然という世代からは、家事が忌み嫌われるものになっていた。仕事の内容が何であれ、ほかの女性の家で働くよりは、よっぽどましな仕事に見えたのである。バーモンジーの工場で働く若い娘たちから話を聞いた調査員のパール・ジェフコットは、「彼女たちの時代はもうごめんです」[5]という声を耳にした。

　一九五〇年代初期は、昔ながらの慇懃《いんぎん》な作法がより重視され、外国人の女中は相変わらず人気があった。一九四五年から一九九一年までのあいだに、家政婦として働くためにロンドンへやってきたフィリピン人の数は、約一万三〇〇〇人におよんだ。[6]一般的な家事労働が、細かく定義された技能や職業訓練との関係をいったん失ってしまうと、戦後の世帯は、お手伝いさんとしてごくふつうに見かけるオペアに門戸を開いた。一九六二年、『タイムズ』紙の日曜版は、疲れた母親たちのための助っ人で、しだいにどこでも耳にするようになっていたお手伝いさんの新商標、オペアを、要求のうるさい外国人家事労働者と比較して、「となりの家のオペアガールの週給が五ポンドだと知ったら、あなたの家の外国人のお手伝いさんは、四ポンドの週給で満足するはずがない」と書いた。同紙はまた、「しかし、オペアをしている若い娘は、これまでとは異なる考えをもっている。彼女はその仕事を、週に二ポンドで暮らす（もちろん「一切込み」の住み込み）練習の、絶好の機会だとさえ思っているかもしれない。とはいうものの、語学学校への通学や同年代の友人との交際、十代の娘なら誰でもするような遊びのために、万一休みがもらえなかったりすれば、異議を唱えても無理はない」[7]とオペアを肯定的にとらえた。

　第一次世界大戦後、平和の戻ったヨーロッパ諸国において、お互いの協力を深める意味で立ち上げられたオペア事業計画は、フランス語の **au pair**（共有、共有のような）という言葉から、その名前がつけられていた。本来は交換プログラムとして企画され、自国以外のヨーロッパの文化と語学を積極的に学び、ちょっとした子どもの世話をする代わりに、住居と生活費が提供される仕組みになっていた。しかし、この制度が普及したのは、第二次世界大戦後のことである。[8]一九六四年には、オペアとして英国で働くために、十五歳になったばかりの少女を含めた推定二万人が、民間の紹介所を通して入国した。そして必然的に、彼女たちのオペアの体験は、みな一様というわけではなかった。

　一九六〇年、西海岸地方の英国人家庭のオペアになるためにドイツからやってきたマルギット・ラッテルは、自分が一般的なドッグズボディー〔下働き〕として利用されていることに気づいた。彼女は、自分のホストファミリーは趣味が悪く、ひどい服とひどい家で、愚痴っぽく、子どもを甘やかしていると、たびたびほかでも聞かれていたのと同じような不満をもった。マルギットの待遇は、雑役をする使用人やナーサリーメイドとほとんど変わりがなかった。台所では、気分屋のアーガが解いかける謎に立ち向かい、たったひとりで食事をすることもひんぱんにあった。洗濯機は原始的すぎたため、彼女は毎朝、フィルターからパジャマの糸くずを取り除かなければならなかった。また、夕食のポテトを揚げるために古い油や肉の脂をとっておく、イギリス人のお家芸である胸が悪くなるほどの倹約ぶりが、彼女には耐えがたかった。そしてそれ以上にマルギットが我慢ならなかったのは、女主人が彼女の体臭を嫌い（彼女の労働時間の長さと、入浴の湯をけちろうとする国民的な節約癖を鑑みれば、驚くにはあたらない）、イギリス式脇の無駄毛の剃り方を、彼女に教えようとしたことだった。[9]

オペアとの関係でよくある重苦しさは、かかわる二人のイギリス人側にとっては、当然、主人と使用人の関係（使用人の雇用経験がない多くの家庭の場合は、主人と使用人の関係という発想）という、文化的な記憶であった。契約という新しい間柄に、折り合いをつけるのはそう簡単ではなく、悪くすれば誤解と搾取になりうる意図での文化交流は、しばしば厄介で扱いにくいものになった。一九五四年、「ちょっと世間を知るため」[10]にニュージーランドからやってきた若い娘、ヨランド・ダイクスは、オーピントンで見つけたオペアの仕事が、事務所で働くよりはるかに稼げても、「際立った恩着せがましさ」で扱われるリスクがあると、ニュージーランドの日刊紙『ウェリントン・イヴニングポスト』の記者に話している。加えて、外国人オペアの出現が、家庭内の性的誘惑の新たなステレオタイプを生み、前世紀にその立場にいた小生意気で陽気な女中を、ほとんど追い出すことになった。

早くも一九五三年には、ドロシー・ホイップルによる小説『遠くにいる誰か（*Someone at a Distance*）』で、欲が深く冷酷なフランス娘のオペアが、雇用主の隣人から夫を奪い、イギリス人の幸福な結婚を壊すという筋書きが描かれた。そういったテーマは、じつのところ無尽蔵にあった。モニカ・ウェアが一九六七年に発表した小説『オペア（*Au Pair*）』は、ジャクリーヌという娘が若くてうぶなイギリス人青年の心をもて遊ぶ話で、一方、それを焼き直したにすぎないアンディー・マッコールの『オペアボーイ（*Au-Pair Boy*）』（一九六九年）は、薄気味の悪いオペアのジャックが高級住宅地のチェルシーに住む純真な娘と出会って、彼女を例のごとくひどい目に遭わせるという話である（実際に男性オペアが登場したのは一九九八年以降のことだった）。六〇年代末から七〇年代に北欧からやってきた大勢のオペアは、外国人と自由な性的関係をもつという、刺激的で大衆的な新しい空想までも、英国の家庭にもちこんでいた。

ユニヴァーサル・アーンツに徐々に利益をもたらしていた通いの家事手伝い人の斡旋は、第二次世界大戦後には繁盛し、同業者のカントリー・カズンズなども活況を呈していた。訓練を受けたナニーはますます数が減っていたものの、まだ雇うことはできた。専門職としてのナニーには、特別な価値があった。一九六〇年代の初期、ケント州の家庭で、未訓練のナニー兼ドッグズボディーとして雇われたミュリエル・バインディングは、朝の六時四五分から夜の七時まで、四歳に満たない三人の子どもの面倒を見ながら、家の掃除も任されていた。ミュリエルは、「食事代と洗濯代を差し引いたら、私には週に三ポンド三シリングしか残りませんでした」といった待遇を受けていた。彼女の雇用主は、昼間はナイロン製の青い部屋着を着せたがったが、「特別なお客様がお見えになるときは、糊のきいた襟とカフスと丈の短いケープのついた、あの看護婦みたいなナニー用の制服を着なければなりませんでした」[11]と、体裁のために別の服も用意していたと話している。

ナニーは、ナニー紹介所やナニー養成学校の雇用部を通すか、『ナーサリーワールド』誌や全国紙に広告を出せば探すことができた。それでも、住み込みの保育者は不足していたため、異階級の関係ではかつての基幹であった品行や社会的習慣に、目をつぶらなければならない場合もあった。たとえば、一世代前なら、妊娠がわかるとほとんど間違いなくその場で解雇された未婚の母親たちは、寛容と思いやりを約束され、機嫌よく迎えられるようになった。「もしあなたが、ナニーか、せめて母親に手を貸してくれる人が欲しいと、ロンドンで大手の家政婦斡旋所に電話をすれば、子連れで働きたい未婚の女性を雇うつもりはないかと、訊ねられるかもしれない」と、一九六〇年の『タイムズ』紙が書いている。雇用する側は、住み込みの仕事を探している会員が多い「国立未婚の母と子ども審議会」へ行くよう、助言されることもあった。しかし、モラルへの姿勢が極端に変化するなか、『タイムズ』紙の記事にもあるように、「そういった女性を雇うためには、あなたの適性について、さらに綿密な質問を受ける必要がありますが、よろしいですか？」と問われ、雇う側のほうが、自分は子守の手配に向かないかもしれないと思うこともあった。[12]

住居サービスつきの共同生活という形態は、引き続き広く活用された。家主が朝食と夕食を提供する「ディグ」〔貸部屋〕は、一九七〇年代が終わるまで広く利用されていた（一九三〇年代の家事奉公の世界に潜入した調査員、セリア・フレムリンは、家庭生活への鋭い観察眼を最大限に活かし、戦後、ひと間暮らしの狭くて耐えがたいような家庭内の世界を舞台に、多くの人気推理小説を執筆している）。まかないつきのサービスフラットもまた、活況を呈した。アイヴィー・プロヴァインの母親と父親が、一九二〇年代から炊婦とヴァレットとして働いていたメイフェアのサービスフラットには、六〇年代を代表する映画スター、テレンス・スタンプやジーン・シュリンプトンなど、華やかな世界の住人が加わっていた。

インテリアデザインとテクノロジーの専門店は、新しい設備で主婦を誘惑し続け、ＳＦ小説のロボットのメイドほどではないにしろ、誰も考えなかったようなニーズを含めて、ありとあらゆる家庭の要求に、よりいっそう機械が応えていくように見えた。もはや主婦と家庭は生産の中心ではなく、貪欲な消費の仲介者となっていた。炊事、清掃、日々の雑用は、品目が増えるいっぽうの加工食品や電化製品が、即座に、あるいは分割で購入できる市場へと、アウトソーシングされていった。家庭での日常的な労働は、かつて奉公人たちが人目につかないよう身を粉にして働いていた、あの暗い廊下へ追いやるのではなく、むしろ表側の部屋で、ダイニングキッチンで、そして有用性を誇らしく宣言する新品の設備のなかで、堂々と人に見せるものになったのである。

一九六七年に出版された『モダンな家庭づくりのための女性自身の本（*Woman's Own Book for Modern Homemaking*）』は、「最も興味深いのは、どのように台所が誕生したかということです」と声高に語り、「一二世代前は、台所といえば、暗くて殺風景な〈階段の下〉にあるか、建築業者がなんとか見つけた玄関ホールと家の裏のあいだの、中途半端な隅に押しやられていましたが……今日の、広々としたモダンな家の台所は、たいていがその家の最も快適な部屋になっており、家族生活の中心として、資金とアイデアの大半を投入したエリアなのです。設計士と建設業者は、主婦がぐいぐいひじを押してくるため、今では、一九三〇年代なら十分と思われたスペースの倍の広さを台所に確保しています」と解説している。その台所は、こんな変化を遂げていた。「裏方を出て、陽の光があたり、流しの上の窓から景色が見られる機会さえも与えられ、家の表舞台へと引き出されたのです。台所とダイニングルームのあいだの壁は取り除かれ、代わりに、カウンターや食器戸棚のユニットで仕切られるようになりました。以前なら〈表の部屋〉と決まっていた場所に、台所をもってくることもあれば、居間につながったオープンプランの台所にする場合もあります。そうすればディナーパーティーのときに、ホステスが準備をしていてもゲストとの会話が途切れることなく、あるいはまた、テレビのニュースを観ながらでも、お料理ができるのです」[13]

一九六三年の英国の八二パーセントの家庭では、テレビがバリバリと耳障りな音を立てていたが、テクノロジーを使用した備品のなかで、テレビほど平均的な家庭の営み方を一変させたものはなかった。かつては、訪問客を迎え入れてもてなすための応接間でしかなかった部屋——パーラー、表の部屋、シッティングルーム——には、その四角い箱を観るために、家族がひんぱんに集まるようになった。一九六一年に、ある工場労働者組合の代表者が、こんなことを書いている。「以前住んでいた私の家では、表玄関を使用するなど考えられませんでした。ソファーがドアをふさいでいたほどです。郵便配達人も、誰も彼も、勝手口に訪ねてきました。それが今では大違いです。私たちは表の部屋に移りました」[14]

家政婦不足は、もてなし方の流行に反映した。サービスはセルフサービスになり、立食式のディナーパーティーがますます人気を集めるようになった。一九二〇年末期に初登場したホットプレートや料理の受け渡し用ハッチも、六〇年代と七〇年代にはありふれたものになっていた。『モダンな家庭づくりのための女性自身の本』は、もてなしにおける労働の真の終焉を、大いに歓迎した。

古風な形のものや食器箱はまだ売っていますし、お望みなら、あなたのおばあさんがもっていたような、裏側にネズミのしっぽの飾りがついたスプーンや象牙の柄のナイフさえ、そっくりにコピーした「銀器」を買うこともできます。とはいうものの、六、七人用にセットしたステンレス製のものに、目が行くことになるでしょう。目新しいからというだけでなく、〈実用本位〉で……食事をするためにデザインされているからです！　私たちが家で使用しているものは、食器以外に変わったものはほとんどありません……新しいものを買いにいきましょう。そうすれば、ちょっとした家庭革命の真っただ中に自分がいることがわかります。今の若い方々が購入するフォークやナイフ、瀬戸物などは、親の時代から使っていたと思われるために、わざと古く見えるつくりにはなっていません。リネン類もほとんど姿を消しています。販売方式から材料、デザインまで、すべてが昔とは違います。それに、総じて、昔のものよりずっとよくできています。[15]

ナプキンとテーブルクロスは、アイロンかけのいらない素材か、紙が使われていることすらあり、ナプキンリングも、戦時の必需品のようにではなく、ふだん使用する実用的な備品となった。洗えて錆びないステンレスが、包丁と調理器具の素材として選ばれたため、ステンレススチールが光り輝く範囲は拡大し、メラミン化粧板のワークトップも、旧式の木製カウンターとの差を際立たせた。根気よくスポンジで洗って磨く必要があったため、毎日の手入れが「フットマンの頭痛の種」として知られていた骨の柄がついた包丁は、ほとんどの家庭でその役割に終わりを告げていた（特別な機会は別として）。茎を三つ編みにしたニンニク、四角いタイル、天井から吊り下げたハーブの束など、郷愁的な趣のあるものは、実用目的ではなしに、牧歌的な昔に慰めを求める装飾品となった。一九六九年に出版されたモダンな台所のためのガイド本は、プラーガ夫人が「時代物の特色」として称賛した古い銅製品の並ぶ、ゼラニウムの花で埋まった台所を紹介した。伝統的なレンジの温かさに外見を似せたアーガは、スイッチで着火するガス仕様のレンジになっていた。家のなかのまさに作業をする部屋が、そしてそこに置かれたスパナやエンジンまでもが、初めて個人のスタイルを主張するものになったのである。[16]

まぎれもなく、便利な家庭用器具が日常の雑用を楽にした一方で、それが別の方法で家事に負担を加えることになるとは、ほとんど誰も予想しなかった。労力を軽減する最初の装置は、使用人が使うように開発されていた。つまり、人の手を借りる機械は、もしそれを動かすのが使用人でなければ、ほとんど確実に、女性の手によって動かされていた。ところが、見るからに仕事が速くて簡単な洗濯機があるせいで、週に一度洗濯すれば十分なところを、毎日洗濯せずにはいられなくなる習性を生んでいた。フードプロセッサー、電気掃除機、衣類乾燥機、食器洗い機などが、散らかった家に対する絶え間ない叱責となり、省力技術によってできた時間に応じるかのように、単に家事を広げていることに多くの女たちが気づいた。専業主婦を対象としたある調査によると、家事にかける時間は、一九五〇年には週に平均七〇時間であったのが、一九七〇年には七七時間に増加していた。[17]

全体的に見ると、中流階級の女性は家事にそれだけの時間をかけ、しかも手伝いなしでこなしていた。一九六〇年代後期には、経済とイデオロギーによる影響が重なり、使用人の需要が急減した。使用人として英国で働くために、一九六八年は一万人の外国人が就労許可証を取得したが、一九七二年には八〇〇〇人に減少している。エプロン姿のきれい好きな妻が、真新しいオーブンを使って夕食の準備をし、夫の帰宅を待っているというイメージは、一九五〇年代の男女の従属関係を示すシンボルとして見なされ、軽蔑されるようになった。七〇年代の女性解放運動家のなかには、散らかった家こそ、ようやく手に入れた女の自立における矜持の象徴である、と主張する者もいた。家事の規則性とルーティーン、そして過去の世帯を団結させていた接着剤のようなものが、女たちの精神と個性を締めつけていると考えられるようになった。

一九六〇年代に中流階級の主婦のスザンヌ・ゲイルは、幼い子どもを抱えながら家に囚われている気分に襲われていたが、家事をひとりでこなしていたからではなく、古い世代には自然界の秩序として心強く見えていたルーティーンに、もはや安息の地ではなく、牢獄を見たからであった。「閉じこめられた場所でくるくる小さな円を描くように働いて、たぶん逃げ出せる可能性もなしに、私とまったく同じことをしている何百万人もの女たちを思うと、言葉にできないくらい、落ちこみます」と、心情を吐露した。

日々の育児に関与する男たちの増加は、もうひとつの大きな変化だった。一九六一年、ある工場労働者が、フェルディナンド・ツヴァイクにこう話している。「男が乳母車を押して歩くなんていうのは、僕の時代では物笑いの種でした。それが今じゃ、誇らしげに乳母車を押している男を、結構ひんぱんに見かけますよ」[18]

ところが、一九七〇年代の急進的な女性解放主義者たちの多くが、子どもとは距離を置き、報酬を払って誰かに規則的な保育をさせるという、三〇年代の子ども中心時代をくつがえすような育児路線を展開した。彼女たちは、百年のあいだ家庭の礎となっていたイギリス的なプライバシーを、家庭にいる主婦にとっては危険なものと見なした。一九七一年、「専業主婦の母親は後退であり、保守勢力である」と書いた女性解放主義者の精神分析医、ジュリエット・ミッチェルは、「専業主婦の母親の仕事は私的なものである。それが監視されていないという以外の、いかなる理由にもよることなく、それは私的なものである」と考えた。ミッチェルは、ヴィクトリア朝やエドワード朝の上流階級に属する親の世代から賛同を得られそうな、旧式の育児路線を取りながら、イスラエルの〈キブツ〉〔イスラエル建国運動のなかで建設された農業共同体。運営・生産・教育などを共同で行った〕を例に挙げ、「訓練されたナースに育てられた子どもは……親がしがちな心配の余波を受ける必要がないため、その制度は子どもに利益をもたらす可能性がある」[19]として、共同子育て方式を称賛した。

第二六章「したかったことを、したことがありませんでした。人生でただの一度も」

新しい世の中は、元キャリアサーヴァントたちにとっては、困惑をもって受け止められたに違いない。彼らが教えこまれてきた誇示、服従、しきたり、そして秩序の基準は、もはや新しい世代が真に受けることもなく見向きもしなくなった時代には、幽霊のような遺物であった。キャサリン・カークをはじめ年配の使用人の多くが、洗濯機やダイニングキッチンのある世界とはまったく異質な、自分では何もしたことがない同世代の雇用主のために、パートタイムの奉公人として働いていた。ときとして、雇用主と使用人は、逆境と相互依存に育まれた友情によって、いわば守旧派同盟を結んでいることがあった。

年配の使用人の多くは（そして、それほど年配ではない者たち――一九三〇年に十四歳で奉公に入った少女は、六〇年代にはまだ四四歳である）、家事雇用のさまざまな分野で仕事に就いた。両大戦間の、カントリーハウスの食料貯蔵室で、野ウサギの皮はぎやアンゼリカで菓子の花づくりをしていたミス・エラリーは、六〇歳になった七〇年代末に引退するまでは、学校専属の調理人をしていた。新時代における調理人の技術と知識の欠如、そして温めるだけの出来合いの食事の味気なさを、彼女は嘆かわしく思っていた。加えて、かさを増やすための大豆の導入が、それに追い打ちをかけていた。一九八〇年代初期に行われた取材で、彼女はこう話している。「かさを増やすために、大豆の加工品をフィッシュパイに入れたり、挽き肉や何やかやに混ぜ始めて——そういうのは、私の性に合わなかったんです。自分の手にあるものが何であろうと、それを使って最善を尽くすよう、私は育てられましたから……何もないところからだって、何かが作れます。やっつけ仕事をしている人を見ると、腹が立つんです。あんなにたくさんの卵に、一二五CCカップ入りのクリームに、そういったものを全部使って……いえね、年金で暮らしていれば、『まあ、なんてお馬鹿さんなの、こんなたくさんの卵と一二五CCのクリームと、山のように、ほんとに山のようにふんだんにあるチーズを、仕入れた値段の価値のままで使いたいわけなの……』って、内心そう思わずにいられません。それだけ使えば、どんなお馬鹿さんだって〈やっつけ仕事〉ができますよ。でも、何もないところから何かをつくるのが、この仕事なんです」[1]

　元使用人たちのなかには、運が良ければ元雇用主からの支援で住居や年金が支給され、そうでなければ国による支援によって、引退する者もいた。カッスルハワードで、アイロンでのひだつけやローン地の漂白をしながら、四〇年間もこつこつと働いたロンドレスのアニー・ウィルキンソンは、ドライクリーニング店の出現と、洗濯機とアイロンをかける必要のない素材が普及した戦後は、自分のスキルが無用となったことに気づいた。ほかの多くの元使用人と同じように、彼女もまた、一般的な住み込み女中として仕事に就いたが、その後のことをこう話している。

　そうですね、第二次世界大戦が始まると、おわかりのようにロンドリーメイドはいらなかったんです。洗濯屋は全部店を閉じてしまったもんで、私はどんな仕事でもしなければなりませんでした。それで、知り合いの方の未亡人［の世帯での仕事］にしました。料理はできませんでしたけど、やったらできるはずだと思いました。そこで十年女中をしました。それから辞めました。仕事をしなくても暮らしていけると思ったんです。タリントンにコテージを買いました、そしてこれは本当のことです、みなさんに、私がどんなに幸せか、信じてもらえないかもしれませんけれど、今の私には、自分の好きなことができるんです。これまで、したかったことを、したことがありませんでした――人生でただの一度も。でも、してみたんですよ、そして今もしています。それで、ご想像通り――かれこれ二〇年もそうしてますが、とても気に入ってます。古くて小さい家で、猫も飼ってますし、うちの庭は夏になると、家事と同じくらいすることが多くて。けどそれをするのがまた楽しいんです――自分の家があるって、いいもんですよ。[2]

第二次世界大戦によって最後の一撃を受けた世界から、昔ながらの奉公が浮かび上がっていた。しかし、たいていの人にはそれが時代錯誤に思え、イギリスの社会階級とカントリーエステートを描いた野外劇の、芝居がかった情景の一場面のように見えていた。それでも、最も大きなカントリーハウスや王室、そして超富裕層からは、無言で目立たないという贅沢《ぜいたく》さが依然高く評価され、奉公は、昔に似た形態で生き残り続けた。一九七四年、アンドリュー・バロウは、『ハーパース&クイーン』誌に寄稿するために、旧派で「本物」の使用人数人から話を聞いた。六〇歳の「背のすらりとした、貴族的な雰囲気と振る舞いの」女中は、雇用主の趣味や癖を、何の疑いもなく吸収しているように見えた。楽しみとして『タトラー』〔英国のハイソサエティー向けの雑誌〕を読み、旅行に出るときは一等を利用する彼女は、「好んで仕えたのは血統をもつ方々でした……働きはじめたときは使用人そのものでしたが、今ではもっと友人に近い存在です。あの方々も、昔より感謝してくださるようになりました」と述べた。また、億万長者に仕える「有能そうなきびきびとした立ち居振る舞い」の中年の執事は、自由裁量の手本のような男で、「ティーには、毎日違った三、四種類のケーキとバターつきパンと茶碗を準備します」とバロウに語った。一方、パートタイムで働く若い執事は、まったくタイプが異なっていた。彼はより強いプロ意識をもち、富裕層の雇用主たちに対しては、自分の品位を落とすこともうやうやしい態度を取ることもなく、クリーヴデンで彼の先輩にあたるエドウィン・リーと同様に、「驚くほど上流階級的な物腰とたたずまい」を身につけていた。バロウに話をした者たちはみなそろって、自分自身を今にも絶滅しようとしている種族と見なし、そしてそれを誇りにしてもいた。また、ある炊婦は、一緒に働いているのは、訓練ができていない、むしろ平凡なタイプの使用人ばかりで、テレビで「ダンスに行こう（*Come Dancing*）」〔BBC放送の社交ダンス勝ち抜き番組〕を観たがることに、「耐えられませんでした」とバロウに話した。[3]

女中たちのなかには、落ちぶれた状況にあってさえ、稼ぎや誇りよりも、伝統的な方針で営まれた屋敷のみがもたらす「コミュニティーへの所属感覚」という安心のために、住み込みの仕事を続けた者たちがいた。ジューン・モリスは一九七〇年代に、ウェールズ北部の小規模な地所で、夫とともに働いていた。彼女は縫物やアイロンかけを受けもち、夫は庭師頭になったが、「旅への衝動」にかられて風光明媚な田舎を旅行したことがきっかけで、夫婦で地所の奉公生活を始め、使用人用のコテージに住んだ。屋敷には、下級庭師、炊婦、三人の通いの使用人がおり、夜のパーティーには、執事がどこからか「借用」されていた。彼女の雇用主は、チェンバーレイン夫人同様、紙ナプキンの使い捨て精神を決して歓迎する女性ではなかった。ジューン・モリスがその屋敷にやってきたときは、しばらくアイロンをかける者がいなかったために、四〇枚の枕カバーが、彼女を待ち受けていたという。「女主人はことのほかアイロンかけにはうるさくて――ナプキンも完璧でなくてはなりませんでした」[4]

豪奢な霊廟のようなブレナム宮殿では、かつて、いてもいなくても同じような使用人の群れが給仕するディナーの退屈さに、コンスエロ・ヴァンダービルトが苦しめられたが、不思議なことにそういった暮らしが、渦まく潮に気づかないまま航海するガリオン船のごとく、世の中が変わってもそのまま保たれていた。戦後、若い従僕としてセントヘレナ島から英国に移住したパット・ダンカンは、一九六〇年代にイギリス人のジェニーと結婚し、六〇年代末からはバッキンガムシャーのローラ・カンフィールドの屋敷で、夫婦そろって、庭師兼ハンディーマンとレディーズメイドとなって、夫婦そろって働きはじめた。ところが一九七二年、七二歳のカンフィールド夫人は、コンスエロの長男で七五歳の第十代マールバラ公に嫁ぎ、公爵夫人となった（彼女にとっては四度目の結婚だった）。カンフィールド夫人自身、ブレナム宮殿に遜色がないほどの、昔ながらの完璧さの水準を守っていたため、ジェニーは毎晩、カンフィールド夫人の財布を裏返して小銭を洗い、衣装の手入れや洗濯に、何時間も費やさなければならなかった（「ドレスはどれも見事で――層になっている生地のアイロンかけには、それぞれ温度を調節する必要がありました」）。彼女は、そんな雇用主について、「お寂しそうな方でした。身のまわりのことをほとんどご自分でしていなくて、つねにすべてがきれいなままなので、ものが汚れるということを、まったくご存知なかったんです」と話している。

ブレナム宮殿に移ったパットとジェニーは、まだそこで存在していた旧世界のすべてに、戸惑うことになった。ブレナム宮殿では、あらゆる階級の使用人の区別が厳格に保たれ、食事ですらも階級ごとにそれぞれ別のメニューで行われ、炊婦と厨房スタッフの一団がすべてをまかなっていた。使用人の数は数えきれないほど多く、パットとジェニーにも二人の使用人がついた（新しい公爵夫人のレディーズメイドとなったジェニーの階級により、夫婦そろって格上げされた）。二人が使用人仲間をパーティーに誘った際、下級スタッフが来ると知った上級使用人から、にべもなく出席を断られるということがあった。公爵の食事は、その父親や祖父の時代と同じように、毎日十四種類のメニューから選べるようになっていた。七〇年代にたびたび起こった工業用電力の停電〔炭鉱労働者のストライキに起因する計画停電〕があると、宮殿はキャンドルの灯りのみで照らされた。「ブレナムの薄気味の悪さと言ったら！　ものすごく怖いところだったんです！」と、ジェニーはその奇怪さを覚えている。しかし、結婚してわずか二か月後に公爵が他界してしまい、パットとジェニーは、公爵夫人とともに宮殿を去るよう、何の配慮もなしに告げられたのである。とはいえ、二人の口から安堵の溜息がもれなかったわけでもなく、彼らはそろってバッキンガムシャーに戻ることになった。その後、マールバラ公爵夫人のローラは、フィリピン人の二人の女中に世話をされながらロンドンで亡くなり、他方、パットとジェニーは、リックマンズウォースの公営賃貸住宅に引っ越した（マイホームをもつチャンスには恵まれなかった）。「アイロンは得意ですよ――何もかも布で覆ってかけるんです。ボディス〔女性用胴着〕は薄紙を入れて型を整えます！」と話すジェニーは、技術水準をもつクリーニング屋になり、現在も仕事を続けている。[5]

農村地帯の地所ではとりわけ、古い考え方がいつまでも残っていた。オックスフォードシャーの牧羊者、モント・アボットは、一九六六年に雇用主となった年配の未婚女性、ブルース夫人とばったり会ったときのことについて、こう語った。

> ちょっと放浪するようになってたんです。家から何キロも離れたところを歩いていなさったんで、夜になって、警察が見つけたことも何度かありました。ブルース夫人はどんなことをしでかすか、予測がつかなくなっちまってました。ある日の午後、一杯飲まないかと、招き入れてくれました。避けるような真似は、おいらにはできませんもんで、あの方はまがりなりにもまだ貴族ですから。だけど

昼間っから酒を飲むなんて真似は、あんまりしたことがなかったんですよ。表の部屋で、高そうな飾り物に囲まれてね、クリスタルグラスにウィスキーをついでもらいましたが、それを粗末な羊飼いの作業着で飲むなんてのは、落ち着くわけがありゃしませんで。羊たちのところへ早く戻りたくてしょうがなかったんです。そしたらブルース夫人が、ぴかぴかの雄羊の角がついた銀の置物の脇においらを座らせて、「これでくつろげますわね」って。それをマル〔スコットランド方言で岬〕と呼んでなさった。スコットランドで過ごされた子ども時代の、栄華の一部だったんでしょう[6]。

地所を所有する新世代の多くは、新世界の財政的な要求を、旧世界の専制的な責任に一致させようと苦闘した。一九七〇年代のスコットランドでは、遊猟と農業用の領地を企業法人として管理するようになったレアード〔地主〕が、事務的な手続きや雇用の規定などが昔からの関係の維持を妨げ、「今日の官僚主義に歩調を合わせるのはひと苦労です、ルールに従って正々堂々と行動することは、もはや不可能」と不満をもらした。疲れ切っていたこの跡取りは、父親がしていたように援助金を気前よく使用人たちに分配することができず、地所の依存関係に不安を抱きながら、「仮に私が破産したら、痛手をこうむるのは自分と自分の家族だけではありません」と述べた。この新米のレアードは、自分の代で地所を失うことにでもなれば面目が立たないと、なんとか先祖代々の考え方と場所を手放さないようもちこたえていたが、つきまとう過去の幻影と高まる期待によって、彼の社交上の苦労はいっそう悩ましさを増していた。「クリスマスや新年の挨拶をしに（父がしていたように）地所へ行くことはもうありませんが、地所に住んで、そして働いている者たちには、各事業部の部長を通して、今後ともよろしくと伝えるようにしています」[7]

第二七章　「過去は新しいことほど気をもまずにすむので、気に入っています」

執事とモブキャップ姿の女中がいた時代は、それがイギリスの黄金時代の物語に姿を変える前に、ほとんど終わっていた。とはいうものの、それがどのように黄金であったかは、その時代のどちらの側にいたかによるところが大きい。戦後に書かれた多くの回想録のなかでは、古い時代の確実性のための郷愁のベールが、激動の現代を覆っていた。人々は、機械が招いた基準の衰退によく不平をもらすようになり、セルフサービス式のコインランドリーやドライクリーニングが利用できる時代において、マーガニタ・ラスキの小説の主人公が呼んだ、「洗えば洗うほど出てくる上質なリネンの艶」のようなものへの、ぼんやりとした憧れの念を、共通してもつようになっていた。

一九六〇年代になると、カントリーハウスに仕えた使用人の時代とのあいだに、人類学の研究対象さながらの距離ができてしまい、昔の記憶を留めるために相次いでペンを取った元使用人のなかには、出版された自伝がベストセラーになった者もいた。六〇年代後半に回想録を出したすべての元使用人で、今でも最もよく名前が知られているのは、お喋りで怒りっぽく、そして優れた洞察力をもつマーガレット・パウエルである。不承不承に料理をしながら先導的で急進的な政治思想に傾倒し、靴のサイズが九号〔二八センチ〕の炊婦、マーガレットが、一九六八年に書いた『階段の下（*Below the Stairs*）』は、その年に出版されるやいなや、絶賛された。彼女は、その後すぐにテレビ番組のレギュラー出演者となり、七〇年代には小説や料理にまで幅を広げて、さらに多くの本を執筆した。

パウエルが書いた思い出のうち、読者の心に強く訴えかける話には、教養を身につけようとする彼女の奮闘がたいていからんでいる。雇用主たちは彼女に快く蔵書を貸し与えはしたが、使用人でも本を読みたいのかと、いつも彼らが驚いていたことを、パウエルはこう回想している。「あの人たちは、使用人が息をし、眠り、働くことは知っていても、本を読むことは知らなかった。そういうのは、理解を超えていたのである。空いた時間には、私たちがただ座って宙を見つめているか、『ペグズペーパー』〔女性用娯楽雑誌〕や『クリムゾンサークル（*The Crimson Circle*）』〔エドガー・ウォレスの犯罪小説〕でも読んで過ごすと思っていたのだ。あの人たちは友人に、こんなふうに触れ回っていたに違いない――『うちのマーガレットはお料理上手よ、でもね、残念ながら読書をするの、本を読むのよ』と」[1]

エドワード朝風の九つのコース料理、銀器の磨き方、会釈、レースの縁どりのある帽子といった世界が、歴史のひとこまとなっていた一九七〇年代において、もっと詳しく使用人について知りたいという一般読者の欲求は、とどまるところを知らないようであった。『一週おきの日曜日（*Every Other Sunday*）』を書いたジーン・レニーがマーガレット・パウエルに続くと、フォレスト・オブ・ディーンの貧しい田舎で過ごした子ども時代や、女中と掃除婦時代の思い出を綴ったウィニフレッド・フォリーの本もシリーズで出版され、フォリーは、亡くなる二〇〇九年まで、多作の著述家として広く知られていた。レニー、フォリー、パウエルの本は、どれも鋭い観察力によって時代を描写し、印象的で、活気にあふれているが、一方、「上流」層に仕えたほとんどの使用人たちは、控えめで疑問をもたないという古臭い家臣の甲羅を、脱がずにいる傾向があった。元執事たちは、エチケットやディナーパーティーの開き方などのガイド本の著者として人気を集め、社会的に不安定なものが、社会の変化によって完全には消滅しなかったことを証明した。引退したヴァレットのスタンリー・エイジャーは、『エイジャー流イージーなエレガンス（*Ager's Way to Easy Elegance*）』を執筆し、また雇用主の娘との共著で、『執事のガイド——衣類の手入れ、テーブルの管理、家庭運営、そのほかの美点（*Butler's Guide: Clothes Care, Managing the Table, Running the Home and Other Garces*）』も出版した。アーサー・インチ（のちに、ロバート・アルトマン監督の映画『ゴスフォード・パーク（*Gosford Park*）』の技術アドバイザーになった）は、『ディナーでございます（*Dinner is Served*）』を著した。また、カントリーエステートの女中暮らしを心から楽しんだ、数少ない女性使用人のひとりであったアイリーン・ボルダーソンは、引退した一九八二年に、『カントリーハウスの裏階段人生（*Backstairs Life in a Country House*）』を共同執筆した。彼女の共同執筆者は、その時代に設定されたテレビドラマの誤りに気づくと、「おかしなところを、どうしても正したかった」と述べている。ドラマのなかの細かい部分での誤りには、ほかにも多くの元使用人たちが気づいていた。両大戦間に女中をしていたオックスフォードシャーのある女性は、衣装デザイナーが仰々しいリボンつきの帽子ばかりをつくっていることに、「いいえ違います、ああいうひらひらと垂れ下がるものは、ついていませんでした——あんなのは、テレビのなかだけです」[2]と話した。

しかし、今の時代で文化的な現象を起こしたものといえば、階段の下での暮らしの完璧なひな型をつくってしまった、ＢＢＣ放送のテレビシリーズ『上の階、下の階（*Upstairs, Downstairs*）』（一九七一年～五年に放映）をおいてほかにはない。しかも全六八話を、世界中の十億人が視聴したのである。その人気番組を生み出した女優のジーン・マーシュとアイリーン・アトキンスは、ともに使用人として働く親をもっていた（マーシュの母親は女中で、アトキンスの父親は副執事をしていた）。『上の階、下の階』は、最初は

『緑のベーズ地のドアの向こう（*Behind the Green Baize Door*）』というドラマ名で、階下の出来事を中心に話が展開されていた。しかし、上の階で暮らすベラミー一家とその下で暮らす使用人の話を密接に織り交ぜ、二〇世紀の最初の三〇年間における両者の関係の、決定的な変化を浮き彫りにすることで、ドラマ的な多重構成と本物らしさを、番組にもたらしたのである。ジーン・マーシュはインタビューで、「一家の女主人は、使用人たちの運命を意のままに操りました。どこかにいる独裁者同然で、使用人たちの生活を徹底して支配していました」[3]と、アナウンサーのラッセル・ハーティに話している。コーラスガールをしていたマージョリー・ベラミー夫人と、抑圧された同性愛者の女中のローズは、原作の筋書きよりも抑えた調子で番組に登場した。フェイ・ウェルドンが脚本を担当した第一話では、エドワード朝の暮らしの正確な再現が称賛を浴び、ある評論家は、女中が泥のついたスカートの裾に石油をかけるところや、その悪臭のせいでスカートを家の外に干さなくてはならないところが、じつに正しく描写されていると評した。

番組のコンサルタントとなったジーン・レニーやマーガレット・パウエルをはじめ、元使用人たちは、ドラマの製作側に内幕の知識を提供した。とはいえ、ベラミー家の執事、ミスター・ハドソンを演じたゴードン・ジャクソンは、現役の執事からアドバイスをもらったものの、執事の「すべからずこと」が役柄に制約を与えすぎるように思えたため、その多くを採用しなかった。彼はそれについてこう述べている。「家事奉公人の頭《かしら》である執事は、ほかの使用人たちの前では、決して上着を脱ぎませんでした。食事にしても、階下の、たぶん、パントリーにある小さな続き部屋で、いつもひとりで食べていたんです。けれどそういったことは採り入れずに、しまいには調べることも止めて、自分なりのハドソンを即興で演じました。意地悪で威張り散らす男ではなくて、善良な男としてハドソンを演じるようにしたんですよ。それにスコットランド訛りのままで演じられたことが、ずいぶん自信になりました。まるで、スコットランドでギリー〔狩猟案内人〉をしていたハドソンが、都会に出てきてチャンスをもらったかのようにね」。そのシリーズの撮影が始まった際、「上の階」の人物を演じる俳優たちには、シャワー付きの最上級の部屋が割り当てられたが、かたや「下の階」の人物を演じるジャクソンやアンジェラ・バッデリー（炊婦のミセス・ブリッジズ）など、「上の階」のキャスト以上に有名で実績もあった俳優たちが、それよりも劣る部屋を割り当てられて憤慨した。[4] 一九七〇年代までに捨て去られていたはずの「上の階、下の階」的な価値観が、奥深いところではまだどれだけ影響し続けていたかが、面白いほど露呈することになったのである。

今、ほとんどの人が思いつく「上の階、下の階」的なサービスは、高級ホテルに存在している。第二次世界大戦中、ロンドンのリッツ・ホテルは、ホテルの居住者が金で買った排他性を厳格に維持しながら、戦争の終わりを見届けていた。たとえばこんなふうに、そのサービスは提供された。「午後のパームルームでは、ティーのためのテーブルには毎日〈予約席〉の印がつけられた。そうすれば、ウェイターがふさわしくないと判断した客に、あいにくどの席も予約済みだとの説明が可能になり、失礼にならずに断ることができたのである」。[5] リッツでは、赤がヴァレット、黄色がメイド、緑がルームサービスというように、色の違う電気ボタンで各サービスが呼び出せるようになっていただけでなく、一九七〇年代になってもまだ廊下の両端には、勤続年数が四〇年を超えるメイドの多くが、見張り番として立っていた。

カントリーハウスで催される週末のパーティーでは、へつらうような独特の流儀で客をもてなす基準が、今もって適用されている。一九九九年にあるホールポーターが、「上得意は、朝食をわざわざ注文する必要がありませんでした。スタッフが承知していましたから。トーストはバターつきかバターなしか、ポリッジに添えるのは塩か砂糖かも」と、サービスの基準を振り返っている。その年、リッツは、フロア担当のハウスキーパー七人、その助手二人、フルタイムのメイド十四人、夜勤のメイド二人、ハウスマン四人、そして夜勤の掃除係五人を新たに雇い入れた。金を払えば得られる驚くべきサービスの内容は、午前九時のリッツ従業員ミーティングの、こんな詳細からうかがい知ることができる。「G氏は観光にクラシックカーを使われる予定。スイスからのリピート顧客G氏はいつもの六二二号室にご宿泊。ヨルダンからの顧客A氏はすでに部屋をご指定ながら、今回、新しい部屋をお見せするチャンス……L氏は家具を置いていない窓がお好み。プチフールがお嫌いなため、バナナを除いたフルーツの盛り合わせをご用意。D夫妻にはスーツケースを開けて片づけるボーイとメイドを手配。ブルネイからのご一行様には、各部屋から聖書を取り出しておくこと。ミニバーの酒類も同様」[6]

そういった目立たない贅沢《ぜいたく》さと気配りは、豪奢なイギリス流のもてなしの矜持となった、絶対的な規律を重んじる伝統のなかに存在している。道楽好きのアメリカ人ジャーナリスト、ナサニエル・パーカー・ウィリスは、一八四〇年代に、「イギリスの見知らぬ屋敷への到着は、外国人にとっては、魔法にかけられたごとくうっとりするものだ。同じ事象の結果としてイギリスで生じるせわしなさの消失——静寂への敬意、使用人たちの冷静さ——は、黄金でできた夢の設備のようなものである」[7]と書いた。過去のものとなった大邸宅のなかには、とりわけ現代的な要求に応じるために、公共機関に姿を変えたものもある。ヴァイオレット・マーカムが幼いころに住んだチェスターフィールドのタプトン・ハウスは、今ではチェスター・カレッジの一部になっており、その敷地内にある「イノヴェーションセンター」〔サポートサービスつきの貸オフィスや会議場からなる〕は、ゴルフのシミュレーションやインド式ヘッドマッサージなどの「重役ストレスサービス」を、センターの利用者に提供している。一九九五年には、アスター家の屋敷、クリーヴデンが、ナショナルトラストから借り受けた国際的なホテルチェーンによって、カントリーハウス型の高級ホテルに変身した。

個人対応のキャリア家事使用人の市場は、小さいとはいえ利益性が高く、エドワード朝式奉公を最新版にしたサービスは、専門家的な人材の紹介業者がその需要に応えている。家事使用人の採用業者「グレイコート・プレースメント」は、ロンドンのヴィクトリア駅を見下ろすビルの、少々むさ苦しい部屋に事務所を構えている。グレイコートの外面は、古臭く堅実なイメージをもっているため、業界では老舗のように見えるものの、設立されたのは一九九六年のことで、じつはそう古くはない。伝統、あるいは伝統を示唆するものは、ハウスキーパー、執事、ヴァレットを雇うことのできる者を、今もなお惹きつける力をもっている。ただし、グレイコートは、「使用人」という言葉の使用には肯定的ではない。経営者側はむしろ「クライアント」と「候補者」として話をすることを好んでいる。それでもグレイコートが全体的に古風なスタイルを取っているのは、世界的な大富豪たちにはそのほうが受けが良く、巨額の金融資産をもつ「個人富裕層」の嗜好に、合わせているためである。住宅専門誌の『ディスクレション』では、専門職としてのキャリア家事使用人になりたい人のために、二一世紀のビジネス用語を用いて、身だしなみや装い方などへの助言を特集した。それには、多忙なクライアントのストレスが軽減されるように、苛々させることなく、すらすらと物事が運び、クライアントの思いつきや欲求の実現が、「容易に」なる努力をしなければならないと書かれている。

一方、グレイコートの登録簿には、軍人出身者が目立っているが、第一次世界大戦後に始まったこの習慣は、今もなお維持され、彼らはヴァレットや執事の仕事に引く手あまただという。グレイコートが「特殊集団」と呼ぶ職種には、家事奉公の経験者のほかに、旅客機の元客室乗務員やホテルの元食事係、元葬儀屋さえも含まれているが、そういった職業の出身者であれば、手際の良さと良質なサービスの、出しゃばらない落ち着きが身についているからである。

以前なら、使用人専用広間の領分であった熟練技能という小さな分野は、「多種技能訓練」と「ビジネスハブ」となって話題に登場する。最も望ましい使用人とは、男女を問わず、ほとんどの仕事をこなせて融通の利く雑役係である。グレイコートによると、執事—今では「世帯マネージャー」という肩書きになりそうな——の職務に、昨今はフライトの手配やブラックベリー〔スマートフォンの一種〕のダウンロード」などが含まれることもあるという。また、執事の雇用主が、管理と段取りをひんぱんに必要とする家を、世界各地に所有していることもありうる。そういった仕事をこなす経験豊かな執事は、五万ポンド以上の年俸が期待できるようである。[8]

奉公というイギリスの貴族的な伝統の周囲には、その時代のテレビドラマに対する万国共通の欲求によって育まれた、大衆的な神秘性が未だに漂っている。大勢のクライアントをもつグレイコートでは、テーブルマナーを教授できる英国人の執事（かならず英国人でなければならない）の斡旋が、とりわけ中国人の新興成金から求められるという。パッケージ化されたものや加工されたもの、工業化されたものに対し、手づくりで、特別で、個人専用であることの絶対的な優位性は、今もなおはっきり見て取ることができる。執事ギルドのウェブサイトでは、「あらかじめ茶葉を詰めたティーバッグとは、一線を画すように努めましょう」と助言している。

こういった類の伝統的なサービスを手に入れることができるのは、今では超富裕層に限られている。ノーランド研究所を卒業したナニーたちは、お馴染みの茶色の制服と帽子、エプロン、ケープを身に着け、世界中どこへ行っても高給を取ることができ、イギリス人の「ガヴァネス」（現在は教師資格が必要）はロシアで、そしてレディーズメイド（現在は俗にワードローブマネージャーと呼ばれる）は中東で、みな引っぱりだこである。世紀末に消滅した興味深い役割の「ハウススチュワード」も、昨今はクライアントの自宅で開く「企業主催のイベント」で、スタッフやもてなしの監督を任されている。そういった彼らは、姿を見せる使用人である。彼らの下には、姿の見えない大勢の使用人がいる。ウェルベック・アビーにポートランド公爵が造った地下道網が再現されたかのように、二〇一一年にはロンドンの最高級住宅地であるハイドパーク一番地に、敷地内のレストランと億万長者の住まいをつなぐ、料理を運ぶためのトンネルが完成した。メイドやウェイターの姿は、完全に公の目から遮断されるようになっている。

英国で最も長く仕えた執事、ホーレス・モーティボーイは、新しくもあり古くもある世界に住んでいる。ミスター・モーティボーイは、一九三七年に十九歳で執事の世界に入り、八八歳になった二〇〇七年も、執事として働いていた。彼は、ドーセット州のフォントメルマグナに住み、こぢんまりとしたモダンな自宅で、「私を雇う人のなかには、台所で朝食をとる人もいる。昔はなかったことですよ」と、かつてはほとんどそれだけで人を判断した世界の、水準の低下に困惑している。ポップスター、メディア王、富豪など、執事の雇用主となる新しいタイプの人々は、彼の趣味に合わないのである。

ミスター・モーティボーイは七〇年代に、いったん奉公から抜けようと試みたものの、ほかの多くの男性使用人同様、ほとんど資格の証明にはならない職歴のせいで実現せず、結局、スチュワードとして国防省で働くことになった。彼はまた、オックスフォード郊外の民間の組織で、学生たちに家政学を教えていたこともあり、その後、ウィンチェスター近郊の巡回裁判所でも、執事の仕事をした。「私みたいな執事を欲しがる方々でも、今は私生活での人の扱い方を学んできていません。あの方たちの育った家には、どう人を扱うのかを見せてくれるような、使用人がいなかったからです」と彼は話している。現在は、パートタイムの執事として定期的に雇用され、ディナーパーティーや私邸で開かれる週末のパーティーなどを手伝っている。しかしここでも、ミスター・モーティボーイは規範の衰退を嘆いている。今の世の中が、何でもありだからである。彼は、「ゲストを迎えるホストは、ゲストが到着したときには客間にいるべきなんです。入浴中だから、執事がゲストにシャンパンを出しているだろうとは、考えないことですよ」と話し、ディナーの最中にかかってきた携帯電話に応答するかどうかについては、「迷うにはおよびません。電話に出るなどもってのほかです！」[9]と言い切っている。

一九八一年、ラビニア・スマイリーは、エドワード朝の幼少期を書いた回想録のなかで、当時の家の、驚くほど大勢の人がひしめき合っていた暮らしを振り返り、こう綴った。「今の時代なら唖然とするような、耐えられないほどのプライバシーの欠如に、私は驚きを抑えることができない。当時はどんな屋敷でも、帰宅にしろ、外出にしろ、そのために家にいて、あるいは夜遅くまで起きている必要のあった、気の毒な使用人の手を煩わせずには、屋敷のなかに入ることも出ることもできなかったのだから」。家屋と居住空間は小さくなり、逆に個人的なスペースへの期待が大きくなるにつれ、ナニーやオペアと一緒に暮らす現代の雇用主たちは、今の時代のというよりも、むしろ十八世紀の使用人との関係に似た親密さのなかで、浴室や居住空間を共有し、しばしば押し合いへし合いをしている。

二〇〇五年の『ガーディアン』紙の記事では、オペアを置いている中流層の雇用主たちが、プライバシーの欠如による抑制効果とその緊張について語り、オペアがいるときは、ついついあら探しをしてしまうことを認めている。ある者は、「口論になると、オペアは不安になっていると思いますよ。私との関係という基盤の上に、彼女の雇用がそっくりそのまま成り立っているので」[10]と話した。しかしその関係は、せいぜい交渉の余地があるぐらいのものでしかない。なぜならそれは、夫婦で働く現代の家庭に都合が良く、そして双方に利益をもたらすようにした、素人の取り決めだからであり、人生を決定する職業としての従来の使用人とは違い、短い期間の一時的なものであることを、最初から承知している関係だからである。二〇〇六年、二人の子どもがいるシングルマザーのクローヴァー・ストラウドは、スロバキア出身のオペアボーイについて、「私が外で働けるだけの長い時間、彼が子どもたちを楽しませてくれているのなら、彼のために、毎晩コルドンブルー並みのフルコースの夕食を料理することさえ、私はいとわない」と書いている。

個人の家における関係は、つねに法律に従って交渉するようになっているほど、非常に扱いにくいものである。住み込みの家事サービスは、モニターすることが未だに困難で、労働時間は今もって長い。グレイコートによれば、平均的な通いのハウスキーパーは、朝八時から始めて夕方六時には仕事を終えるが、住み込みとなると、朝の七時から夜の七時までの、十二時間労働になる傾向があるようだ。住み込みの場合、雇用者が「融通をきかせる」ために、週四八時間の労働時間指令〔欧州連合が制定した指令〕の権利放棄書にサインするよう言われることも、少なくないという。

昔の奉公における制約と屈辱の思い出は、英国の労働者が共有する記憶として、人々の脳裏に焼きついている。一九八〇年代、専門職に就いていたひとりのイギリス人の女性が、掃除婦を雇っていることが労働者階級のルーツの裏切りのように思え、「自分の生い立ちとまったく相容れなかった」ために、母親に話すときに勇気を振り絞らなければならなかったと書いている。

過去二〇年間に、家事サービス業の経済は予想を超えて成長した。しかし、こういった時代の生活スタイルに、グレイコートのような業者だけが応じているわけではない。最新の電化製品を以ってしても満たすことのできない基本的な必須要件、すなわち、ダブルインカム時代の家庭の、掃除、洗濯、料理、保育といった日々の要望は、昔の奉公とは違って見えるサービスによって、今も満たされ続けているのである。ヴォルテールは二世紀以上も前に、「金持ちの快適さは、貧乏人がどれだけ巷にあふれているかで決まる」と述べた。

現在、裕福な国々は、自国の女たちが仕事と教育の自由を容易に享受するために、家庭での奉公の衰退によってできた空きを埋めることのできる使用人を、貧しい国から派遣している。歴史家のパメラ・ホーンは、一九九六年には一年で十万から二〇万人の外国人が、家政婦になるために英国に移住したと推定しており、また、二〇一一年の家事サービスの家計支出が、実質ペースで一九七八年の四倍に膨れ上がったことも、国家統計局のデータによって知ることができる。[11]

二〇一一年のロンドンで働く家政婦の数を、十九世紀と同人数とする推定もある。その上、目に見える労働を快適な暮らしから排除したモダンで画期的な新手法は、依然として、姿を見せない大勢の労働者によって支えられており、そこでもまた、移民が高い割合を占めている。アリス・レイヴァンヒルは一九一〇年に、「食品か衣料品かにかかわらず、工場の製品で得られる値段の安さとお手軽さは、そういった技芸を自分で使いたいという欲求を、かなりの範囲で（主婦から）退けており、わけても、家事ではなく産業への従事によって、経済的に有利な立場を取ろうとする女性から退けている」と書いた。二一世紀の家庭における必須要件は、成長を続けるサービス業によって、大半が満たされている。袋入りカット野菜や、電子レンジ用のプラスチック製容器に入ったマッシュポテト、あるいは加熱するだけで食べられるパンチェッタ巻きサーモンなど、ますます進むアウトソーシング化は、工場の厨房で働く労働者によって、支えられているのである。

英国における不定期な清掃作業員の需要の増加と、ヨーロッパ大陸からの移民流入は、この二〇年で大部分が野放図な状況に陥っている。西側の先進国が家政婦を雇う特権は、家政婦を送り出す国の経済的な窮乏の裏返しである。掃除婦は長時間働いても低賃金だとわかっていながら、好んで家事サービスを仕事に選ぶ女性などいないに等しい。それを選ぶ女性がいるのは、経済上の問題の短期的な解決策としてか、あるいは外国で働いて母国の家族に送金するためであり、そうする以外に選択肢がない女性にとっては、一生続きかねない苦難なのである。家事サービスの需要が増えている理由は、人々がより豊かになったからというだけでなく、家政婦になること以外に選ぶ余地のない、じつに多くの貧しい女性たちを、つねに利用できる状態が存在しているからである。多くの女性の、わけてもフィリピンやブラジル出身の女性は、保育よりもむしろ清掃か家事の仕事に就いているが、自分の子どもを母国に残し、何年も会えない可能性があるため、保育の仕事が辛いのである。そして、観光ビザでやってきた多くの女性たちは、うまく隠れて働いていても、いつ強制送還されるかもしれないという恐怖に、絶えずつきまとわれている。

家庭において、雇う者と雇われた者の、無規律で、不鮮明で、厄介で、ときとして決まりが悪い関係は、最も定義しにくく、最も密接で、最も難しい関係のひとつである。家事サービスは賃金が十分に支払われず、また過小評価されており、実際にそれを行う者たちの技能は、創造的というより救済的と見なされている。一九二五年、アーネスティン・ミルズは、仕事のひとつでほとんどの人がいくらかは共有する最大の関心事であるはずの家事が、なぜ軽蔑され、なぜ見下されなければならないのか、知りたいと思った。「家の掃除が、自動車やゴルフ場をきれいにすることより、なぜ非生産的と見られるのか、その理由については、未だ説明されていません」――今もって彼女は、その答えを得られていない。

謝辞

仕事と人生の思い出を共有する時間を割いてくださったすべての方々、また、友人や親類の思い出を私に紹介してくださった方々に、感謝いたします。本書には全部の方々のお名前は登場しませんが、そのすべては、本の背景となったジグソーパズルの、かけ替えのないピースとなっています。直接お話をうかがったアン・スタラード、ジョイ・シュライバー、マリオン・スミス、イニット・フィールズ、グレタ・ガイ、ピーター・テルフォード、パール・スコット、ホーレス・モーティボーイに、パメラ・ハットフィールドを通じて知ったジェニーとパットのダンカン夫妻、ロザリンド・モリソンに紹介いただいたコリン・リー、RSCJのドロシー・ベルに紹介いただいたフレッド・コレットにも、お礼申しあげます。ヘイゼル・マンティングには、彼女の大叔父、アーネスト・スクワイアの日誌を読ませていただき、ジャッキー・ベストには、彼女の母親、マーガレット・フロックハートの録音による思い出話を聴かせていただきました。ルース・バンジル姉妹は、三〇年間のロンドンでのハウスキーピングの経験についてお話しいただきました。ジーン・アーノルド、ホープ・ギルバート、ドリーン・ウォリック、アン・ハンページ、K・M・ヘイルズ、バーバラ・ウォーマン、ジューン・モリス、ピーター・ランキラー、ジョアン・クルック、アイリーン・セイヤー、メアリー・ウードハウス、デニス・パーラット、ドロシー・シュルツ、ジャッキー・デイ、クリス・ヌーナン、ウォレス・ギディングス、エルヴァ・リプスコーム、ジョイス・ヘルプス、J・E・ブラットン、ロバート・E・リース、バーニー・ヘンダーソン、マルギット・ラッテル、オードリー・キング、ロジャー・キングスリー（「マリーケン」の思い出について執筆されました）、ウィニフレッド・ハドランド、アン・ベアード、以上の方々に感謝を申しあげます。

ピアーズとヴィヴィアン・ブレンドン、ジャイルズ・ウォーターフィールド、アリソン・ライトには、このプロジェクトの早い段階で知恵をお借りし、ユダヤ人難民協会のアントニー・グレンヴィル博士にも助言いただきました。友人のクリスピン・ジャクソンがアリス・オズボーンの日記の存在を発見し、アンドリュー・バロウは、王室の使用人を取材した際の録音テープを私に送ってくださり、ミリアム・ジェームズにはボドレー図書館のグウェンドリン・ラッシュの手紙について教えていただき、そしてペネロピー・ビリアルドは未発表の論文「執事がしなかったこと：犯罪探偵小説の黄金時代における、家事奉公人の役目（*What the Butler Did Not Do: The Function of the Domestic Servant in the Crime and Detective Fiction of the Golden Age*）」を読ませてくださり、フィル・ベイカーには『奇妙な関係（*Curious Relations*）』について教えていただきました。また、グレイコート・プレースメントのステファニー・ラフとローラ・ハレル、ノーランド研究所のレベッカ・フランクコム、ユニヴァーサル・アーンツのアンジェラ・モントフォート＝ベッブにも、お礼申しあげます。

本書を執筆するうえで、多くの友人がさまざまな形で助けとなっています。ジェレミー・ルイスの、いつもながらの激励と熱意に、そしてジェレミーとペトラの厚意にも感謝いたします。セリーナ・オーグレイディー、トニー・カーゾン＝プライス、ジェーン・オーグレイディー、キャシー・オーショネッシー、ダニエル・ジェフリーには、惜しみなく元気づけていただきました。クラウディア・フィッツハーバートも同様で、彼女とフラム・ディンショウの数か月におよぶ歓待にお礼申しあげます。サイモンとジェニー・ハヴィランドは、最も気前が良い友人であり隣人です。キロラン・ハワードとセイラ・コールは、急な訪問にも嫌な顔ひとつせずに、いつでも私を自宅に泊めてくれました。ジェーン・マルヴァーとテッサ・ボーズ、ニック・グラスにも、感謝いたします。

素晴らしい編集者、マイケル・フィッシュウィックは、私が本当に執筆を終えるのだろうかと疑っていたに相違ありませんが、彼とサイモン・トレウィンには深く感謝しております。アナ・シンプソン、ポール・ナッシュ、フィリップ・ベリスフォード、オリヴァー・ホールデン＝レイ、ケイト・ジョンソン、キャサリン・ベスト、デイヴィッド・アトキンソン、以上の、才気あふれる、そして忍耐力と磨きをかける力に秀でたブルームズベリー出版社チームのおかげで、すべてが実を結ぶことができました。

最後に、浮き沈みのあったこの五年、尽きることなく私を支援してくれた家族に対して、感謝の気持ちをとても言葉で表すことができません。きらきらと輝く目をした厳しい批評家となり、支援と激励をしてくれた妹のアナには、心から感謝しています。そして両親の愛情が、この本を執筆する礎となりました

――その愛に本書を捧げます。

訳者あとがき

二一世紀の英国が、今もって漂わせている神秘性――。その重要なファクターとなっているのが、言うまでもなく、華麗なる貴族のイメージだ。そして、英国と北米で大ヒットし、日本でも放送が始まったテレビドラマの『ダウントン・アビー』で描かれるような、贅を尽くした貴族の生活は、周知のとおり、メイドや執事の働きなしには成り立たなかった。ところが二〇世紀の英国では、使用人のほとんどが上流階級ではなく中流階級の家庭で働いていたという事実を、二一世紀の英国人自身が、すっかり忘れている可能性がある。そこで、ルーシー・レスブリッジが五年の歳月を費やし、使用人のいた二〇世紀の英国の家庭を、可能な限り偏りのない視点で検証したのが本書である。刊行されるやいなや、英国の新聞がこぞって書評で紹介し、大きな反響を呼んだ。というのも、大英帝国がもつ歴史の眩しさのせいでか、これまで見えにくかった真実の家庭の姿が、多くの記録や証言をともなって明らかにされていたからである。

とはいえ、わたしのような一般ピープルは、中流階級の家庭への興味より、貴族への憧れや好奇心のほうが断然強い。かつて、ロンドンに住んで雑誌の仕事をしていたとき、ホテルになったカントリーハウスに滞在する機会が、いく度かあった。そういったホテルでは、貴族の暮らしの「さわり」を誰でも体験することができる。本書にも登場するクリーヴデンは、ロンドンからさほど遠くなかったため、日本からやってきた撮影クルーのように宿泊することはかなわなかったものの、その得も言われぬ神秘的なたたずまいは、今もしっかり目に焼きついている。早朝、キャブで乗りつけると、朝靄のなかから屋敷が忽然と現れ、ほの暗い（というよりかなり暗い）屋敷のなかには、古風なお仕着せ姿のボーイが二、三人……。約束の時間よりだいぶ早く到着してしまい、しばらく待つことにしたわたしは、信じがたいほど柔らかなソファーにすっぽり体をうずめ、うやうやしく運ばれてきた紅茶をすすりながら、新聞をめくる音さえ反響する静寂に包まれて、マントルピースの棚がわたしの頭よりもずっと高いところにある巨大な暖炉の、ゆらゆらと燃える赤い炎を見て溜息をついた。何しろスケールが違うのだ、英国の貴族のお屋敷は。

本書の原題、『サーヴァント』とは、ただ使われている人ではなく、誰かにサーヴ（奉公）する、つまり誰かに召し使われる人のことである。本書を読むと、封建時代の「家臣」のような存在として、この召し使う人たちに家事を任せていた一九世紀中葉から二〇世紀初頭の貴族が、ある意味、現代の英国の文化と英国人のメンタリティーを、決定してしまったことがわかる。特権階級が義務をはたす「ノブレスオブリージュ」を重んじる英国では、現在も、慈善事業と芸術へのパトロネージュが盛んだ。しかし当時、呆れるほど都合よく、貧困家庭の少年少女を家事奉公人にすることに、正当性どころか道徳的価値さえ与えたのがこの道徳観だった。「搾取」が「慈善行為」になることの不思議に、中流階級、そして労働者階級の一部までもが、疑うどころか追随した。ほかの誰かより貧しかったゆえに、従属を余儀なくされた時代の「恨み」は、英国の労働者階級の意識として、今も根強く残っている気がする。「中流階級だから」という理由で、掃除婦（たいてい移民）を雇う中流階級のプライドも、わたしはロンドンで何度か目撃した。

二〇世紀の日本では、家事労働者の雇用において、英国のような従属関係は育たなかった（と思う）。わたしの父母の時代は、なにもセレブな家でなくても、お手伝いさんは珍しい存在ではなかった。単に人手がいるから、誰かの手を借りていた。わたしのアルバムには、母が育った家にいた「姐やさん」が遊びにきた際に、抱かれて写っている赤ん坊のころの写真がある。また、父方の祖母の家に通いで来ていた「おばさん」（数人交替した）の姿も、まだぼんやり覚えている。お手伝いさんになるのは田舎の出身者が多かったとはいえ、家事労働者を別の階級とする意識も、家事そのものに対する抵抗感もなかったようだ。母は、姐やさんとまったく同等に家事を手伝ったそうだし、また父方の祖母の家でも、大学を卒業した叔母が家事一切をすることになり（花嫁修業だった？）、おばさんは来なくなった。ちょうどそのころ、「派出婦」が高給取りになったという話題に、わたしは子ども心にも驚きをもって、聞き耳を立てていた。

それほど「家事」を高度な専門職として早くから認めていた日本は、英国の事情とはだいぶ違う。小学生のうちから教室を掃除する人がいる英国人と、幼稚園児にも教室を掃除することを習慣づける日本人とでは、おのずと考えも異なる。それでも、主婦が女性の権利を主張して社会進出した時代はとうに去り、経済的必要性から主婦も外で働くことがふつうになった今、政府は女性の就労支援策の目玉として、外国人労働者（東南アジアからが中心）を家事サービスの分野で受け入れる方針を決めた。となると、「先進国が家政婦を雇う特権は、家政婦を送り出す国の経済的な窮乏の裏返しである」と書いたレスブリッジの指摘は、日本にもあてはまることになるのだ。ヴォルテールの言葉のように、「金持ちの快適さは、貧乏人がどれだけ巷にあふれているかで決まる」社会にしてはいけない。本書を読めばそれがよくわかる。

訳出にあたり、最初から最後まで情熱と細心の注意をもって力を貸してくださった原書房の大西奈巳氏に、心からお礼もうしあげます。

二〇一四年六月

堤けいこ

SERVANTS
A Downstairs View of Twentieth-century Britain
by Lucy Lethbridge

使用人《しようにん》が見《み》た英国《えいこく》の二〇世紀《せいき》

●

2014年8月6日　第1刷

著者……………ルーシー・レスブリッジ
訳者……………堤《つつみ》けいこ
装幀……………原田恵都子(ハラダ+ハラダ)
発行者……………成瀬雅人
発行所……………株式会社原書房
〒160-0022 東京都新宿区新宿 1-25-13
電話・代表　03(3354)0685
http://www.harashobo.co.jp/
振替・00150-6-151594
印刷……………新灯印刷株式会社
製本……………小髙製本工業株式会社

ISBN 978-4-562-05086-4, printed in Japan

◆著者
ルーシー・レスブリッジ（*Lucy Lethbridge*）
作家。ロンドン在住。児童向けの伝記や歴史読み物を多数執筆してきた。2002年に上梓した *Ada Lovelace: The Computer Wizard of Victorian England (Who Was...?)* で、BBC主宰のブルー・ピーター・ブックアワードのノンフィクション部門賞受賞。

◆訳者
堤けいこ（つつみ・けいこ）
翻訳家・文筆家。ロンドン大学ゴールドスミス校大学院視覚芸術学部修士課程修了。1988年から2005年のあいだに3回渡英し、ロンドンで11年暮らす。雑誌『Casa Brutus』をはじめ記事の執筆多数。訳書に『文士厨房に入る』（みすず書房）、『母から伝えたい女性の美学』（バジリコ）ほか。

カバー画像提供　Rex / PPS通信社

注

第1部

第1章

1 *The Private Life of the King by One of His Majesty's Servants*, London, 1901, p. 18.
2 A. F. Winnington-Ingram, *Fifty Years' Work in London,* London, 1940,p. 32.
3 *The Times*, 10 July 1902.
4 Francesca Wilson, *Strange Island: Britain Through Foreign Eyes,1395–1940*, London, 1955, p. 173.
5 Susan Tweedsmuir, *The Lilac and the Rose,* London, 1952, p. 93.
6 Diana Cooper, *The Rainbow Comes and Goes*, London, 1958, p. 35.
7 H. G. Wells, *Tono-Bungay*, London, 1908, pp. 245–6.
8 Charles Jennings, *Them and Us: The American Invasion of British High Society*, Stroud, 2007, p. 51.
9 N14421796, 'In Service', Oxfordshire History Centre, interviews 1975.
10 Lady Cynthia Asquith, 'In Front of the Green Baize Door', in Noel Streatfeild (ed.), *The Day Before Yesterday: First-hand Stories of Fifty Years Ago*, London, 1956, p. 110.
11 Georgina Green (ed.), *Keepers, Cockneys and Kitchen Maids: Memories of Epping Forest 1900–1925*, London, 1987, p. 24.
12 M. J. Loftie, *Comfort in the Home*, London, 1895, p.149.
13 Maureen Dillon, *Arti8 cial Sunshine: A Social History of Domestic Lighting*, London, 2001, p. 29.
14 Elizabeth Banks, *Campaigns of Curiosity: Journalistic Adventures of An American Girl in Late Victorian London*, London, 1894, p. 35.
15 'An Old Servant', *Domestic Service*, London, 1922, p. 10.
16 Cooper, *The Rainbow Comes and Goes*, p. 37.
17 Gordon Grimmett, 'The Lamp-Boy's Story', in Rosina Harrison (ed.), *Gentlemen's Gentlemen: My Friends in Service*, London, 1976,
18 G. K. Chesterton, *Autobiography*, New York, 1936, p. 25.

第2章

1 Quoted in Leonore Davidoff, *The Best Circles: Society, Etiquette and The Season*, London, 1973, p. 44.
2 QD/FLWE/MUC/2028, University of Essex.
3 C. F. G. Masterman, *The Condition of England*, London, 1909, p. 21.
4 'An Old Servant', *Domestic Service*, p. 14.
5 Mrs Alfred Praga, *Appearances: How to Keep Them Up on a Limited Income*, London, 1899, p. 14.
6 E. Royston Pike, *Human Documents of the Age of the Forsytes*, London, 1969, pp. 161–5.
7 T. W. H. Crosland, *The Suburbans*, London, 1905, p. 40.
8 V. S. Pritchett, *A Cab at the Door: An Autobiography,* London, 1968, p. 148.
9 Pike, *Human Documents*, p. 70.
10 同書 ., p. 75.
11 Beryl Lee Booker, *Yesterday's Child, 1890–1909*, London, 1937, p. 23.
12 Letter, *The Lady*, 26 July 1900.
13 'Conditions of Servants' Quarters', *The Lancet*, 24 March 1906.
14 J. E. Panton, *From Kitchen to Garret: Hints for Young Householders*, London, 1888, p. 3.
15 Quoted in Witold Rybcynski, *Home: A Short History of an Idea*, London, 1987, p. 17.
16 Tweedsmuir, *Lilac*, p. 107.
17 Quoted in John Burnett, *A Social History of Housing 1815–1985*, London, 1986, p.194.
18 Pritchett, *A Cab at the Door*, p. 142.
19 Eric Horne, *More Winks: Being Further Notes from the Life and Adventures of Eric Horne (Butler) for Fifty-Seven Years in Service with the Nobility and Gentry*, London, 1932, p. 77.
20 Banks, *Campaigns of Curiosity*, p. 30.
21 Margaret Thomas, 'Behind the Green Baize Door', in *Day Before Yesterday*, pp. 82–3.
22 Mrs Eustace Miles, *The Ideal Home and it's Problems*, London, 1911, p. 74.
23 Quoted in Victoria Kelley, *Soap and Water, Cleanliness, Dirt and the Working Classes in Victorian and Edwardian Britain*, London, 2012, p. 147.
24 同書からの引用 ., p. 12.
25 *Norland Quarterly*, June 1911, Norland Institute Archives, Bath.
26 N14421796, Oxfordshire History Centre.
27 D/DX173/1, University of Reading.
28 Miles, *Ideal Home*, p. 6.

第3章

1 N14421796, Oxfordshire History Centre.
2 William Plomer, *Curious Relations*, London, 1945, p. 19.
3 Samuel Mullins and Gareth GrifT ths, *Cap and*

Apron: An Oral History of Domestic Service in the Shires, 1880–1950, Leicester, 1986,
4 QD/FLWE/MUC/2028, University of Essex.
5 John Burnett (ed.), *Useful Toil: Autobiographies of Working People from the 1820s to the 1920s*, London, 1974, p. 216.
6 Davidoff, *Best Circles* からの引用 , p. 61.
7 Edith Waldemar Leverton, *Servants and their Duties*, London, 1912, p. 63.
8 Banks, *Campaigns of Curiosity,* p. 69.
9 Leverton, *Servants*, p. 64.
10 Adrian Forty, *Objects of Desire: Design and Society Since 1750* からの引用 , London, 1986, p. 85.
11 Eveline Askwith, *Tweeny: Domestic Service in Edwardian Harrogate*, Bridgwater, 2003, p. 20.
12 Davidoff, *Best Circles* からの引用 , p. 42.
13 同書 ., p. 46.
14 Anonymous, *The Manners and Rules of Good Society*, London, 1910, p. 30.
15 Philip Mason, *A Shaft of Sunlight: Memories of a Varied Life*, London, 1978, p. 18.
16 Ann Gander, *Top Hats and Servants' Tales*: *A Century of Life on Somerleyton Estate*, Wenhaston, 1998, p. 19.
17 Pike, *Human Documents,* p. 39.
18 Violet Markham, *Return Passage: An Autobiography*, London, 1953, p. 9.
19 Banks, *Campaigns of Curiosity*, p. 68.
20 Burnett (ed.), *Useful Toil*, p. 218.
21 Arnold Bennett, *Elsie and the Child: A Tale of Riceyman Steps*, London, 1929, p. 17.
22 D/DX173/1, University of Reading.
23 Markham, *Return Passage*, p. 36.
24 Lesley Lewis, *The Private Life of a Country House*, Newton Abbot, 1980, p. 46.
25 Pamela Sambrook, *Keeping Their Place: Domestic Service in the Country House*, Stroud, 2005, p. 90.
26 Charles Dean, 'The Hall-Boy's Story', in Harrison (ed.), *Gentlemen's Gentlemen*, p. 206.

第 4 章

1 Albert Thomas, *Wait and See*, London, 1944, p. 40.
2 Ernest King, *The Green Baize Door*, London, 1963, p. 89.
3 Consuelo Balsan, *The Glitter and the Gold*, London, 1953, pp. 62, 76.
4 Oxfordshire History Centre, N14421796.
5 King, *Green Baize Door*, p. 8.
6 Miss E. E. T., *The Domestic Life of Thomas Hardy*, Beaminster, 1963, p. 27.
7 Bennett, *Elsie and the Child*, p.10.
8 Asquith, 'In Front of the Green Baize Door', in *Day Before Yesterday*, p. 106.
9 Oxfordshire History Centre, N14421796.
10 Sarah Sedgewick, 'Other People's Children', in *Day Before Yesterday*, pp. 16–18.
11 Paul Thompson, *The Edwardians: The Remaking of British Society,* London, 1975, p. 94.
12 Sedgewick, 'Other People's Children', in *Day Before Yesterday*, p. 21.
13 Asquith, 'In Front of the Green Baize Door', 同書 ., p. 118.
14 Sedgewick, 'Other People's Children', 同書 ., p. 21.
15 Quoted in Penelope Stokes, *Norland*: *The Story of the First One Hundred Years*, Hungerford, 1992, p. 49.
16 Norland Institute Archives, Bath.
17 H. G. Wells, *Marriage*, London, 1912, p. 47.

第 5 章

1 Quoted in Duncan Crow, *The Edwardian Woman*, London, 1978, p. 128.
2 Charles Kightly, *Country Voices: Life and Lore in Farm and Village*, London, 1984, p. 148.
3 QD/FLWE/MUC/2028, University of Essex.
4 Interview, T1442R, British Library Sound Archive.
5 Kightly, *Country Voices*, p. 146.
6 Horne, *More Winks*, p. 217.
7 Margaret Llewelyn Davies (ed.), *Life as We Have Known It*, London, 1931, p. 18.
8 Askwith, *Tweeny*, p. 23.
9 Quoted in Phillis Cunnington, *The Costume of Household Servants from the Middle Ages to 1900*, London, 1974, p. 60.
10 Cunnington, *Household Servants*, p. 69.
11 同書 ., p. 77.
12 Horne, *More Winks*, p. 76.
13 Eric Horne, *What the Butler Winked At: Being the Life and Adventures of Eric Horne (Butler), for Fifty-seven Years in Service with the Nobility and Gentry*, London, 1924, p. 154.
14 Frederick Gorst, *Of Carriages and Kings*, London, 1956, p. 88.
15 Burnett (ed.), *Useful Toil*, p. 211.
16 Harrison (ed.), *Gentlemen's Gentlemen*, p. 230.
17 Gorst, *Carriages and Kings*, p. 112.
18 Thomas, 'In Front of the Green Baize Door', in *Day Before Yesterday*, p. 88.
19 Mrs C. S. Peel, *A Hundred Wonderful Years: Social and Domestic Life of the Century, 1820–1920*, London, 1926, p. 74.
20 'A Butler's View of Men-Service', *The Nineteenth Century*, Vol. XXXI, 1892.

21 King, *Green Baize Door*, p. 21.

第 6 章

1 QD/FLWE/MUC/2028, University of Essex.
2 Markham, *Return Passage*, p. 56.
3 N14421796, Oxfordshire History Centre.
4 Rosina Harrison, *Gentlemen's Gentlemen: My Friends in Service*, London, 1978, p. 150.
5 Charles Dean, interviewed in 1975, in Geoffrey Tyack, 'Service on the Cliveden Estate Between the Wars', *Oral History*, Vol. 5, No. 1, Spring 1977.
6 Lewis, *Private Life*, p. 45.
7 Mullins and GrifT ths, *Cap and Apron*, p. 15.
8 Daphne Fielding, *Before the Sunset Fades*, Longleat, 1953, p. 17.
9 QD/FLWE/MUC/2028, University of Essex.
10 Leverton, *Servants*, p. 7.
11 QD/FLWE/MUC/2028, University of Essex.
12 'The Page-Boy's Story', in Harrison (ed.), *Gentlemen's Gentlemen*, p. 116.
13 King, *Green Baize Door*, p. 9.
14 Frank V. Dawes, *Not in Front of the Servants: A True Portrait of Upstairs, Downstairs Life*, London, 1973, p. 64.
15 King, *Green Baize Door*, p. 152.
16 'An Old Servant', *Domestic Service*, p. 92.
17 William Lanceley, *From Hallboy to House Steward*, London, 1925, p. 161.
18 Thomas, *Wait and See*, p. 42.
19 King, *Green Baize Door*, p. 80.
20 Osbert Sitwell, *Tales My Father Taught Me: An Evocation of Extravagant Episodes*, London, 1962, p. 77.
21 Quoted in Sambrook, *Keeping Their Place*, p. 113.
22 Gorst, *Carriages and Kings*, p. 41.
23 Horne, *More Winks*, p. 119.

第 7 章

1 H. G. Wells, *Kipps: The Story of a Simple Soul*, London, 1905; Penguin edition, 2005, p. 3.
2 Mullins and GrifT ths, *Cap and Apron*, pp. 151–2.
3 Interview 2225, University of Essex.
4 Helen Dendy Bosanquet, *Rich and Poor*, London, 1898, p. 30.
5 Clarice Stella Davies, *North Country Bred*, London, 1963, p. 56.
6 Walter Southgate, *That's the Way It Was: A Working-Class Autobiography 1890–1950*, Centre for London History, 1982, p. 65.
7 Burnett (ed.), *Useful Toil*, pp. 215–16.
8 Bosanquet, *Rich and Poor*, p. 34.
9 D/DX173/1, University of Reading.
10 Burnett (ed.), *Useful Toil*, p. 220.
11 Banks, *Campaigns of Curiosity*, pp. 10–21.
12 Horne, *More Winks*, p. 76.
13 Elizabeth Roberts, *A Woman's Place: An Oral History of Working- Class Women 1890–1940*, Oxford, 1995, p. 242.
14 Stephen Caunce, 'East Riding Hiring Fairs', *Oral History*, Vol. 3, No. 2, Autumn 1975.
15 Mullins and GrifT ths, *Cap and Apron*, p. 10.
16 Lanceley, *Hallboy to House Steward*, p. 20.
17 Oxfordshire History Centre, D/DX173/1.
18 Quoted in Anna Davin, *Growing up Poor: Home, School and Street in London, 1870–1914*, London, 1996, p. 88.
19 Margaret Powell, *Below Stairs*, London, 1968, p. 2.
20 Sheila Stewart, *Lifting the Latch: A Life on the Land, Based on the Life of Mont Abbott of Enstone*, Oxford, 1987, p. 62.
21 Quoted in Simon Nowell-Smith (ed.), *Edwardian England 1901–1914*, Oxford, 1964, p. 145.
22 Leverton, *Servants*, p. 9.
23 Banks, *Campaigns of Curiosity*, pp. 27–9.
24 Booker, *Yesterday's Child*, p. 20.
25 Quoted in Alistair Service, *Edwardian Interiors, Inside the Homes of the Poor, the Average and the Wealthy*, London, 1982, p. 67.
26 Panton, *Kitchen to Garret*, p. 157.
27 Mullins and GrifT ths, *Cap and Apron*, p. 10.
28 Correspondence with author.
29 Burnett (ed.), *Useful Toil*, p. 217.
30 Edith Hall, *Canary Girls and Stockpots*, Luton, 1977, p. 31.
31 Edna Wheway, *Edna's Story: Memories of Life in a Children's Home and in Service, in Dorset and London*, Wimborne, 1984, p. 38.
32 Kedrun Laurie (ed.), *Cricketer Preferred: Estate Workers at Lyme Park, 1898–1946*, Disley, 1981.
33 *The Lady*, 27 September 1900.
34 D/DX173/1, University of Reading.
35 Lewis, *Private Life*, p. 96.
36 Interview 2000/156, University of Essex.
37 Mullins and GrifT ths, *Cap and Apron*, p. 18.
38 King, *Green Baize Door*, p. 16.
39 John Burnett, *Destiny Obscure: Autobiographies of Childhood, Education and Family from the 1820s to the 1920s*, London, 1994, p. 293.
40 Quoted in Tony Rivers et al, *The Name of the Room: History of the British House and Home*, London, 1992, p. 199.
41 Lewis, *Private Life*, p. 99.

42 D/DX173/1, University of Reading.
43 同書 .
44 Wheway, *Edna's Story*, p. 42.
45 Special Collections, Somerset Museum of Rural Life.
46 *Costume*: *Journal of the Costume Society*, 1969.
47 Laurie (ed.), *Cricketer Preferred*, pp.19–20.
48 Kathleen Woodward, *Jipping Street*, London, 1928, p. 12.
49 Interview 213, University of Essex.
50 Roberts, *A Woman's Place*, p.140.
51 See Judith Flanders, *Consuming Passions: Leisure and Pleasure in Victorian Britain*, London, 2006.
52 See Marghanita Laski's essay 'Domestic Life' in Nowell-Smith, *The Edwardians*.
53 Pike, *Human Documents*, p. 26.
54 Rose Harrison, *My Life in Service*, London, 1975, p. 64.
55 Pike, *Human Documents*, p. 171.
56 E. S. Turner, *What the Butler Saw: Two Hundred and Fifty Years of the Servant Problem*, London, 1963, p. 202.

第 2 部

第 8 章

1 Banks, *Campaigns of Curiosity*, p. 5.
2 Quoted in Kelley, *Soap and Water*, pp. 7–8.
3 1906 Annual Report, Barnardo's Archives, Barkingside.
4 Quoted in Standish Meacham, *Regaining Paradise: Englishness and the Early Garden City Movement*, New Haven and London, 1999, p. 30.
5 George Sturt, *Change in the Village,* London, 1912, p. 111.
6 同書 ., pp. 230–9.
7 E. V. Lucas, *Encounters and Diversions*, London, 1924, p. 8.
8 Mason, *A Shaft of Sunlight*, p. 20.
9 Powell, *Below Stairs*, p. 83.
10 Quoted in June Rose, *For the Sake of the Children: Inside Dr Barnardo's – 120 Years of Caring for Children*, London, 1987, p. 44.
11 Eileen Whiteing, *Anyone for Tennis? Growing up in Wallington Between the Wars*, Sutton Libraries, 1979, p. 20.
12 Rose, *For the Sake of the Children*, p. 51.
13 Mrs Richmond Ritchie, *Upstairs and Downstairs*, London, 1882, p. 200.
14 同書 ., p. 66.
15 Interview 740, Sound Archive, Imperial War Museum, London.
16 Mullins and GrifT ths, *Cap and Apron*, p. 29.
17 Dolly Davey, *A Sense of Adventure*, Southwark People's History Project, 1980, p. 7.
18 'The Working Girl of Today', *The Nineteenth Century*, May 1888.
19 *Pall Mall Gazette*, 7 July 1885.
20 Quoted in Lydia Murdoch, *Imagined Orphans: Poor Families, Child Welfare and Contested Citizenship in London*, New Jersey, 2006, p. 58.
21 同書 ., p. 139.
22 Norman Wymer, *Father of Nobody's Children*: *A Portrait of Dr Barnardo*, London, 1954, p. 18.
23 Rose, *For the Sake of the Children*, p. 52.
24 Hall, *Canary Girls*, p. 29.
25 Banks, *Campaigns of Curiosity*, p. 4.
26 Quoted in Standish Meacham, *A Life Apart: The English Working Class 1890–1914*, London, 1977, p. 189.
27 Interview 132, University of Essex.
28 Green, *Keepers, Cockneys*, p. 19.
29 Quoted in Crow, *Edwardian Woman*, p. 100.
30 Quoted in Murdoch, *Imagined Orphans*, p. 47.
31 Charles Booth, *Life and Labour of the People in London*, London, 1892–7, Vol. 4.
32 Kightly, *Country Voices*, p. 147.
33 Crosland, *The Suburbans*, p. 82.
34 Correspondence with author.
35 Interview 153, University of Essex.
36 Interview 213, 同書 .
37 Quoted in Davin, *Growing up Poor*, p. 78.
38 T. S. Eliot, 'Morning at the Window' (1917), in *Prufrock and Other Observations*, London, 1920.
39 Interview 153, University of Essex.

第 9 章

1 'Female Emigration to South Africa', *The Nineteenth Century*, January 1902.
2 Pamela Horn, *Life Below Stairs in the Twentieth Century*, Stroud, 2001, pp. 192–3.
3 同書 ., p. 194.
4 Quoted in Gina Buijs (ed.), *Migrant Women*: *Crossing Boundaries and Changing Identities*, London, 1996, p. 171.
5 Buijs (ed.), *Migrant Women*, p. 14.
6 Santha Rama Rau, *Home to India*, London, 1945, p. 8.
7 Lawrence Fleming, *The Last Children of the Raj: British Childhoods in India*, London, 2004, Vol. I, p. 112.
8 W. H. Dawes, *Beyond the Bungalow*, London, 1888, p. 19.
9 Jon and Rumer Godden, *Two Under the Indian Sun*,

1964, p. 30.
10 Quoted in David Burton, *The Raj at Table: A Culinary History of the British in India*, London, 1993, p. 69.
11 Rau, *Home to India*, p. 45.
12 Dawes, *Bungalow*, p. 9.
13 Quoted in Mary Procida, *Married to the Empire: Gender, Politics and Imperialism in India,* Manchester, 2002, p. 89.
14 Quoted in Margaret MacMillan, *Women of the Raj*, London, 1996, p. 26.
15 Maud Diver, *The Englishwoman in India*, London, 1909, p. 34.
16 Fleming, *Last Children*, p. 197.
17 Quoted in Hilton Brown, *The Sahibs: The Life and Ways of the British in India as Recorded by Themselves*, London, 1948, p. 218.
18 Brown, *Sahibs*, p. 70.
19 Rau, *Home to India*, p. 15.
20 Charles Allen, *Plain Tales from the Empire*, London, 2008, p. 336.
21 同書 ., p. 338.
22 V. K. R. Menon, *The Raj and After: Memoirs of a Bihar Civilian*, New Delhi, 2000, p. 97.
23 Faizur Rasul, *Bengal to Birmingham,* London, 1967, p. 78.
24 Powell, *Below Stairs,* p. 122.
25 Rasul, *Bengal*, p. 159.
26 Interview with Happy Sturgeon, British Library Sound Archive/ George Ewart Evans Collection.
27 Ethel Savi, *Birds of Passage*, London, 1939, p. 97.
28 Brown, *Sahibs*, p. 211.

第 10 章

1 *The Times*, 29 November 1911.
2 Quoted in William Watkin Davies, *Lloyd George 1863–1914*, London, 1939, p. 379.
3 *The Times,* 29 November 1911.
4 D/DX173/1, Oxfordshire History Centre.
5 Thomas, *Wait and See*, p. 9.
6 Sir William Blackstone, *Commentaries on the Laws of England*, 1765.
7 Robert Roberts, *A Ragged Schooling: Growing Up in the Classic Slum*, Manchester, 1976, p. 88.
8 E. P. Thompson, *The Making of the English Working Class*, London, 1963, p. 31.
9 Dolly Scannell, *Mother Knew Best: An East End Childhood*, London, 1974, p. 29.
10 Thomas, *Wait and See*, p. 21.
11 Interview in Thompson, *The Edwardians*, p. 54.
12 D/DX173/1, Oxfordshire History Centre.
13 707/455/1–2, University of Essex.
14 Interview 213, University of Essex.
15 Kightly, *Country Voices*, p. 168.
16 Thea Thompson, *Edwardian Childhoods*, London, 1981, p. 195.
17 Harrison, *My Life in Service*, pp. 19–20.
18 *The Times*, 21 January 1911.
19 Charles Cooper, *Town and County: Or Forty Years in Private Service with the Aristocracy*, London, 1937, p. 47.
20 Alice Osbourn diaries.
21 Davey, *Adventure*, p. 7.
22 Tyack, 'Service on the Cliveden Estate'.
23 Markham, *Return Passage*, p. 37.
24 852, Lady Lewis Collection, Bodleian Library.
25 Auguste Schluter, *A Lady's Maid in Downing Street*, London, 1922, p. 51.
26 Quoted in Philip Ziegler, *Osbert Sitwell*, London, 1998, p. 160.
27 Merlin Waterson, *The Servants' Hall: A Domestic History of Erddig*, London, 1980.
28 Quoted in Jessica Gerard, 'Lady Bountiful, Women of the Landed Classes and Rural Philanthropy', *Victorian Studies*, Vol. 30, No. 2, 1987.
29 Burnett, *Destiny Obscure*, p. 40.
30 'An Old Servant', *Domestic Service*, p. 24.
31 Stewart, *Lifting the Latch*, p. 53.
32 N14421796, Oxfordshire History Centre.
33 2,541, Burnett Archive, Brunel University.
34 Quoted in Dawes, *Not in Front of the Servants*, p. 29.
35 707/455/1–2, University of Essex.
36 QD/FLWE/MUC/2028, University of Essex.
37 Horn, *Life Below Stairs*, p. 12.
38 Panton, *Kitchen to Garret*, p. 90.
39 Tweedsmuir, *Lilac*, p. 97.
40 Powell, *Below Stairs*, p. 36.
41 Quoted in Alison Light, *Mrs Woolf and the Servants*, London, 2007, p. 142.
42 Llewelyn Davies, *Life As We Have Known It*, p. 29.
43 Panton, *Kitchen to Garret*, p. 84.
44 Quoted in Dillon, *Arti8 cial Sunshine*, p. 180.
45 Thompson, *The Edwardians*, p. 82.
46 Miles, *Ideal Home*, p. 265.
47 Willoughby de Broke, *The Passing Years*, London, 1924, p. 99.
48 Thompson, *The Edwardians*, p. 47.
49 Lewis, *Private Life*, p. 47.
50 Viola Bankes, *A Kingston Lacy Childhood*, Wimborne, 1986, p. 28.
51 Frances Partridge, *Memories*, London, 1981, p. 19.

52 Tweedsmuir, *Lilac*, p. 93.
53 Schluter, *Lady's Maid*, p. 30.
54 Thompson, *The Edwardians*, p. 48.
55 Service, *Edwardian Interiors*, p. 149.
56 Private recording.
57 Thomas, *Wait and See*, p. 102.
58 C. V. Butler, *Domestic Service: an Enquiry by the Women's Industrial Council*, London, 1916, p. 34.
59 Tweedsmuir, *Lilac*, p. 80.
60 'A Four-inch-Driver', *The Chauffeur's Handbook*, London, 1909, p. 31.
61 Lewis, *Private Life*, p. 15.
62 Hall, *Canary Girls*, p. 32.
63 Butler, *Domestic Service*, p. 96.
64 Thompson, *The Edwardians*, p. 168.
65 George DangerT eld, *The Strange Death of Liberal England*, London, 1935, p. 14.
66 Private papers.
67 Quoted in Waterson, *Servants' Hall*, p. 178.

第 3 部

第 11 章

1 Kightly, *Country Voices*, p. 97.
2 Mrs C. S. Peel, *How We Lived Then*, London, 1929, pp. 22–3.
3 *The Times*, 8 October 1916.
4 Osbourn diaries.
5 Horne, *What the Butler Winked At*, p. 19.
6 Alison Adburgham, *A Punch History of Manners and Modes 1841– 1940*, London, 1961, p. 18.
7 Peel, *How We Lived*, p. 22.
8 同書 ., p. 23.
9 Gabriel Tschumi, *Royal Chef: Forty Years with Royal Households*, London, 1954, p. 142.
10 Quoted in Kenneth Rose, *King George V*, London, 1983, p. 260.
11 Arthur Marwick, *The Deluge: British Society and the First World War*, London, 1965, pp. 91–2.
12 *The Times*, 8 December 1915.
13 Quoted in Gail Braybon and Penny SummerT eld, *Out of the Cage: Women's Experiences in Two World Wars*, London, 1987, p. 39.
14 Interview 693, Imperial War Museum.
15 *The Times*, 11 October 1915.
16 *The Times*, 8 December 1915.
17 Osbourn diaries.
18 Laurie, *Cricketer Preferred*, pp. 32–3.
19 Horne, *What the Butler Winked At,* p. 1.
20 Merlin Waterson (ed.), *The Country House Remembered: Recollections of Life Between the Wars* London, 1985, p. 33.
21 Horn, *Life Below Stairs*, p. 32.

⊠12⊠

1 Private papers.
2 Harrison (ed.), *Gentlemen's Gentlemen*, p. 59.
3 Leslie Baily, *Scrapbook for the Twenties*, London, 1959, p. 196.
4 Quoted in David Mitchell, *Women on the Warpath: The Story of the Women of the First World War*, London, 1965, p. 90.
5 Quoted in Judy Giles, *Women, Identity and Private Life in Britain 1900*–50, Basingstoke, 1995, p. 5.
6 Quoted in Gail Braybon, *Women Workers in the First World War*, London, 1981, p. 189.
7 *Daily Mail*, 14 September 1915.
8 Turner, *What the Butler Saw*, p. 226.
9 John Clarke et al (eds), *Working Class Culture: Studies in History and Theory*, London, 2007, p. 124.
10 Burnett (ed.), *Useful Toil*, p. 221.
11 Davey, *Adventure*, p. 9.
12 Osbourn diaries.
13 Brian Braithwaite, *Ragtime to Wartime: The Best of Good Housekeeping 1922–1939*, London, 1986, p. 15.
14 Joyce Storey, *Our Joyce*, Bristol, 1987, p. 80.
15 同書 ., p. 86.
16 Jean Rennie, *Every Other Sunday*, London, 1955, p. 100.
17 同書 ., p. 120.
18 Quoted in Susan Kingsley Kent, 'The Politics of Sexual Difference: World War One and the Demise of British Feminism', *The Journal of British Studies*, Vol. 27, No. 3 (July 1988), pp. 232–53.
19 Robert Graves and Alan Hodge, *The Long Weekend: A Social History of Britain 1918–1939*, New York, 1941, p. 66.
20 Harrison (ed.), *Gentlemen's Gentlemen*, p. 207.
21 Mrs Lily Frazer, *First Aid for the Servantless*, Cambridge, 1913, p. 207.
22 Ernestine Mills, *The Domestic Problem, Past, Present and Future*, London, 1925, p. 36.
23 Mrs C. S. Peel, *Waiting at Table,* London, 1929, p. 40.
24 Quoted in Dale Spender (ed.), *Time and Tide Wait for No Man*, London, 1984, p. 216.
25 Correspondence with author.
26 Rennie, *Every Other Sunday*, p. 141.
27 Spender, *Time and Tide*, p. 213.
28 Quoted in Horn, *Below Stairs*, p. 83.
29 Pamela Horn, 'Ministry of Labour Female Training Programmes between the Wars, 1919–39', *History of Education* (2002), 31:1.

30 Thomas Jones, *A Diary with Letters*, Oxford, 1954, p. 286.
31 F. A. F. Livingston, 'Household Economy and Cookery in Relation to Poverty', in *The New Survey of London Life and Labour,* Vol. 6, London, 1930–35, pp. 299–333.
32 Quoted in Steve Humphries et al (eds), *A Century of Childhood*, London, 1988, p. 97.
33 Interview with Happy Sturgeon, British Library Sound Archive.

第 13 章

1 Baily, *Scrapbook*, p. 84.
2 Winifred Foley, *A Child in the Forest*, London, 1974, pp. 156–7.
3 Private collection.
4 Horne, *More Winks*, p. 12.
5 Private collection.
6 Quoted in Ruth Adam, *A Woman's Place 1910–1975*, London, 1975, p. 91.
7 Harrison (ed.), *Gentlemen's Gentlemen*, p. 94.
8 Naomi Mitchison, *You May Well Ask: A Memoir 1920–1940*, London, 1979, p. 19.
9 Ethel Mannin, *Young in the Twenties: A Chapter of Autobiography*, London, 1971, p. 17.
10 同書 ., p. 18.
11 Harrison, *My Life in Service*, p. 20.
12 Paul Berry and Alan Bishop (eds), *Testament of a Generation: the Journalism of Vera Brittain and Winifred Holtby*, London, 1985, p. 94.
13 Quoted in Marion Shaw, *The Clear Stream: A Life of Winifred Holtby*, London, 1999, p. 127.
14 Vincent O'Sullivan and Margaret Scott (eds), *The Collected Letters of Katherine Mans8 eld*, Oxford, 1984–2008, p. 111.
15 Ronald Blythe, *The Age of Illusion, England in the Twenties and Thirties, 1919–1940*, London, 1964, p. 20.
16 Thompson, *The Edwardians*, p. 210.
17 Quoted in Margaret HorsT eld, *Biting the Dust: The Joys of Housework*, London, 1999, p. 73.
18 Violet Firth, *The Psychology of the Servant Problem, A Study in Social Relationships*, London, 1925, pp. 7–25.
19 Partridge, *Memories*, p. 128.

第 14 章

1 Rose Mary Crawshay, *Domestic Service for Gentlewomen*, London, 1876, p. 26.
2 Quoted in Alice Renton, *Tyrant or Victim? A History of the British Governess*, London, 1991, p. 113.
3 *The Times*, 2 January 1920.
4 *News Chronicle*, 7 June 1937.
5 Kate Herbert-Hunting, *Universal Aunts*, London, 1986, p. 22.
6 同書 .
7 Foley, *Child in the Forest*, p. 231.
8 Universal Aunts archives.
9 *The Lady*, 27 March 1902.
10 Brian Masters, *Great Hostesses*, London, 1982, p. 91.
11 Herbert-Hunting, *Universal Aunts*, p. 27.
12 E. V. Lucas, *Advisory Ben*, London, 1923, p. 9.
13 Quoted in Waterson, *Country House Remembered*, p. 35.
14 Universal Aunts archives.

第 15 章

1 Mannin, *Young in the Twenties*, p. 46.
2 Randal Philips, 'The Servantless House', *Country Life*, Vol. 52, 1922.
3 Quoted in Philip Hoare's *Dictionary of National Biography* entry for Syrie Maugham.
4 Mills, *The Domestic Problem*, p. 69.
5 同書 ., p. 70.
6 Quoted in Jerry White, *London in the Twentieth Century: A City and its People*, London, 2001, p. 18.
7 Interview 96.45, Museum of London.
8 Thomas, *Wait and See*, p. 66.
9 Interview 96.45, Museum of London.
10 2.51, Burnett Archives, Brunel University.
11 Burnett, *Social History of Housing*, p. 262.
12 Caroline Haslett, *Household Electricity*, London, 1939, pp. 7–8.
13 Quoted in Forty, *Objects of Desire*, p. 187.
14 Interview T1434WR, British Library Sound Archive.
15 Frazer, *First Aid*, p. 44.
16 Braithwaite, *Ragtime*, p. 39.
17 Dorothy Scannell, *Mother Knew Best,* p. 24.
18 Daisy England, *Daisy, Daisy*, London, 1981, p. 100.
19 Correspondence with author.
20 Dawes, *Servants*, p. 7.
21 Hall, *Canary Girls*, p. 16.
22 Braithwaite, *Ragtime*, pp. 40–1.
23 Odette Keun, *I Discover the English*, London, 1934, p. 45.
24 Lettice Cooper, *The New House*, New York, 1936, p. 147.

第 4 部

第 16 章

1 Clough Williams-Ellis, *England and the Octopus*, London, 1928, p. 80.

2 Waterson, *Country House*, p. 16.
3 同書 ., p. 187.
4 Duke of Bedford, *A Silver-Plated Spoon*, London, 1959, p. 15.
5 Interview with author.
6 Powell, *Below Stairs*, p. 48.
7 Waterson, *Country House*, p. 69.
8 Lewis, *Private Life*, p. 110.
9 Correspondence with author.
10 Lewis, *Private Life*, p. 111.
11 Dawes, *Servants,* p. 97.
12 D/DX173/1, University of Reading.
13 Masters, *Hostesses*, p. 70.
14 D/DX173/1, University of Reading.
15 同書 .
16 Rennie, *Every Other Sunday*, p. 22.
17 Correspondence with author.
18 Quoted in Norman Longmate, *How We Lived Then: A History of Everyday Life during the Second World War*, London, 1971, p. 37.
19 D/DX173/1, University of Reading.
20 同書 .
21 Laurie, *Cricketer Preferred*, p. 28.
22 Eileen Balderson, *Backstairs Life in an English Country House*, Newton Abbot, 1982, p. 17.
23 Harrison, *My Life in Service*, p. 38.
24 Sir Philip Gibson, *The New Man*, London, 1913, p. 81.
25 *The Times*, 29 January 1925.
26 *The Times*, 6 March 1925.
27 *The Times*, 10 January 1930.
28 Harrison (ed.), *Gentlemen's Gentlemen*, p. 210.
29 Rennie, *Every Other Sunday*, p. 62.
30 Thompson, *Edwardians*, p. 45.
31 Balderson, *Backstairs Life*, p. 119.
32 Waterson, *Country House*, p. 90.
33 Rennie, *Every Other Sunday*, p. 40.
34 D/DX173/1, University of Reading.
35 Rennie, *Every Other Sunday*, p. 36.
36 Quoted in Alun Howkins, *The Death of Rural England: A Social History of the Countryside Since 1900*, London, 2003, p. 59.
37 Powell, *Below Stairs*, p. 218.
38 Correspondence with author.
39 同書 .
40 Celia Fremlin, *The Seven Chars of Chelsea*, London, 1940, p. 34.

第 17 章

1 Philip Mason, *The English Gentleman: The Rise and Fall of an Ideal*, London, 1982, p. 145.
2 Peel, *Waiting at Table*, p. 8.
3 Braithwaite, *Ragtime*, p. 29.
4 George Criticos, *The Life Story of George of the Ritz*, London, 1959, p. 27.
5 Jeremy Lewis, *Penguin Special: The Life and Times of Allen Lane*, London, 2005, p. 172.
6 Leverton, *Servants*, p. 31.
7 Pike, *Human Documents*, p. 56.
8 Quoted in Allen, *Plain Tales*, p. 327.
9 Harold Nicolson, *George V, His Life and Reign*, London, 1952, p. 54.
10 Wilhelm Dibelius, *England*, Stuttgart, 1922, p. 9.
11 Quoted in Rose, *George V*, p. 292.
12 Stanley Ager and Fiona St Aubyn, *The Butler's Guide to Running the Home and Other Graces*, London, 1980, p. 13.
13 Interview 24708, Imperial War Museum.
14 Interview 751, Imperial War Museum.
15 Harrison (ed.), *Gentlemen's Gentlemen*, p. 228.
16 Mullins and GrifT ths, *Cap and Apron*, p. 36.
17 Quoted in Turner, *What the Butler Saw*, p. 213.
18 Horne, *More Winks*, p. 118.
19 Powell, *Below Stairs*, p. 73.
20 同書 ., p. 80.
21 *The Times*, 30 December 1939.
22 Ager, *Butler's Guide*, p. 53.
23 Harrison (ed.), *Gentlemen's Gentlemen*, p. 230.
24 Ager, *Butler's Guide*, p. 53.

第 18 章

1 *The Times*, 6 October 1937.
2 'Jan Struther', *Dictionary of National Biography* entry by Nicola Beauman.
3 *The Times*, 19 May 1938.
4 Interview with author.
5 *The Times*, 19 June 1939.
6 Quoted in Thea Holme, *The Carlyles at Home*, London, 1965, p. 162.
7 Quoted in Ruth Schwartz Cowan, *More Work for Mother: The Ironies of Household Technology from the Open Hearth to the Microwave*, New York, 1983, p. 43.
8 E. M. DelaT eld, *The Diary of a Provincial Lady*, London, 1930, p. 127.
9 同書 ., p. 165.
10 Rasul, *Bengal to Birmingham*, p. 95.
11 Cooper, *New House*, p. 102.
12 *The Times*, 26 November 1937.
13 Mary Wylde, *A Housewife in Kensington*, London, 1937, p. 45.
14 同書 ., p. 36.
15 *The Times*, 19 May 1938.

16 Powell, *Below Stairs*, p. 84.
17 Stephen Taylor, 'The Suburban Neurosis', *The Lancet*, 26 March 1938.
18 Humphries, *Century of Childhood*, pp. 95–7.
19 Quoted in Jenny Hartley (ed.), *Hearts Undefeated: Women's Writing of the Second World War*, London, 1995, pp. 342–3.
20 同書 ., p. 343.

第 19 章

1 Keun, *I Discover the English*, p. 47.
2 Correspondence with author.
3 Thomas, *Wait and See*, p. 77.
4 Fremlin, *Seven Chars*, p. 24.
5 Braithwaite, *Ragtime*, p. 178–79.
6 Edith Milton, *The Tiger in the Attic*: *Memories of the Kindertransport and Growing Up English*, Chicago, 2005, p. 17.
7 *The Times*, 24 February 1938.
8 Fremlin, *Seven Chars*, p. 170.
9 Interview with author.
10 Correspondence with author.
11 Foley, *Child in the Forest*, p. 80.
12 Powell, *Below Stairs*, p. 70.

第 20 章

1 Ronald Fraser, *In Search of a Past*, London, 1984, pp. 13–15.
2 同書 ., p. 33.
3 Interview with author.
4 Fraser, *In Search of a Past*, p. 133.
5 Norman Angell and Dorothy Buxton, *You and the Refugee: The Morals and Economics of the Problem*, London, 1939, p. 8.
6 Quoted in Zoe Josephs, *Survivors: Jewish Refugees in Birmingham, 1933–1945*, Oldbury, 1988, p. 138.
7 Hanna Spencer, *Hanna's Diary, 1938–1941,* Ontario, 2001, p. 71.
8 Lore Segal, *Other People's Houses,* London, 1964, p. 82.
9 Gabrielle Tergit, *Austrian Jewish Refugee (AJR) Newsletter*, 1951.
10 Josephs, *Survivors*, p. 140.
11 Bertha Leverton and Shmuel Lowensohn (eds), *I Came Alone: The Stories of the Kindertransports*, Indiana, 1990, p. 61.
12 Tergit, *AJR Newsletter*.
13 Fraser, *In Search of a Past*, p. 144.
14 Werner E. Mosse (ed.), *Second Chance: Two Centuries of German- Speaking Jews in the United Kingdom*, Tubingen, 1991, p. 567.
15 Mosse, *Second Chance*, p. 574.
16 Leverton and Lowensohn, *I Came Alone*, p. 97.
17 Spencer, *Hanna's Diary*, p. 93.
18 AJR 'Refugee Voices' Archive, Wiener Library.
19 同書 .
20 Josephs, *Survivors*, p. 139.
21 Exs/2, German Institute, University of London.
22 Spencer, *Hanna's Diary*, p. 86.
23 Bronka Schneider, *Exile: A Memoir*, Ohio, 1998, p. 80.
24 Segal, *Other People's Houses*, p. 120.
25 Josephs, *Survivors*, p. 143.
26 Fraser, *In Search of a Past*, p. 146.
27 Spencer, *Hanna's Diary*, p. 100.
28 AJR 'Refugee Voices' Archive, Wiener Library.
29 Exs/2, German Institute.
30 Mosse, *Second Chance*, p. 577.
31 同書 ., p. 574.
32 Quoted in Pat Kirkham and David Thoms (eds), *War Culture: Social Change and Changing Experience in World War Two*, London, 1995, p. 17.
33 Fraser, *In Search of a Past*, p. 151.

第 5 部

第 21 章

1 Ronald Blythe, *Aken8 eld: Portrait of an English Village*, London, 1969, p. 119.
2 Interview with author.
3 Quoted in Norman Longmate, *The Home Front: An Anthology of Personal Experience, 1938–1945*, p. 35.
4 John Martin Robinson, *The Country House at War*, London, 1989, p. 27.
5 Quoted in Turner, *What the Butler Saw*, p. 211.
6 Correspondence with author.
7 Quoted in Angus Calder, *The People's War: Britain 1939–1945*, London, 1992, p. 88.
8 Correspondence with author.
9 同書 .
10 Penny Kitchen, *For Home and Country: War, Peace and Rural Life as Seen Through the Pages of the W.I. Magazine, 1919–1959*, London, 1990, p. 55.
11 Quoted in Robinson, *Country House at War*, p. 225.
12 Laurie, *Cricketer Preferred*, p. 24.
13 Quoted in Robinson, *Country House at War*, p. 190.
14 Quoted in E. S. Turner, *The Phoney War on the Home Front*, London, 1961, p. 269.
15 Davey, *Adventure*, p. 26.
16 Turner, *The Phoney War*, p. 254.
17 Mason, *A Shaft of Sunlight*, p. 219.
18 Mollie Panter-Downes, *Good Evening, Mrs Craven: The Wartime Stories of Mollie Panter-Downes*, London,

1999, p. 80.
19 Eileen Whiteing, *Some Sunny Day: Reminiscences of a Young Wife in the Second World War*, Sutton Arts and Libraries Services, 1983, p. 8.
20 Winifred Peck, *House-Bound*, London, 1942, p. 26.
21 Nesca Robb, *An Ulsterwoman in England 1924–1941*, Cambridge, 1942, p. 89.
22 Penelope Fitzgerald, Afterword to *House-Bound* (2007 edition), p. 4.
23 Harrison, *My Life in Service*, p. 171.
24 Milton, *Tiger in the Attic*, p. 33.
25 Quoted in Angela Holdsworth, *Out of the Doll's House: The Story of Women in the Twentieth Century*, London, 1988, p. 190.
26 Elizabeth Jordan, *As Cooks Go*, London, 1950, p. 11.
27 Quoted in Hartley, *Hearts Undefeated*, p. 292.
28 Clara Milburn, *Mrs Milburn's Diaries: An Englishwoman's Day to Day Re; ections, 1939–45*, London, 1979, p. 33.
29 Leonora Fitzgibbon, *With Love: An Autobiography, 1938–46*, London, 1982, p. 57.
30 Naomi Mitchison, *Among You Taking Notes: The Wartime Diary of Naomi Mitchison*, Oxford, 1986, p. 35.
31 Fraser, *In Search of the Past*, p. 142.
32 Correspondence with author.
33 Interview 409, University of Essex.
34 Rennie, *Every Other Sunday*, p. 34.

第 22 章

1 David Kynaston, *Austerity Britain, 1945–1951*, London, 2007, p. 109.
2 Quoted in Christina Hardyment, *Slice of Life: The British Way of Eating Since 1945*, London, 1995, p. 26.
3 Quoted in James Hinton, 'Militant Housewives: the British Housewives League and the Attlee Government', *History Workshop Journal*, 38:1 (1944).
4 Fremlin, *Seven Chars*, p. 48.
5 Elaine Burton, *Domestic Work: Britain's Largest Industry*, London, 1944.
6 'Violet Markham', *Dictionary of National Biography* entry by Helen Jones.
7 Violet Markham and Florence Hancock, *A Post-War Report on Domestic Service*, London, 1945, p. 59.
8 Markham, *Return Passage*, p. 33.
9 Burton, *Domestic Work*, p. 5.
10 Caroline Davidson, *A Woman's Work is Never Done: A History of Housework in the British Isles, 1650–1950*, London, 1982, p. 238.
11 Joyce Storey, *Joyce's War*, Bristol, 1990, p. 142.
12 Ferdynand Zweig, *Women's Life and Labour*, London, 1952, p. 141.
13 Roy Lewis and Angus Maude, *The English Middle Classes*, London, 1949, p. 250
14 Winifred Foley, *Shiny Pennies and Grubby Pinafores: How We Overcame Hardship to Raise a Happy Family in the 1950s*, London, 1977, p. 71.
15 Markham, *Return Passage*, p. 32.
16 *The Listener*, 23 April 1946.

第 23 章

1 Jennifer Jenkins and Patrick James, *From Acorn to Oak Tree: The Growth of the National Trust 1895–1994*, London, 1994, p. 144.
2 Kightly, *Country Voices*, p. 168.
3 Laurie, *Cricketer Preferred*, p. 35.
4 Gander, *Top Hats*, p. 98.
5 James Lees-Milne, *Some Country Houses and Their Owners*, London, 2009, p. 34.
6 Lewis, *Private Life*, p. 7.
7 *The Times*, 7 November 1952.
8 Tschumi, *Royal Chefs*, p. 153.
9 Interview 24708, Imperial War Museum.
10 Peter Russell, *Butler Royal*, London, 1982, p. 153.
11 Mollie Panter-Downes, *One Fine Day*, London, 1947, p. 169.
12 Interview with author.
13 同書 .
14 Jordan, *As Cooks Go*, p. 16.
15 同書 ., p. 110.
16 Interview with author.
17 Marigold Hay, *Beyond the Green Baize Door*, Ilfracombe, 1975, p. 21.
18 Jordan, *As Cooks Go*, pp. 69–77.
19 Quoted in Jonathan Gathorne-Hardy, *The Rise and Fall of the British Nanny*, London, 1972, p. 172.

第 24 章

1 Quoted in Miriam Akhtar and Stephen Humphries, *The Fifties and Sixties: A Lifestyle Revolution*, London, 2001, p. 19.
2 Correspondence with author.
3 Interview with author.
4 Bulletin 42, Mass Observation.
5 Lewis and Maude, *English Middle Classes*, pp. 356–7.
6 Kay Smallshaw, *How to Run Your Home Without Help*, London, 1949, pp. 171–78.
7 N14421796, Oxfordshire History Centre.
8 Sue Shephard, *The Surprising Life of Constance Spry*, London, 2010, pp. 252–3.
9 Quoted in Christina Hardyment, *Slice of Life*, p. 163.

10 Simon GarT eld (ed.), *Our Hidden Lives: The Remarkable Diaries of Post-War Britain*, London, 2004, p. 251.
11 Waterson, *Country House*, p. 53.
12 Markham, *Return Passage*, pp. 32–3.
13 GarT eld, *Hidden Lives*, p. 291.
14 Smallshaw, *How to Run Your Home*, p. 89.
15 Akhtar and Humphries, *The Fifties and Sixties*, p. 28.

第 4 部

第 25 章

1 FL671, Women's Library, London Metropolitan University.
2 Mullins and GrifT ths, *Cap and Apron*, p. 10.
3 Turner, *What the Butler Saw*, p. 298.
4 Quoted in Horn, *Life Below Stairs*, p. 253.
5 Pearl Jephcott, *Married Women Working*, London, 1962, p. 18.
6 White, *London in the Twentieth Century*, p. 141.
7 *Sunday Times*, 11 November 1962.
8 Celia Briar, *Working for Women? Gendered Work and Welfare Policies in Twentieth-Century Britain*, London, 1997, p. 111.
9 Correspondence with author.
10 *Wellington Evening Post*, 27 March 1954.
11 Correspondence with author.
12 *Sunday Times*, 11 November 1960.
13 Quoted in Grace Lees-Maffei, 'From Service to Self-Service: Advice Literature as Design Discourse, 1920–1970', *Journal of Design History*, Vol. 14, No. 3 (2001).
14 Ferdynand Zweig, *The Worker in an Af; uent Society: Family Life and Industry*, London, 1961, p. 5.
15 Lees-Maffei, 'From Service to Self-Service', p. 188.
16 Ann Oakley, *Housewife*, London, 1974, p. 7.
17 Ellen Malos (ed.), *The Politics of Housework*, London, 1980, p. 91.
18 Zweig, *The Worker in an Af; uent Society*, p. 32.
19 Adam, *Woman's Place*, p. 306.

第 26 章

1 D/DX173/1, University of Reading.
2 *Costume: The Journal of the Costume Society*, 1969.
3 *Harpers & Queen*, June 1974.
4 Correspondence with author.
5 同書 .
6 Stewart, *Lifting the Latch*, p. 175.
7 Roderick Grant, *Strathalder: A Highland Estate*, London, 1978, p. 20.

第 27 章

1 Powell, *Below Stairs*, p. 18.
2 N14421796, Oxfordshire History Centre.
3 Richard Marson, *Inside Updown: The Story of 'Upstairs, Downstairs'*, Bristol, 2001, p. 37.
4 同書 ., p. 45.
5 Criticos, *Life Story*, p. 3.
6 Marcus Binney, *The Ritz Hotel*, London, 1999, pp. 18–19.
7 Quoted in Jeremy Musson, *Upstairs and Downstairs: The History of the English Country House Servant*, London, 2010, p. 141.
8 Interview with Stephanie Rough and Laura Hurrell of the Greycoat Agency.
9 Interview with author, 2007.
10 Lavinia Smiley, *A Nice Clean Plate: Recollections, 1919–1931*, Salisbury, 1981, p. 32.
11 *Economist*, 17 December 2011.
12 Mills, *The Domestic Problem*, p.19.

参考文献

'A Butler's View of Men-Service', *The Nineteenth Century*, Vol. XXXI, 1892

'A Four-inch-Driver', *The Chauffeur's Handbook*, London, 1909

Dean, Charles, in Geoffrey Tyack, 'Service on the Cliveden Estate Between the Wars', *Oral History*, Vol. 5, No. 1, Spring 1977

Caunce, Stephen, 'East Riding Hiring Fairs', *Oral History*, Vol. 3, No. 2, Autumn 1975

Franklin, Jill, 'Troops of Servants: Labour and Planning in the Country House 1840–1914', *Victorian Studies*, Vol. 19, No. 2 (December 1975), pp. 211–39

Gerrard, Jessica, 'Lady Bountiful: Women of the Landed Classes and Rural Philanthropy', *Victorian Studies*, Vol. 30, No. 2 (Winter 1987), pp. 183–210

Higgs, Edward, 'Domestic Servants and Households in Victorian England', *Social History*, Vol. 8, No. 8 (May 1983), pp. 201–10

Hinton, James, 'Militant Housewives: The British Housewives' League and the Attlee Government', *History Workshop Journal*, 38:1 (1994), pp. 129–56

Horn, Pamela, 'Ministry of Labour Female Training Programmes Between the Wars, 1919–39', *History of Education*, 31:1 (2002), pp. 71–82

Kent, Susan Kingsley, 'The Politics of Sexual Difference: World War One and the Demise of British Feminism', *The Journal of British Studies*, Vol. 27, No. 3 (July 1988), pp. 232–53

Lees-Maffei, Grace, 'Accommodating "Mrs Three-in-One": Homemaking, Home Entertaining and Domestic Advice Literature in Post-War Britain', *Women's History Review*, Vol. 16, Issue 5 (November 2007), pp. 723–54

———'From Service to Self-Service: Advice Literature as Design Discourse, 1920–1970', *Journal of Design History*, Vol. 14, No. 3 (2001), pp. 187–206

Todd, Selina, 'Domestic and Class Relations in Britain 1900–1950', *Past and Present*, 203 (1) (2009), pp. 81–204

Published Sources

Adam, Ruth, *A Woman's Place 1910–1975*, London, 1975

Adams, Samuel and Adams, Sarah, *The Complete Servant*, London, 1825

Adburgham, Alison, *Shops and Shopping 1800–1914: Where and in What Manner the Well-Dressed Englishwoman Bought Her Clothes*, London, 1989

——— *A Punch History of Manners and Modes 1841–1940*, London, 1961

Addison, Paul, *Now the War is Over: A Social History of Britain, 1945–51*, London, 1985

Ager, Stanley and St Aubyn, Fiona, *The Butler's Guide to Running the Home and Other Graces*, London, 1980

Akhtar, Miriam and Humphries, Steve, *The Fifties and Sixties: A Lifestyle Revolution*, London, 2001

Allen, Charles, *Plain Tales from the British Empire: Images of the British in India, Africa and South-East Asia*, London, 2008

Allingham, Margery, *The Oaken Heart*, London, 1941

Angell, Norman and Buxton, Dorothy, *You and the Refugee: The Morals and Economics of the Problem*, London, 1939

'An Old Servant', *Domestic Service*, London, 1917

Anon., *The Ideal Servant-Saving House by an Engineer and his Wife*, London, 1918

———*Mistresses and Maids: A Handbook of Domestic Peace*, London, 1904

———*Commonsense for Housemaids*, London, 1853

———*The Manners and Rules of Good Society*, London, 1910

Askwith, Eveline, *Tweeny*: *Domestic Service in Edwardian Harrogate*, Bridgwater, 2003

Baily, Leslie, *Scrapbook for the Twenties*, London, 1959

Balderson, Eileen, *Backstairs Life in a Country House*, Newton Abbot, 1982

Balsan, Consuelo, *The Glitter and the Gold*, London, 1953

Banks, Elizabeth, *Campaigns of Curiosity: Journalistic Adventures of an American Girl in Late Victorian London*, London, 1894

Bankes, Viola, *A Kingston Lacy Childhood*, Wimbourne, 1986

Barker, Paul, *The Freedoms of Suburbia*, London, 2009

Barrie, J. M., *The Plays of J. M. Barrie*, London, 1947

Bateman, Robert, *How to Own and Equip a House*, London, 1925

Bedford, John Robert Russell (Duke of), *A Silver-Plated Spoon*, London, 1959

Bennett, Arnold, *Elsie and the Child: A Tale of Riceyman Steps*, London, 1929

Binney, Marcus, *The Ritz Hotel*, London, 1999

Blythe, Ronald, *Aken8 eld*: *Portrait of an English Village,* Harmondsworth, 1972

———*The Age of Illusion: England in the Twenties*

and Thirties, 1919–1940, Harmondsworth, 1964
Booker, Beryl Lee, *Yesterday's Child, 1890–1909*, London, 1937
Booth, Charles, *Life and Labour of the People in London* (17 Vols), London, 1892–7
Bosanquet, Helen Dendy, *Rich and Poor*, London, 1898
Bostridge, Mark and Berry, Paul, *Vera Brittain: A Life*, London, 1995
Bradbury, D. J., *Welbeck Abbey and the Fifth Duke of Portland*, MansT eld, 1989
Braithwaite, Brian, *Ragtime to Wartime: The Best of Good Housekeeping 1922–1939*, London, 1986
Branson, Noreen, *Britain in the 1920s*, London, 1975
———*Women Workers in the First World War*, London, 1981
Braybon, Gail and SummerT eld, Penny, *Out of the Cage: Women's Experiences in Two World Wars*, London, 1987
Brendon, Vyvyen, *Children of the Raj*, London, 2005
Briar, Celia, *Working for Women: Gendered Work and Welfare Policies in Twentieth-Century Britain*, London, 1997
Briggs, Asa, *Victorian Things*, Harmondsworth, 1990
Brittain, Vera, *Testament of Friendship: The Story of Winifred Holtby*, London, 1940
———*Testament of Youth: An Autobiographical Study of the Years 1900– 1925*, London, 1933
de Broke, Willoughby, *The Passing Years*, London, 1924
Brown, Hilton, *The Sahibs: The Life and Ways of the British in India as Recorded by Themselves*, London, 1948
Buijs, Gina, *Migrant Women: Crossing Boundaries and Changing Identities*, Oxford, 1996
Burnett, John, *A Social History of Housing 1815–1985*, London, 1986
———*Destiny Obscure: Autobiographies of Childhood, Education and Family from the 1820s to the 1920s*, London, 1982
———*A History of the Cost of Living*, Harmondsworth, 1969
———*Plenty and Want: A Social History of Diet in England from 1815 to the Present Day*, Harmondsworth, 1968
———(ed.) *Useful Toil: Autobiographies of Working People from the 1820s to the 1920s*, London, 1974
Burnett, John, Mayall, David and Vincent, David, *The Autobiography of the Working Class: An Annotated, Critical Bibliography*, Brighton, 1984
Burton, David, *The Raj at Table: A Culinary History of the British in India*, London, 1993
Burton, Elaine, *What of the Women: A Study of Women in Wartime*, London, 1941
———*Domestic Work: Britain's Largest Industry*, London, 1944
Butler, C. V., *Domestic Service: An Enquiry by the Women's Industrial Council*, London, 1916
Calder, Angus, *The People's War: Britain 1939–45*, London, 1992
Cannadine, David, *Ornamentalism: How the British Saw Their Empire*, London, 2001
———*Class in Britain*, London, 2000
———*Aspects of Aristocracy: Grandeur and Decline in Modern Britain*, London, 1995
———*The Decline and Fall of the British Aristocracy*, London and New Haven, 1990
Carey, John, *The Intellectuals and the Masses: Pride and Prejudice Among the Literary Intelligentsia*, London, 1992
Cartland, Barbara, *I Reach for the Stars: An Autobiography*, London, 1984
Chesterton, G. K., *Autobiography*, New York, 1936
Clarke, John, Critcher, C. and Johnson, Richard, *Working Class Culture: Studies in History and Theory*, London, 2007
Cohen, Deborah, *Household Gods: The British and their Possessions*, London, 2006
Compton-Burnett, Ivy, *Manservant and Maidservant*, London, 1969
Conekin, Becky, *The Autobiography of a Nation: The Festival of Britain*, Manchester, 2003
Cooper, Charles, *Town and County: Forty Years in Service with the Aristocracy*, London, 1937
Cooper, Diana, *The Rainbow Comes and Goes*, London, 1958
Cooper, Lettice, *The New House*, New York, 1936
Cowan, Ruth Schwartz, *More Work for Mother: The Ironies of Household Technology from the Open Hearth to the Microwave*, New York, 1983
Crawshay, Rose Mary, *Domestic Service for Gentlewomen*, London, 1876
Criticos, George, *The Life Story of George of the Ritz*, London, 1959
Crosland, T. W. H., *The Suburbans*, London, 1905
Crossick, Geoffrey, *The Lower Middle Classes in Britain 1870–1914*, London, 1977
Crow, Duncan, *The Edwardian Woman*, London, 1978
Cunnington, Phillis, *The Costume of Household Servants from the Middle Ages to 1900*, London, 1974
DangerT eld, George, *The Strange Death of Liberal England*, London, 1935
Davey, Dolly, *A Sense of Adventure*, London, 1980

Davidoff, Leonore, *The Best Circles: Society, Etiquette and The Season*, London, 1973
Davidson, Caroline, *A Woman's Work is Never Done: A History of Housework in the British Isles, 1650–1950*, London, 1982
Davies, Clarice Stella, *North Country*, London, 1963
Davies, William Watkin, *Lloyd George 1863–1914*, London, 1939
Davin, Anna, *Growing up Poor: Home, School and Street in London, 1870–1914*, London, 1996
Dawes, Frank V., *Not in Front of the Servants: A True Portrait of Upstairs, Downstairs Life*, London, 1973
Dawes, W. H., *Beyond the Bungalow*, London, 1888
De Broke, Lord Willoughby, *The Passing Years*, London, 1922
DelaT eld, E. M., *The Diary of a Provincial Lady*, London, 1930
Devereaux, G. R. M., *Etiquette for Men*, London, 1902
Dibelius, Wilhelm, *England*, Stuttgart, 1923
Dickens, Monica, *One Pair of Hands*, London, 1939 (モニカ・ディケンズ『こんなふうに生きてみた』片岡しのぶ訳、晶文社、1981 年)
Dillon, Maureen, *Arti8 cial Sunshine: A Social History of Domestic Lighting*, London, 2001
DitchT eld, P. H., *The Manor Houses of England*, London, 1910
Diver, Maud, *The Englishwoman in India*, London, 1909
Driver, Christopher, *The British at Table 1940–1980*, London, 1983
E. E. T., Miss, *The Domestic Life of Thomas Hardy*, Beaminster, 1963
England, Daisy, *Daisy, Daisy*, London, 1981
English, Deirdre and Ehrenreich, Barbara, *For Her Own Good: Two Centuries of the Experts' Advice to Women*, New York, 2005
Fielding, Daphne, *Before the Sunset Fades*, Longleat, 1953
Firth, Violet, *The Psychology of the Servant Problem: A Study in Social Relationships,* London, 1925
Flanders, Judith, *Consuming Passions: Leisure and Pleasure in Victorian Britain*, London, 2007
———*The Victorian House: Domestic Life from Childbirth to Deathbed*, London, 2003
Fleming, Lawrence, *The Last Children of the Raj: British Childhoods in India* (2 Vols), London, 2004
Foley, Winifred, *Shiny Pennies and Grubby Pinafores: How We Overcame Hardship to Raise a Happy Family in the 1950s*, London, 1977
———*Full Hearts and Empty Bellies: A 1920s Childhood from the Forest of Dean to the Streets of London*, London, 2009
———*A Child in the Forest*, London, 1974
Forty, Adrian, *Objects of Desire: Design and Society Since 1750*, London, 1986
Four Inch Driver, *The Chauffeur's Companion*, London, 1909
Franklin, Jill, *The Gentleman's Country House and its Plan, 1835–1914*, London, 1981
Fraser, Ronald, *In Search of a Past*, London, 1984
Frazer, Mrs Lily, *First Aid for the Servantless*, Cambridge, 1913
Fremlin, Celia, *The Seven Chars of Chelsea*, London, 1940
Gander, Ann, *Top Hats and Servants' Tales: A Century of Life on Somerleyton Estate*, Wenhaston, 1998
Gardiner, Juliet, *Wartime Britain 1939–45*, London, 2004
GarT eld, Simon (ed.), *Our Hidden Lives: The Remarkable Diaries of Post-War Britain,* London, 2004
Gathorne-Hardy, Jonathan, *The Rise and Fall of the British Nanny*, London, 1972
Gerard, Jessica, *Country House: Family and Servants 1815–1914*, Oxford, 1994
Gibbs, Mary Ann, *The Years of the Nannies*, London, 1960
Gibbs, Philip, *The New Man: A Portrait Study of the Latest Type*, London, 1913
Gibson, Sir Philip, *The New Man*, London, 1913
Giles, Judy, *The Parlour and the Suburb: Domestic Identities, Class, Femininity and Modernity*, Oxford, 2004
———*Women, Identity and Private Life in Britain 1900–50*, Basingstoke, 1995
Girouard, Mark, *Life in the English Country House: A Social and Architectural Survey*, London, 1979
Godden, Rumer and Jon, *Two Under the Indian Sun*, London, 1964
Gorst, Frederick, *Of Carriages and Kings*, London, 1956
Gradidge, Rodney, *Dream Houses: the Edwardian Ideal*, London, 1980
Grant, Roderick, *Strathalder: A Highland Estate*, London, 1978
Graves, Robert and Hodge, Alan, *The Long Weekend: A Social History of Great Britain 1918–1939*, New York, 1941
Green, Georgina (ed.), *Keepers, Cockneys, Kitchen Maids: Memories of Epping Forest 1900–1925*, Woodford Bridge, 1987
Green, Henry, *Loving; Living; Party-Going* (combined Penguin edition), London, 1993

Grenville, Anthony, *Jewish Refugees from Germany and Austria in Britain, 1933–1970: Their Image in AJR Information*, London, 2010
———*Refugees from the Third Reich in Britain*, Amsterdam, 2002
Hall, Edith, *Canary Girls and Stockpots*, Luton, 1977
Hardwick, Mollie, *The World of Upstairs, Downstairs*, Newton Abbot, 1976
Hardyment, Christina, *From Mangle to Microwave: The Mechanisation of Household Work*, Cambridge, 1998
———*Slice of Life: The British Way of Eating Since 1945*, London, 1995
Hare, Augustus, *The Story of My Life* (6 Vols), London, 1896
Harrison, Rosina, *My Life in Service*, London, 1975
———(ed.), *Gentlemen's Gentlemen: My Friends in Service*, London, 1976
Hartcup, Adeline, *Below Stairs in the Great Country Houses*, London, 1980
Hartley, Jenny (ed.), *Millions Like Us: Women's Fiction of the Second World War*, London, 1997
——— (ed.) *Hearts Undefeated: Women's Writing of the Second World War*, London, 1995
Haslett, Caroline, *The Electrical Handbook for Women*, London, 1934
———*Household Electricity*, London, 1939
Hay, Marigold, *Beyond the Green Baize Door*, Ilfracombe, 1975
Heath-Stubbs, Mary, *Friendship's Highway: Being the History of the Girls' Friendly Society, 1875–1925*, London, 1926
Herbert-Hunting, Kate, *Universal Aunts*, London, 1986
Holdsworth, Angela, *Out of the Doll's House: The Story of Women in the Twentieth Century*, London, 1988
Holme, Thea, *Carlyles at Home*, London, 1965
Holtby, Winifred, *Women and a Changing Civilisation*, London, 1934
Horn, Pamela, *Flunkeys and Scullions: Life Below Stairs in Georgian England*, Stroud, 2004
———*Life Below Stairs in the Twentieth Century*, Stroud, 2001
———*The Rise and Fall of the Victorian Servant*, Stroud, 1990
Horne, Eric, *More Winks: Being Further Notes from the Life and Adventures of Eric Horne (Butler) for Fifty-seven Years in Service with the Nobility and Gentry*, London, 1932
———*What the Butler Winked At: Being the Life and Adventures of Eric Horne (Butler), for Fifty-seven Years in Service with the Nobility and Gentry*, London, 1923
HorsT eld, Margaret, *Biting the Dust: The Joys of Housework*, London, 1999
Howard, Ebenezer, *Garden Cities for Tomorrow*, London, 1902
Howkins, Alun, *The Death of Rural England: A Social History of the Countryside Since 1900*, London, 2003
Hughes, Kathryn, *The Short Life and Long Times of Mrs Beeton*, London, 2005
Humphries, Steve et al (eds), *A Century of Childhood*, London, 1988
Humphries, Steve and Gordon, Pamela, *A Labour of Love: The Experience of Parenthood in Britain 1900–1950*, Plymouth, 1992
Jackson, Alan, *The Middle Classes 1900–1950*, Nairn, 1991
———*Semi-Detached London: Suburban Development, Life and Transport, 1900–39*, London, 1973
James, John, *Memoirs of a House Steward*, Holt, 1949
Jenkins, Jennifer and James, Patrick, *From Acorn to Oak Tree: The Growth of the National Trust, 1895–1994*, London, 1994
Jennings, Charles, *Them and Us: the American Invasion of British High Society*, Stroud, 2007
Jennings, Mrs H. J., *Our Homes and How to Beautify Them*, London, 1902
Jephcott, Pearl, *Married Women Working*, London, 1962
———*Some Young People*, London, 1954
———*Rising Twenty: Notes on Some Ordinary Girls*, London, 1948
Jermy, Louise, *Memories of a Working Woman*, Norwich, 1934
Jordan, Elizabeth, *As Cooks Go*, London, 1950
Josephs, Zoe, *Survivors: Jewish Refugees in Birmingham 1933–1945*, Oldbury, 1988
Keating, P. J., *Into Unknown England: Selections from the Social Explorers*, Manchester, 1976
Kelley, Victoria, *Soap and Water: Cleanliness, Dirt and the Working Classes in Victorian and Edwardian Britain*, London, 2010
Keun, Odette, *I Discover the English*, London, 1934
Kightly, Charles, *Country Voices: Life and Lore in Farm and Village*, London, 1984
King, Ernest, *The Green Baize Door*, London, 1963
Kirkham, Pat, and Thoms, David (eds), *War Culture: Social Change and Changing Experience in World War Two*, London, 1995
Kitchen, Penny, *For Home and Country: War, Peace and Rural Life as Seen through the Pages of the W.I. Magazine, 1919–1939*, London, 1990
Kushner, Tony, *The Persistence of Prejudice: Anti-Semitism in British Society during the Second World War*,

Manchester, 1989
Kynaston, David, *Family Britain, 1951–1957*, London, 2009
———*Austerity Britain, 1945–1951*, London, 2007
Lanceley, William, *From Hallboy to House Steward*, London, 1925
Laski, Marghanita, *The Victorian Chaise Longue*, London, 1953
———*The Village*, London, 1952
Laurie, Kedrun (ed.), *Cricketer Preferred: Estate Workers at Lyme Park, 1898–1946*, Disley, 1981
Lees-Milne, James, *Caves of Ice*, London, 1983
———*Midway on the Waves*, London, 1983
———*Prophesying Peace*, London, 1977
———*Ancestral Voices*, London, 1975
Letwin, Shirley, *The Gentleman in Trollope: Individuality and Moral Conduct*, London, 1982
Leverton, Bertha and Lowensohn, Shmuel, *I Came Alone: The Story of the Kindertransport*, Indiana, 1990
Leverton, Edith Waldemar, *Servants and their Duties*, London, 1912
Lewis, Jane, *Labour and Love: Women's Experience of Home and Family, 1850–1940*, Oxford, 1986
Lewis, Jeremy, *Penguin Special: The Life and Times of Allen Lane*, London, 2005
Lewis, Lesley, *The Private Life of a Country House*, Newton Abbot, 1980
Lewis, Roy and Maude, Angus, *The English Middle Classes*, London, 1949
Light, Alison, *Mrs Woolf and the Servants*, London, 2007
———*Forever England*: *Femininity, Literature and Conservatism between the Wars*, London, 1991
Llewelyn Davies, Margaret, *Life As We Have Known It: The Women's Cooperative Guild 1883–1904*, London, 1931
Lloyd, Valerie, *The Camera and Dr Barnardo*, London, 1974
Loftie, M. J., *Comfort in the Home*, London, 1895
London, Jack, *People of the Abyss*, London, 1903（ジャック・ロンドン『どん底の人びと』辻井栄滋訳、岩波文庫、1995 年）
London, Louise, *Whitehall and the Jews 1933–48: British Immigration Policy, Jewish Refugees and the Holocaust*, Cambridge, 2000
Long, Helen, *The Edwardian House: The Middle-Class Home in Britain, 1880–1914,* Manchester, 1991
Longmate, Norman, *The Home Front: An Anthology of Personal Experience, 1939–1945*, London, 1981
———*How We Lived Then: A History of Everyday Life during the Second World War*, London, 1971
Lucas, E. V., *Encounters and Diversions*, London, 1924
———*Advisory Ben*, London, 1923
Lurie, Alison, *The Language of Clothes*, London, 1981
MacMillan, Margaret, *Women of the Raj*, London, 1996
Malet, Marian, and Grenville, Anthony, *Changing Countries: the Experience and Achievement of German-Speaking Exiles from Hitler in Britain, from 1933 to Today*, London, 2002
Malos, Ellen (ed.), *The Politics of Housework*, London, 1982
Mandler, Peter, *The Fall and Rise of the Stately Home*, New Haven, 1997
Mannin, Ethel, *Young in the Twenties: A Chapter of Autobiography*, London, 1921
Markham, Violet, *Duty and Citizenship: The Correspondence and Political Papers of Violet Markham*, London, 1984
———*Collected Stories*, London, 1981
———*Friendship's Harvest*, London, 1956
———*Return Passage: An Autobiography*, London, 1953
Markham, Violet and Florence Hancock, *A Post-War Report on Domestic Service*, London, 1945
Marshall, Dorothy, *The English Domestic Servant in History*, London, 1969
Marson, Richard, *Inside, Updown: The Story of Upstairs Downstairs*, Bristol, 2001
Marwick, Arthur, *The Deluge: British Society and the First World War*, London, 1965
Mason, Philip, *The English Gentleman: The Rise and Fall of an Ideal*, London, 1982
———*A Shaft of Sunlight: Memories of a Varied Life*, London, 1978
Masterman, C. F. G., *The Condition of England*, London, 1909
Masters, Brian, *Great Hostesses*, London, 1982
Maxstone-Graham, Ysende, *The Real Mrs Miniver: Jan Struther's Story*, London, 2001
Mayhew, Henry, *London Labour and the London Poor* (Vols 1–4), London, 1864
McBride, Theresa, *The Domestic Revolution: The Modernisation of Household Service in England and France, 1820–1920*, London, 1976
McCrum, Robert, *Wodehouse: A Life*, London, 2004
Meacham, Standish, *Regaining Paradise: Englishness and the Early Garden City Movement*, New Haven and London, 1999
———*A Life Apart: The English Working Class 1890–1914*, London, 1977
Menon, V. K. R., *The Raj and After: Memoirs of a Bihar Civilian*, New Delhi, 2000

Milburn, Clara, *Mrs Milburn's Diaries: An Englishwoman's Day-to-Day Re; ections, 1939–45*, London, 1979
Miles, Mrs Eustace, *The Ideal Home and its Problems*, London, 1911
Mills, Ernestine, *The Domestic Problem, Past, Present and Future*, London, 1925
Milton, Edith, *The Tiger in the Attic: Memories of the Kindertransport and Growing Up English*, Chicago and London, 2005
Mitchell, David, *Women on the Warpath: The Story of the Women of the First World War*, London, 1965
Mitchison, Naomi, *Among You Taking Notes: The Wartime Diary of Naomi Mitchison*, Oxford, 1986
———*You May Well Ask: A Memoir 1920–1940*, London, 1979
———*Small Talk: Memories of an Edwardian Childhood*, London, 1973
Mosse, Werner E. (ed.), *Second Chance: Two Centuries of German- Speaking Jews in the United Kingdom*, Tubingen, 1991
Mullins, Samuel and GrifT ths, Gareth, *Cap and Apron: An Oral History of Domestic Service in the Shires, 1880–1950*, Leicester, 1986
Munby, Arthur Joseph, *Faithful Servants: Epitaphs and Obituaries Recording their Names and Services*, London, 1891
Murdoch, Lydia, *Imagined Orphans: Poor Families, Child Welfare and Contested Citizenship in London*, New Jersey, 2006
Musson, Jeremy, *Upstairs and Downstairs: The History of the English Country House Servant*, London, 2010
Muthesius, Stephen, *The Terraced House*, London, 1982
Nicolson, Juliet, *The Great Silence: 1918–1920: Living in the Shadow of the Great War*, London, 2010
Noakes, Daisy, *The Town Beehive: A Young Girl's Lot in Brighton, 1910– 34,* Brighton, 1991
Nowell-Smith, Simon, *Edwardian England 1901–1914*, Oxford, 1964
O'Sullivan, Vincent and Scott, Margaret (eds), *The Collected Letters of Katherine Mans8 eld, 1888–1923*, Oxford, 1984–2008
Oakley, Ann, *Housewife*, London, 1974
OldT eld, Sybil, *This Working Day World: Women's Lives and Culture(s) in Britain 1914–1945*, London, 1994
Oliver, Paul, *Dunroamin: The Suburban Semi and its Enemies*, London, 1981
Pakenham, Valerie, *The Noonday Sun: Edwardians and the Tropics*, London, 1985
Panter-Downes, Mollie, *One Fine Day*, London, 1947
———*Good Evening, Mrs Craven: The Wartime Stories of Mollie Panter- Downes*, London, 1999
———*London War Notes 1939–1945*, London, 1972
Panton, J. E., *From Kitchen to Garret: Hints for Young Householders*, London, 1888
Partridge, Frances, *Memories*, London, 1981
———*A Paci8 st's War*, London, 1978
Peck, Winifred, *House-Bound*, London, 1942
Peel, Mrs C. S., *Waiting at Table*, London, 1929
———*Life's Enchanted Cup: An Autobiography*, London, 1923
———*A Hundred Wonderful Years: Social and Domestic Life of the Century, 1820–1920*, London, 1926
———*How We Lived Then*, London, 1929
Phillips, Randal, *The Servantless House*, London, 1923
Pike, E. Royston, *Human Documents of the Age of the Forsytes*, London, 1969
Pleydell-Bouverie, Millicent, *The Daily Mail Book of Post-War Homes*, London, 1944
Plomer, William, *Curious Relations*, London, 1945
Powell, Margaret, *Climbing the Stairs*, London, 1969
———*Below Stairs*, London, 1968
Praga, Mrs Alfred, *Appearances: How to Keep Them Up on a Limited Income*, London, 1899
Pritchett, V. S., *A Cab at the Door: An Autobiography*, London, 1968
Procida, Mary, *Married to the Empire: Gender, Politics and Imperialism in India*, Manchester, 2002
Rasul, Faizur, *Bengal to Birmingham*, London, 1967
Rau, Santha Rama, *Home to India*, London, 1945
Ravenhill, Alice, *Household Administration: Its Place in the Higher Education of Women*, London, 1910
Reeves, Maud Pember, *Round About a Pound a Week*, London, 1913
Rennie, Jean, *Every Other Sunday*, London, 1955
Renton, Alice, *Tyrant or Victim? A History of the British Governess*, London, 1991
Richards, J. M., *Castles on the Ground: The Anatomy of Suburbia*, London, 1946
Ritchie, Mrs Richmond, *Upstairs and Downstairs*, London, 1882
Rivers, Tony et al, *The Name of the Room: History of the British House and Home*, London, 1992
Robb, Nesca, *An Ulsterwoman in England, 1924–41*, Cambridge, 1942
Robbins, Bruce, *The Servant's Hand: English Fiction From Below*, New York, 1986
Roberts, Elizabeth, *A Woman's Place: An Oral History of Working-Class Women 1890–1940*, Oxford, 1995
Roberts, Robert, *A Ragged Schooling: Growing up in*

the Classic Slum, Manchester, 1976
———*The Classic Slum: Salford Life in the First Quarter of the Century*, London, 1973
Robinson, John Martin, *The Country House at War*, London, 1989
Rose, Jonathan, *The Intellectual Life of the British Working Classes*, London and New Haven, 2001
Rose, June, *For the Sake of The Children: Inside Dr Barnardo's – 120 Years of Caring for Children*, London, 1987
Rose, Kenneth, *King George V*, London, 1983
Russell, Peter, *Butler Royal*, London, 1982
Ryan, Deborah, *The Ideal Home through the Twentieth Century*, London, 1997
Rybczynski, Witold, *Home: A Short History of an Idea*, London, 1987
Sambrook, Pamela, *Keeping Their Place: Domestic Service in the Country House*, Stroud, 2005
Scannell, Dolly, *Mother Knew Best: An East End Childhood*, London, 1974
Schluter, Auguste, *A Lady's Maid in Downing Street*, London, 1922
Schneider, Bronka, *Exile: A Memoir*, Ohio, 1998
Scott-Moncrieff, M. C., *Yes, Ma'am: Glimpses of Domestic Service 1901– 51*, Edinburgh, 1984
Segal, Lore, *Other People's Houses*, London, 1964
Service, Alastair, *Edwardian Interiors: Inside the Homes of the Poor, the Average and the Wealthy*, London, 1982
Shephard, Sue, *The Surprising Life of Constance Spry*, London, 2010
Sheridan, Dorothy, *Wartime Women: A Mass-Observation Anthology*, London, 2002
Sissons, Michael and French, Philip (eds), *Age of Austerity*, Harmondsworth, 1963
Smallshaw, Kay, *How to Run Your Home Without Help*, London, 1949
Smiley, Lavinia, *A Nice Clean Plate: Recollections, 1919–1931*, Salisbury, 1981
Smith, Hubert Llewellyn, *The New Survey of London Life and Labour* (9 Vols), London, 1930–5
Smith, Virginia, *Clean: A History of Personal Hygiene and Purity*, Oxford, 2007
Southgate, Walter, *That's The Way it Was: A Working-Class Autobiography 1890–1950*, Centre for London History, 1982
Spencer, Hanna, *Hanna's Diary, 1938–1941*, Ontario, 2001
Spender, Dale (ed.), *Time and Tide Wait for No Man*, London, 1984
Spring Rice, Margery, *Working-Class Wives: Their Health and Conditions*, Harmondsworth, 1939
Steedman, Carolyn, *Labours Lost: Domestic Service and the Making of Modern England*, Cambridge, 2009
———*Master and Servant: Love and Labour in the Industrial Age*, Cambridge, 2007
———*Dust*, Manchester, 2001
Stewart, Sheila, *Lifting the Latch: A Life on the Land, Based on the Life of Mont Abbot of Enstone*, Oxford, 1987
Stokes, Penelope, *Norland: The Story of the First One Hundred Years*, Hungerford, 1992
Storey, Joyce, *Joyce's Dream: The Post-War Years*, London, 1995
———*Our Joyce*, Bristol, 1987
———*Joyce's War*, Bristol, 1990
Strachey, Ray and Rathbone, Eleanor, *Our Freedom and its Results*, London, 1936
Streatfeild, Noel (ed.), *The Day Before Yesterday: First-hand Stories of Fifty Years Ago*, London, 1956
Struther, Jan, *Mrs Miniver*, London, 1989
Stuart, D. M., *The English Abigail*, London, 1946
Sturt, George, *Change in the Village*, London, 1912
SummerT eld, Penny, *Women Workers in the Second World War: Production and Patriarchy in Con; ict*, London, 1989
Thackeray, William Makepeace, *The Memoirs of Mr Charles J. Yellowplush*, London, 1898
Thomas, Albert, *Wait and See*, London, 1944
Thompson, E. P., *The Making of the English Working Class*, London, 1963
Thompson, Paul, *The Edwardians: The Remaking of British Society*, London, 1975
Thompson, Thea, *Edwardian Childhoods*, London, 1981
Tschumi, Gabriel, *Royal Chef: Fory Years with Royal Households*, London, 1954
Turner, E. S., *What the Butler Saw: Two Hundred and Fifty Years of the Servant Problem*, London, 1963
———*The Phoney War on the Home Front*, London, 1961
Tweedsmuir, Susan, *The Lilac and the Rose*, London, 1952
Veblen, Thorstein, *The Theory of the Leisure Class*, Oxford, 2009
WaterT eld, Giles and French, Anne, *Below Stairs: 400 Years of Servants' Portraits*, London, 2003
Waterson, Merlin (ed.), *The Country House Remembered: Recollections of Life Between the Wars*, London, 1985
———*The Servants' Hall: A Domestic History of Erddig*, London, 1980

Wells, H. G., *Tono-Bungay*, London, 1908
（ウェルズ『トーノ・バンゲイ　上下』中西信太郎訳、岩波文庫、1995 年）
———*Kipps*: *The Story of a Simple Soul*, London, 1905; Penguin edition, 2005
———*Marriage*, London, 1912
———*An Experiment in Autobiography: Discoveries and Conclusions of a Very Ordinary Brain (Since 1866)*, London, 1984
Wheway, Edna, *Edna's Story: Memories of Life in a Children's Home and in Service, in Dorset and London*, Wimborne, 1984
Whipple, Dorothy, *Someone at a Distance*, London, 1953
———*The Priory*, London, 1939
White, Jerry, *London in the Twentieth Century: A City and Its People*, London, 2001
Whiteing, Eileen, *Anyone For Tennis? Growing up in Wallington Between the Wars*, Sutton Libraries, 1979
Williams-Ellis, Clough, *England and the Octopus*, London, 1928
Wilson, Elizabeth, *Only Halfway to Paradise: Women in Post-War Britain, 1945–68*, London and New York, 1980
Wilson, Francesca, *Strange Island: Britain through Foreign Eyes 1395– 1940,* London, 1955
Winnington-Ingram, A. F., *Fifty Years' Work in London*, London, 1940
Woodward, Kathleen, *Jipping Street*, London, 1928
Wright, Lawrence, *Clean and Decent: The Fascinating History of the Bathroom and the Water Closet*, London, 1960
Wylde, Mary, *A Housewife in Kensington*, London, 1937
Wymer, Norman, *Father of Nobody's Children: A Portrait of Dr Barnardo*, London, 1954
Ziegler, Philip, *Osbert Sitwell*, London, 1998
Zweig, Ferdynand, *The Worker in an Af; uent Society: Family Life and Industry*, London, 1961
———*Women's Life and Labour*, London, 1952
———*Labour, Life and Poverty*, London, 1948